고구려의 핵심, 산성을 가다

– 수도방어의 전략적 산성 85개 –

원종선元鍾善 지음
도올 김용옥 서문

통나무

목차

서序

21세기 보편사 역사기술의 진정한 출발

나는 어려서부터 역사보다는 철학에 관심이 더 많았고, 따라서 역사현장의 문제보다는 그 역사적 사건을 지배하는 인간의 사유에 더 많은 관심을 쏟았다. 그리고 특히 우리 민족의 고대사와 관련된 주제에 관해서는 좌·우 어느 편에도 치우침이 없이 판단보류의 상태에 머물러 있었다.

우리 민족사가 통사通史로서 쓰여진 것은 분명 일본제국주의 시대로부터라는 것은 더 말할 나위가 없다. 우리 역사 전체를 통관하여 왈가왈부하기 시작한 것은 우리 민족 자내의 사학자들에 의한 것이 아니라, 일본인 사학도들에 의한 것이라는 사실은 누구나 아는 것이다. 그런데 일본 사학자들은 순수한 학구적 동기에 의하여 한국역사를 공부한 것이 아니라, 그들의 제국주의적 침략, 특히 조선의 식민지화와 그것을 통한 만주 지역의 식민지화를 획책하는 데 필요한 근거자료를 마련하기 위하여 한국역사를 서술하기 시작한 것이다. 아무리 양심 있는 사학도라 할지라도 그 총체적 디스꾸르(담론양식)의 어휘나 문법을 떠날 수 없었다.

그 과정에서 많은 사실도 발견한다. 그러나 그 "사실"이라는 것 자체가 왜곡된 관념에 의하여 고착된 사실일 경우, 그 사실의 폐해는 너무도 엄청난 것이다. "사실"이 사실을 가장假裝하면 그 사실의 왜곡된 배면은 밝히기가 매우 어렵게 되고, 그것은 해석이 아닌 사실인 것처럼 정론화되어 버린다.

일본인들은 조선왕조의 자료로부터 역사를 구성해나갔기 때문에 조선왕조 이전의 역사가 대제국들의 역사라는 사실을 수용하기가 어려웠다. 일본이 식민지로 삼고자 하는 조선의 역사는 뿌리로부터 초라한 것이 되지 않으면 안된다. 그들의 식민지사관의 대전제에는 항상 이러한 논조가 깔려 있었다.

1. 조선의 역사는 소국의 역사다.
2. 그래서 대국을 섬기지 않고서는 그 자체로서 존립할 수가 없다.
3. 소국들은 서로 물고 뜯고 싸우기만 좋아한다.
4. 따라서 민족성도 단합심이 없고 분열심이 강하다.
5. 그래서 국가 내정도 온갖 당파들의 자질구레한 싸움뿐이다.
6. 결국 태양의 뿌리 대일본제국의 식민지가 될 수밖에 없는 운명의 나라였다.

우선 조선을 소국으로 만드는 가장 편리한 방법이 고대사의 지명들을 왜곡하는 것이다. 국가범위를 어느 강역에 다 오그라 붙이고, 역사적 고유명사를 다 그 강역권의 것으로 만들어 버리는 것이다. 조선왕조를 지배한 사대주의관념은 일제의 조작이라고 말하기 이전에 확실한 근거가 있다. 그러나 조선왕조를 벗어나면 그러한 사대주의적 관념은 근거를 찾기가 어렵다. 고조선에서 고려에 이르기까지, 우리는 드넓은 대륙을 활보하는 억압되지 않은 우리의 청춘의 모습을 만나게 된다.

철학적 사유에 부지런했던 나는 고대사의 비밀을 푸는데 그 실재성을 확보할 만큼의 관심을 지속시키지는 못했다. 내가 하바드대학에서 공부할 때 윤내현 교수와 친구가 되어 고대사의 왜곡문제에 관해 많은 대화를 나누었지만(그는 나의 친할머니 해남윤씨 집안사람이다), 나의 전공인 고전철학에 대한 나의 공부가 밀려 미처 눈을 돌리지 못했다. 그러다가 고희古稀를 넘기고 많은 역사적 사실을 문헌과 고고학적 발굴자료를 통해 접하면서, 내 머릿속에는 점차 우리 고대사의 윤곽이 떠오르기 시작했다.

이 좁은 지면에 나의 견해를 총체적으로 진술하기는 어려우나, 내가 역사자료를 접하면서 느낀 가장 큰 문제는, 우리 역사의 왜곡이 일본인 학자들이나 그 밑에서 수련한 우리나라 학자들의 레벨에서 자행되는 것보다 훨씬 더 광범위한 사태라는 것이다. 『조선왕조실록』이나 『고려사』의 고려역사 왜곡이 일본관변사학 못지않게 심각할 수도 있으며, 또 『삼국사기』나 『삼국유사』의 역사서술이 너무도 미흡하고 불완전할 수도 있다는 것이다.

내가 자라날 때만 해도 일본은 여러 면에서 우리를 뛰어넘는 문명국으로 보였다. 미국도 마찬가지였다. 그러나 지금 우리는 이들을 객관적으로 형량할 때 반드시 그렇게 평가해야만 한다고 생각하지 않는다. 우리 조선의 사칠논쟁四七論爭만 해도 중국의 성리논쟁보다 훨씬 더 치열하고 정밀한 측면이 있으며, 19세기 중엽에 동학을 창시한 수운水雲(최제우崔濟愚, 1824~1864)의 인간관은 서구의 어떠한 사상가의 논변보다도 근대적 인간을 말하는데 어느 누구도 미칠 수 없는 선구적인 논리를 구사하고 있다. 인류의 역사는 맑스가 말하는 5단계의 과정을 필연적으로 거치지 않았다. 그것은 맑스의 변증법적 도식을 정당화하기 위한 도구적 왜곡에 불과하다. 인류의 역사에 부과하는 모든 개념적 장치를 걷어버리고 나면 가장 적나라하게 남는 사실은 왕정과 민주라는 두 개의 폴리테이아가 대립된다는 것이다. 그런데 왕정의 역사는 인간세가 사회적 계층으로 분화되기 시작하면서 이미 성립한 것이고 약 4·5천 년의 세월을 지속하여왔다. 민주는 매우 특별한 민중의식의 개벽으로 인하여 생겨난 최근의 정체인데, 이것은 한두 세기 정도의 실험적 체험단계에 머물러 있다. 따라서 민주에 관하여 문명간의 선진·후진을 논한다는 것은 도토리키재기 식의 어리석은 담론에 불과할 수도 있다. 중요한 것은 인류의 미래상을 그리는 데 누가 선구적인 모델을 실천적으로 제시하느냐 하는 데 있다. 민주의 길은 멀다. 과거 어느 시점에 불변의 민주이데아가 있는 것은 아니다. 우리 역사의 창발성은 여타 선진문명의 역정을 모델로 하지 않는다.

나는 고구려를 우리 문명의 청춘Youth이라고 규정한다. 청춘의 가장 큰 특징은 모험을 감행할 수 있는 용기에 있다. 모험Adventure이란 "무無에로의 던짐"이다. 모험은 모든 정적인 완전성을 거부한다. 완전함이란 끊임없이 완성되어가는 것이다. 고구려인들은 끊임없이 시간과 공간을 확대해가는 과정 속에서 동적인 평형을 유지하였다. 그들은 아름다움의 이상이 생·멸의 과정 속에서만 존재할 수 있다는 것을 깨닫고 있었다. 문명의 이상은 정태적으로 유지될 수 없다. 문명의 아름다움에 대한 인간의 선택은 완만한 쇠퇴slow decay냐, 창조적인 전진creative advance냐, 이 두 가지밖에는 없다. 고구려인들은 쇠퇴를 선택치 아니하고 항상 창조적 전진을 택하였다. 소수림왕의 문화수용이나 광개토대왕의 광활한 개척이나 장수왕의 천도나 연개소문의 용맹이 모두 창조적인 전진이었다.

고구려는 멸망하지 않았다. 그 모습을 바꾸어 후세에 혼魂을 전하였다. 발해로, 고려로, 조선으로, 오늘날의 한류의 저력으로, 촛불혁명의 열기로, 그 생동하는 혼을 전하였다. 그것은 한국인의 기氣를 미래의 합생合生으로 유도하는 리理의 체계이다. 고구려의 예술혼, 그 장쾌한 기백을 유지하는 문명의 각 요소의 심오한 저력은 황제국이었던 대고려제국에서 크게 꽃을 피웠다. 고려제국의 개화된 모습은 금속활자의 발명, 청자의 청아한 자태를 뽐내게 만든 테크놀로지, 고려불화, 세계불교문화사에서 가장 정교하고도 완정한 삼장체계인 팔만대장경 등등, 그 어느 하나도 당대 세계의 가장 탁월한 문명적 성취가 아닌 것이 없었다.

이 발랄한 청춘의 개화는 불행하게도 제후국임을 자처하던 문약文弱의 왕국, 조선왕조 오백 년의 비극 속에서 동결凍結되고 만다. 그러나 청춘은 비극 속에서 시들지 않는다. 청춘의 발랄함은 그것이 비극에 물들지 않은 생명이라는 데 있다. 청춘은 비극을 두려워하지 않고 수용한다. 청춘은 비극을 이해하면서 비극의 성과를 보존한다. 청춘은 웃고 운다, 희망하고 좌절한다, 돌격하고 또 주저앉는다. 청춘은 인내 속에서 헌신을 배운다. 청춘은 사랑할 줄 안다. 지고한 아름다움에 대한 감각을 포기하지 않는다. 청춘은 비극을 통하여 사랑을 배우고 협애한 집착에서 벗어난다. 이념으로부터의 해탈, 그것이 곧 평화Peace다. 청춘은 비극을 통해서만 평화에 도달할 수 있다.

이러한 청춘과 비극과 평화의 패러다임에 관한 인식이 없이는 우리는 어떻게 아브라함 링컨이 게티스버그 연설을 행할 바로 그 시점에, 조선의 고도古都 경주 한 촌구석에서 한 청년에 의하여 그 연설을 탄생시킨 모든 서구의 근대사상의 결구를 근원적으로 뛰어넘는, 인성과 신성을 동일시하는 평등·평화·평용平庸의 대전大全을 집필할 수 있었는지, 그리고 그 위대한 시천주侍天主의 사상이 불과 30년 만에 전국적 민중의 혁명으로 불타올랐는지를 설명할 길이 없다. 그것은 진실로 조선조 오백 년의 비극이 있었기 때문에만 가능한 "다시개벽"이었다. 그 "다시개벽"은 19세기 다양한 국가의 여하한 후천개벽보다도 차원이 높았던 것이다. 비극에 시들지 않은 청춘의 혼불은 항일의병으로, 3·1운동으로, 독립운동으로, 해방 후 좌우합작운동으로, 제주4·3민중항쟁으로, 여순민중항쟁으로, 4·19혁명으로, 5·18민주항쟁으로, 6월항쟁으로, 촛불혁명으로, 코로나19대처운동으로 끊임없이 형태를 달리하면서 타올랐다. 오늘날 코로나사태에 관한 모범적 국민행태의 공동체적 윤리성격도 이러한 문명의 체험의 집적태를 전제하지 않고서는 설명할 길이 없다.

고구려문명의 참모습에 대한 진솔한 이해가 없이는 우리는 고려제국을 직관할 수 없고, 조선왕조의 특이성을 식별할 수 없고, 위정척사 이래의 오늘날 보수·진보 정가政街의 다양한 행태를 이해할 수가 없다.

역사에는 움직일 수 없는 사실stubborn facts이라는 것이 있다. 그 사실로부터 우리는 모든 문헌적 해석체계를 해석해 들어가야 한다. 우리 문명의 청춘의 모습을 고구려에서 찾을 수 있다면, 우리는 그 청춘의 움직일 수 없는 완고한 사실을 바로 원종선元鍾善 선생이 찾아내고 있는 고구려 산성의 위용에서 발견할 수 있게 되는 것이다. 고구려는 산성의 연합네트워크로 이루어진 대제국이었으며, 로마제국의 분봉형태와도 상통하는 어떤 성격이 있었다.

고구려의 청춘을 향한 우리의 열망은 식을 길이 없다. 자취가 희미해져 가는 유허의 돌조각 하나에서 우리 민족의 청춘을 되살려내고, 그 웅혼한 기상을 느끼며 때로 보람을 느끼고 때로 비통해하는 호학지사 원종선元鍾善 선생의 선구적, 아니 다시 걷기 힘든 최종적 작업 앞에서 이 조선대륙을 살고 있는 우리로서 눈시울이 뜨거워지는 감격을 느끼지 않을 자, 과연 누구인가!

2020년 6월 4일
천산재天山齋에서

도올 김용옥 쓰다

환도산성 아래 무덤떼 앞에 서신 도올 선생님. 꼭 100년 전 이 자리에 서계셨던
단재 신채호 선생님의 감회를 되새기며. 2014년 10월 4일.

【고구려 수도방어의 전략적 산성 85개 위치】: 전작 『요동 고구려 산성을 가다』에 소개한 73개 고구려 산성에 이어서, 74번부터~158번까지 본서에 소개하는 85개의 고구려 산성을 이 지도에 함께 표시한다.

1~73번, 전작 『요동 고구려 산성을 가다』 답사지

홀승골성紇升骨城 점장대에서 점점이 보였던 그것은 바로 고구려 시대의 적석총 무덤이 아니던가? 비류수沸流水 변의 드넓은 들판에 펼쳐지는 700여 기의 적석총 무덤떼를 만나보니 피가 거꾸로 솟는다. 고구려 백성들이 정착하여 농사를 짓기 시작한 강변에 개국공신이나 조상의 뼈를 묻고 제국의 영원함을 기원했을 것을 생각하니 체내에 고구려의 피가 흐르고 있음이 느껴진다.

1958년 착공하여 1972년 준공한 환인댐 건설로 수몰되어버린 고구려 무덤떼이지만, 당시에 직접 볼 수 있었던 단재 신채호 선생님은 경악과 감탄으로 입을 다물 수가 없었을 것이다. 1914년 당시 윤세복이 경영하던 동창학교東昌學校에 초빙되어 고구려가 처음 하늘을 연 도읍지였던 환인桓仁 땅을 밟은 35세의 망명객은 고구려의 실체를 만나고 가슴이 뛰었다. 그곳에서 1년여 머물면서 조선 학동들에게 역사를 가르치고 만주에 흩어진 고구려 유적지를 두 발로 직접 밟게 된다.

단재 선생님은 홀승골성을 비롯하여 그 아래 펼쳐지는 하고성자下古城子·상고성자上古城子를 보면서, 고구려 첫 도읍지를 만나 그동안 서적으로만 대했던 고구려가 바로 눈앞에 펼쳐짐에 감격하였다. 그리고 환인 인근에 산재한 산성들이 바로 고구려를 지켜냈던 방어선임을 추정하게 된다. 시간을 내어 집안 지역에 가서 광개토왕비를 비롯하여 수많은 고분, 산성 등 방대한 제국인 고구려의 실체를 대하고는, 우리의 역사가 잘못 쓰여 왔음에 비분강개하고 "조선사"다운 "조선사"를 써야겠다고 다짐했을 것이다.

조선 성종 19년, 명 홍치弘治 원년인 1488년 조선 선비 최부崔溥는 서해 바다를 표류하다 영파寧波 인근에 닿는다. 그는 천신만고 끝에 항주에서 운하를 거쳐 명의 수도였던 북경에 도착하여 귀국하였다. 최부는 운하 주변도시들에서 느꼈던 것들을 글로 써서 『표해록飄海錄』이란 기록을 남겼다. 필자는 중국 항주杭州에서 북경에 이르는 대운하를 답사한 적이 있다. 그때는 『표해록』 속의 족적을 따라 다녔다. 그렇듯이 이번 배낭을 짊어지고 고구려 산성이 있는 산을 오를 때는 단재 신채호 선생님께서 고구려의 실체를 대하고 경악했던 심정을 가슴에 담고 다녔다.

100년 전 교통환경이 열악한 가운데서도 두 발로 직접 유적지를 찾아다니셨을 단재 선생님과 동병상련의 정을 함께 나누는 기분이 들었다. 더욱 가슴에 와 닿았던 계기는, 그동안 고구려 자료를 대할 때마다 뭔가 답답했는데 단재 선생님을 접하고 나서 가슴이 후련해졌을 때였다. 그것은 아마도 『삼국사기』는 물론 『신・구당서』, 『자치통감』 등 중국의 역사서를 처음 대했을 때 가졌던 실망감을 어느 정도 해소해 주었기 때문이다. 환인 등 인근 지역의 고구려 유적지를 직접 두 발로 찾아다니며 실증주의의 독자적인 사학을 펼칠 기초를 다졌던 선생님의 역사관을 되새기며 지역 답사를 다녔다.

『중국 운하 대장정』 집필을 마치고 고구려 산성 관련 자료를 모으며 하나둘 산성 답사를 시작한 지 어느덧 5년이란 세월을 넘겼다. 갈수록 답사 가는 길은 멀어지니, 이젠 최소한 600~700km 이동해야 한다. 세월의 흐름만큼 성과가 손에 잡히지 않으니 안타까운 마음이 앞선다. 그래도 그동안 직접 답사를 다니며 산성들의 현재 실태, 전래되어 오는 민담, 대를 이어 주변에 살아온 노인들의 증언 등을 모으고 자료화하겠다는 일념이 모든 것을 극복할 수 있게 한다. 산성은 다니면 다닐수록 애착이 간다.

1,400년에서 2,000년을 넘나드는 장구한 세월 끝에 남아 있는 고구려의 유

적이 얼마나 될까? 당시 도읍지 주변에 남아 있는 대형 고분, 얼마 되지 않는 석비石碑, 그리고 산성이 전부라고 해도 별 틀림이 없다. 대형 고분이나 석비는 대개 도읍지 인근에서 발견되는 왕실이나 지배계층의 역사라 한다면 고구려 강역 어디서나 만날 수 있는 산성은 백성의 역사이다. 하나하나 직접 가공한 돌을 올려 성벽을 쌓고 전시에는 산성 안으로 집결하여 병사들과 함께 힘을 모아 적과 대처하여 싸우니 그것이 바로 백성의 삶이요, 역사가 아닌가? 산성 주변에서 발견되는 작은 돌무지들은 이름 없는 병사나 주변 백성들의 묘다. 그러한 산성은 수도권에도 있지만 고구려 땅이면 어느 곳에나 산재해 있다. 백성이 어찌 수도권에만 살았겠나? 산성을 다니며 만나는 이끼 긴 성벽이나 성안 시설들에서 그들의 피와 땀이 느껴지고 숨결 소리가 들리는 듯하다. 그래서 더욱더 소중한 것이 아닐까?

고구려는 그들만의 특별한 산성이 있었기에 중원세력과 북방 이민족의 침입을 막아낼 수 있었다. 산성을 답사하다 보면 당시 고구려가 적은 병력으로 대규모 군사를 잘 대처하게끔 디자인되어 있음을 알 수 있다. 소수의 병력으로 평야에서 대군과 맞닥뜨려 싸운다면 백전백패할 수밖에 없지 않은가? 개별 산성의 입지조건을 보아도 이수난공易守難攻의 위치였음을 알 수 있지만 인근의 산성들과 서로 연합하여 함께 대응할 수 있는 포국布局을 보면 그 전력이 몇 배로 증강됨이 느껴진다.

그것은 유례없는 대군을 이끌고 쳐들어 왔던 수隋와 당唐과의 전쟁에서 여실히 드러났지만, 그 결정판은 645년 안시성 전투이다. 당 태종과 그의 군대가 요동성에서 안시성까지 이동하는 과정을 봐도 그렇고, 안시성의 전·후방의 촘촘한 산성 배치를 보면 알 수 있다. 그 지역 산성들을 답사하고, 현지인들 사이에 회자 되는 민담을 모으고, 산성의 포국을 분석하여 당시 수도였던 평양성으로 가는 길목이었던 안시성 전투에서 승리할 수 있었던 요인을 새롭게 해석해 본다.

당시 중원과 부여로부터 도읍이었던 국내성國內城을 연결하는 고구려 고도古道, 남도南道와 북도北道의 주변에는 전방에서부터 적을 차단하는 방어선으로서 산성이 산재해 있다. 그 고도古道는 강을 따라가는데, 강변에 펼쳐지는 평야에 백성들이 거주하면서 주변 산 위에 산성을 축조하여, 평시에는 병사들이 지키고 전시에는 백성들도 산성에 모여들어 군민이 합심하여 적들과 대처하였다. 그러한 산성들이 서로 연합하여 작전을 전개할 수 있도록 배치되어 있으니, 적들에게는 고구려 도읍으로 가는 길이 고단하고 멀게만 느껴졌을 것이다. 고도古道 변의 산성들을 답사하고 그 방어체계를 분석하였다.

고구려 도읍인 국내성과 환도산성丸都山城이 있었던 현재의 집안集安 지역에 진입하려면 장백산맥長白山脈의 서남 지맥인 험준한 노령老嶺을 넘어야 한다. 도읍의 북·서·남 방향에서 노령老嶺이 둘러싸고 있으니 천연의 장벽을 이루며, 그 동쪽에선 동남 방향으로 압록강이 흐르니 해자垓字 역할을 한다. 과연 그곳에 도읍을 정한 이유를 알 것 같다. 고도古道인 남·북도와 연결되어 노령老嶺을 넘는 길뿐만 아니라 여러 갈래의 길이 있었다. 노령은 적을 쉽게 통과시켜줄 수 없는 고구려의 수도의 최후방어선이었다.

그래서 노령 전·후방에 산성뿐 아니라 적의 침입을 차단하는 관애關隘 등 다양한 방어시설이 첩첩이 자리하고 있다. 또 압록강 하구에서 강을 따라 내륙으로 진입해 들어오는 적들을 가로막던 강변에 설치한 관애關隘도 만날 수 있다. 그들을 답사하고 분석해 보면 고구려 당시의 수도 방어 시스템을 알 수 있다. 그것은 현대화된 무기와 규모에 차이가 있을 뿐 방어시설의 포국布局을 보면 오늘날과 별반 큰 차이가 없다.

전작 『요동 고구려 산성을 가다』에서 73개 산성, 이번에 85개 산성을 답사하고 기록으로 남기다 보니 이미 중국 땅에 자리한 고구려 산성의 2/3를 훌쩍 넘겼다. 특히 이번에 고구려의 서·북부 변경과 도읍을 연결하는 고도古道

상의 산성을 답사하면서 고구려에 좀 더 다가간 듯하다. 동서고금을 막론하고 도읍을 사수하는 것이 바로 국가를 지켜내는 것이나 다름 없다. 그래서 도읍에 가까울수록 그 방어선도 더욱 촘촘해짐을 알 수 있다. 변방을 지키는 군대 못지않게 수도를 지키는 군대는 최고의 기강을 유지하였을 것이다. 산성을 답사하면서 그 병사들의 모습을 그리며 다녔다. 그뿐 아니라 그들과 함께 석재를 가공하고 돌 하나하나를 쌓아 올렸으며 전시에 산성으로 모여들어 함께 무기를 들었을 주변의 주민들을 떠올렸다. 그곳의 병사나 주민 너나 없이 고구려의 백성들이다. 그들이야말로 고구려를 700년, 아니 900년을 지켜낸 힘이다.

단재 신채호 선생님도 그들의 모습을 찾고 싶어 했을 것이다. 그들이 남긴 역사를 되찾고 싶으셨을 것이다. 나라 빼앗긴 설움에 역사만이라도 바로 잡아야 한다는 절박한 심정으로 다니셨을 것이다.

도올 선생님이 계셔서 힘든 산행을 견딜 수 있었다. 항상 용기를 주셨고 길라잡이가 되어주신 덕에 고구려로 더 깊이 빠져들 수 있었다. 항상 머리 숙여 감사드린다. 직접 뵌적은 없지만 윤명철 교수님의 저서 『만주에서 고구려에게 길을 묻다』는 나의 산성답사를 실행에 옮기는데 기폭제 역할을 하였다. 이 자리를 빌려 감사드린다.

대련의 한인 사회를 가족처럼 이끌어 가는 한인상회의 유대성 회장과 이용섭 편집장을 비롯한 한인 여러분들의 따뜻한 성원에 또다시 한 권의 책을 만들면서 감사의 마음을 전한다. 특히 가끔 산행에 동행도 해주고 격려를 아끼지 않은 동갑내기 장대규, 김윤근, 강한수 등 친구의 배려가 큰 힘이 되었다. 답사하면서 직접 그렸던 평면도 등 도면을 독자에게 내실 있는 내용으로 전달될 수 있도록 일러스트작업을 기꺼이 맡아준 NHN ST 최유철 대표, 大連韓華信息技術有限公司 박창민 총경리 등 두 아우가 고맙다. 이임 후에도 대련에서 만난 인연으로 계속 응원과 지지를 아끼지 않는 대련영사출장소의 백범흠, 강승석 전임 총영사와 최종석 현 총영사께 감사드린다.

동포 사진작가 이윤선李潤善씨와의 만남은 큰 도움이 되었으며 이번 답사와 연구에도 성쉬에밍盛學明, 스샤오핑施曉平, 원츠앙칭聞長靑 등 중국 친구들의 자료수집이 바탕이 되었다. 그뿐 아니라 답사중에 만나 동행하면서 증언해주었던, 산성 주변에서 대를 이어 살아온 현지 노인분들에게 감사한 마음이다. 순수하고 정겨운 분들의 대대로 전해 오는 고구려에 대한 증언은 소중한 자료가 되었다. 그분들이 세상을 떠나고 나면 과연 누가 증언해줄 수 있을까? 만약 그분들의 동행이 없었다면 무미건조한 산성 답사가 되었을 것을 생각하니 이 책은 그분들과 함께 저술했다고 해도 과언이 아니다.

가슴 졸이며 이국땅에서의 산행을 지켜보면서도 별 내색 없이 응원과 지지를 보내주는 집사람과 아들, 며느리, 딸 그리고 작년에 새 식구가 된 사위 등 가족들이 함께 있어 항상 든든한 마음이었다. "사랑한다!"

여태껏 잘 키워주시고도 이순耳順의 나이건만 아직도 막내라고 맘 쓰시는 연로하신 아버님, 어머님께 이 책을 바칩니다.

통나무 식구들의 한결같은 고구려 사랑이 나를 이곳까지 이끌었나 보다. 또 한 권의 책이 출간되어 자라나는 아이들에게 실체 있는 고구려의 이야기를 전할 수 있어 너무 행복하다. 특히 지난해에 재단 이사의 임기를 마치면서 산성 답사를 잘 마무리하기 위하여 먼발치에서 지켜보고 마음으로 응원한다고 했던 "대련한국국제학교"의 학생들에게도 이 책을 전하고 싶다.

고구려 산성 답사는 내일 또 계속된다.

2020년 6월
환도산성 북벽에서 바라보던 북녘땅을 그리며

일러두기

1. 이 책의 답사 대상 85개 고구려 산성의 선정 이유:

    1) 중국 요녕성의 요동반도 외의 산성들, 요동 지역의 중심 요동성과 안시성安市城 사이와 그 주변의 산성을 답사하면서 645년 안시성 전투와의 연관성을 분석하였다.

    2) 고구려 서부 변경의 거점이었던 신성新城에서 출발하여 당시 도읍이었던 국내성國內城에 이르는 고도古道였던 남南·북도北道상에 산재해 있는 산성들을 답사하면서 고도를 중심으로 한 방어선을 이해하려고 시도했다.

    3) 집안集安의 국내성과 환도산성丸都山城이 고구려 수도의 중추를 이루고 있던 것으로 비정할 때 내륙 쪽은 장백산맥의 서남 지맥인 노령老嶺이 둘러싸고 있어 천연의 장벽을 이루고, 동남 쪽에서 흐르는 압록강은 해자垓字 역할을 한다. 노령을 넘는 고도古道 전후에 첩첩이 배치되어 있는 산성과 관애關隘를 찾아보면서 고구려 수도 방어체계를 분석하였다.

    4) 따라서 전작,『요동, 고구려 산성을 가다』에서 답사했던 산성과 이번 것을 합치면 요녕성 내에 소재한 산성은 다 망라한 것이며, 도읍이었던 지금의 집안시集安市 주변, 길림성 동남부의 산성까지 해서 총 85개의 산성을 선정하게 되었다.

2. 고구려 산성의 명칭에 대하여:

    중국학자들이 주로 사용하는 명칭을 사용하였으며, 특히 길림성의 경우에는 1980년대 중반에 각 지방 현縣을 중심으로 문물지文物志를 발간하였는 바, 그곳에서 언급하는 명칭을 우선하여 선택하였다. 전작『요동 고구려 산성을 가다』에 소개한 73개 산성에는 산 이름 뒤에 〈***산 산성〉 식으로 산 이름 위주로 명칭이 정해진 것이 주로였던 반면, 이번에는 주로 그 지역의 지명과 연관된 명칭이 많다. **촌에 소재한 산성의 경우에는 〈**산성〉으로 불린다. 물론 산 이름과 연관된 산성 이름도 있으니 일정하게 정해진 원칙이 있는 것은 아니다.

3. 고구려 고도古道, 남도와 북도의 학설:

    중국뿐만 아니라 한국의 역사학자들 사이에도 고구려의 고도古道인 남·북도의 노선에 관해서 일치된 의견이 없다. 그것은 남·북도 이외에도 고도의 노선이 여럿 있었음을 말한다고 볼 수도 있다. 본서에서는 그 노선에 대한 많은 논란을 보류하고 다수설에 따라 산성들을 분류하였음을 밝혀둔다.

4. 중국어 표기에 관하여:

    중국어 표현은 독자의 이해를 돕기 위하여 한국어 한자표기로 전환하여 기재함을 원칙으로 하고, 병기할 경우에는 번자체로 전환하였다. 그리고 중국어 한글표기는 "C-K시스템"으로 표기하였다.

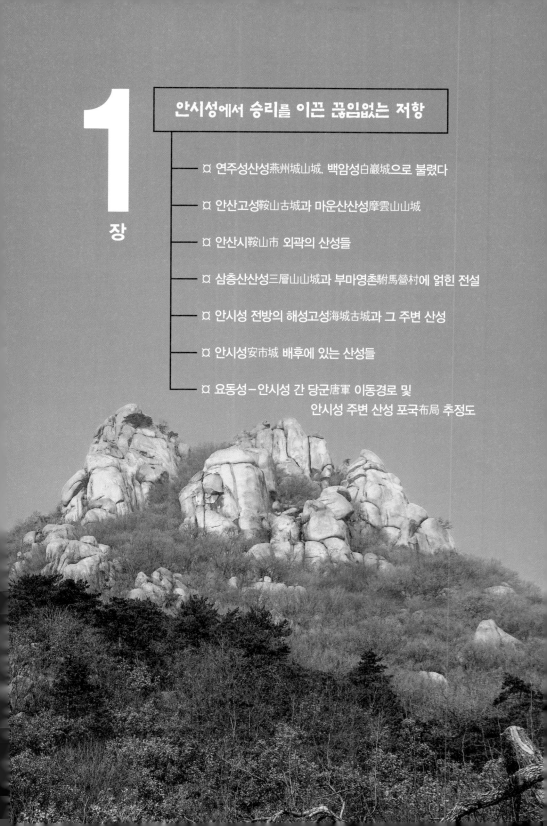

1장

안시성에서 승리를 이끈 끊임없는 저항

바위산에 위치한 대고성자산산성大孤城子山山城

산성이름	위치	규모	성벽재질	분포도
백암성白巖城(연주성산성)	요양 등탑시 서대요진 성문구촌	둘레 2,500m	석성	74
안산고성鞍山古城	안산시 천산구 동안산향 안산성촌	미상	평지성	75
마운산산성摩雲山山城	안산시 당가방진 마운산촌	동서 400m 남북 200m	석성	76
대고산성자산산성大孤山城子山山城	안산시 대고산진 상대춘석촌	길이 30m 폭 10m	석성	77
천산고도관산성千山古道關山城	안산시 천산풍경구 고도관 북쪽	3층 각부분 분리	석성	78
삼층산산성三層山山城	안산시 대둔진 남백석촌 동쪽 산성산	길이 80m 폭 20m	석성, 토성	79
남대산성자산성南臺山城子山城	해성시 남대진 산성자촌	길이 30m 폭 22m	토성	80
해성고성海城古城	해성시 시내중심	미상	평지성	81
소요구산성小窯溝山城	해성시 마풍진 석안촌 남쪽	동서 100m 남북 10m	석성	82
석성자산산성石城子山山城	영구 대석교시 관둔진 석붕욕촌	남성 900m² 북성 500m²	석성	83
석목고성析木古城	해성시 석목진 시내	미상	평지성	84
용봉욕산성龍鳳峪山城	해성시 석목진 용봉욕촌	동서 180m 남북 160m	토석혼축	85
엽가촌산성葉家村山城	해성시 분구진 엽가보촌	둘레 200m	토석혼축	86

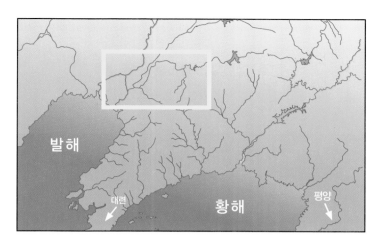

운반산돈대雲盤山墩臺	해성시 분구진 후가보촌	길이 30m 폭 10m	토석혼축	87
동대령촌산성東大嶺村山城	해성시 접문진 동대령촌 산성구	길이 35m 폭 20m	석성	88
복합산산성卜鴿山山城	해성시 접문진 대자산촌	미상	석성	89

연주성산성燕州城山城

— 백암성白巖城으로 불렸다

연주성산성燕州城山城 **전경.** 당시에는 백암성으로 불렸다. 멀리서 봐도 유난히 하얗게 반사되는 성벽 때문이었을 것이다. 하지만 그 성은 아픈 역사를 지니고 있는 만큼 엷은 가을 햇살에 비쳐지는 그 모습이 처연하게 느껴진다.

백암성白巖城, 당唐 태종太宗(이세민李世民, 598~649)이 요동성을 점령하느라 치른 치열한 전투 끝에 전열을 재정비하고 다시 처음으로 진격했던 성이 아니던가? 역사서상의 그 훌륭한 이름을 뇌둔 채 오늘날 연주성燕州城이라고 부른다. 요동성이 있던 요양에서 동쪽으로 불과 20km 떨어진 곳에 자리한다. 요양시내 한가운데를 지나는 태자하太子河의 상류 변에 위치하니 요동성과의 연관성이 긴밀할 수밖에 없다.

심양 가는 G15번 고속도로에서 분기되어 요양시내를 우회하여 본계本溪로 이어지는 G91번 고속도로를 타고 30여 km 가다, 소둔小屯 나들목에서 내린다. 그곳에서 지방도로를 타고 동북쪽으로 17km 정도 더 가다 보면 요양시의 현급 시인 등탑시燈塔市의 동남쪽 끝자락인 서대요진西大窯鎭에 위치한 성을 만난다. 평지에 난 길을 가다보니 멀리서부터 강 건너 산등성을 타고 오르는 성벽이 보인다. 가을 햇살에 빛나는 성벽이 확연하게 드러나니 맘이 설렌다. 당시의 당군唐軍들도 멀리서부터 보이는 성의 위용에 놀랐을 것이다.

성 아래 성문구촌城門口村 마을로 진입하니 강변에 입구가 있다. 하지만 발굴작업을 한다고 문을 폐쇄해 버렸다. 산의 계곡입구에 난 성의 정문일 텐데 철망을 설치하고 출입금지를 시켰으니 안타깝다. 철망 안을 살펴보니 성문으로 보이는 구조물과 파헤쳐진 지하 시설물이 보인다. 그리고 문의 입구에는 2013년에 "전국중점문물보호 단위"로 공포하였다는 표지석과 1963년 "성급문물보호단위"로 선정했다는 표지석 2개가 나란히 서있다.

굳게 닫힌 문은 들어갈 수 없으니 배를 타면 강 위에서 성을 볼 수 있다며 여러 명이 서로 경쟁하듯이 호객행위를 한다. 주차장에서 산성이 보이지는 않지만 바로 큰 바위 절벽 위는 남벽과 서벽이 교차되는 지점으로 각대角臺가 있다. 그 각대는 서남 방향에서 진입하는 적들을 조망하기 좋은 위치이다. 더불어 공사중인 성문과 가까이에 있어 성문에 접근하는 적을 차단하기 적합하니 하나의 옹성구조라고 할 수 있다.

서·남벽의 모퉁이 각대角臺. 각루가 있었을 것이다.

하는 수 없이 마을 한가운데로 들어가 북쪽으로 좀 가다 보니 성의 서문이 나온다. 그곳에도 1963년도에 "성급문물보호단위"로 선정되었다는 표지석이 가로로 쓴 것과 세로로 쓴 것 두 개가 나란히 서 있어 성문임을 나타낸다. 성문에 서서 전체적으로 조망해 보니 문은 서벽에서 북쪽으로 치우쳐 자리한 것이다. 북쪽으로 이어지는 성벽은 반대편인 동쪽 가장 높은 곳, 점장대까지 이어진다. 성은 동북고서남저東北高西南低의 지형에 남쪽에서 오르는 계곡을 중심으로 해서 자리하였다.

드디어 성으로 진입한다. 남쪽에서 산언덕을 오르며 마을과 접하며 이어지턴 서벽은 문에서 잠시 쉬었다가 다시 북쪽을 향해 계속 오른다. 남쪽에서 문까지는 약 2~3m 높이의 협축夾築으로 쌓은 성벽이 이어진다. 그 성벽을 따라 밖으로 7~8m 폭의 공간이 있고, 또 다시 편축偏築의 외곽성이 있다. 나지막한 서남면의 방어를 보강하기 위함이었을까? 성벽을 이어 그 공간에 자리한 낮은 대臺가 하나 있으니 그것은 외곽성의 방어를 지휘하던 곳으로 보인다. 대 옆으로 성안에서 물이 흘러 나오는 배수로가 나있다. 수많은 답사에서 못 보았던 특이한 구조이다.

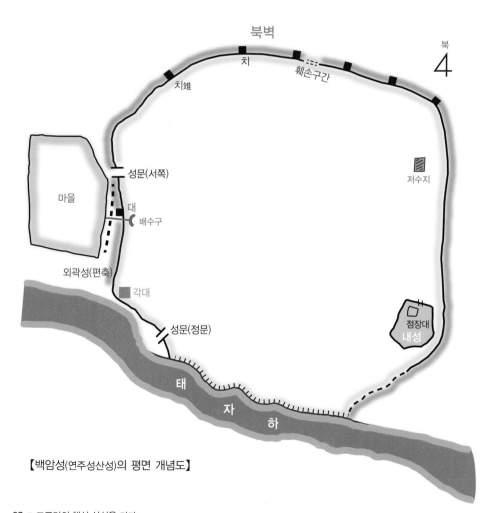

【백암성(연주성산성)의 평면 개념도】

서벽은 문에서 조금 더 오르다 방향을 트니 북벽이다. 점점 높아 가는 고도를 따라 성벽도 높아 가고 보존 상태가 훌륭한 치雉를 앞으로 돌출시켜 놓고 있다. 많이 무너져 내린 치에 올라 돌출부를 측정하니 그 폭이 5~6m에 길이가 약 6m 정도이다. 하단부를 자세히 관찰하니 굽돌이 들여쌓기를 하여 그 구조물이 안정감을 지니면서도 아름답기 그지없다. 마치 차가운 석재에 생명을 불어 넣은 듯하다. 아마도 훼손되기 전에는 그 상단에 여장女墻이 있었으리라. 그리고 삼족오三足烏 깃발을 휘날리며 한껏 위용을 자랑했을 것이다. 하나의 치는 많이 허물어져 내렸으나, 거의 완벽하게 남은 5개의 치는 40m 정도의 일정한 간격을 두고 세워져 있다. 석회암의 높은 성벽이 오후 햇살에 하얗게 반사되니 더욱 장관을 이룬다. 형언할 수 없는 감동, 그 자체이다.

백암성 서벽의 남쪽으로 태자하가 흐르는 것이 보인다. 성벽 밖으로 낮은 대가 하나 놓여 있다.

훼손이 심한 치에 올라보면 하단부는 각을 휘돌아 쳐낸 굽돌이 들여쌓기 방식으로 올라가니. 안정감에 미를 더하는 그들의 감각이 얼마나 훌륭한가?

잘 남아 있는 북벽 치雉의 모습. 치란 성벽에 접근하는 적을 전면뿐 아니라 측면에서도 공격을 하여 차단하는 역할을 한다.

백암성 안쪽 곳곳에 남은 벽돌처럼 다듬어진 벽면

이 성은 평지성과 마찬가지로 거의 전 구간의 성벽 안팎이 지면에 노출되는 협축식 축성이다. 많은 산성들이 산의 경사면을 이용하여 바깥쪽만 성벽을 쌓는 편축식 축성인 것과는 차이가 있다. 성의 바깥은 고르게 잘 다듬어져 있으나, 안쪽으로는 뾰족한 쐐기석이 그대로 드러나 있다. 원래 안쪽도 잘 다듬어진 면이었을 텐데 궁벽했던 시절 마을사람들이 뽑아다 건축자재로 쓴 듯하다. 그도 그럴 것이 아직 곳곳에 잘 다듬어진 면이 눈에 띈다.

북벽은 계속 이어가다 중간에 한번 끊긴 곳이 나온다. 그 단면을 보니 작은 돌들로 완벽하게 채운 것이 그대로 드러난다. 성곽이 그 오랜 세월을 견디고도 끄떡없는 이유를 알 것 같다. 북벽은 밖에서 보면 그 잔고가 약 5~8m 남아 있고 거기에 일정 간격으로 치까지 있으니 적의 접근이 불가능해 보인다. 상단의 폭은 2~2.5m 정도이며, 치에 인접하여 안쪽으로도 돌출부가 있는데 많은 군사들이 올라 방어하던 거점으로 보인다.

역사서를 보면 이적李勣(이세적李世勣, 594~669. 당 태종 이세민李世民의 세世자를 피하여 이적李勣으로 불렸다)이 군사를 이끌고 서남 방향에서 오고, 태종의 본대는 서북 면에 임한다고 되어 있다. 성벽에 올라서서 성 밖을 바라보니 그들은 성에서 비교적 취약한 부분으로 진격해 온 것이다. 성 전체로 보아 가장 낮으면서 계곡의 입구인 남쪽은 태자하가 천연의 해자를 형성하고 있으니 접근이 어렵다. 북쪽은 비교적 고도가 높은 곳에 일정한 간격으로 치雉를 쌓은 높은 성벽이 그들을 막았을 것이다. 동벽은 성에서 가장 높은 곳으로 험준한 지세 위에 쌓은 성벽을 넘기란 쉽지 않아 보인다. 서남쪽은 외곽에 또 하나의 성을 쌓아 보강하였지만, 그래도 이적의 선발대는 그곳을 택하여 공격을 감행한 것이다.

성벽에 서서 그 당시를 생각한다. 과연 그들은 성 아래에서 몰려오는 당군唐軍의 충천한 사기에 풀이 꺾였던 것일까? 요동성을 점령하고 진격해오는 적군에게 지레 겁을 먹고 항복을 청했을까? 역사는 항상 승자의 논리로 기술하게 마련이다. 그들의 아픈 마음을 보듬으며 성 위를 걷다 보니 성벽은 마지막 치를 지나 남쪽으로 방향을 틀면서 동벽을 만들고 간다. 이 구간은 성에서 고도가 높은 곳으로 성벽이 없더라도 적들의 접근이 쉽지 않아 보인다. 성벽은 남쪽을 향하여 계속 오르고, 동·남벽이 만나는 지점인 산의 정상 부분에 솟아 있는 대臺가 눈에 들어온다. 그것이 바로 점장대點將臺이다. 삼국사기에 성주 손대음孫代音(신당서 등 일부 역사서에는 손벌음孫伐音으로 전해지기도 한다)이 항복의 의사표시로 당기唐旗를 내걸었던 바로 그 점장대가 아닌가? 얼마나 애달픈 일인가? 그는 항복하고 곧바로 후회했을 것이다. 차라리 끝까지 싸우다 자결하는 편이 나았다고 회한의 눈물을 흘렸으리라. 역사에 가정은 없지만 그랬더라면 당 태종은 안시성에 갈 일이 없었을지도 모른다. 또한 손대음이란 이름 세 자는 전해지지 않았을 것이다. 아이러니하게도 안시성·요동성 등 그들이 혼쭐이 났던 성의 성주 이름은 정사에 전혀 기록으로 남지 않았다.

점장대는 백암성에서 가장 높은 곳. 내성 안에 자리한다. 성주가 항복의 의사표시로 당기를 내걸었던 곳이란 사연이 있어 쓸쓸해 보인다.

점장대에 오르니 과연 성 안팎이 한눈에 들어온다. 동남쪽에서 유입되는 태자하가 성의 남면을 에워싸고 발아래 흐른다. 성안이 한눈에 다 들어오니 성주가 그곳에 올라 전투지휘를 한다. 점장대는 남북의 길이가 45m, 동서 폭이 35m의 내성 안 북서쪽에 치우쳐 있다. 외성의 성 둘레 2,500여m에 비하여 그리 크지는 않은 내성 안에 지휘부가 있어 참모들과 회의도 하고 지시를 전달하는 역할을 했을 것이다.

건축물이 있었을 내성 안 바닥은 별도의 기초공사가 필요 없이 주로 평탄한

바위로 되어있다. 오늘날 사람들에게도 그곳이 신성하게 느껴졌던지 구복求福
의 의미로 작은 돌을 하나하나 쌓아 올린 돌탑들이 여기저기 있다. 점장대 상
단에도 그러한 돌탑이 있다. 오를 때마다 소원을 빌며 작은 돌 하나를 정성스
럽게 올려놓는다. 과연 그들은 무엇을 기원할까?

내성을 둘러싼 외성을 따라 태자하가 둘러친 남벽으로 내려가려고 했지만,
조금 가다 절벽을 만나고 성벽은 더 이상 이어지지 않는다. 남쪽은 강에 이
어지는 험준한 절벽으로 더 이상 인공성벽을 필요로 하지 않는다. 결국 성의
서·북·동 면에만 잘 다듬고 깎은 석재를 이용하여 성벽을 쌓았다.

점장대 위에서 태자하를 내려다보며 지난 역사를 생각한다. 요동성에서 치
열한 혈전을 벌였기에, 성을 함락시켰다고는 하지만 당군도 그 피해가 만만치
않았다. 5월 17일 요동성을 차지한 후 휴식과 정비의 시간을 갖고 5월 28일
요동성을 출발하여 백암성白巖城으로 향한다. 요동성에서 동쪽으로 20여km 떨
어진 가까운 거리이다. 『삼국사기』뿐 아니라 『자치통감』, 『신당서』등 중국
역사서에도 대동소이한 내용으로 당시의 전투상황을 비교적 상세하게 전한다.

이세적이 선발대로 진군하여 성의 서남을 공격한다. 이세적은 누구인가?
당 태종이 고구려동정高句麗東征을 결정하는 과정에서 많은 신하의 반대
에도 불구하고 적극 찬성한 신하이다. "설연타가 침입을 했을 당년에 폐
하가 병사를 보내 토벌을 하려 할 때 위징魏徵이 안된다고 간하여 그만두
지 않았나. 그것이 오늘날까지 곧 바로 우환으로 남게 되었다. 그때 만약
폐하의 책략을 채용했더라면 북쪽 경계의 안녕이 확보되지 않았겠나?當年
薛延陀進犯, 陛下想要發兵討伐, 因魏徵諫阻而作罷。使之直到今日仍禍患。那時如
果採用陛下的策略, 北疆可保安寧。"라며 이세민의 마음을 움직였던 그 사람이
다. 그래서였을까? 그는 요동도행군대총관遼東道行軍大總管에 임명되어 선발
대로 645년 4월 통정通定을 거쳐 제일 먼저 요하遼河를 건넌다. 신성新城은

우회하지만 개모성盖牟城을 거쳐 요동성 함락에도 혁혁한 공을 세운다.

성의 서남쪽을 공격하는 사이 당 태종은 성의 서북으로 닿는다.『삼국사기』
에는 성주 손대음孫代音이 요동성이 함락되었다는 소식을 접하고 지레 겁을
먹고 심복을 보내 항복 의사를 표한 것으로 기록하고 있다. 하지만 당시의 일
정을 살펴보면 가까운 거리에 있던 성임에도 불구하고 항복하는 6월 1일까지
3일이 걸린다.『삼국사기』의 기록과는 달리 3일간 피눈물 나는 항전을 한 것
으로 보인다.

『자치통감』등 일부자료에 따르면 우위대장군 이사마李思摩가 날아오는 화
살에 맞아 피를 흘리자 당 태종이 직접 피를 빨아주었다. 그래서 장졸들이 모
두 감동하여 목숨을 가리지 않게 된다. 또한 백암성 아래에 주둔을 하려고 할

백암성 서벽 밖에 보이는 마을 한가운데로 난 길로 이적李勣이 선발대를 이끌고 쳐들어 왔을 것이다.

때 연개소문이 파견한 지원군으로서 오골성 군사 1만이 당군을 포위한다. 이에 전군총관前軍總管 계필하력契苾何力이 정예기병 800명을 이끌고 용감하게 응전하다 고구려군의 긴 창에 허리를 찔린다. 당 태종이 직접 약을 발라 주면서 그를 찌른 고구려 병사 고돌발高突勃을 잡았으니 마음대로 처리하라고 한다. 하지만 그 또한 그의 군주를 위해 충성을 한 것이고 자기와는 털끝만치도 구원舊怨이 없으니 방면해 줄 것을 청한다. 이러한 이야기들은 후세의 사가들이 당 태종의 인간미를 부각하는 그들만의 기록이지만, 그를 통하여 당시에 고구려의 지원군도 왔으며 치열한 전투가 있었음을 알 수 있다.

역사서를 보면 성주가 심복을 보내 항복을 청하며 성벽에서 도월(刀鉞: 도끼 같이 생긴 무기)을 던짐으로 신호를 보내겠다고 한다. 본인은 항복을 원하지만 성안에는 따르지 않는 자가 있다고 전한다. 그러자 이세민은 당기唐旗를 주며 항복하려거든 이것을 성 위에 세우라고 하며 진정성을 시험해 본다. 성안에 기를 세우자 성안 사람들은 이미 적군이 성안으로 진입한 것으로 알고 항복에 따른다. 이는 성중의 군사들은 성주와는 달리 끝까지 싸우려는 의지가 있었다는 것을 의미한다. 항복의 의미는 3일간의 피눈물 나는 전투에서 이미 전세가 기울자 성주가 성안의 군사와 백성들을 생각했음일지도 모른다.

강가에 장막을 치고 성안의 남녀 만여 명으로부터 항복의 의식을 치르고, 음식도 나눠주고 80세 이상 노인에게는 차등을 두어 비단을 나누어 주었다.

다른 성에서 지원 나온 군사들에게 양식과 무기를 주어 원하는 대로 가게 했다고 기록한다. 이 또한 관용을 베푸는 당 태종의 미덕을 그리고 있는데, 역사서 곳곳에서 고구려동정 시 이런 유類의 당 태종의 이야기를 많이 볼 수 있다. 중국 역사서를 거의 그대로 베낀 『삼국사기』도 이런 이야기들을 그대로 전하고 있다.

서남 모퉁이 각대에서 내려다 본 강가의 성문 입구. 당 태종이 장막을 치고 항복을 받았던 곳이 아닐까?

당 태종은 백암성에서 항복을 받고 그곳을 암주巖州라 칭하며 손대음을 자사로 임명한다. 일말의 전개과정을 보면 아주 순조롭게 백암성 전투에서 항복을 받은 것으로 기록하고 있다. 하지만 역사서에 나타나지 않는 의문점이 있다. 6월 1일 백암성에서 항복을 받은 당군은 연개소문이 지원군 700여 명을 보내 방어케 하는 개모성盖牟城으로 향한다. 이적李勣은 지원군을 전부 포로로 잡으면서 개모성을 점령하고, 이튿날 당 태종은 그들을 모두 풀어준다. 그리고 3일 개모성을 개주盖州로 개칭한다는 기록이 있다.

그리고 6월 11일에서야 안시성을 공격하기 위하여 요동성을 출발한다. 자료대로 손쉽게 승리만 했다면, 그리 멀지 않은 안시성을 앞에 두고 왜 요동성으로 돌아갔을까? 한시가 급한 고구려 정복을 두고 되돌아가서 8일 동안 움직임이 없다. 혹시 역사서 기록과는 달리, 백암성과 개모성 전투에서 승리를 거두었지만 혈전 끝에 그 손실 또한 만만치가 않아서 전열을 다시 정비해야 할 처지였을까? 전쟁에서 8일은 결코 짧은 시간이 아니다. 그 다음 목표인 안시성으로 하여금 공개적으로 준비할 수 있는 긴 시간을 준다는 것은 전술적으로 상상할 수 없는 일이다. 당시 천하무적의 당 태종 휘하의 군대로서는 있을 수 없는 선택이다.

절대로 당 태종은 손쉬운 승리를 거둔 것으로 볼 수 없다. 성주 손대음은 결코 그리 쉽게 항복의 깃발을 이곳 점장대에 올린 것이 아니다. 점장대에서 그런 생각을 이야기 하고 있을 때 우리 말을 알아들은 동포 한분이 다가 와 한국 분이냐고 묻는다. 요양 시내에 사는 조선족인 그 분은 생각지도 않게 같은 민족을 만나니 너무 반갑다며 악수를 청한다. 우리 서로 고구려를 이야기 한다. 그리고 함께 손을 잡고 "고구려 파이팅!" "코리아 파이팅!"을 목청 높여 외친다.

안산고성鞍山古城과 마운산산성摩雲山山城

안산고성 인근을 지나는 G202번 국도변에서 바라본 낙타산駱駝山. 그 아래 노천광에서는 오늘날까지도 철광석을 캔다.

안산鞍山은 고대부터 철의 산지로 유명하였다. 오늘날까지도 낙타산 아래 노천광과 시내 한가운데 자리한 동안산철광산에서 채굴중이다. 한때 요양遼陽에 속했고 그 후엔 해성시海城市 관할이었지만 철강산업으로 인하여 지금은 요녕성에서 세 번째 큰 도시로 성장해 있다.

안산역보鞍山驛堡는 1387년(홍무洪武 20년) 처음 세워졌고, 1578년(만력萬曆 6년)에 중수되었다고 한다. 상단에 "안산역보" 라는 석편石扁이 붙은 서남문은 1986년에 복원했다. 이것을 일반적으로 안산고성鞍山古城이라고 한다. 서남쪽에서 높이 2m, 각 변의 길이가 500m 서주西周 시대의 성벽 유적이 발굴되었다고 한다. 또한 북으로 600m 떨어진 곳에서 동서 폭 250m, 남북 길이가 280m의 한漢나라 성터인

안산고성이라고도 하는 **안산역보鞍山驛堡**

신창유적지新昌遺址가 발굴되기도 하여, 안산의 역사가 짧지 않음을 웅변하고 있다.

전설에 따르면 당 태종의 동정東征 때 대장군 위지경덕尉遲敬德이 서주西周 시대의 성벽 위에 벽돌로 증축했다고 한다. 하지만 그 당시에 당군唐軍은 안시성으로 혈투를 벌이러 가던 중이었다. 그 와중에 새로운 성을 쌓기보다는, 고구려가 지배한 지 이미 240년이 넘은 지역이니 고구려의 평지성이 자리하여, 당군과 고구려군 사이에 치열한 전투가 벌어졌던 곳으로 보인다. 하지만 이 전설도 당시에 그곳에 성이 있었다는 것을 말해주고 있다. 당시에도 철의 산지였던 안산 지역을 관리하는 고구려의 현성縣城이 있었을 개연성이 충분하다.

이곳 외에도 안산 여러 곳에 고구려 시대의 고사가 전해진다. 당시 당 태종이 안산고성으로 진격을 앞두고 작은 토산 아래 군막을 설치하였다. 그날 밤 꿈에서 동해 용왕의 딸을 만난다. 그녀는 규율을 어겼기에 인간세상에 떨어져 그 토산 아래 거주하고 있었는데, 그곳에 집을 지어 달라고 부탁했다. 사방이 트인 높은 대四方高臺를 지으면 적을 격파하는 것을 도와 보답하겠다고 했다. 고대高臺를 짓고 나서 이세민은 그 고대에 올라 큰 목소리로 명령한다. "연개소문의 군영으로 진군하라!" 당군은 큰 승리를 거두었고 그로부터 그 지역을 사방대四方臺라고 불렀다고 전해진다. 전설일 뿐이지만, 당 태종이 요동성을 함락시킨 후 안시성으로 진격하던 중 고구려의 성이었던 안산고성을 만나 일단 사방대 인근에 진을 쳤던 것으로 추정된다. 그리고 이튿날 안산고성을 공격하였을 것이다.

사방대 자리로 추정되는 명나라 봉화대. 최근 들어 복원한 것이다. 하지만 인근에 작은 토산은 보이지 않으니, 당 태종은 좀 떨어진 낙타산 아래 진을 쳤던 것이 아닐까?

요동지遼東志 기록에 따르면 명明 만력萬曆 6년인 1578년에 사방대에다 봉화대를 건설하여 군사시설을 만들었다고 하니, 역보驛堡를 중수하면서 같이 세운 것이다. 현존 안산고성과는 불과 2.5km 떨어진 곳이다.

이렇듯 안산시 곳곳에 고구려와 당의 전쟁에 얽힌 전설이 수없이 전해지니, 당시 요동성에서 안시성으로 진격하는 도중에 치열했던 전투가 있었음을 말하고 있다. 그렇지 않고서는 요동성에서 불과 60여 km 떨어진 안시성 인근에 닿는 데까지 한 달여가 걸렸다는 것이 설명되지 않는다.

안산시 중심에서 남동 방향으로 8km 정도 떨어진 당가방진唐家房鎭 중심에서 10여 km 더 가다 보면 마운산摩雲山을 만난다. 멀리서 보니 산 정상을 이루는 바위가 마치 이집트의 피라미드를 연상케 하는 형상을 이루고 있다. 보기만 하여도 난공불락의 요새임을 알 수 있다.

옥수수밭을 지나 산자락에 이어지는 배 과수원이 있고, 과수원 한가운데 보천관寶泉觀이란 크지 않은 도교 사찰이 자리하고 있다. 수염을 길게 기른 도사 道士에게 물으니 더 깊은 산자락을 가리

마운산摩雲山 정상은 멀리서 바라보아도 천연의 요새임을 알 수 있다. 산 이름과 같이 산 정상을 구름이 휘감아 돌아간다.

키며 그곳에 당대唐代에 지은 사찰이 있었다고 한다. 그렇다면 그것은 고구려 시대의 사찰이었을 가능성이 농후하다.

그리고 설인귀가 동정東征 시 이 산성을 공략할 때, 고구려 군사들이 미처 가져가지 못한 보물들을 앞산 중턱에 묻어 두었다는 믿지 못할 전설을 들려준다. 그러면서 한 법당 안에 보관중인

산자락에 있는 도교사원 보천관

석비石碑를 보여준다. 명대明代에 만들어진 비에는 풍화작용이 심한 탓에 글자가 분명치도 않다. 산성과 그 보물에 대한 전설이 쓰여 있다고 하여 판독할 목적으로 카메라를 들이대니 안 된다고 저지한다.

그를 뒤로하고 과수원 중간으로 난 길을 따라 산에 오른다. 배 밭이 끝날 무렵에 성문인 듯, 한 쪽에는 인공 벽체가 이어지고 다른 한쪽엔 바위가 대臺를 이룬다. 그곳에서 길은 남동쪽으로 방향을 틀어 정상을 향해 오른다. 산 아래에서 보았던 피라미드와 같이 생긴 바위 위의 정상을 향하여 가는 것이다. 정상에 올라 바라보니 넓은 평야지대가 한눈에 들어온다. 정상은 바위가 절벽을 이루는 그 위에 자리하니 그 누구도 범접할 수 없는 요새이다. 그렇게 성의 동남벽을 이룬다. 동남고東南高·서북저西北低의 지형에 형성된 성은 서북쪽의 낮은 평지에 성의 중심시설이 자리했던 흔적이 남아 있다.

곳곳에 숙영시설 등 건축물터가 있다. 오랜 세월을 거치면서 건축물이 남아 있을 리 없지만, 석축으로 사각의 형태를 유지한 터가 분명하게 남아 있다. 그 폭이 2~2.5m, 길이가 약 7m 가량 이어진다. 안쪽에 칸막이가 되어 있는 것으로 보아서 집터가 틀림없다. 그 앞에는 제법 넓은 공간이 펼쳐지니 아마도 병사들이 집합 하던 장소로 보인다.

또 다른 평탄하게 조성된 곳에 한쪽으로 0.7~0.8m 높이의 석축 벽이 5m 정도 남아 있으니, 그 또한 건물이 있던 자리로 여겨진다. 그도 그럴 것이 그곳에서 남쪽으로 약 10m 정도 떨어진 곳에 보존 상태가 완벽한 옛 우물古井이 남아 있다. 그의 보존을 위하여 2011년에 보호대를 설치하였으며

성의 서북쪽 평탄한 곳에 건축물터가 있다. 안쪽에 칸막이가 되어 있어 집터였음을 확실하게 보여준다.

그 안의 원형 우물은 약 5m에 이르는 깊이를
돌로 가지런히 쌓아 만들었다. 긴 세월을 견디며
이렇게 온전히 남아 있다는 것이 믿어지지 않을
정도다. 저수시설은 없지만 우물의 깊이를 감안
해보면 성안에 필요한 수량을 충족하고 사시사
철 고갈되지 않았던 우물로 보인다.

약 5m 깊이의 옛 우물은 잘 쌓은 석축으로 되어 있다.

수원지는 항상 성의 중심시설과 가까운 곳에
자리하게 마련이다. 중심시설들이 자리한 평지
의 바깥은 성의 서북쪽 성벽이다. 높은 동남벽
과 대조적으로 낮지만, 평지를 둘러싼 바위들
위에 쌓았으니 적의 접근이 용이치 않아 보인
다. 바위 상단마다 인공성벽을 쌓았다. 이 얼마
나 세심한 방어인가? 아무리 둘러보아도 어느
한 곳 빈틈이 없어 보인다. 높은 바위 위에 어찌
성벽을 쌓았을까? 고구려 장인들의 축성 기술에
또 한 번 감탄한다.

서북쪽의 낮은 공간도 바위로 둘러 싸여 있으나 바위
위에 또 인공 성벽을 쌓아 적의 접근을 차단하니 성
전체가 요새이다.

1997년에 출간된 『안산지방사연구鞍山地方史研究』에 따르면, "이 산성
은 남·북·서 삼면의 가파른 벼랑을 장벽으로 이용하였으며 동면에 인공
으로 석재 성벽을 쌓았다. 현재 남아 있는 구간은 남북 길이로 20m, 높이
7m로 남아 있으며 …… 그의 건축 풍격으로 보아 충분히 고대 고구려 산성
의 건축 특성이 체현되어 있다.這座山城是利用南北西三面懸崖陡峭的石壁爲墻, 東
面是人工壘築的石墻, 現仍存一段南北長20米, 高7米的石墻斷垣 …… 從它的建築風格
上看, 充分體現了古代高句麗山城的建築特點."라고 기록하고 있다. 하지만 실제로
가서 보니 천연 절벽을 이루고 있는 방향은 남·동·북면이고 인공성벽은 평
면도에서 보듯이 서북쪽에 자리하고 있다.

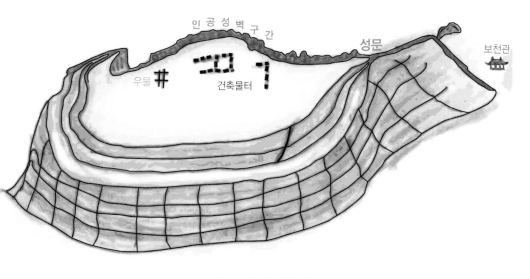

북

인공성벽구간

성문

보천관

우물 ♯ 건축물터

【마운산산성 평면도】

　1989년 12월에 발간된 『안산시문물지鞍山市文物志』에 따르면, "마운산성은 안산시 동남 20km 당가방진 동쪽의 마운산촌 동북 뒷산 위에 있다. 촌에서 약 2.5km 떨어져 있으며 민간인들은 그 산을 마반산磨盤山이라고도 하며 산 정상을 '성정자城頂子'라고 칭한다. 산 높이는 약 500m이며 산성은 남고북저南高北低이며 설형楔形(쐐기형)이고 동쪽이 작고 서쪽이 크다. 동서 길이가 400m, 남북 폭이 200m에 이르며 잔고가 2m이다. 산성의 주변은 산으로 둘러싸고 있으며 서쪽에서 양류하楊流河가 남북 방향으로 흐른다"고 기재하고 있다.

　되돌아보아도 마운산은 천연의 절벽이 아주 훌륭한 성벽을 이루고 있다. 역시 고구려 산성은 입지선정의 혜안이 돋보인다. 산성의 정확한 위치는 북위 40°57'42", 동경 123°3'53"이며, 정상의 고도는 472m이다. 일반적으로 성의 위치는 안산시내에서 20km 떨어져 있다고 하지만, 시의 남부 교외에 자리한 안산고성을 기준하면 직선거리로 15km 동남 방향에 자리한다.

당시에 평지성이 있었다고 추정이 되는 안산고성鞍山古城과는 어떠한 연관을 지니고 있을까? 또 인근에 있는 성자산산성城子山山城, 고도관산성古道關山城(천산산성千山山城이라고도 함)들과는 어떠한 전술적인 의미를 지닐까? 여기에 대하여는 종합적인 분석이 요구되지만, 어쨌든 이 산성들의 포국布局은 안시성으로 향하는 당군唐軍을 저지하는 역할을 하였을 것이다.

마운산 서북쪽 방향을 면하는 곳에 바위 위에 인공성벽을 쌓아 방어력을 보강하였다. 하지만 오랜 세월을 지나면서 훼손 상태가 심하니 시간이 더 지나면 성벽은 흔적도 남지 않을 듯하여 안타까움이 더한다.

안산시鞍山市 외곽의 산성들
– 안시성安市城으로 가는 길의 저지선

바위산에 위치한 **대고성자산산성**大孤城子山山城

    안산과 해성은 바닷가를 낀 넓은 평원 위에 자리한다. 안산에서 동쪽으로 가면 산악지역이 시작된다. 그곳이 거대한 천산千山의 초입이다. 중국에서 유명한 배의 브랜드인 남과리南果梨의 발상지라는 대고산진大孤山鎭 상대춘석촌上對椿石村이란 마을에 들어서니 동쪽으로 이어지는 바위산들이 범상치 않다.

    바위산마다 다 산성이 있을 듯하다. 산성답사의 경력이 쌓이면서 산세만 보아도 어디에 산성이 있을 것이란 추측이 적중해 왔건만, 이곳에서는 어느 한 봉우리만을 집어낼 수가 없다. 인적도 드물었는데, 겨우 만난 노인 한 분이 가리키는 산봉우리로 향한다. 과수원 안에 난 길을 따라가다 보면 산사로 닿는 길이 갈라지고, 계속 이어지는 길은 또 다른 사찰을 지으려다 정부의 허가를 받지 못해 기초공사만 하다만 산중턱에 이른다. 결국 산성의 진입로 공사만 해 놓은 꼴이 되었다. 산 위로 이어지는 등산로는 가파르고, 이곳저곳에 맨 바위로 된 작은 봉우리들이 산아래에서 성으로 접근하는 적들을 감시하는 천연의 대臺를 이룬다.

숨이 턱에 찰 때 즈음해서 바위만으로 형성된 정상에 다가서니 과연 인공 성벽이 있다. 동쪽에 면하여 성벽이 약 7m 이어지고 다시 방향을 틀어 북쪽 방향으로 5m 정도 더 이어간다. 동북 방향으로 접근하는 적을 차단하고 성벽 위의 공간확보를 위함이다. 성벽을 지나 성안으로 들어가니, 뾰족한 산봉우리 라고 생각했던 정상에 제법 넓고 평탄한 공간이 있다.

동북쪽에 일부만 성벽을 쌓아 보강했을 뿐, 가지각색의 거석들이 둘러싸 천연의 성벽을 이룬다. 『안산지방사연구鞍山地方史研究』에 따르면 성안의 부지는 동서 30m, 남북으로 10m라 기록하고 있다.

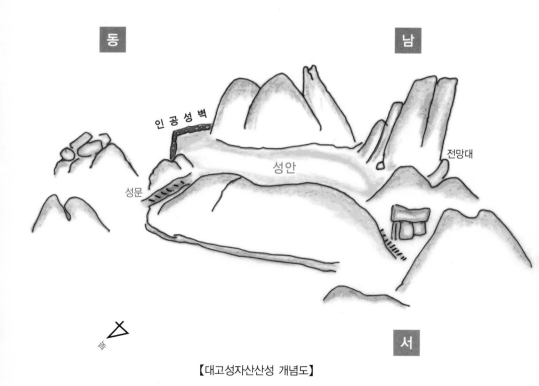

【대고성자산산성 개념도】

북쪽으로 난 성문터

인공성벽이 끝나는 지점에, 북쪽에서 진입할 수 있는 유일한 성문이 개설되어 있다. 성문에 닿기 전에 두 개의 바위로 된 작은 봉우리가 마치 대臺를 이루 듯 보초를 서고 있으니 1차 저지선 역할을 했으리라. 성문으로 오르는 기다란 계단길에는 가공된 큰 돌들이 흩어져 있다. 어쩌면 당시에는 연통산산성煙筒山山城에서 보았던 성문처럼 지붕이나 적의 접근을 차단하던 구조물이 세월을 이기지 못하고 허물어졌는지도 모른다.

문에 이어 남서쪽으로 길게 누운 바위는 마치 소가 누워 있는 모양이라 해서 등산객들 사이에 "노우배老牛背"로 통한다. 그 말을 듣고 보니 그럴 듯하다. 서쪽으로 서 있는 바위 아래 외곽을 향한 작은 공간이 있어, 남서 방향으로 오는 적들을 조망하기에 적합하니 아마도 전망대였을 것이다. 그 바위 안쪽 아래로는 선인동仙人洞이란 동굴이 있지만 그 밖은 허공이니, 신선은 드나들 수 있을지 몰라도 일반인들은 출입이 불가능하다.

서쪽에서 성곽을 이루는 바위들 상단에 4개의 주동柱洞이 선명하게 있다.

주동柱洞

바위를 인공으로 깎아 원형으로 구멍을 냈다. 그 직경은 18~20cm 정도이며 그 깊이 또한 20cm 전후이다. 과연 이곳 주동의 역할은 무엇일까? 비사성 등에서 보듯이 일정한 간격으로 계속해서 설치되지 않은 것으로 보아서, 혹시 장애물보다는 삼족오 깃발이 휘날리는 깃대를 세웠던 것이 아닐까? 인공성벽의 축성 방법뿐 아니라 이 주동柱洞만으로도 고구려 산성임을 확인할 수 있다. 산성의 위치는 북위 40°59'40", 동경 123°4'15"이며 정상의 고도는 해발 503m이다.

성자산산성에서 북쪽으로 가면 닿는 천산 입구가 고도관古道關인데, 관문을 들어서서 왼쪽 산봉우리에 학자들이 천산고성千山古城 또는 고도관산성古道關山城이라고 하는 산성이 자리한다. 산성으로 오르는 산길 옆에 당대고성唐代古城이라고 쓴 표지석이 나뒹굴고 있다. 과연 당

천산의 서쪽 입구인 고도관古道關 관문

대唐代의 산성일까? 약 30분 정도 걸어 산 중턱에 이르니 과연 석축의 성벽이 보인다. 잔고 4~6m의 성벽이 40~50m 가량 이어져 좌측 끝에서 큰 바위에 엇대어 성문이 개설되어 있다. 석재를 올려 만든 성문을 통해서만 성안으로 들어갈 수 있다.

고도관산성의 유일한 성문은 성벽의 남쪽 가장자리에 있는 바위에 기대어 세웠다. 암벽은 언제 허물어질지 몰라 보호망을 씌어 놓았다.

성안에는 버려진 건축물이 흉측한 모습을 하고 서있다. 천산풍경구관리국千山風景區管理局이 당왕정동전람청唐王征東展覽廳(일명 설인귀일사청薛仁貴軼事廳)을 세웠다가 몇 년도 되지 않아 폐가가 되어버린 것이다. 당왕정동唐王征東이라 함은 645년 당唐 태종太宗 이세민李世民의 고구려동정高句麗東征 아닌가? 그런데 645년 당시의 산성이라면 당唐의 고성古城이 아니라 고구려의 산성이 아닌가? 그들이 표현해 놓은 당대고성唐代古城이란 말을 곱씹어 보면, 중원中原을 기준하여 당唐 시대에 있었던 고성이라 해석할 수도 있다. 그들의 의도가 무엇이든 그런 해석이 가능하지 않은가? 성안을 둘러보니 전시관을 만들면서 성벽이며 성문도 성의 없이 보수한 흔적이 역력하다. 성안에 유일한 옛 우물古井도 시멘트로 덧칠을 해놓았으니 유적으로서 가치를 상실하였다. 안을 들여다보니 물은 고갈되어 있다. 우물은 성벽 밖에도 하나가 더 있기에, 이들을 가리켜 원앙정鴛鴦井이라고 했단다.

성은 개주蓋州의 연통산산성煙筒山山城처럼 3단계 높이로 이루어져 있다. 성안에서 가장 넓은 1층의 끝에 풍화작용이 심하여 망으로 둘러싸 보호되는 암벽이 있고, 그 정상부에 남쪽 방향의 조망이 좋은 공간이 있으며, 그 외곽을 성벽이 싸고 있다. 성벽의 길이가 25m 정도이고 폭은 일정치 않으나 곳에 따라 3~6m이니 제법 넓다. 이곳이 성 전체에서 2단계의 중심부라고 할 수 있다.

고도관산성 성안에서 본 남쪽 성벽

서쪽 계곡을 타고 오르는 적을 차단하기 위하여, 그곳에서 정상부로 오르는 길을 따라 성벽을 길게 쌓았다. 2층의 중심부에서부터 계속 이어지는 성벽인데 그 위에는 거의 1.8~2m의 일정한 간격으로 주동柱洞이 파여 있다. 성벽은

서쪽 계곡에서 오르는 적을 차단하는 성벽.
이곳은 일정한 간격으로 주동이 파여 있다.

주동柱洞만으로도 고구려 산성임을 알 수 있다.

시멘트로 보강하여 보수한 흔적이 뚜렷하지만, 주동마저 원래 없었던 것을 새로 만들어 놓았다고 보긴 어렵다. 그렇다면 여기의 주동의 역할은 무엇이었을까? 일정한 간격을 두고 있었으니, 목책을 세워 적의 침입을 차단했거나 그곳에 쇠뇌를 설치하였던 것은 아니었을까? 아니면 산에 오르는 적에게 굴리던 통나무를 매다는 기둥의 기초였을까?

그곳에서 산 정상에 오르는 길은 험난하기 짝이 없지만 두 갈래 길이다. 하나는 동쪽에서 바위 위에 조각된 계단을 오르고 다른 한 길은 서쪽에서 동굴을 타고 오른다. 어디를 선택하든지 난간을 의지하지 않고서는 등반이 불가능해 보인다. 그 누구라도 산성 지휘부로의 접근을 쉽게 허락지 않는다. 어렵사리 오른 정상에서는 사면이 모두 훤하게 보인다. 동쪽에는 흐린 날씨에도 불구하고 천산千山의 수려한 풍경이 펼쳐진다.

정상에는 "설인귀약마동정薛仁貴躍馬東征"이란 글귀와 함께 설인귀薛仁貴 장군의 석상石像이 있다. 역사서를 보면 안시성 전투에서 그의 용맹스러움이 이세민의 눈에 띄어 비로소 존재감을 드러내기 시작한다. 그는 645년 동정東征을 시작으로 고구려멸망 시기에 명장의 반열에 오르며, 아직도 경극이나 드라마에 등장할 정도로 중국역사상 영웅으로 대접을 받고 있는 인물이다. 그의 석상이 왜 이곳에 서있을까? 산성 안에 기념관이며 동상까지 세워 놓고 산성을 당대고성唐代古城이라고 하니 기가 막힐 노릇이다. 석상을 곁에 두고 정상부에는 그리 크지 않지만 평탄한 공간이 있다. 주변 모두가 발아래 있으니 당시에는 성의 지휘부가 자리하였으리라.

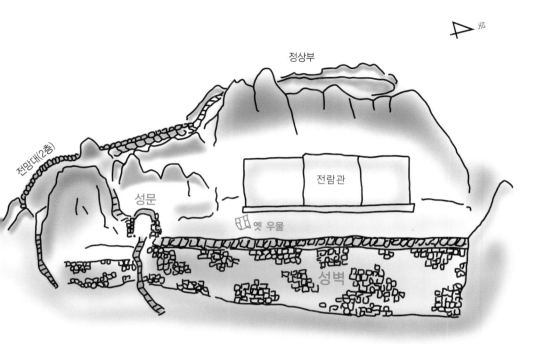

정상부

전망대(2중)

성문

전람관

옛 우물

성벽

北

【고도관산성古道關山城(千山古城) 개념도】

　정상의 고도는 해발 500m 정도이며, 그 위치는 북위 41°1'18", 동경 123° 5'45"이다. 645년 동정 시에 그들에게 산성을 건축할 만한 시간도, 이곳에 쌓을 필요성도 없었다. 당시 안시성으로의 진격에 방해가 될 수 있는 이 성을 점령해야 했기에 당군이 공격했다. 고구려 군사들은 끝까지 저항했지만, 성은 함락되고 그곳을 빠져나온 군사들이 후일을 도모하기 위하여 천산千山 산속 더 깊은 곳으로 퇴각하였다. 당군은 천산을 완전히 평정하기 위해 이 산성에 군사들을 주둔시켰으리라 여겨진다. 그런 연유로 당대고성唐代古城이라고 부르는지도 모른다. 대안사大安寺에 당 태종이 주필駐蹕했었다는 등, 천산 곳곳에 그와 설인귀의 고사가 얽혀있어 그러한 개연성을 뒷받침한다.

요동성에서 안시성까지의 직선거리는 불과 60km이다. 해안 가까이에 드넓게 평원이 펼쳐지고 동쪽에서 비로소 산악지역이 이어진다. 그것이 천산이며 장백산맥의 끝자락이다. 645년 당唐의 고구려동정 때 수양제의 침공 시와는 달리 요동의 중심인 요동성을 어렵사리 점령하였다. 그리고 한반도로 진출하기 위하여 그 길목인 안시성으로 향한다. 하지만 요동의 수많은 산성의 포국이 결코 그들이 마음껏 활개 치도록 내버려 두지 않았다. 5월 17일 요동성을 함락시키지만, 그 가까운 거리의 안시성 아래 도착한 것은 6월 20일이다. 그얼마나 긴 시간을 소요한 것인가? 『손자병법孫子兵法』 제2편 「작전作戰」을 보아도 "전쟁이란 이기는 것을 중요하게 여기지兵貴勝, 질질 끄는 것을 싫어한다不貴久."라 하여 속전속결을 중시하지 않던가? 당 태종이 이를 몰랐을 리 없다.

평원의 중간 지점인 오늘날 안산시鞍山市 외곽에 평지성인 안산고성鞍山古城이 자리했다. 요동성을 함락시킨 당군의 당시 사기로 보아서 그 성을 함락시키는 것은 그리 큰 문제가 아니었지만, 그 배후와 중간중간에 자리한 산성들이 그들의 편안한 전진을 가로막았다. 앞으로 진격하는 동안 고구려 군사들이 배후에서 공격을 하여 요동성으로부터 이어지는 보급선을 끊으면, 아무리 대군이라고 해도 그 싸움의 결과는 보나마나라는 것을 당대當代 최고의 전략가인 당 태종이 누구보다 잘 알고 있었다. 그래서 요동성을 점령한 후에, 가장 먼저 주변에서 비교적 큰 성이었던 백암성白巖城부터 공격하지 않던가? 그후에도 역사서 기록에는 없지만 안시성 가는 바쁜 길에도 주변의 성들로부터 기습공격을 받았을 가능성이 충분하다. 그 성들을 차근차근 점령하면서 나가야 했다. 안산고성鞍山古城 뿐 아니라 그 주변에 마운산산성摩雲山山城과 오늘 돌아본 성자산산성城子山山城, 고도관산성古道關山城이 함께 가까운 거리에서 포진하고 있으니, 갈 길이 바쁜 당군唐軍의 발목을 잡은 것이다.

삼층산산성三層山山城과 부마영촌駙馬營村에 얽힌 전설

삼층산 정상에서 본 풍경. 멀리 대정산大頂山이 보이고, 산 아래 평지는 부마영촌駙馬營村이다.

안산에서 G202번 국도를 타고 해성과의 경계지점 대둔진大屯鎭의 남동쪽에 부마영촌駙馬營村이 자리하고 있다. 그 마을 북쪽의 폐광석 더미를 지나 삼층산 위에 오르니 멀리 보이는 대정산은 북서쪽에 위치한다. 지나온 방향을 내려다보면 대정산을 포함하여 북쪽에 펼쳐지는 산군을 사이에 두고 하천을 따라 길게 벌판이 전개되고, 그 가운데로 넓지 않은 길이 풀어 놓은 혁대처럼 놓여있다. 그 길을 따라 645년 당 태종의 고구려동정 시에 안시성을 향하여 진격하던 당군唐軍과, 이 산성에 진을 치고 있던 고구려군 사이에 치열한 전투가 벌어졌다. 이곳 삼층산산성三層山山城에 주둔하던 고구려군은 이미 요동성이 함락되었다는 소식도 들었고, 승리를 거둔 당군이 파죽지세로 밀고 내려오는 것을 잘 알고 있다. 하지만 포기란 있을 수 없다.

대정산 남쪽 개활지에 진을 치고 휴식을 취한 후에, 당 태종의 부마駙馬 진회옥秦懷玉이 선봉에 서서 이곳으로 진격하였으나, 부마는 부상을 당한 채 후퇴하고 말았다.

후퇴하여 다시 진영에 돌아온 당군은 한편으로는 고구려군의 기습에 대비하고, 다른 한편으로는 군사軍師를 찾아 대책을 수립한다. 1) 3천 철갑군鐵甲軍을 조직하고, 2) 민간에 잠입하여 적의 내부에 혼란을 주며, 3) 마른 장작, 송유松油, 유황 등을 준비하여 화공火攻을 준비하였다. 부마가 부상에서 회복하자 칠흑 같은 야음을 타고 친히 3천 철갑군을 인솔하여 이곳으로 온 것이다. 산성을 공격하면서 불을 질렀다. 한밤중에 의외의 일격을 당한 고구려군은 당황하여 사방으로 흩어졌다. 이것이 전해오는 전설의 대강 줄거리다.

삼층산은 평탄하고 동서로 기다란 정상을 성안으로 만들고 사방에 3층의 구조를 이루고 있으니, 여태 보아왔던 산성의 구조와는 다르다. 이곳 현지인들은 삼층으로 된 산성으로 인하여 삼층산三層山이라고 부르지만 지도상에는 산성산山城山으로 되어 있다. 정상은 물론 각 층마다 군사들이 주둔할 수 있는 구조이다. 물론 정상의 평탄한 곳이 3층이며, 각기 벽을 쌓아 1·2층을 만들었고, 2층에서 사각으로 돌을 쌓아 기초를 만들고 칸으로 구분된 건축물 터를 만날 수 있다. 정남향을 향하고 있으니 그 당시에도 건축물은 향向을 중시했던 것으로 여겨진다.

당군이 진격했을 산의 북쪽에서 바라본 삼층산의 모습

산성의 북쪽에서 동서방향으로 흐르는 하천을 따라 벌판이 펼쳐지고 그 가운데로 길이 나있으니, 서북쪽 방향에서 오는 적을 감시하고 철저하게 대비하는 구조이다. 북쪽을 따라 길게 만든 1층 ❻에서는 적을 대비하여 보다 많은 군사들을 배치할 수 있게 하였다. 동쪽으로 능선과 이어지는 성문이 개설되어 있으며 성안은 그 폭이 넓지 않지만 동북쪽으로 대를 만들어 놓았다. 대와 동쪽 벽이 연계하여 일종의 옹성 구조라고 할 수 있다(❾, ❿). 정상의 3층 성안은 동서 길이가 약 60m에, 남북의 폭은 12~15m에 이른다. 각 방향의 1·2층 구역은 그 폭이 각각 3~7m 정도로 일정하지 않다.

⓬ 대정산

[범례]
1_남쪽 1층 성벽, 2_남쪽 2층 성벽과 건축물터
3_서쪽 1층 성벽, 5_서쪽 대臺. 6_북측의 1층 산성터
7_3층 정상. 동북쪽의 성벽은 제법 남아있다.
8_동북쪽 1층 성벽, 11_동남쪽 1층 성터

❹ 서북쪽 2층 성벽

북
4

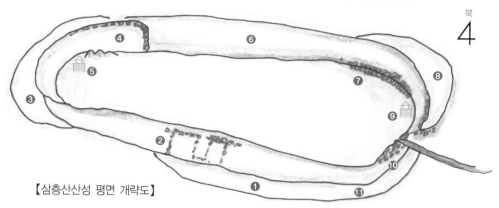

【삼층산산성 평면 개략도】

❾ 동쪽 대臺

❿ 동쪽 성문 옆(남쪽) 성벽

산성의 형태는 정상의 평탄한 지형을 최대한 이용하고 많은 병력의 주둔은 어려우나 정상부까지 올라야하는 적을 방어하는 데는 적합하다. 다른 곳에서는 쉽게 볼 수 없는 특이한 구조를 띠고 있으나 산성의 유형 중에 변형된 산정식산성山頂式山城으로 구분할 수 있다. 산성의 성벽은 석축이 주를 이루었을 텐데, 지금은 정상 부근까지 계단식 과수원을 조성하느라고 돌을 가져다 쓴 것으로 보인다.

산성 위에서 당시의 전투 상황을 다시 그려 본다. 당군은 이 성을 함락시키기 위해 3천 기병을 동원하였다. 성의 규모로 보아 100명 남짓한 군사가 머물 수 있을 것으로 보인다. 전설을 그대로 받아들인다면 20~30배가 넘는 당군이 쳐들어온 것이다. 1차전에서 그들에게 패배를 안긴 것은 산성의 위력을 그대로 증명하였다. 앞에서도 언급했듯이 다시 철저한 준비 끝에 칠흑 같은 어둠을 타고 삼층산을 다시 쳐들어와 화공으로 성을 함락시켰다고 하지만, 산의 정상에 3층 구조를 지닌 산성은 전설대로 그리 쉽게 무너지지 않았을 것이다. 작은 산성이지만 그대로 두고 앞으로 전진한다면, 요동성에서 이어지는 긴 보급로가 위험해진다. 그러니 산성 하나하나 소홀히 할 수 없었고, 안시성 가는 길이 더디었던 것 아닌가?

그럼 이곳 전투에서 선봉에 섰다는 전설 속의 진회옥秦懷玉은 과연 당 태종의 부마가 맞는가? 당 태종은 14명의 아들과 21명의 딸을 낳아 35명의 자식을 두었다고 한다. 그 21명의 딸 중에 3명은 어려서 죽었고 실상 18명이 공주로 성장하였으나 아무리 조사해 보아도 진회옥과 결혼한 공주는 찾을 수가 없다. 그는 연의演義나 소설 속의 인물일 뿐 역사에 기록된 실존인물이 아니다. 실제로 부마가 아니었지만, 당 태종의 총애를 받은 장수였기에 훗날에 부마로 와전된 게 아닐까? 부마의 존재 여부가 그리 중요한 것은 아니다. 오늘날까지 전해 내려오는 삼층산의 산성을 보면서 전설이 전하는 당시의 전투를 그려 볼 수 있다면, 그 전설은 나름대로 가치를 지니고 있다.

안시성 전방의 해성고성海城古城과 그 주변 산성

해성시 남대진南臺鎭 산성자촌에 위치한 **남대산성자산성**南臺山城子山城은 낮은 구릉과 같은 정상에 축성한 토성이다. 낮은 산상이라고 하지만 평원 한가운데 있다 보니 산성에 오르면 주변의 조망이 확 트인다.

　요동성이 있던 요양遼陽에서 안산鞍山을 거쳐 해성海城으로 가는 국도는 구릉조차 보이지 않는 평원 한가운데를 지난다. 당시의 당군唐軍들은 바로 평탄한 길로 행군하지 못하고 배후와 중간에 포진한 산성들과 전투를 벌이면서 고난의 행군을 해야만 했다. 배후 습격과 보급로 차단을 고려하면 어쩔 수 없었다.

　남대진南臺鎭 산성자촌에 소재한 남대산성자산성南臺山城子山城은 해성고성과 안시성으로 가는 길목에 자리하고 있다. 안산고성과 인근에 포진한 산성들을 함락시키고 평원의 길을 따라 남하하는 당군을 감시했던 산성이 바로 그 성이다. 안산에서 출발하여 G202번 국도를 타고 가다 남대南臺에서 동쪽으로 약 5km 가다보면 만나는 시골마을이 산성자촌山城子村이다. 마을 동북쪽에 낮은 산이 있으며 이름마저도 성산城山이다. 산자락엔 큰 규모의 목장과 개 사육장이 있고 산은 배 과수원이 뒤덮고 있다. 주변에 더 높은 산이 없다는 것을 증명하듯이 이동통신중계탑이 서있다.

과수원을 지나 정상에 오르니 마른 풀숲에 숨어있는 듯한 성벽이 나타난다. 먼저 남쪽 성벽을 올려다보니 그 높이가 2~3m 된다. 남서 모퉁이에 파여져 노출된 성벽을 보면 달구질한 흔적이 역력하다. 바위 하나 없는 토산이니 흙을 달구질하여 산성을 쌓았다.

파헤쳐진 성벽의 단면

주변에 흩어져 있는 기와, 벽돌 조각도 쉽게 볼 수 있다. 그리 큰 성은 아니지만, 성안에 들어서니 제법 넓고 평탄하다. 남북으로 35m, 동서로 20~23m 길이의 장방형이다. 사과나무를 심었다는 것이 다를 뿐 여전히 과수원의 일부이다. 주민의 증언이 없었고 자세히 살펴보지 않았다면, 그냥 지나칠 수도 있는 주변 환경이다.

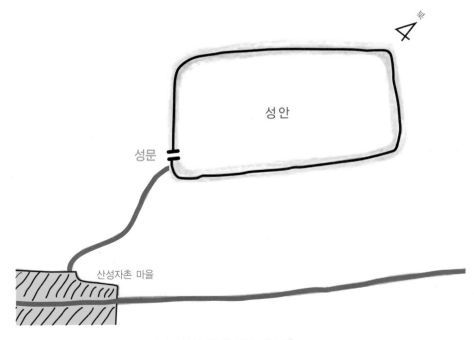

【남대산성자산성 평면 개념도】

산성에 오르니 남서쪽으로 해성海城 시내가 멀리 보인다. 직선거리로 약 10km 떨어진 시내 고층건물들이 어렴풋이 눈에 들어오는 것이다. 서쪽으로는 국도와 G15번 고속도로가 지난다. 북쪽으로는, 보이지는 않지만 17km 떨어진 안산고성이 있을 것이다. 그리고 동북쪽 멀리는 산악지역이며 그곳에 마운산산성摩雲山山城 등 천산千山 인근의 산성들이 자리한다. 마운산산성은 불과 16km 정도 떨어져 있다. 안산고성과 주변의 산성들로부터 해성고성과 안시성으로 가는 중간 지점이기에, 낮은 산의 작은 성이지만 요지임에 틀림없다. 산성의 정확한 위치는 북위 40°53'51", 동경 122°52'43"이며, 고도는 116m에 달한다.

남대산성자산성과 안시성 사이의 지금의 해성海城 시내에 평지성인 해성고성海城古城이 자리했었다. 고대에서 근대에 이르기까지 도심에 고성이 있었다는 것은 1900년 전후하여 촬영했던 사진을 보아도 알 수 있으며, 그곳의 가로명이 성城과 관련이 있는 것으로도 추정할 수 있다.

산 아래 산성자촌 마을이 보이고, 멀리 평원의 끝은 해성시海城市이다.

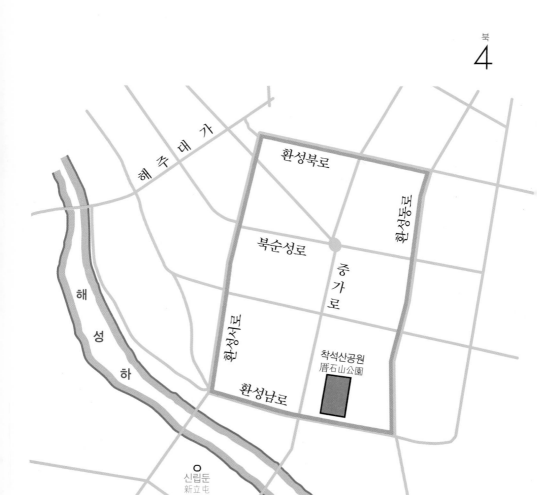

【해성시 도심 도로와 도로명】

  도면에서 보듯이 환성북로環城北路·환성서로環城西路·환성남로環城南路·
환성동로環城東路가 사각을 이루어 성벽을 따라 개설된 가로임을 말하고 있
으며, 그 안을 가로지르는 도로명이 북순성로北順城路로 "북쪽으로 성을 따라
난 길"이란 의미를 지니고 있다.

명明 홍무洪武 9년(1376년)에 해성위海城衛를 설치하고 성城을 개수했는데, 원래 요대遼代 또는 그보다 훨씬 오래된 "흙으로 달구질한 성벽土夯城墙"의 기초에 청벽돌성벽靑磚城墙으로 개축하였다고 한다. 이 말은 해성고성이 고구려 시대에도 있었을 여지를 말해주고 있다. 그 후 청초淸初 및 순치順治·건륭乾隆 시대에 걸쳐 여러 차례 개수했고, 1895년 청일전쟁(중국에서는 이를 갑오전쟁이라고 함)중에 일본군이 점령했으며, 그나마 남아 있던 성벽은 1950년에 도시개발을 목적으로 해체됐다고 하니 안타까운 일이다.

조사하다 보니 고구려 당시에도 고성이 있었다는 두 개의 근거를 찾을 수 있었다. 그 하나는 "삼강월호성三江越虎城"이란 전설이다. 당 태종이 645년에 도착한 해성은 해변이었다. "우리가 머무를 땅이 한 치도 없으니 어찌하리?"라고 한탄하니 곁에 있던 설인귀薛仁貴가 동해용왕에게 가서 땅을 빌리겠다고 자청하였다.

땅을 빌려 바다를 육지로 만든 설인귀는 승리 후 착석산에 올라와 보니, 세 곳의 샘이 마치 삼강三江을 이루어 범람하여 백성에 해를 끼쳤다. 설인귀의 말이 "삼강三江"을 건너면서 범람이 그쳤다. 이 모습을 "삼강월호三江越虎"라 했으며, 사람들은 착석산에 있던 이 성을 "삼강월호성三江越虎城'이라고 불렀다고 한다. 이는 당 태종의 동정시기에 있었던 터무니없는 전설에 지나지 않지만, 지금도 시내 한가운데 공원이 있는 착석산厝石山을 중심으로 고구려의 성이 있었음을 이야기하고 있다.

또 하나는 2011년 3월 26일 판 "인터넷 요녕신문"〈당 — 려 전쟁시기의 철옹성 요새 (안시성-1, 2)〉에 안시성 안마을에 살고 있는 임조영(당시 78세)씨의 증언이 게재된 글을 본 적이 있다. 안시성 옆 영성자촌營城子村 한가운데를 지나는 장구枚溝라는 군사시설이 있었는데, 이는 교통호交通壕와 그 역할이 비슷하다고 했다.

안시성에 있는 장구杖溝는 고구려 당시에 이용했던 교통호로 깊이 3m, 너비 약 4m로 수레 두 대가 나란히 지날 수 있는 규모였다고 했다. 영성자촌에서 동북쪽으로 종가대鍾家臺─나가보羅家堡─양가보楊家堡─소하연小河沿 등 마을을 지나서 해성고성의 변두리인 신립둔新立屯에 닿는 약 7.5km의 천장 없는 지하 통로였다. 그는 어렸을 적에 소하연에 있던 외갓집에 놀러 갈 때면 이 통로를 통해서 다녔으며, 당시에는 장구가 거의 원형 그대로였다고 했다. 양쪽 벽은 물론 바닥도 흙을 달구질하여 단단했고, 비가 내려도 발이 빠지지 않고 수레도 다닐 수 있었다고 했다. 장구 한쪽으로는 배수 도랑이 있었다고 기억했다.

고구려 시대에 안시성과 해성고성을 연결하는 장구杖溝가 있었다 함은, 해성시내 지역에 평지성이 있었음을 의미하지 않는가? 낮에는 공성계로 적을 유인하기 위해 성을 비워 두고 장구에 숨어 있다가, 밤이 되어 공격해온 당군을 기습하여 대승을 거두었다는 민담도 전해 온다는 증언도 했다. 이러한 전설과 증언을 보면, 해성고성은 고구려 당시에도 있었음을 알 수 있다. 그러한 성들의 존재가 당군이 요동성에서 안시성에 도달하는 시간을 지연시켰을 뿐 아니라, 안시성전투의 승리에 힘을 보탰던 것이다.

안시성 앞 영성자촌營城子村사무실 벽면에 그려져 있는 **안시성 전경도**.
추정하여 그렸지만 이수난공易守難攻의 지형임을 알 수 있다.

소요구산성小窯溝山城은 안시성으로부터 동쪽에 직선거리로 12km, 해성고 성으로부터는 동남쪽 직선거리로 18km 떨어져 있다. 해성시에서 동남쪽으로 연결되는 S322번 도로를 타고 가면 마풍진馬風鎭에 닿는다. 645년 당 태종의 동정 시 이 지역의 마부에게 상을 내렸기에 마부둔馬夫屯이라 불렸고, 세월이 지나면서 지금의 지명인 마풍진으로 개명이 되었다고 한다. 마풍진 석안촌石安 村에서 남쪽으로 난 농로를 한참 따라 소요구小窯溝 마을에 도달하면, 남쪽으 로 동산성자東山城子·서산성자西山城子산이 있다. 산성자山城子는 특정 산 을 가리키는 고유명사가 아니라 보통명사처럼 산성이 있는 산을 일컫는다.

하지만 산자락에서 만난 사람들은 그 둘 다 광산개발로 남은 것이 없다 며 속살을 하얗게 드러낸 산을 가리킨다. 내화재료로 쓴다는 마그네사이트 magnesite 광산을 개발한다면서 산성마저도 쓸어 버렸으니 안타까운 일이다. 광산은 이미 폐광이 되었는지 인적은 찾을 수 없고 주변에는 산사山楂 과수원 뿐이다. 중국 아이들이 가장 좋아하는 전통 간식인, 붉은 산사열매를 꼬치에 끼워 설탕물에 묻혀 굳힌 과자 "탕후루糖葫"및 여러 식품에 쓰인다.

광산개발로 흔적조차 남지 않은 소요구산성小窯溝山城

정상까지 올라갔으나 결국 아무 것도 볼 수 없었다. 산성의 위치는 북위 40°45′21″, 동경 122°56′5″이며 고도는 해발 450m에 달한다. 멀리서 보이는 산 이곳저곳이 파헤쳐져 있으니 안타까운 일이다.

　해성시 남서쪽으로 약 5km 떨어진 곳에 해발 130m의 당왕산唐王山이 자리한다. 정상에 작으나마 평지가 있어 평정산平頂山으로도 불리며, 당 태종이 정상에서 설인귀와 함께 바둑을 두었다는 전설이 전해진다. 혹은 당 태종이 당왕산에 머물렀을 때, 꿈속에서 남해대사관음보살南海大士觀音菩薩이 재난을 경고하여 피신했다는 이야기도 있다. 그 인연으로 전쟁이 끝나고 사찰을 중수케 하였으니, 오늘날에도 당왕산唐王山 남동쪽에 있는 대비사묘大悲寺廟라고 한다. 하지만 이는 전설일 뿐이다. 당 태종이 645년 안시성전투에서 패퇴 후 철수하여 4년 후 세상을 떠날 때까지 그 지역은 고구려의 영토였는데, 어찌 그의 하명에 따라 사찰을 중수하였단 말인가? 이런 전설이 당 태종이 당시에 해성고성이 내려다보이는 당왕산에 주둔하였을 개연성을 말해줄 수는 있을 것이다. 그렇다면 당왕산은 당 태종이 주둔했다고 역사서에서 언급되는 주필산駐蹕山이 아니었을까?

당왕산唐王山에서는 벌판 너머 해성시내가 눈에 들어온다.

당왕산 남쪽으로 약 17km 떨어진 대석교시大石橋市 관둔진官屯鎭 석붕욕촌石棚峪村 소재 석성자산石城子山 정상에 석성자산산성石城子山山城이 자리하고 있다. 정상의 남북 봉우리의 비교적 평탄한 공간에 각각 석성이 남아 있으며 현지인들은 남성南城·북성北城으로 구분하여 부르고 있다.

남성은 산 능선을 따라 길게 축조하였으며 서쪽 끝자락에 원형의 봉화대 유적이 또렷하게 남아 있다. 2009년 제3기 『동북사지東北史地』에 게재된 최염여崔艶茹의 「영구지구산성조사와 탐토營口地區山城調査與探討」란 글을 보면 남성의 면적은 900㎡, 북성은 500㎡이며 각각의 성벽은 잔고가 1m, 폭이 1.2m라고 되어 있다.

북
4

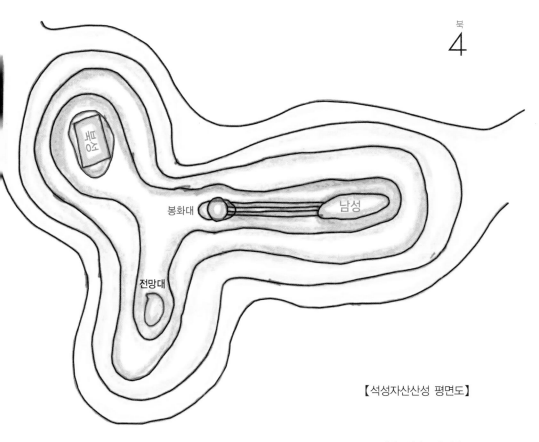

【석성자산산성 평면도】

실제로 답사하였을 때 남쪽 성벽에서 약 200m 떨어진 지점 아래의 평야지대를 조망할 수 있는 천연의 대臺가 함께 어우러져 하나의 산성을 이루고 있다. 그렇다고 해도 산성의 규모는 그리 크지 않으며 영구營口와 해성海城의 경계지점에 위치하면서 두 지역의 산성들을 연결하는 역할을 하였으리라 여겨진다. 특히 안시성 전투 당시에 건안성建安城을 비롯하여 영구 지역의 큰 성들과 전황을 공유하도록 중계 역할을 하였을 것이다. 하지만 산성의 동남쪽 산자락은 이미 광산개발로 인하여 산이 파헤쳐지고 있으니 언제까지 산성이 온전할지 안타까운 마음이다.

　안산과 해성을 잇는 경계지점, 202번 국도를 지나다 보면 탕강자湯崗子란 마을을 만난다. 오래 전부터 온천으로 유명하여 645년 당 태종 동정 때 그곳에서 목욕坐湯했다는 설화가 전해진다. 요遼·금金 시대에 탕지현湯池縣을 설치하였으며, 근세에 들어서는 동북군벌 장작림張作霖이 개발했다는 "용천별서龍泉別墅"는 청의 마지막 황제 부의溥儀도 만주국 시절 이곳에 두 번 머물렀을 정도로 유명한 곳이다.

　안산과 해성 인근에 당 태종의 동정東征과 관련된 고사가 많다는 사실은 그만큼 당시에 격전지였음을 이야기하고 있는 것이다. 또한 당시에 당군唐軍이 요동성에서 출발하여 안시성 아래까지 도착하는데 긴 시간이 소요되었던 이유를 암시하고 있다. 안시성으로 가는 도중에 수많은 전투를 거치면서 당 태종의 군대는 전투력을 많이 상실했을 것이니, 주변의 촘촘한 산성의 배치가 안시성전투를 승리로 이끌었을 것이다. 결국 산성들의 포국이 수隋·당唐으로부터 고구려를 지켜낸 원동력이었다.

【안시성 전방의 해성고성과 주변 산성 및 전설 현황도】

[범례]
● 산성 및 평지성
● 전설이 전해오는 지역

북
4

탕강자
온천 ●   ↑ 안산/요양

● 삼층산산성

부마영촌 ●

심양-대련 고속도로

202국도

↑ 요하

해

해성시내

● 남대산성자산성

성

● 해성고성

마풍진(마부둔)

봉성 →

당왕산 ●

하

322 성도

312 성도

● 안시성(영성자산성)

● 소요구산성

영구
↙

수암
↘

● 석성자산산성

안시성安市城 배후에 있는 산성들
― 석목고성析木古城과 그 주변 산성들

석목고성析木古城의 고인돌石棚
높이가 2.8m, 상부 석판의 길이가 6m, 폭이 5.1m인 거대한 규모로 중국에서도 대표적인 고인돌로 손꼽힌다.

해성海城의 영성자산성營城子山城은 규모가 작기 때문에, 일부 학자들은 그 곳을 안시성으로 비정하기에 주저한다. 나 자신도 성을 처음 답사했을 때는, 그런 산성에서 10만이 넘는 당군唐軍을 어떻게 3개월 동안 막고 격퇴시켰을까 의아한 생각이 들었다. 중국의 일부 학자는 영구시營口市 대석교大石橋에 자리 한 해룡천산산성海龍川山山城, 혹은 개주蓋州에 있는 청석령靑石嶺 고려성산산 성高麗城山山城이 안시성이라고 비정하기도 한다. 규모가 크면서 위치상 적합 하다는 이유를 든다. 하지만 지금은 일부 이견을 제외하면, 토산의 존재를 근 거로 영성자산성을 안시성으로 비정하는 데 거의 일치된 의견을 보이고 있다.

과연 규모가 중요한 판단 근거일까? 고구려 산성의 특징은 주변의 산성들 이 연합하여 적과 맞서는 데 있다. 그것이 전투력을 몇 배로 향상시키며, 중원 의 대군을 상대로 대처하는 지혜이다. 그에 적합한 산성들의 포국을 간과해서 는 안 된다. 따라서 안시성 주변의 환경을 보다 상세하게 답사하고 연구하는 것이 중요하다.

1) 석목고성枌木古城

안시성에서 수암岫岩을 잇는 312번 성도를 타고 남쪽으로 약 15km 정도 가다 보면 석목진枌木鎭을 만난다. 조그만 시골 읍내 정도 되지만, 마을 한가운데로 312번 성도省道가 지나고, 단동으로 이어지는 G16번 고속도로의 나들목도 있고, 수암에서 해성海城을 연결하는 철도도 지나니 교통의 요지라 할 수 있다.

또한 서쪽으로 해성하海城河가 흐르면서 충적토가 쌓인 비옥한 분지에 상고 시대부터 사람이 거주하였다. 옛날에는 고성古城이 자리했던 곳이니, 인근 지역의 중심지였다는 의미이다. 한대漢代에는 망평현望平縣, 당대唐代에는 독목관獨木關으로 불렸다. 관關은 관문關門을 말함이니, 이곳은 중국의 수도로부터 압록강에 닿는 중요한 통로였다.

당 태종의 고구려 동정 시 독목관獨木關과 관련된 고사故事가 전해 온다. 당 태종이 요동성에서 안시성으로 공격해 오자, 고구려는 고연수高延壽·고수정高穗貞(삼국사기 등 기타 역사서에는 고혜진高惠眞으로 되어 있다) 두 장수가 이끄는 15만 대군이 안시성 지원을 위하여 온다. 안시성 인근 산에 나누어 포진하던 당군은, 다가오는 고구려 원군의 퇴로를 차단하기 위해 장손무기長孫無忌가 인솔하는 정병 1만 1천의 군사를 독목관獨木關으로 보낸다. 그곳에서 고구려 수비병력을 공격하고 독목교獨木橋를 철거해 버린다. 그리하여 지원군을 상대로 대승을 거둔다는 것이 대강의 내용이다.

그 후에 사람들은 당 태종의 전적戰績을 기려 독목관獨木關에서 석목성枌木城으로 개명한다. 석析 자는 도끼로 나무를 쪼갠다以斧破木는 의미가 있다. 그렇다면 석목枌木은 독목교獨木橋를 당군이 와서 부수었다는 의미이니, 오늘날

석목진析木鎮 서쪽의 해성하를 건너는 교량. 독목교獨木橋가 있었던 자리로 추정된다.

까지 쓰이는 석목析木이란 지명이 전설과 절묘하게 맞아 떨어진다. 석析은 일반적으로 "시xi"로 발음하지만, 현지인들은 "쓰si"로 달리 발음한다. 정사에는 지역에 대한 언급이 없지만, "장손무기가 교량을 모두 거두어 그 귀로를 막았다"고 기록하여 전설의 신빙성을 어느 정도 뒷받침하고 있다.

고高씨 두 욕살褥薩이 15만 군사를 이끌고 안시성을 지원했다는 내용은 『삼국사기』를 비롯하여 많은 역사서에서 기록하고 있다. 그들은 얼마 싸우지 못하고 당 태종의 꾀에 빠져 대패하여 결국 군사 3만 6,800명을 거느리고 항복했다고 되어있다. 하지만 안시성이 아무리 중요하다고 하더라도, 당시 고구려에 그만한 대군을 한 지역에 집중할 만큼의 군사력이 있었을까 하는 의문이 든다. 당 태종의 동정 시 당의 군사가 10만 또는 20만 혹은 치중대까지 해서 30만이라고 하는 판에, 고구려가 한 지역에만 15만의 군사를 보냈다는 것은 납득하기 어렵다. 더구나 그 많은 군사를 투입했음에도 대대적인 전투도 없이 쉽게 항복했다, 이것은 아마도 후세 사가들이 이세민의 전적을 높이기 위한 과장이 아니었을까? 병력규모에 대한 의문도 들지만, 역사서의 기록대로 고구려 지원군이 손쉽게 무너지진 않았을 것이다. 당군 또한 심대한 타격을 입었기에 안시성 전투에서 그렇게 고전한 것이 아닐까?

아무튼 역사서의 기록과 전설을 살펴보면, 이곳 석목진析木鎭에 고구려의 평지성이 있었던 것만은 사실로 보인다. 또한 그곳에 많은 군사들이 주둔하고, 타 지역 이동 시에 경유했던 것으로 여겨진다.

석목진의 중심에서 동남쪽으로 5km 더 가다 보면, 산중턱에 웅장하게 서있는 고인돌 하나를 만난다. 과연 고구려인들은 404년(광개토대왕 14년) 고조선의 고토를 회복하여 이 땅에 돌아왔을 때 이 고인돌을 어찌 대했을까? 그들은 돌아와 먼저 이곳에 제를 올리고 다시는

석목성고인돌析木城石棚

이 땅에서 떠나지 않을 것을 굳게 다짐했는지도 모른다. 요녕성 곳곳에 고인돌이 많이 분포되어 있는데, 이곳의 고인돌은 높이가 2.8m, 상부 석판의 길이가 6m, 폭이 5.1m인 거대한 규모로 중국에서도 대표적인 고인돌로 손꼽힌다. 한반도와 마찬가지로 동북지방 여러 곳에 그와 유사한 고인돌이 분포한 것을 보면, 우리 민족의 이동 경로와 연관성이 있는 것 아닐까?

2) 용봉욕산성龍鳳峪山城

석목진析木鎭에서 동남쪽 직선거리로 6km 떨어진 곳에 용봉욕촌이 자리한다. 촌에서 해성하 건너의 마을 이름은 산성자山城子이다. 이름만 보아도 산성이 있으련만, 주변의 산은 그다지 높지 않은 평범한 산들뿐이다. 하지만 석목진에서 남쪽으로 이어지는 해성하海城河 양안에 펼쳐지는 평야지대 끝자락에 자리한 산이다 보니 특별한 가치를 지닐 만하다.

마을 사람에게 물으니, 해성하변의 야트막한 산을 가리키며 바로 그곳에 산성이 있다고 한다. 그는 누구보다도 잘 안다는 듯 자신만만하게 따라오라고 한다. 가까이 가니 그 산은 정상에 이동통신중계탑이 하나 서 있을 뿐, 전체가 사과 과수원이다.

해성하海城河에서 바라보는 용봉욕산성龍鳳峪山城의 모습

외성에서 바라본 내성의 서벽과 서문

들판 너머가 석목진析木鎭이다.

과수원 주인이라는 그는 정상에 도톰하게 솟은 토벽을 가리키며 산성의 내성內城이라고 한다. 그리고 임시숙소 아래로 외성外城이 있었다고 설명한다. 그는 20여 년 전에 이 산을 과수원으로 개간하였기에 잘 알고 있다.

과연 그가 가리키는 정상에 토벽이 길게 쌓여 있고 중간 위치에 성문이 개설되어 있다. 성의 서벽과 서문이다. 길게 이어진 달구질한 토축土築의 서벽이 북벽과 교차되는 지점에서 대臺를 이루고 있다. 내성은 일반적으로 성의 지휘부가 자리하지 않던가? 그렇다면 점장대點將臺이거나 적을 조망하는 전망대였을 것이다. 그곳에 올라서니 성 안팎이 한눈에 들어온다. 북쪽으로는 넓게 펼쳐지는 평야지대 끝자락에 자리한 석목진이 눈에 들어온다.

대를 지나 북벽 도중에 내성과 외성을 잇는 북문이 개설되어 있다. 이후 북벽은 동쪽 끝에서 절벽을 만나고 그 아래에 해성하海城河가 흐른다. 지금은 하천의 수량이 적으나 당시에는 수량이 풍부하여, 산성 동쪽에서 천연 해자垓字 역할을 하였을 것이다. 성의 동쪽은 절벽과 강으로 이루어지니 별도의 인공 성벽이 필요치 않다. 다시 서문으로 돌아와 남쪽으로 간다. 짧게 이어지는 남쪽 성벽은 금방 동쪽 절벽에 닿는다. 내성의 모양은 삼각형에 가깝다.

내성 안팎 여기저기에서 기와와 벽돌 조각들을 얼마든지 볼 수 있다. 특히 내성 안의 많은 석재를 마을 사람들이 경쟁적으로 가져다가 집 짓는 데 사용했다고 한다. 설명을 이어가던 과수원 주인에게 내성의 면적을 물으니, 5묘畝(3,330m²) 정도가 된다. 그동안 답사했던 성들과 비교하여 내성이 결코 작은 면적이 아니다. 외성은 남쪽 산허리에서 시작하여 서쪽 면을 지나고 북쪽 면에 이어지다가 내성에 이어지면서 외성이 끝났다고 한다. 지금은 밭으로 개간하느라 다 허물어졌지만 외성도 꽤 넓었으리란 추정이 가능하다.

과수원 주인이 숙소 한 구석에 잘 모셔둔 돌절구를 보여주었다. 전날 안산시鞍山市 박물관에서 보았던 고대 돌절구石臼와 너무나 닮았다. 20년 전에 사과 과수원을 개간하면서 지하에 묻혀 있던 기와·자기 조각과 함께 출토된 것이라고 설명한다. 자로 재어보니 길이가 60cm, 폭이 44cm, 높이가 42cm이며, 구멍의 직경이 26cm에, 그 깊이가 28cm에 달한다. 하나의 자

산성 안에서 출토된 돌절구

연석 덩어리를 가공한 것이다. 어느 시대 것인지 감정할 방법은 없으나 산성에서 출토되었다는 사실 하나만으로 왠지 고구려 시대의 유물이라고 믿고 싶다.

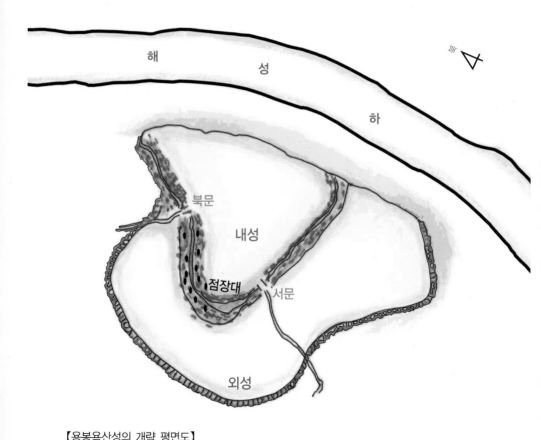

【용봉욕산성의 개략 평면도】

성은 북위 40°39'15", 동경 122°56'32"에 위치하며 산의 정상에 위치한 내성의 고도는 151m이다. 강 건너에는 수암岫岩을 잇는 고속도로와 지방도로뿐만 아니라 철도가 지나는 것이 눈에 들어온다. 수암을 지나면 단동과 이어진다. 당시에도 해성하를 따라 교통로가 이어졌을 것이다. 그렇다면 당시 최대의 성이었던 오골성과 연결되며 압록강에 닿는다. 지리적으로 보면 산성은 석목고성과 더불어 안시성의 동남쪽 배후에 위치하면서 압록강을 잇는 길목에 자리한다. 따라서 안시성전투 당시에 안시성을 지원하며, 동시에 안시성을 우회하여 평양으로 진격하는 루트를 차단하는 형국이다. 이러한 산성들의 포국이 당시에 안시성을 우회하여 오골성烏骨城으로 진격하자는 건의를 무용지물로 만들었다.

3) 엽가촌산성葉家村山城과 운반산돈대雲盤山墩臺

석목진析木鎭 남쪽에서 S312번 성도를 달려 차구진岔溝鎭을 못 미쳐서, 서쪽으로 갈라져 해성하의 다른 지류를 따라가는 시골길을 6km 정도 가다 보면 엽가보촌葉家堡村을 만난다. 좁은 길옆으로 인가가 드물게 있다. 촌의 노인들에게 물으니 좀 멀리 가장 높게 보이는 산이 바로 산성자山城子라고 한다. 그렇다. 현지인들은 산성이 있는 산을 가리켜 거의 다 산성자山城子라고 부른다.

길이 막다른 곳에 주변에서 가장 높은 산이 있다. 전면은 워낙 가파르고, 길을 물으니 왼쪽 등성이로 오르라 한다. 정상에 닿으니 토축土築의 성곽이 분명하게 드러난다. 성 둘레를 걸으며 측정해보니 그 길이가 약 200m에 이르며 타원형에 가깝다. 그 안을 평탄하게 조성하였으며 가운데는 좀 높였다. 성 아래 북·서 방향은 2m 남짓한 공간을 두고 턱을 이루며 2중의 방어선을 형성해 놓았다. 그곳에서 성벽을 보니 그 높이가 2~3m에 이른다. 주변에서 석재를 구하기 어려우니 흙을 달구질하여 쌓은 토성土城이다. 성의 위치는 북위 40°37'46", 동경 122°46'24"로 정상의 고도는 424m에 달한다.

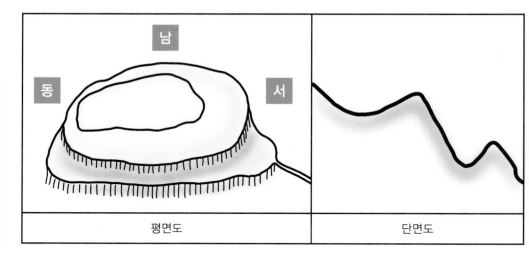

| 평면도 | 단면도 |

【엽가촌산성의 평면 및 단면 개념도】

산성에 올라서니 지나온 마을과 그 사이로 난 길이 한눈에 들어온다. 지도를 보니 놀랍게도 대석교大石橋에 있는 해룡천산산성海龍川山山城이 남서쪽으로 불과 11km정도 떨어져 있을 뿐이다. 해룡천산산성은 큰 성이다. 지금이야 행정구역을 달리하고 있지만 산성들은 다 이렇게 연결선상에 있는 것이 아닌가?

하산하여 오던 길로 되돌아서 3km 가다 보면 후가보촌侯家堡村을 만난다. 이곳에 운반산돈대雲盤山墩臺란 고구려 유적이 있다고 하지만, 마을 사람에게 물어도 운반산이란 지명도 고구려 유적의 존재도 모른다. 겨우 만난 노인 한 분이 마을 뒷산 과수원을 가리키며 저 산상에 돈대가 있으며 고구려 시대 것이라고 한다. 높지 않지만 주변에 산이 없으니 사방을 경계하기엔 안성맞춤이다. 과연 정상에는 흙으로 높인 대臺가 있다. 정상에 위치한 대의 남쪽만 가파르게 절벽을 이룰

마을 뒤에 있는 산 정상에 돈대墩臺가 있고, 전망대와 봉화대의 역할을 했을 것이다.

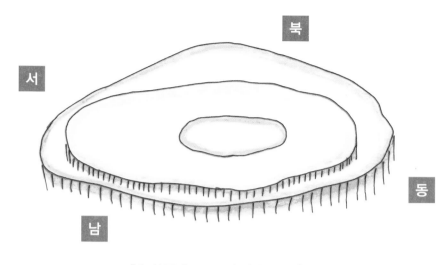

【운반산돈대雲盤山墩臺의 평면 개념도】

뿐, 산 전체가 배나무 과수원이다. 대臺는 그리 크지 않은 타원형에 가깝다. 동서 길이가 약 30m, 남북 폭은 일정치 않으나 가운데 가장 넓은 곳이 12m 정도, 양쪽 가장자리는 8~9m이다. 돈대의 위치는 북위 40°38'53", 동경 122° 50'56"이며 고도는 160m에 달한다.

엽가촌산성葉家村山城과 이곳의 돈대는 많은 군사들이 주둔할 규모는 아니다. 엽가촌산성을 기준으로 동북쪽 11km에 석목고성析木古城이, 남서쪽 11km 거리에 해룡천산산성海龍川山山城이 자리한다. 그리고 엽가촌산성에서 3km 떨어진 돈대로부터 석목고성이 7.6km, 용봉욕산성龍鳳峪山城이 7.5km 정도의 가까운 거리에 있다.

결국 성과 성을 연결하는 통신초소 성격의 돈대이다. 이것이 성의 방어력을 몇 배로 증강시키는 고구려 산성의 포국이다. 연계된 산성의 배치가 중원의 대군을 물리쳤던 힘이다.

4) 동대령촌東大嶺村산성과 복합산산성ト鵠山山城

석목진析木鎭에서 동쪽으로 해성하의 지류를 따라 가는 지방도 석청선析靑線 도로를 타고 약 10km 남짓 가다보면 접문진接文鎭이란 농촌을 만난다. 그곳에서 동남쪽으로 계속 가다 보면 동대령촌東大嶺村이 나오고, 산취저수지山嘴水庫 옆 산성구山城溝 마을 앞산에 고구려 산성이 있다. 마을에서 만난 노인은 자신 있게 따라 오라며 앞장선다. 여느 산길과 달리 넓게 난 길이 산성 가는 길이며 자기가 혼자 그 길을 닦았다고 한다. 그 산길을 따라 좀 더 오르니 과연 정상에 산성이 보인다. 자세히 보니 산성에 건물이 들어서 있어 어찌된 연유인지 물으니 자기가 산성 안에 집을 짓고 여름을 그곳에서 난다고 한다. 그의 별장이라고 할까? 올라 보니 성안은 동서 길이가 약 35m, 남북의 폭이 약 20m인 타원형을 이루고 있다. 서·북·동 삼면에 석축의 성벽이 있으며, 외곽에서 보면 그 높이가 2~3m, 성안에서는 1m 전후의 높이이다. 남측은 절벽에 면하고 있어 별도의 성벽이 필요치 않다.

동대령촌산성

성 밖으로 나가 보니, 동쪽과 북쪽은 언덕 아랫부분에 단段을 만들어 병사를 배치할 수 있게 해 놓았다. 노인이 성으로 이어지는 산길까지 만들었다길래, 혹시 이 단도 같이 만든 것이 아니냐고 물으니 애초에 그렇게 되어있었다고 설명한다. 산성의 방어력을 보강하는 구조물인 것이다. 성 밖 서쪽 언덕배기에는 우물터가 있다 노인은 그곳을 가리키며 겨울이라서 물이 말라붙었지만 우물이라고 한다. 물이 없다면 산성에 병사들이 어찌 주둔할 수 있을까? 우물 등 수원지는 산성의 절대적인 입지조건이다.

산취저수지山嘴水庫를 끼고 있는 이곳은 큰 산성은 아니나, 산성과 산성을 연결하는 작은 산성이다. 그 위치는 북위 40°40′29″, 동경 123°4′49″이며 고도는 해발 402m에 달한다.

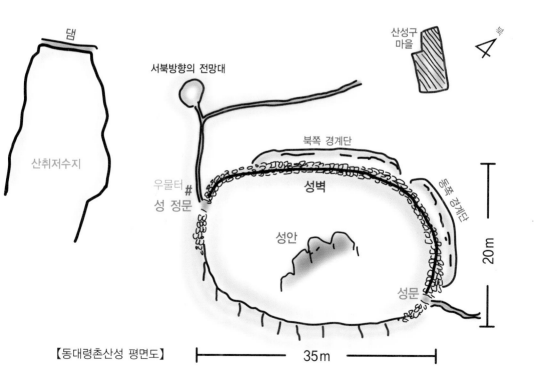

【동대령촌산성 평면도】

동대령촌에서 서쪽의 석목진析木鎭 방향으로 되돌아가다 보면 대자산촌對子山村을 만나며, 그 마을 뒷산이 복합산卜鴿山이다. 마을 사람에게 물으니 바로 그 산 정상에 석축으로 된 고구려 시대의 산성이 남아 있다고 한다. 하지만 해가 서산에 기울고 있으니 등산은 포기하고 위치만 확인했을 뿐이다.

1996년 발간된 『안산지방사연구鞍山地方史研究』의 「수당안산지구고구려문화隋唐鞍山地區高句麗文化」편에서 안산 지역의 고구려 산성을 설명하는 가운데 동대령촌산성과 복합산산성이 간단하게 언급되고 있다. 두 산성은 해성시海城市 접문진接文鎭에 소재하여 서로 약 9km 떨어져 있으면서, 인근의 석목고성析木古城·용봉욕산성龍鳳峪山城·소요구산성小窯溝山城 등과 불과 5~15km 떨어져 있으니, 크기에는 차이가 있지만 모두 안시성 배후에서 645년 당시의 전투를 도왔던 성이다.

석목고성을 중심으로 해룡천산산성까지 힘을 보태며 안시성 전투 시에 남쪽 방향에서 배후의 역할을 했다. 용봉욕산성이 자리한 과수원 주인은 그 산성을 설인귀薛仁貴가 점령했었다는 이야기를 전한다. 석목고성 인근의 석목성고인돌析木城石棚이 소재한 산자락에는 설인귀의 동상이 있다. 이곳에서 쌍방의 대대적인 전투가 있었다는 추정이 가능하다.

대자산촌對子山村 마을 뒷산이 복합산卜鴿山이며 그 정상에 고구려 산성이 남아 있다.

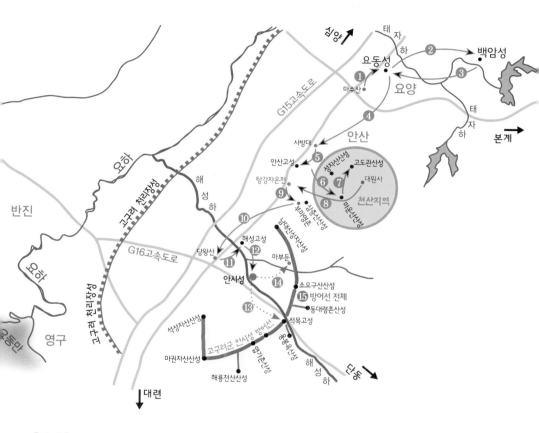

요동성-안시성간 당군唐軍 이동경로 및 안시성 주변 산성 포국布局 추정도

【적 요】
❶ _ 645년 5월 10일 요하를 건넌 당 태종의 군대가 마수산에 주둔, 이적李勣의 군대와 합류하여 5월 17일 요동성 함락.

❷ _ 5월 28일 백암성 공격, 6월 1일 백암성 함락, 6월 3일 개모성 함락.

❸ _ 6월 3일 요동성으로 철수.

❹ _ 재정비 후 6월 11일 요동성을 떠나 안시성으로 향함.

❺ _ 안산고성을 공격하기 전에 사방대四方臺 인근에서 주둔, 익일 안산고성 공격.

❻·❼ _ 안산고성 인근 천산 지역의 마운산산성·성자산산성·고도관산성 등 3개 산성과 전투(천산 대원사에 당 태종이 머물렀다는 고사가 전해짐).

❽ _ 탕강자온천으로 이동하여 전열을 재정비(당 태종이 온천욕을 했다는 고사가 전해짐).

❾ _ 5Km 떨어진 부마영촌 인근에 주둔했던 당군과 삼층산산성의 고구려군 사이에 치열한 교전.

❿ _ 당군이 해성고성으로 진격하자 중간에 소재한 성자산산성은 그 동태를 알려 해성고성·안시성 등은 전투태세에 돌입.

⓫ _ 해성고성의 대비 태세가 만만치 않음을 감지한 당 태종은 일단 당왕산唐王山에 주둔하며 고구려군의 상황을 관찰, 전열정비.

⓬ _ 치열한 전투 끝에 해성고성이 어려워지자 군사들은 장구杖溝를 통하여 안시성으로 후퇴, 645년 6월 20일 당 태종의 군사들이 안시성 인근에 도착.

⓭ _ 안시성이 공격을 받자 연개소문은 고연수·고혜진 두 욕살의 지휘 하에 15만의 군대를 파견하여 안시성 주변에 주둔한 당군과 전투를 벌이다 항복 함. (역사서에 기록이 있으나 당시에 15만의 군대를 동원하였다는 규모는 믿기 어려운 점이 있음)

⓮ _ 당군은 안시성을 포위하고 집중 공략하나 주변 산성들의 강력한 지원으로 곳곳에서 서로 맞부딪친 흔적이 나타남.

⓯ _ 석목고성을 중심으로 안시성 배후의 성들이 활 모양의 포국으로 안시성을 떠받치듯이 전선을 형성했으며, 그 후방인 동남쪽 수암岫岩과 남쪽 영구營口 지역에 수십 개의 산성이 포진해 있으니 안시성 단독으로 전투를 벌인 것이 아니었음을 알 수 있다.

단재 신채호 선생님의 『조선상고사朝鮮上古史』「안시성전투」를 보면 그 어느 역사서보다 상세히 설명하고 있다. 하지만 안시성을 "환도성"으로 이야기하고 있는데, 여기서는 환도산성이 아닌 영성자산성營城子山城(英城子山城으로도 불림)을 안시성으로 전제하고 다른 각도에서 살펴보고 논리를 풀어가려고 한다. 그 산성은 한국이나 중국의 역사학계에서 많은 학자가 안시성으로 비정하고 있으며 안산鞍山 해성시海城市 팔리진八里鎭 영성자촌營城子村에 자리한다.

645년 당시 천하무적으로 명성을 날리던 당 태종 군대가 5월 17일 요동성을 함락시킨 후 6월 20일에나 안시성 인근에 도착한다. 요동성과 안시성간의 직선거리는 불과 60km임에 불구하고 한 달 이상 걸렸다는 점에 의구심을 가져왔다. 요즘 같으면 승용차로 1시간 30분이면 충분히 닿는 거리고 그 당시에도 부지런히 행군한다면 이·삼일이라면 족히 도달할 수 있건만, 그렇게 오랜 시간이 걸렸다는 것은 무엇을 의미하는가? 또한 졸저『요동 고구려 산성을 가다』에서 자세히 설명했지만 안시성으로 비정되는 영성자산성營城子山城은 그리 큰 성이 아님에도 불구하고 대군을 맞아 3개월이란 장기전을 어떻게 지탱하며 결국 승리로 이끌었는지도 의문이다.

그에 대한 해답을 얻고자 자료조사는 물론 6개월 동안 시간 날 때마다 현지답사의 길에 나섰다. 그 노선과 안시성 주변에 소재한 산성 답사도 중요하지만 그 지역에 전해오는 전설과 민담 하나하나 놓치지 않으려 노력하였다. 그 결과를 근거하여 본 장에서 당 태종 군대의 이동경로를 추정하고 안시성 주변의 산성 포국을 논했으며 그것을 다시 정리하여 추정도로 만들어 본다.

요동성과 안시성 사이에 많은 산성과 평지성이 있음을 알고 있는 당 태종은 하나라도 그냥 지나칠 수 없었을 것이다. 전진만 했다가는 배후에서 공격받음은 물론 요동성으로부터의 보급로가 차단된다는 우려가 자리잡고 있었다. 비교적 규모가 크지만 안시성으로 향하는 노선에서는 좀 비켜있는 백암성이 요동성 함락 이후 가장 먼저 공격대상이 된 것을 보아도 알 수 있다. 배후에 있던 백암성과 개모성을 함락시켰지만 당군唐軍도 전력의 손실이 심대하였기에 요동성으로 돌아가 8일간이나 정비할 시간을 가져야 했다.

6월 11일 다시 요동성을 출발하여 안시성으로 향하지만, 상기 추정도와 같이 노선 중간의 수많은 산성과 평지성을 감안하면, 당군은 드넓은 평원을 통과하는 노선보다는 산악지대를 선택하여 이동해야 했다. 고구려군대로부터 노출을 피할 뿐더러 중간중간에 소재한 고구려 방어거점을 타개하면서 나가야 했으니 시간이 소요될 수밖에 없었다. 한 달 이상 싸우면서 이동해야 했던 당군이 안시성에 도착했을 때는 이미 지쳤으니, 안시성의 고구려군대는 자연스럽게 『손자병법』 「군쟁軍爭」편에서 언급하고 있는 "먼 길을 강행군해 온 적을 앉아서 기다리고, 아군은 충분한 휴식을 취하며 피로에 지친 적을 대하고, 아군은 배부름을 취하고 적은 이미 배고픔에 빠져있는 꼴 以近待遠, 以佚待勞, 以飽待饑"로 적을 대할 수 있었다. 이렇게 될 수 있던 것은 곳곳의 산성이 그 위력을 발휘한 때문이다.

상기 추정도에 보듯이 안시성 주변 및 배후에도 많은 산성과 평지성이 자리하고 있다. 당唐의 침략이 시작되면서 안시성 또한 주변의 산성들과 상호연합 작전으로 대처하는 훈련을 지속적으로 전개했을 것이다. 특히 안시성 후방의 한쪽에는 당시 최대의 산성이었던 오골성烏骨城이, 다른 방향에는 그 유명한 건안성建安城이 있었다. 그 외에도 중소형 산성들이 그들과 점점이 연결되면서 안시성의 전황을 항상 공유하고 있었다. 그러니 안시성과 전투를 벌이면서도 당 태종과 그의 군대는 그 후방의 산성들도 신경 쓰였을 것이다.

산동성에서 출발한 당의 수군은 전쟁 초기인 645년 5월 초에 요동반도 남단의 비사성卑沙城을 함락하여 교두보 확보에 성공한다. 하지만 건안성을 비롯해 중간의 많은 산성의 강력한 저항에 부딪혀 당 태종의 본대와 연결되지 못하면서 안시성전투에 전혀 도움이 되지 못했다. 안시성전투가 지지부진하자 신하들이 안시성을 우회하여 오골성을 치고 직접 평양으로 진격할 것을 건의하지만, 신성新城과 건안성의 존재 때문에 그 건의를 포기하는 장면은 역사서에도 생생하게 기록되어 있다.

안시성은 당시의 황도皇都였던 평양으로 향하는 길목이었지만, 설령 안시성이 함락되었다고 해도 상기 추정도 밖의 동남쪽 후방 수암岫岩 지역의 23개 산성을 거쳐야 하고, 압록강을 건너기 전에 고구려 최대의 산성이었던 오골성烏骨城을 만나야 하는 험난한 여정을 적들이 극복할 수가 있었을까? 당시 최고의 명장인 당 태종이 안시성으로 방향을 잡은 것 그 자체가 과연 올바른 선택이었는지 의문이 들 수밖에 없다.

상기의 『조선상고사』를 보면, 645년 출정을 앞두고 당 태종은 낙양에서 수대隋代에 우무후장군右武侯將軍으로서 참전했던 전 의주자사宜州刺史 정원숙鄭元璹을 불러 고구려 사정을 물었다. 그는 "요동은 길이 멀어 군량미 운반이 힘들고 고구려가 성벽방어守城戰術를 잘하기 때문에 성을 빼앗기가 곤란합니다. 신은 이 길이 매우 위태로운 길이라고 봅니다."라고 경험에서 우러나온 답을 한다. 이것만 보아도 당시 고구려산성의 위력이 어떠했는지 상상할 수 있다.

중국 역대의 명장이었던 당 태종과 그의 강력한 군대와 맞서 싸워 이긴 요체는 바로 고구려 산성의 포국布局이었다.

2 장

석대자산산성石臺子山山城 남면

산성이름	위치	규모(둘레)	성벽재질	분포도
신성新城(고이산산성高爾山山城)	무순시 순성구 고이산풍경구	약 4,000m	토석혼축	90
현도성玄菟城	무순시 신무구 노동공원	미상	평지성	91
무려성武厲城	신민시 공주둔진 요빈탑촌	미상	평지성	92
고대산산성高臺山山城	신민시 고대자진 서고대촌	미상	토석혼축	93
석대자산성石臺子山城	심양시 혼남구 기반산풍경구	1,381m	석성	94
마화사산성馬和寺山城	무순현 소동향 마화촌 동쪽	2,600m	토석혼축	95
서산산성西山山城	무순현 합달진 상년촌 서쪽	500m	토석혼축	96
대류산성보산성大柳山城堡山城	무순시 순성구 전전진 대류촌 산성보	1,200m	토석혼축	97
장당산성章黨山城	무순현 후안진 남장당촌	200m	석성	98
후안열사산산성後安烈士山山城	무순현 후안진 후안촌	130m	토석혼축	99

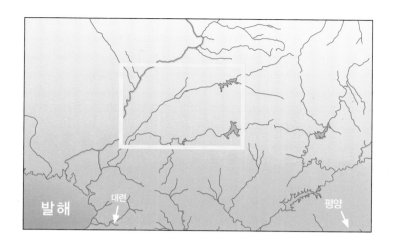

요하 건너 처음 마주치는 군사요충지
신성新城과 평지성인 현도성玄菟城

고이산 전경. 2018년 5월 25일. 조선족 사진작가 이윤선 선생 촬영.

무순撫順 시내 북쪽에 위치한 고이산高爾山 위에 자리한 성이 고구려 시대에 그 유명했던 신성新城이다. 유명했다는 것은 그만큼 역사서에서 많이 언급된다는 이야기인데, 중원세력의 침공 시 요하를 건너면 첫 번째로 부딪치는 성이며 그때마다 치열한 전투를 치르며 지켜냈던 성이기도 하다.

고이산의 "고이高爾", 한국의 어느 학자는 발음상 고려高麗를 이른다고 단정하지만, 현지인의 증언에 따르면 "고이"의 중국어 발음인 "까오얼"은 만주어로 홰나무槐木이며 산에 그 나무가 많았기에 그리 불렀다고 한다. 하지만 조선족의 역사를 연구하는 사진작가인 이윤선李潤善(65세, 조선족, 무순 거주) 선생의 설명에 따르면, 산 이름 "까오얼"은 우리말 "고을"에서 왔다고 한다. 그 뒷받침으로 무순박물관에서 산성을 발굴하면서 그곳에 관청이 소재했다고 추정할 만한 유적과 유물들이 많이 나왔다고 한다. 고구려 시대의 큰 산성에는 인근 지역을 관할하는 관청이 함께 있었다는 것은 주지의 사실이다.

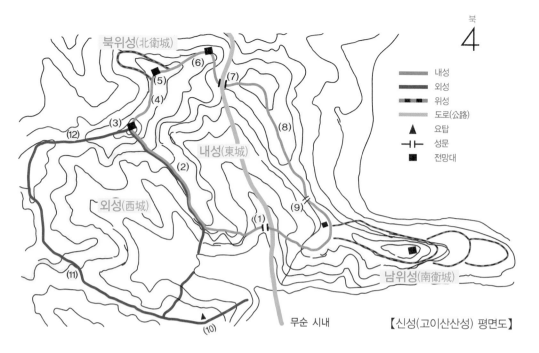

북

4

북위성(北衛城)

(6)

(5)

(7)

(4)

(8)

(3)

내성(東城)

(12)

(2)

외성(西城)

(9)

(1)

(11)

남위성(南衛城)

(10)

무순 시내

【신성(고이산산성) 평면도】

내성
외성
위성
도로(公路)
▲ 요탑
성문
■ 전망대

시내에서 가깝다 보니 주말에 많은 사람들
이 찾는다. 산 전체를 풍경구風景區로 만들어
성 안까지 등산로는 물론 산악자전거길마저
만들어 놓았다. 과연 그들 중에 당시의 치열했
던 전투를 아는 사람들이 얼마나 될까? 능선
에 닿으니 얼핏 보아도 흙으로 쌓은 성벽임을

동문과 이어지는 동벽이 허물어진 곳에 나타난 절단면

알 수 있다. 남문(1)에서 시작한 성벽은 동성과 서성의 경계(2)를 이룬다. 더러
는 성벽 위에 등산로를 만들었다. 성벽의 절개면을 보면 판을 대고 달구질한
판축공법版築工法의 토벽임이 확연하게 드러난다.

그 성벽을 따라 오르면 고이산의 최고봉인 장군봉將軍峰(해발 230m)에 닿는
다. 지금은 등산객을 위한 벤치가 놓여있지만, 당시에는 누각이 있는 점장대
點將臺였을 것이다. 봉우리 전후에 호를 파서 병사들이 대를 지키는 공간을

만들어 놓았다.

장군봉(3)을 중심으로 동서로 갈라지면서 동성과 서성의 북벽을 이룬다. 동쪽의 북벽(4)을 따라가니 또다시 길게 토벽이 이어진다. 성 밖으로 그 높이가 7~10m이니 적의 접근이 쉽지 않아 보인다. 안쪽으로는 2m 정도의 높이이며 성안으로 평탄한 공간을 형성하니, 아마도 병사들이 거주했던 군영터였을 것이다. 얼마 더 가다 보니 또 다른 대(5)를 만난다. 높게 쌓아 올려 북쪽에서 이동하는 적들을 조망하는 전망대이다. 인공으로 쌓아 올린 흔적이 확연하다. 대에 올라 성 밖을 보면 나뭇가지에 가려져있지만 마을 그리고 심양과 길림을 잇는 고속도로가 보인다. 당시에는 조망을 확보하고자 전방의 나무들을 쳐 냈을 것이다. 성벽을 따라 동쪽으로 더 진행을 하다 보면 동북쪽 모퉁이에 닿는다(6). 각대 자리로 여겨지는데 동북쪽의 바깥이 훤히 보인다. 성벽이 하산하면서 동벽이 시작된다.

동벽이 산아래로 내려오다가 무순撫順과 철령鐵嶺을 잇는 도로, S106번 성도省道를 만난다. 남벽을 관통한 도로는 이곳에서 성의 동벽을 지나는데, 정문인 남문과 대칭되는 위치로 북문(7)이 자리한다. 이미 도로 때문에 성문은 흔적도 남지 않았지만, 중요하게 출입했던 성문이기에

신성의 북문 자리

1963년 성급 문물보호단위로 지정하며 세운 "고이산산성高爾山山城"이라고 쓴 표지석이 도로변 언덕에 서 있다. 안쪽으로는 병영이 있었을 만한 넓은 공간이 있다. 아마도 당시에는 그곳에 건축물이 있었을 만하다.

남쪽으로 계속 이어지는 동벽(8)은 밖으로는 높이가 6~7m 정도이고 안쪽으로는 1.5~2m정도로 유지된다. 성 전체의 안팎의 형태가 그렇다. 성벽 안쪽으로는 폭 2~3m 정도의 마찻길로 여겨지는 흔적이 함께 이어지니, 성벽 곳곳에

식량·병장기 등의 물자를 공급하고 순찰도 돌았을 것으로 보인다. 곳곳에 건축지였을 만한 넓은 공간들이 눈에 띈다. 비교적 완만한 경사지 위의 동벽 안쪽에 계단식으로 이어지면서 시설물들이 자리했던 것으로 여겨진다.

1987년 제2기 『요해문물학간遼海文物學刊』에 게재된 「요녕무순고이산성발굴간보遼寧撫順高爾山城發掘簡報」에는 상기의 "무순－철령 연결도로 양측으로 크기가 같지 않은 수많은 계단형태의 대지臺地가 있었으며 고구려 시대의 풍부한 유적과 유물이 많아서 우리 발굴작업의 중점대상이었다. 撫鐵公路的兩側有許多大小不等的階梯形臺地, 保留有高句麗時代豊富的遺蹟和遺物, 是我們發掘工作的重點對象."고 기록되어 있다. 동벽에서 남쪽으로 치우쳐서 다시 성문이 하나 개설되어 있는데 그것이 바로 성의 동문(9)이다. 남문이나 북문과 비교하면 그 규모는 작지만 동쪽의 마을과 연결되던 문이다. 상기【신성 평면도】(91쪽)를 보면 알 수 있듯이, 동문을 통하여 나가면 동남쪽에 위치한 남위성南衛城과도 가까이에 위치하고 있어 서로 연계되어 있음을 알 수 있다. 동문과 가까이 동벽과 남벽이 만나는 지점에 각대角臺가 자리하고 있어, 동남쪽에 자리한 남위성과 연결되고 있다.

각대에서 성벽을 따라 하산하다 보면 다시 S106번 성도省道를 만나고, 그 도로 옆에 남문이 소재함을 알 수 있다. 성문터를 자세히 살펴보면 토축土築의 흔적이 적나라하게 나타난다. 남문은 도로와 새로 조성한 광장 및 주차장과 사이에 있으며 성문 바로 옆에는 가뭄으

S106번 성도 부근에 남은 남문 성벽 단면

로 말랐지만 계곡의 물을 성 밖으로 흘려보냈던 수구문水口門터가 남아 있다. 남문은 전체 지형을 보아 성의 가장 낮은 곳에 위치한다. 남문과 연결되는 광장에 돌아오면 내성內城(동성東城이라고도 함) 전체를 돌아본 것이다. 겨우 성의 반을 답사한 것이다.

외성 안에 솟은 요탑

다시 요탑遼塔이 우뚝 솟아 있는 외성外城, 즉 서성西城에 오른다. 외성은 주민을 위한 산책길을 만든다고 다 헤쳐서 계단을 놓았다. 하긴 요탑이 있는 것을 보아도, 이미 요대遼代부터 필요에 따라 개발되었던 것 아닌가? 계단 길은 요탑으로 이어진다. 요遼 대안大安 4년(1088)에 세워진 탑(10)은 러일전 쟁중(1905) 일본군이 고이산에 주둔하던 러시아군을 공격하면서 파괴되었고, 1990년대에 현재의 모습으로 복구하였다고 한다.

탑의 위치에 서니 성의 남쪽에 전개되는 시내가 발아래 있으며 그 한가운 데를 관통하는 혼하渾河가 한눈에 들어온다. 평면도에서도 보듯이 탑의 위치 는 외성의 서남 모퉁이에 자리하니, 고구려 당시에는 서남쪽과 혼하를 감시하 던 각대角臺의 자리였으리란 생각이다. 탑 주변의 공간이 꽤 넓은 것으로 보 아 당시에 주요한 시설물들이 자리했을 가능성이 있다. 산능선을 따라가면 산 세가 가파라서 별도의 성벽이 필요 없을 정도이다. 그럼에도 불구하고 곳곳에 토축土築의 성벽(11)이 남아 있으니 방어에 대비한 치밀함이 엿보인다.

서벽 끝에서 만나는 북벽(12)은 장군봉을 향하고 그곳에서 다시 내성의 북 벽과 만나서 함께 성 전체의 북벽을 이룬다. 북벽을 만나 외성의 계곡으로 내 려오면서 동성東城(내성)과 서성西城(외성)의 관계를 생각해 본다. 보다 온전하 게 남아 있는 동성을 먼저 축조하여 중원 세력의 끊임없는 침략에 대비하고, 다른 한편으로는 요하를 건너 요서지방으로 진출하는 전진기지가 필요하여 후에 규모를 확장하기 위해 서성西城을 쌓았을 것이란 생각이다.

그 이유로는 동성과 서성 사이의 경계 성벽이 너무나 확연하다는 것을 들수 있다. 같은 시기에 축조했다면 굳이 그 경계를 확실히 할 이유가 없다. 또하나는 성의 중심시설은 내성인 동성에 자리했을 개연성이 크다는 점이다. 상기의 평면도에서도 보듯이 방어기능을 보강하는 두 곳의 위성衛城이 모두 동성에 잇대어 위치하고 있음을 보면, 동성이 중심역할을 했을 것으로 추정할수 있다. 또한 상기의 고이산산성 발굴조사 보고서를 보면 많은 유물들이 동성에서 발굴되었다. 따라서 공政·수守 양면의 필요에 따라, 그 시기를 알 수는없지만 이 지역의 중심이었던 신성新城이 확장되어 외성인 서성西城이 축조된것으로 보인다.

성의 규모는 그 전체의 둘레가 약 4km이며, 동서의 길이가 1,217m, 남북의폭이 912m로 그 이름에 걸맞게 비교적 큰 성이다. 일부에서는 최고봉인 장군봉의 높이를 150m라고 하나 상기의 발굴조사서에 따르면 해발 230m로 되어있다. 직접 답사하면서 측정한 고도도 그와 같다. 아무튼 주변이 평지인 곳에솟은 고이산은 산성에 적합한 입지조건을 지니고 있다.

당시 신성新城의 중요도는, 지금 시내의 노동공원 자리에 위치했던 평지성현도성玄菟城의 존재로도 알 수 있다. 고구려는 수도 등 주요한 곳에 산성과평지성을 병행하여 축조하지 않았던가? 환도산성과 국내성이 그렇고, 흘승골성과 하고성자下古城子 등의 예를 볼 수 있다. 산성과 평지성이 인접한 곳에 병립함은, 평시 하부계층의 관리에 편리를 도모하면서 전쟁 등의 위기관리에도 대응하는 지혜였다. 신성과 당시 현도성은 혼하를 사이에 두고 직선거리로 불과

무순 시내 한복판에 자리한 노동공원에 옛 현도성이 자리했었다고 한다. 평지성이었던 현도성은 산성인 신성과 상호작용을 하였다.

3km 떨어져 있을 뿐이다.

『삼국사기』나 『자치통감』 등 역사서에도 신성이 자주 언급되는 것은, 그만큼 전쟁에서 요충지였다는 것을 보여준다. 신성이 언제 축조되었는지는 역사서에 확실한 기록은 없다. 수·당과의 전쟁 시에 신성의 역할은 주지의 사실인데, 이전의 상황을 역사서 속에서 살펴보자.

『삼국사기』 권 제18 「고구려본기」 제6 고국원왕편을 보면, "5년 정월에 나라의 북쪽에 신성을 쌓았다築國北新城" 그리고 "9년 연燕왕 모용황慕容皝이 침범해 신성에 닥치므로, 왕이 화친和親을 청하니 이내 돌아갔다"라고 되어있다. 이 내용을 보면 "신성을 쌓았다築(國北)新城"고 하여 마치 제16대 고국원왕 5년(335)에 처음 축조한 것으로 생각할 수 있으나, 그 이전에도 신성에 대한 기록이 있으니 그것은 아마도 대대적인 보수 혹은 중·개축이 아니었을까 싶다.

신성이 최초로 『삼국사기』에서 언급되는 것은, 권 제17 「고구려본기」 제5에서 제13대 서천왕西川王 7년(276)에 "4월 왕이 신성에 갔다"는 기록이다. 또한 19년 4월에 신성에 행차하였다는 기록이 다시 나온다. 고국원왕 5년과는 약 60년의 차이가 있다. 그 후에도 제14대 봉상왕烽上王 2년(293)에 "8월에 모용외慕容廆가 내침하였다. 왕이 신성으로 가려다가 도중에 적을 피해 곡림鵠林에 이르렀다"고 기록되어 있다. 같은 왕 5년에 다시 모용외가 침략했을 때 국상 창조리倉助利의 건의에 따라 "왕이 고노자高奴子를 신성태수新城太守로 삼으니 선정을 베풀어 위성威聲이 있었다. 이로부터 모용외는 다시는 쳐들어오지 않았다"고 하여 신성의 존재를 다시 말하고 있다. 여기서 모용외慕容廆는 고국원왕 때 쳐들어 왔던 선비족 모용황慕容皝의 부친이며, 모용황에 이르러 연왕燕王으로 칭하니, 고구려를 줄기차게 침입했던 바로 5호胡 16국國의 하나인 전연前燕이다. 상기의 기록들을 보면 신성은 고국원왕 때 처음 축조된 것으로 보기 어렵다는 것을 알 수 있다.

권 제19「고구려본기」제7을 보면 고국원왕 이후인 제18대 양원왕陽原王 3년(547년) "7월에 백암성白巖城을 개축改築하고 신성新城을 수즙修葺하였다"고 나온다. 수즙은 "집을 고치고 지붕을 새로 이는 일"이니 성을 보수했음을 의미한다. 또한 같은 왕 7년에 "9월 돌궐突厥군대가 와서 신성新城을 에워쌌지만 이기지 못하여 백암성으로 옮겨 공격하므로, 왕이 장군 고흘高紇을 시켜 군사 1만 명을 이끌고 대항하게 하여 이기고 적 1,000여 명을 살획하였다"란 기록이 나온다.

　상기의 내용들은 중국의 5호16국 시대에도 신성新城이 고구려를 침입하기 위해서 요하를 건너면 처음으로 만나는 요충지임을 보여준다. 그곳을 지나야 고구려 초기의 수도였던 국내성에 닿는 루트인 북도北道나 남도南道에 진입할 수가 있었기 때문이다. 수 양제의 100만 대군도 신성을 함락시키지 못했고, 당 태종의 친정親征에서도 신성을 끝내 함락시키지 못한 채 우회하여 요동성으로 향하다 보니 보급에 차질이 생겼다. 전쟁 내내 신성의 존재가 근심거리였다.

　정확한 축조 시기는 알 수 없지만, 『삼국사기』에서 신성新城이 최초로 언급되는 서천왕西川王 7년(276년)을 기준으로 해도, 고구려의 국운이 기울어진 667년, 7개월에 걸친 피나는 전투 끝에 당唐의 이적李勣에게 함락이 되기 전까지 390여 년 동안 고구려를 지켜 냈던 산성이다. 『구당서』「고려전」을 보면, 당 태종의 동정 당시 우회했던 뼈저린 경험을 지닌 이적李勣은 667년 요하를 건너면서 제장에게 신성을 언급한다. "신성은 고구려 서쪽 국경의 중점으로 최고의 요새이다. 먼저 이를 빼앗지 못하면 나머지 성을 쉽게 취하지 못할 것이다.新城是高麗西境鎭城, 最爲要害, 若不先圖, 餘城未易可下。" 수백 년을 지탱한 난공불락의 신성이 함락되고 1년 남짓 지나서 고구려가 멸망한 것은, 신성新城이 고구려의 운명을 가를 만한 요충지였다는 것을 말해준다.

고구려 침공을 위해 요하遼河를 건넜던 북로北路의 길목

— 무려성武厲城(요빈탑遼賓塔)과 고대산산성高臺山山城

신민시新民市 마호산대교馬虎山大橋 위에서 바라보는 **요하遼河**

중국 7대 하천인 요하遼河는, 홍산문화紅山文化 발상지 중 하나인 하북성河北省 평천현平泉縣의 광두산光頭山에서 발원하여 하북·내몽고·길림·요녕성 4개 성省을 거치는 1,345km를 흘러 발해로 유입된다. 동북의 남부를 휘감아 도는 유역 중에 지류들이 요녕 북부 지역 전체를 통과한다. 한대漢代 이전에는 구려하句驪河로, 한대漢代에는 대요하大遼河로, 오대五代 이후부터 오늘날까지 요하遼河란 이름이 이어졌다. 왜 고대에는 구려하句驪河였을까? 여기서 구려句驪는 무엇을 의미하나?

요하는 요서遼西와 요동遼東을 나누는 경계선이기도 하여 우리에겐 역사적으로 깊은 의미를 지니는 강이다. 전연前燕부터 수隋·당唐에 이르기까지 중원과 북방민족의 세력들이 고구려를 침공하려면 반드시 건너야 했던 강으로, 도하하려는 세력과 그를 저지하려는 세력이 항상 부딪혔던 곳이다. 고구려 말 631년(영류왕 14년)부터 647년까지 16년간 요하遼河의 동안東岸을 따라 천리장성까지 축조하지 않았던가? 그만큼 우리에겐 전쟁의 아픈 역사가 얽혀 있다. 그 후에도 중국과 왕래를 위해 사신이 필히 건너야 하는 강이기에 그곳에 서려있는 애환은 끊임이 없었다. 예로부터 요하는 소위 "요택遼澤"이라고 하는 늪이 광범위하게 분포하여 강을 건너는 데 큰 장애가 되었다. 그 범위는 오늘날의 심양 외곽의 신민新民에서부터 요중遼中·대안臺安·북진北鎭·흑산黑山을 거쳐 강하구인 반금盤錦·영구營口까지 이르니, 얼마나 광활한 면적인가?

장애물을 통과하는 루트는 3개가 있었다. (1) 요택遼澤의 북부를 끼고 통과하는 노선인 북로北路 (2) 요택을 건너 최단 거리로 요동에 닿았던 중로中路 (3) 요택의 남부를 끼고 통과하는 남로南路이다. 요택을 직접 횡단하는 노선은 요동성遼東城이 있던 지금의 요양遼陽으로 가는 최단거리이지만, 광범위한 요택을 지나야하며 남북으로 흐르는 요하 본류뿐 아니라 많은 지류도 건너야 하는 최고의 난코스였다. 따라서 고대에는 대개가 남·북으로 우회하는 노선을 많이 이용하였다. 특히 당시 요서지방의 교통요지였던 지금의 북진北鎭에서 먼 북로보다는 남로를 더 많이 이용하게 된다. 한漢 원봉元封 2년(BC 109)에 위만조선衛滿朝鮮을 공격할 때나 서기 228년 사마의司馬懿가 공손연公孫淵을 멸한 전쟁에서도 남로를 이용했다. 또한 선비족이었던 전연前燕 모용황慕容皝도 342년 고구려 침공 시 지금의 조양朝陽에서 출발하여 남로를 거쳐 요동에 들어갔다. 당시에 북로도 있었지만, 남로가 요서와 요동을 잇는 주 교통로였음을 알 수 있다.

하지만 그 후 수 양제나 당 태종의 고구려 동정에 대한 기록을 살펴보면 상황이 많이 달라진다. 수 양제 동정 시에는 2개의 노선으로 침공했는데, 지금의 북진北鎭인 회원진懷遠鎭에서 출발하여 오늘날 심양 인근의 신민시新民市에서 요하를 건너고 신성을 지나 요동성에 닿는 북로北路와 함께, 회원진에서 동쪽으로 향하여 요택遼澤을 지나 요하에 부교를 설치하고 요동성에 도달하는 중로中路를 택하였다.

삼차하三岔河 인근 요하 강변. 지금은 농토로 개간되었으나 당시에는 **요택遼澤**이었다.

645년 당 태종의 동정 시에는 세 갈래 길로 나누어 요하를 건넌다. 이적李勣이 선발대를 이끌고 회원진에서 출발하여 지금의 신민新民에서 요하를 건너고 현도성玄菟城을 함락하였으나, 신성新城은 포기한 채 개모성蓋牟城을 함락한 후 요동성에 이른다. 이것은 수 양제의 북로北路와 같다.

친히 본대를 이끈 당 태종은 회원진에서 동진하여 직접 요택과 요하를 건너는 최단거리인 중로, 역시 수 양제가 직접 지난 노선과 거의 일치한다. 당 태종은 배수의 진을 치는 심정으로 건너온 다리를 철거하고 요동성이 내려다보이는 마수산馬首山에 군사를 집결시켰다.

나머지 노선은 수隋대 이전에 주로 이용했던 남로를 따라 영주도독營州都督 장검張儉이 호병胡兵을 거느리고 요하를 건너 건안성建安城에 닿았다. 이들 노선이 수 양제와 당 태종 때의 고구려 침입 루트였다.

유난히 더웠던 금년 여름 끝자락에 당시 북로北路의 흔적을 찾기 위해 길을 나섰다. 오후 늦게 도착한 신민시新民市는 심양에 속하는 현급縣級 시市인데 요하 강변 평원지대의 한가한 농촌이다. 여러 지류가 요하에 합류되면서 만들어진 삼각주들이 조성된 탓인지 작은 구릉조차 눈에 띄지 않고 벌판만이

요양시 서남쪽 7.5km 떨어진 곳의 **마수산馬首山**. 지금은 수산首山으로 불리며 남쪽 기슭에 청풍사青風寺가 있다.

드넓을 뿐이다. 시내 중심에도 고층빌딩 하나 눈에 띄지 않는다.

　시내 북쪽으로 직선거리 7km 정도 떨어져 있는 고구려의 산성이었던 고대산산성高臺山山城과, 동북쪽으로 약 29km 떨어진 요하 강변에 당시 강나루가 있었을 요빈탑遼濱塔에 자리했던 고성古城(평지성)의 존재를 보아도 알 수 있다. 요하의 서쪽인 이곳에 고구려 산성이 존재했다는 것은, 회원진懷遠鎭에 집결하였다가 요하를 건너 북로를 통해 이동하는 적군들을 탐지하거나 저지하는 역할이 주어졌음을 짐작케 한다. 또한 강나루 인근의 평지성인 고성의 목적은 강나루를 통제하여 변경의 지배력을 강화하려 했음일 것이다. 수·당 대군이 밀려오면서 산성과 고성이 함락되고 그곳의 지배력도 일시적으로 무력화 되었겠지만, 무수히 많은 전쟁에서 승패에 따라 관할권이 변경되었던 요충지이다.

　먼저 신민시新民市 공주둔진公主屯鎭에 소재한 요빈탑촌遼濱塔村으로 갔다. 요遼 천조제天祚帝 10년(1110년)에 건립한 높이 42m의 8각13층 밀첨전탑密檐塼塔 때문에 생긴 지명이다. 요하를 건너는 나루가 있었기에 고성古城이 자리했으며, 특히 고구려 시대에는 그 성을 무려성武厲城이라고 했다. 그후 요대遼代에 요빈현을 설치하고 수륙교통의 요지인 상업도시로 발전하였다.

탑은 요하의 한 지류인 수수하秀水河 동안東岸 언덕 위에 있고 요하 본류는 탑의 남쪽에서 흐른다. 수수하와 요하가 합류되는 지점은 탑에서 남쪽으로 약 3km 떨어져 있다. 과연 당시의 나루가 지금의 그 위치였을까? 1,400여 년의 세월이 흐르면서 수많은 홍수를 겪었고 지금의 물줄기가 그 당시와 정확하게 일치한다고 할 수는 없다. 다만 요빈탑遼濱塔의 존재가 그곳 부근이었음을 이야기해준다.

요빈탑에서 멀지 않은 곳에 요하가 흐르고 있다

고구려 관할 하에서 무려성武厲城이라고 불렸던 고성古城은 수·당의 침략 때 일시 함락되면서 통정通定이란 명칭으로 바뀐다. 『삼국사기』권 제21 본기 제9 보장왕편을 보면, "(645년) 4월 이세적李世勣(이적李勣)이 통정通定에서 요수遼水를 건너 현도성玄菟城에 이르니 우리 성읍城邑이 크게 놀라 모두 문을 닫고 스스로 지켰다"는 기록이 있다. 이 기록에서 북로의 노선을 유추할 수가 있으며, 여기서의 성읍城邑은 신성新城임을 알 수 있다.

당시에 나루가 있던 곳의 평지성이었던 고성 무려성武厲城은 그 무엇 하나 남은 것 없어, 한참 후대에 세워진 요빈탑遼濱塔만이 남아 그 위치

무려성의 요빈탑

를 추정케 할 뿐이다. 역사서에 남은 통정通定이란 이름이 고성의 존재를 다시금 일깨우며 수·당 시대의 침략 루트였던 북로의 주요 길목이었음을 말하고 있다. 요하를 건넌 후에 현도성뿐 아니라, 기록은 없지만 아마도 포하浦河 강변의 석대자산성石臺子山城과도 마주친 연후에 성읍이라고 한 신성新城에 닿았을 것이다. 아니면 석대자산성이 신성의 전방방어선으로서 연합전선을 형성하며 대처했을 것이다. 신성은 문을 굳게 닫고 스스로를 지켰다고 하나 어

찌 수성만 하였을까? 북로를 통해 요하를 건넌 대군은 피로에 지쳤을 것이고, 신성이 주변의 많은 산성들과 연합하여 대치하니 할 수 없이 우회하여 개모성으로 향하였다고 보는 것이 타당하다. 당시 이적李勣의 선발대는 당 태종의 본대가 요하를 건너기 전에 요동성에 닿아야 한다는 절박감에 사로잡혀 있었다.

신민시新民市에는 동쪽에서 남북방향으로 요하가 흐르고, 수수하秀水河·양식목하養息牧河·유하柳河 등 지류가 요하로 유입되는 강변에 군사 이동이 수월한 평원이 펼쳐진다. 수·당대에 고구려를 침입하면서 집결지였던 회원진懷遠鎭으로부터 먼 거리인 북로를 택하여 선발대를 보냈던 것은, 이 지역이 고대부터 강나루가 존재했고 요하를 건너는 지리적 환경이 양호했다는 것을 말해준다. 또 하나의 중요한 이유는, 요하를 건너면 당시 고구려 서북 지역의 요충지였던 신성新城을 단거리로 접근할 수 있다는 장점이다.

【신민시新民市 주변 요하 및 지류】

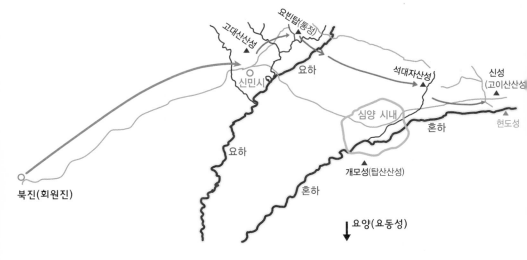

【수·당 고구려 동정 시 북로의 추정 노선도】

　　여러 자료와 답사를 통하여 위와 같이【수·당 고구려 동정 시 북로의 추정
노선도】를 만들어 보았다. 당시 회원진에서 거의 직선거리로 요하를 건넜던
중로를 통해 본대가 요동성遼東城으로 진격했음에도, 별도로 먼 거리의 북로에
선발대를 보냈던 것은 요동성의 북쪽에서 배후역할을 하던 신성의 존재가
부담스러웠기 때문이다. 그 수족을 묶어 놓아야만 요동성 함락이 용이하리란
전략적 판단이었다.

　　7km 남짓 떨어진 고대산산성高臺山山城으로 가기 위하여 다시 신민시내로
돌아와서 통과하니, 끝없는 평원에 옥수수밭이 펼쳐진다. 북쪽으로 가면 고대
자진高臺子鎭에 이르고, 그곳에서 서고대촌西高臺村 방향의 사고선謝高線 지방
도로를 따라가면 고대산高臺山이 나온다. 해발 75m의 낮은 구릉에 불과하지
만 그래도 평원에서 유일하게 솟은 산일 터인데, 도착해 보니 산이 없다. 산은
이미 통째로 날아 가버리고 맹수가 뜯어 먹다 버린 먹이의 잔해인 양 앙상하게
뼈만 남아있을 뿐이다. 처음 보았을 땐 그것이 과연 고대산이 맞는지 의문이
들었다. 인근 밭에서 일하던 농부에게 물으니, 거기가 고대산이 맞으며 고구려
산성이 있었다고 한다. 도로공사로 토사가 필요하여 다 파헤쳐 갔다는 설명이다.

아래 사진에서도 보듯이 고대산의 지형은 동서로 두 개의 작은 봉우리가 나뉘어져 있었으며, 산성은 동쪽 봉우리를 중심으로 해서 축조되었다고 한다. 성벽은 토석을 혼합하여 쌓았다. 1994년에 왕우랑王禹浪과 왕굉북王宏北이 쓴 『고구려·발해고성지연구회편高句麗·渤海古城址硏究匯編』에 의하면, "산성 내에서 벽돌이나 기와조각을 쉽게 볼 수 있으며 한·고구려·요·금·원·명·청의 기와나 도자기 조각이 두루 있다는 것은, 이 성이 한 또는 고구려 시대에 건설되었고 요·금·원·명·청에 걸쳐 사용되었다는 것을 설명한다.山城內殘塼碎瓦片俯拾可得漢代、高句麗、遼、金、元、明、淸的瓦片瓷片遍地皆是說明可能建于漢代或高句麗時代, 遼、金、元、明、淸歷代一直沿用."고 한다.

요하의 서쪽 고대산의 산성은 도하하려는 적의 이동을 감시하고 요동의 주력부대에 봉화로 연락하는 것이 기본 임무였다. 당시 요하를 건너기 위해 몰려오는 적군들을 바라보며 산성의 병사들은 얼마나 마음을 졸였을까?

고대산산성高臺山山城은 요하 서쪽 요서遼西지방에 소재한 몇 안 되는 고구려 산성 중의 하나이다. 그러한 소중한 산성이 도로건설을 위한 토사채취에 사라졌다니 허망하기 짝이 없다. 오늘 돌아본 요빈탑遼濱塔과 고대산산성高臺山山城은 고구려와 중원세력간의 수많은 전쟁의 역사를 안고 있다. 요하의 물줄기는 그 당시와는 많이 달라졌을지라도 아픈 역사를 품고 지금도 끊임없이 흐른다.

허망하게 사라진 고대산산성

석대자산성石臺子山城과 마화사산성馬和寺山城
— 신성新城의 전방과 그 인근의 산성들 (1)

기반산저수지 동북쪽에서 보는 석대자산성石臺子山城의 동벽. 중간에 산이 겹쳐지는 곳에 동문이 있고 그 안쪽 계곡을 중심으로 산성이 형성되어 있다.

수백 년간 최전방에서 고구려를 지켜온 신성新城, 과연 그 성 하나만의 방어체계로 고난의 역할을 수행해 왔을까? 안시성의 예에서 살펴보았듯이 결코 그렇지는 않았으리라. 고구려의 산성은 주변의 성들과 연합하여 고도의 방어력을 발휘해 왔다는 것은 주지의 사실이 아니던가? 신성 주변의 성들을 답사하면서 그 숙제를 풀어볼까 한다.

포하浦河는 철령鐵嶺 남동부의 상견산想見山에서 발원하여 심양沈陽의 북쪽 기반산저수지棋盤山水庫를 거쳐 다시 심양시내를 휘감아돌아 혼하渾河로 유입되는 강이다. 전장 53.5km로 혼하의 지류로 간주된다. 심양의 상수도원이며 수호秀湖로도 불리는 기반산저수지의 동북쪽에 석대자산성石臺子山城이 있다. 저수지의 댐이 건설되기 전에도 포하浦河 강변의 산성이었고, 혼하 강변의 신성新城과 전략적 연계성이 있었다. 신성에서 보면 석대자산성은 요하遼河 사이의 중간지점이니, 그 당시에 신성의 전방에 자리한 셈이다.

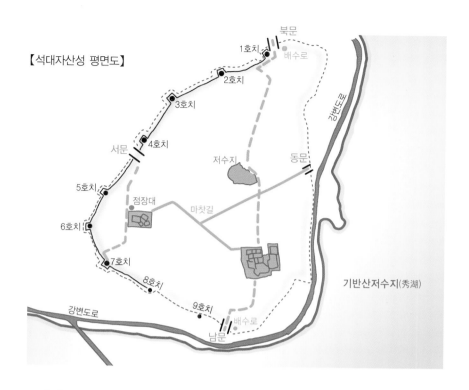

【석대자산성 평면도】

북문
1호치
배수로
2호치
3호치
서문
4호치
저수지
동문
강변도로
5호치
점장대
마찻길
6호치
7호치
8호치
9호치
기반산저수지(秀湖)
강변도로
배수로
남문

　산성으로 가려면 먼저 저수지를 중심으로 한 기반산풍경구棋盤山風景區
안으로 들어서야 한다. 상류 쪽으로 한참 가면 "석대자산성石臺子山城" 표지
석과 함께 산성관리사무소가 나온다. 입구에 "문물중지한인면진文物重地閑人
免進"(중요 유적지이니 용무가 없는 사람은 진입 금지)이란 표지판이 앞을 가로
막는다. 우회하여 옆 산줄기를 타고 올라 나뭇가지 사이로 보이는 산성의 서문
입구는, 차단벽 너머로 그 안에서 뭔가 발굴과 복구가 진행되는 듯하다.

　입구의 석대자산성 안내문에는, 1980년대에 발견된 산성은 1997~2007년에
걸쳐 심양시문물고고연구소沈陽市文物考古研究所가 발굴 및 정리작업을 하였
으며, 2003년에 요녕성 "성급문물보호단위"로, 2006년에 국무원에서 "전국중
점문물보호단위"로 선정했다고 쓰여 있다. 그럼에도 불구하고 아직도 차단한
채 출입을 불허하는 이유는 무엇인가? 1997년 발굴을 시작했다면 벌써 20년
이 지났건만, 무슨 비밀이 그리 많은 것인지 모르겠다.

산을 내려와 다시 호수변의 도로를 따라가니, 도로와 나란히 있는 남벽 중에서 남문을 만나게 된다. 하지만 그곳에도 "고고중지한인면진考古重地閑人免進"이란 경고문과 함께 문은 차단되어 있고 성급·전국중점문물보호단위라는 표지석 2개만이 덩그러니 있을 뿐이다. 다가가 보니

석대자산성 남문 부근의 치雉

철조망과 나뭇가지 사이로 언덕 위에 거대한 치雉가 보인다. 멀리서 보아도 치의 형태는 완벽하게 남아 있다. 그것은 남문에 적이 쉽게 접근하지 못하도록 만들었으니 옹성구조임을 말해주고 있다.

이 산성의 특징은 평면도에서 보듯이 그러한 치雉가 북문에서부터 시작하여 서문을 거쳐 이곳 남문까지 9개나 설치되어 있음을 알 수 있다. 그것은 서쪽의 방어를 강화하였다는 것을 의미하며 그 방향은 바로 요하遼河 쪽이니 그곳을 도강하여 침입해 오는 적들을 대비한 축성임에 틀림없다. 들어가서 일일이 볼 수는 없지만 아마도 백암성白巖城에서 보았던 치雉의 모습만큼이나 감동적일 것이란 생각이 든다. 그 치 위에 오르면 당시의 포하浦河가 한눈에 내려다 보였을 것이다. 1974년에 상수원 댐을 쌓아 호수로 변했다.

들어갈 수 없는 아쉬움을 뒤로 하고 도로를 따라 북상하면 산성의 동문을 만난다. 혹시나 기대감을 갖고 접근해 보지만 그곳 역시 철저하게 차단되었다. 동문이 성에서 가장 낮은 지점이며 성의 정문이다. 남쪽과 북쪽 봉우리에서 내려오는 산줄기가 만나는 계곡과 이어지면서 성안을 형성한다. 그리고 서쪽의 다른 봉우리에서 시작되는 산등성이가 둘러싸고 있으니 서고동저西高東低지형의 전형적인 포곡식包谷式산성이다.

차단벽 너머에 성의 동문이 있으며 그 안으로 성안이 형성되어 있다.

평면도를 보면 알 수 있듯이, 북면은 좁고 남면이 넓은 불규칙한 삼각형 형태를 띤다. 동벽의 남·북 끝단의 봉우리가 강을 향하고 있어 천연의 각대角臺이며 전망대이다. 들어가서 볼 수는 없지만, 산성 안에는 계곡 남쪽에 건축물 터가 있으며 동문을 지나 바로 저수지가 있으니 물을 확보하여 장기전에 대비했음을 알 수 있다.

성문은 동서남북 4곳에 개설되어 있는데, 북문부터 서문을 거쳐 남문까지 평균 약 60m의 일정한 간격으로 9개의 치雉를 촘촘히 설치하였으니 적군이 접근하기가 쉽지 않았을 것이다. 성안 서남쪽의 높은 곳에 전망대와 비교적 작은 규모의 건축물터가 있는데, 아마도 그곳은 장수가 전투를 지휘했던 점장대點將臺로 여겨진다. 점장대를 중심으로 길이 80m, 폭이 70m의 흙으로 쌓은 성벽이 있으며 그 안으로 깊이 1.5m의 호濠를 구축했으니, 분명 내성內城이다. 그렇다면 그 안의 건축물터는 지휘부가 거주했던 곳이다. 그러한 예는 석성石城으로 비정하는 장하莊河의 성산산성城山山城 등 여러 곳에서 볼 수 있지 않던가?

성의 정문인 동문에서부터 곳곳이 마찻길로 연결되어 있고, 북의 고지대에서 성안으로 배수로가 이어져 저지대로 물을 보낸다. 북문과 남문 옆에 각각 밖으로 물을 흘려보내는 석축의 배수통로涵洞가 발굴되기도 하였다. 성의 전체 둘레는 1,381.1m로 규모가 그리 큰 성은 아니다. 성벽은 석축으로 되어 있으며 그 보존 상태가 양호한 편으로, 그 기단의 폭이 6~7m, 상단부의 폭은 5.6m, 잔고는 높은 곳이 약 4.2m이지만 일정치 않으며 동문 북쪽의 일부 구간은 잔고가 11m나 된다고 한다. 수많은 고구려 산성 중에서도 그 보존 상태가 아주 훌륭하다고 하지만, 무엇 때문인지 20년이 지난 아직까지도 출입을 철저히 봉쇄하고 있으니 답답할 뿐이다.

산성이 발견된 후에 많은 학자들이 저마다 의견을 냈다. 어느 학자는 역사

서에 기재된 창암성倉巖城으로, 일부는 개모성蓋牟城으로, 혹은 금산성金山城
으로, 더러는 황산성黃山城으로 비정하고 있지만 아직 일치된 의견은 없다. 학
자들의 의견을 살펴보았지만 학문적인 성과에 급급한 나머지 억지로 꿰맞춘
느낌마저 든다. 수많은 고구려 산성 중에 역사서의 이름과 맞아떨어지는 산성
이 몇 개나 되던가? 억지춘향으로 맞추기보다는, 요하와 신성新城의 중간지점
으로서 당시 전략적 요충지였던 신성을 보호하는 전방의 산성으로 이해하고
그 가치를 되새겨 보면 될 것이다.

신성新城의 동남쪽으로 불과 16km 정도 떨어진 곳에 또 하나의 고구려 산
성이 있으니, 그 또한 신성의 지휘체계 안에 있던 성이었으리란 생각을 하며
답사에 나선다. 농촌의 길은 어쩌다 장날을 만나기라도 하면 좁은 길에서
오도가도 못할 때가 많다. 길은 그대로인데 차량만 많아지니 어쩔 수 없는
노릇이다.

무순撫順 시내 신둔新屯에서 남쪽 소동촌小東村을 잇는 신소선新小線 지방
도로를 따라 약 10km 가다보면 마화촌馬和村을 만난다. 그 이웃 마을은 마선
촌馬鮮村이다. 길을 묻다가 우연히 만난 조선족 아낙네의 말에 따르면, 그곳에
조선족 동포들이 일부 살고 있기에 마을이름에 선鮮자가 들어갔다는 것이다.
무순撫順에는 이곳저곳 조선족들이 사는 마을이 많이 있었지만, 지금은 다 대
도시나 한국으로 떠나고 겨우 노인들만 남아서 지키는 마을이 많다고 한다.

마을 동쪽을 휘감아 도는 하천 건너 산 위에 고구려 산성이 하나 자리하고
있다. 행정구역 개편 전에는 두 마을이 소동향小東鄉 마화사촌馬和寺村이었기
에, 산성 이름을 마화사산성馬和寺山城이라고 부른다. 더러는 마화사촌의 동쪽
산에 있다고 하여 동산산성東山山城이라고도 한다.

산에 오르니 그리 크지 않은 사찰을 품고 있지만 마화사馬和寺가 아니고,

두 개의 맑은 샘이 있기에 쌍천사雙泉寺라고
한다. 주지 스님의 이야기에 따르면 사찰 뒤
산정상에 고구려 시대의 성城이 있다고 한다.
당唐의 고구려동정 시에 설인귀薛仁貴가 사찰
에 인접한 서쪽 산에 병영을 만들어 서로 대치
하였다고도 전한다.

용두산龍頭山 중턱의 쌍천사雙泉寺. 사찰 뒤의 산정상
에 산성이 있다.

 사찰 동쪽으로 오르는 진입로 끝자락에 성
문이 있다. 성의 동남쪽 끝에 난 동문이다. 성
안으로 진입하니 놀랍게도 평탄하고 길게 늘
어진 부지는 그 면적이 꽤 넓다. 북쪽으로 길
게 성벽이 이어지고, 사찰에서 배후에 보였던
윤곽은 남쪽 성벽이다. 무너진 부분의 단면을

사찰 배후에 축조된 마화사산성 남벽

자세히 살펴보니, 전체적으로 토축土築인 듯하지만 간간이 석재층을 혼합하
여 판축板築 공법으로 단단하게 쌓았음을 알 수 있다. 남·북벽이 평행되게 약
70~80m의 간격을 유지하면서 250m 정도 이어지다가 약간 높은 둔덕을 만나
는데, 과거 어느 때인가 만든 전망대는 폐허가 되어 흉물로 변해 있다. 그 지
점은 산성에서 가장 높은 곳으로 아마도 당시에는 점장대點將臺가 자리했으
며, 주지 스님의 설명대로라면 봉화대도 있었으니 신성新城 등 주변의 산성들
과 연락하며 정보를 공유했을 것이다. 점장대에 오르니 사찰이 발아래 있고
사방이 멀리까지 다 보인다. 남벽은 점장대의 봉우리로 연결되지만, 북벽은
봉우리 아래 좁은 곳을 지나 서북쪽으로 계속 이어진다. 그 길이는 약 120m
정도 된다.

 점장대가 있는 작은 봉우리가 산성을 2구간으로 나눈 듯하다. 지금까지 지
나온 곳이 산성의 동남부이고, 지금 가려는 곳이 서북부이다. 그 서북부 끝자
락에는 사찰에서 화려하고 커다란 부처 입상을 세우고 길을 닦아 놓았다. 성

안에다 순례의 길을 만든 형상이 되었다. 불상의 외곽을 자세히 보니 성벽이
남아 있는데, 아마도 불상의 위치에 전망대가 있었을 것으로 여겨진다. 산 아래
멀리서부터 보였던 불상이기에, 거꾸로 그곳에서는 강변에 펼쳐지는 평지에
서 이동하는 적의 동향을 감시하기에 적합하였을 것이다. 불상에서 내려와 점
장대 우측 둔덕을 따라 돌면, 양조공장이 보이며 그 진입로 입구에 남문터가
있다.

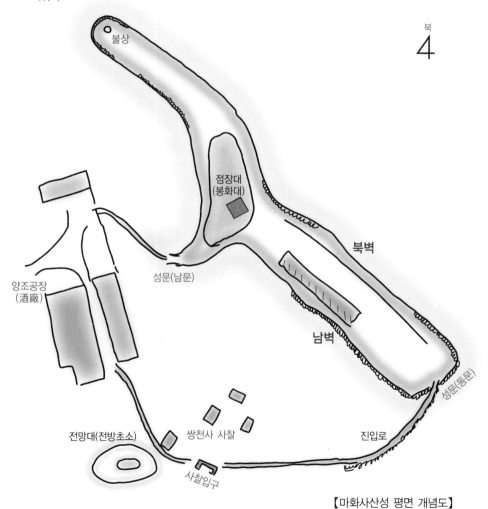

【마화사산성 평면 개념도】

성을 돌아보고 나서 의문이 생긴다. 왕우량王禹良과 왕굉북王宏北 저서 『고구려 발해고성지연구회편高句麗渤海古城址研究滙編』의 167「중국요녕성무순현소동향마화사촌고구려동산산성지中國遼寧省撫順縣小東鄉馬和寺村高句麗東山山城址」편을 보면, 성의 둘레가 2,600m로 되어 있으나 돌아본 거리로는 그리 될 수가 없고, 산성의 범위에 사찰과 술 공장의 일부가 포함되어야 한다. 어쩌면 외성이 따로 있으며 사찰의 입구가 외성의 정문이었을지도 모른다. 사찰의 오른쪽을 올라가는 성의 동남쪽 진입로 길가에 성벽의 흔적이 있는 것을 보아도 그럴 수 있다는 판단이다.

　성의 범위를 그렇게 확대해 본다면, 사찰 입구와 서쪽 술공장을 잇는 둔덕은 산성 앞을 흐르는 하천과 면하고 있으니, 접근하는 적을 감시하기 위한 대臺가 있었을 것이다. 상기의 저서에서는 성안에 샘과 저수지畜水池가 있다고 하였는데 사찰 안에 두 개의 샘이 있다. 하지만 사찰 배후에 남벽이 분명한 것을 보면, 산정상에 내성이 있으면서 사찰 쪽이 외성인 이중구조일 수도 있다. 그렇다면 결코 작은 산성이라고 할 수 없다.

쌍천사 사찰입구 서쪽의 둔덕. 사찰입구가 성문이었다면 옹성 역할도 한다.

혼하의 지류가 산성 앞을 흐르고, 그 지류는 남쪽의 발원지에서 흘러 왔으니 상류를 따라가 보면 태자하太子河가 멀지 않다. 그것은 태자하 강변의 산성들과도 연결된다는 의미이다. 주변의 수많은 산성들과 신성新城을 연결하는 중요한 산성임을 알 수 있다.

전방에서 요하로부터 신성을 지켰던 석대자산성石臺子山城, 동남쪽에서 태자하 강변의 산성들과 연결된 마화사산성馬和寺山城을 돌아보고 나니 산성방어체계의 그림이 그려진다. 신성이 그만큼 꿋꿋하게 고구려의 서북부를 사수할 수 있었던 것은 주변의 여러 성들이 힘을 합쳐 싸웠던 전략이 있었기 때문일 것이다.

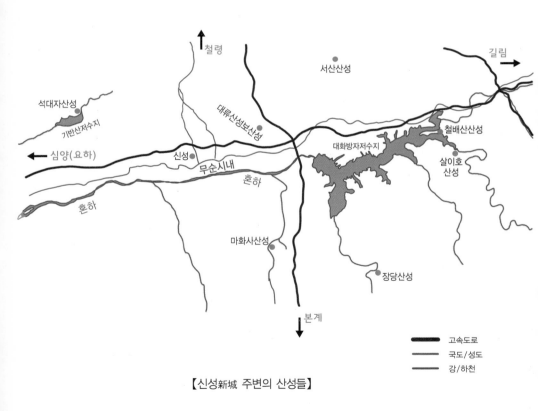

철령
길림
서산산성
석대자산성
기반산저수지
대류산성보산성
심양(요하)
신성
철배산산성
대화방자저수지
무순시내
살이호
산성
혼하
혼하
마화사산성
장당산성
본계

고속도로
국도/성도
강/하천

【신성新城 주변의 산성들】

서산산성西山山城과 대류산성보산성大柳山城堡山城 등
― 신성新城의 전방과 그 인근의 산성들 (2)

서산산성西山山城의 서벽. 산성을 형성하는 두 개의 봉우리가 보인다.

　무순시에서 G202번 국도를 타고 동쪽으로 가다 보면 장당진章黨鎭이 나오고, 좀 더 동쪽으로 진행하다가 합달진合達鎭과 이어지는 지방도로를 갈아타고 북쪽으로 가면 상년촌上年村에 이른다. 행정구역상 무순현撫順縣 합달진合達鎭 상년촌上年村이다. 설명은 복잡하지만 신성新城의 동북쪽에 불과 직선거리로 20km의 위치일 뿐이다.

　주변이 옥수수밭인 전형적인 농촌의 서쪽 산에 고구려 산성이 자리하고 있으니, 이른바 서산산성西山山城이다. 먼저 산 옆으로 난 도로를 따라가니, 북쪽 언덕의 옥수수밭 가운데로 산성에 이르는 진입로가 있다. 진입로 끝에 성의 북문이 있고, 들어서면 오른쪽에 봉우리가 있다. 그것은 산성 안에 있는 두 개의 봉우리 중 하나이다. 북문에서 가까운 북쪽 봉우리에 올라가니 봉화대의 형상을 지닌 대臺의 흔적이 있다. 원형의 대는 그 지름이 2.5m에 그 안을 0.5~0.6m로 높였고, 그 원의 둘레에는 1m 정도 폭의 토벽을 쌓았다.

그 주변은 평탄하면서 꽤 넓은 공간이다. 그 규모로 보아 군사가 주변을 관망하고 다른 성에 연락을 취하는 봉화대였을 가능성이 농후하다.

남쪽 대척점에 또 하나의 봉우리가 있어 그곳을 오르니, 거의 같은 규격의 대臺가 자리하고 있다. 남·북의 두 봉우리를 잇는 능선의 서쪽은 벼랑을 이루며 바로 밑에서 합삼선哈三線 향촌도로가 지나고, 도로와 나란히 혼하渾河의 지류가 북에서 남으로 흐른다. 그 지류는 합달진哈達鎭을 지나 장당진章黨鎭에서 혼하 본류와 합류한다.

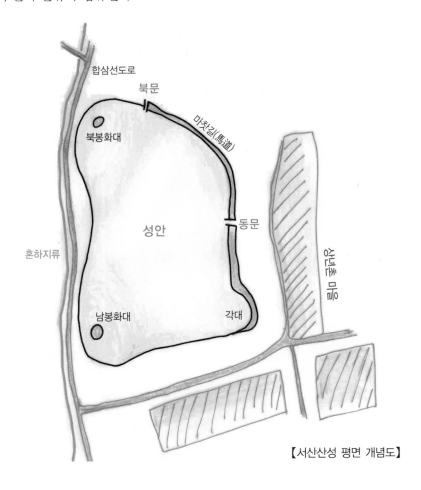

합삼선도로

북문

마찻길(馬道)

북봉화대

성안

동문

혼하지류

상녕촌 마을

남봉화대

각대

【서산산성 평면 개념도】

능선 동쪽은 완만한 경사지로 성안 부지를 이룬다. 남쪽 봉우리에서 성안 전체를 조망하면 마안봉식馬鞍峰式 산성임을 쉽게 알 수 있다. 산성의 동벽은 상년촌上年村 마을에 면하며, 중간지점에 성의 정문이라고 할 수 있는 동문이 있다. 동문은 성의 가장 낮은 지대이니

완만한 경사로 이어진 성안 부지

성안에 모인 물을 성 밖으로 내보내는 수구문水口門도 겸하고 있다. 성안 어딘가에 우물도 있으리라.

봉우리에서 성안으로 내려와 자세히 살펴본다. 산성의 남쪽은 가파른 벼랑이므로 별도의 성벽이 필요 없고, 남벽과 동벽이 만나는 지점에는 돌출된 각대의 터가 있다. 상기의 평면도에서 보듯이, 그곳에서부터 성벽을 따라 약 2~5m 폭의 마찻길이 동문 앞을 지나 북벽을 따라가다 북문 앞까지 연결된다. 성 주변에 마찻길이 그 어느 산성과 비교해 봐도 잘 남아 있는 것을 보면, 평상시에는 물자를 운반하며 전시에는 적을 노출시키는 역할도 하였으리란 생각이 든다.

남쪽 봉화대에서 내려다본 서남쪽 풍경. 혼하 지류가 보인다. 북쪽 봉화대에서 본 서북쪽도 비슷한 풍경이다.

마찻길을 따라 걸어 북문에 이르고 가까운 북쪽 봉화대에 다시 올랐다. 산성의 서쪽에서 남북으로 넓게 펼쳐진 개활지 가운데로 혼하가 흐른다. 이 산성은 그곳에서 이동하는 적들을 관찰하고 차단하였을 것이다. 산성의 둘레는 500m이며, 남북 150m, 동서 100m 정도로 그 면적은 약 15,000㎡에 달한다. 북위 42°1'1", 동경 124°7'13"에 위치하며 남·북 봉우리의 고도는 약 200m에 달한다. 높은 산은 아니지만 넓은 평원을 지나는 혼하 지류를 따라 형성된 교통로를 장악했던 요충지이다.

무순撫順 관내는 고구려 산성이 워낙 많아서 한두 차례의 답사로 끝날 일이 아니다. 혼하 주변으로 신성新城을 비롯해 수많은 산성들이 자리하고 있다. 신성이 고구려 서북 지역의 요충지였을 뿐만 아니라, 무순 지역이 수도였던 국내성國內城으로 가는 남·북도의 경유지이기 때문이다. 상기의 서산산성西山山城을 답사할 때는 아직 새순이 나기 전인 초봄이었지만, 이번 답사에는 들판의 벼가 누렇게 익어가고 있다.

무순시撫順市 순성구順城區 전전진前甸鎭 대류촌大柳村에서 북쪽으로 약 7km를 가다보면 산성보山城堡란 작은 농촌이 있다. 마을 입구의 밭에서 일하고 있는 노인에게 산성을 물으니, 마을의 서쪽에 있는 산이 산성산山城山이며 그 정상에 산성이 있다고 한다. 그는 분명하게 고구려 산성이라고 말한다.

대류촌大柳村 산성보산성山城堡山城. 산성이 있어 마을 이름도 산성보山城堡이고, 산 이름도 산성산山城山이다.

정상에 3단계로 된 토축土築의 산성이 자리하고 있다. 가운데층이 하나의 대臺를 이루고 있으며, 그곳에서 다시 아래로 두 단계의 토축벽을 쌓았다. 가운데층의 대는 전체성의 점장대點將臺였을 수 있다는 생각이 든다. 대는 동서東西로 긴 타원형이며 그 지름이 약 18m에 이른다. 두 층의 토성이 분명하게 나타나 있으나, 가파른 절벽인 동

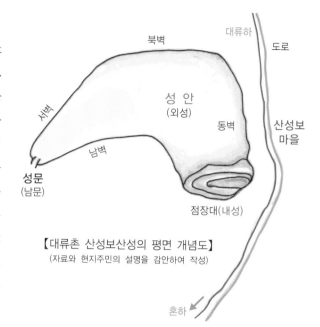

【대류촌 산성보산성의 평면 개념도】
(자료와 현지주민의 설명을 감안하여 작성)

쪽은 성벽이 불확실하다. 아래와 가운데층간의 동북 모퉁이는 간격이 넓은 것을 보면 동북 방향의 경계를 보다 철저하게 하였던 것으로 보인다. 성의 아래 동쪽에 폭은 좁지만 혼하渾河의 지류인 대류하大柳河가 북에서 남으로 흐른다. 그 하천을 따라 이동하던 적을 관찰하였을 것이다. 대臺에 올라서니 크지 않은 통신탑이 서 있다. 당시의 전략적 요충지는 오늘날도 요지이다.

대臺에서 내려와 대를 에워싸고 있는 성벽을 살펴보면, 훼손된 부분에는 석재가 노출되어 있다. 겉보기와 달리 안쪽은 돌과 흙을 혼합하여 축조하였다. 신성新城을 위시하여 인근의 토축土築 성들은 대개가 그러하다. 대를 포함하여 3층 구조의 성 전체 둘레는 불과 250m 정도이다.

왕우랑王禹浪과 왕굉북王宏北 공저인『고구려·발해고성지연구회편高句麗·渤海古城址研究匯編』의 기록을 보면, "산성 성벽은 돌조각을 이용하여 산등성이를 연하여 쌓아 축조하여 그 둘레는 1,200m이며, 성안에 샘과 소형의 저수지가 있다. 성문은 남쪽에 치우쳐 있는 계곡 입구에 열려있다.山城城墻用塊石

沿山脊砌築, 周長1200米, 城內有山泉井及小型蓄水池, 城門辟在偏南處的溝谷處。"라고 되어있다. 그렇다면 대臺를 둘러 싼 성벽이 성의 전체는 아니며 내성內城이라고 볼 수 있다.

대류산성봉산성은 토축이라 하지만, 무너진 곳을 보면 안쪽은 흙과 돌의 혼합이다.

책에서 설명하는 전체 상황을 보면 내성에서 북쪽으로 이어지는 산등성이가 동벽을 만들며 그곳에서 남쪽 계곡 입구에 잇는 산줄기가 북벽과 서벽을 이룬다. 내성에서 남쪽 계곡 입구로 사선을 그으며 내려가는 선이 성의 남벽이다. 그렇다면 산성은 내성과 외성의 이중성二重城인 것이다. 그렇게 되면 성 둘레 1,200m가 맞아들어 간다. 하지만 추수를 앞둔 옥수수밭과 풀로 무성한 외성 추정지와 산등성이를 찾아 헤매었

남쪽 계곡 입구의 성문 안쪽. 산줄기에 둘러싸인 성안 부지에는 옥수수밭으로 무성하다. 밖에서는 입구가 좁지만 안쪽은 공간이 꽤 넓다.

음에도, 내성 이외에는 성벽 흔적을 찾을 수가 없어서 아쉬웠다. 내성 대의 위치는 북위 41°58'56″, 동경 124°1'12″이며, 고도는 해발 258m에 달한다.

다시 마을 입구에서 밭일을 하던 노인을 찾아갔다. 노인은 먼저 3층으로 된 산성을 잘 보았냐고 내게 묻는다. 자료에 따르면 성 둘레가 1,200m라는데 정상의 3층 산성만 놓고 본다면 어찌 그 길이가 되냐고 노인에게 물어보니, 이어지는 산등성이에 성벽이 있었다고 한다. 그러면서 3층 산성의 봉우리에서 산등성이를 이어가는 모양이 용을 닮았다 하여 마을 사람들은 "용상龍象"이라 부른다고 설명한다. 해가 뉘엿뉘엿 져가는 늦은 오후에 일을 멈추고 자세히 설명해주니, 역시 농촌의 인심은 도시와는 다르다. 그는 고구려를 이야기하는 것이다.

신성新城의 주변에는 이외에도 작은 산성들이 여러 곳에 있다. 풍영겸馮永

謙의 저서『북방사지연구北方史址研究』를 보면, 혼하渾河 변 신성과 가까운 곳에 장당산성章黨山城과 후안열사산산성後安烈士山山城이 존재함을 알 수 있다. 무순 시내에서 혼하渾河를 따라 동쪽으로 약 20km 가다보면 장당진章黨鎭 마을을 만난다. 혼하를 따라 동서로 길게 늘어진 대화방자저수지大伙房子水庫 서쪽 끝에 장당진이 자리하고, 그곳에서 다시 저수지 남쪽에서 이어지는 혼하 지류를 따라 약 30km 가다 보면 남장당촌南章黨村이다. 마을에서 동북쪽 약 300m 떨어진 산상에 장당산성이 있다. 산등성이를 따라 성벽을 석재를 이용하여 축조한 불규칙한 포곡식 산성으로 성문이 남쪽으로 나있다.

산성에서 3km 남짓 남쪽으로 같은 지류를 따라 가면 후안진後安鎭 마을이고, 그곳에서 북쪽으로 100m 떨어진 곳에 열사산烈士山이 있는데 그 정상에 후안열사산산성後安烈士山山城이 있다. 성 둘레는 불과 130m 정도의 작은 토축土築 성이며 성 외곽 둘레로 호가 파져 있어 방어력을 보강하였다. 성의 서측에 하나의 작은 위성衛城이 자리해 있다.

서산산성西山山城은 신성新城으로부터 동북쪽 직선거리 약 23km 떨어진 혼하의 지류 강변에 있다. 대류촌大柳村의 산성보산성山城堡山城은 동북쪽으로 불과 14km 거리에 있다. 장당산성章黨山城과 후안열사산산성後安烈士山山城은 둘 다 혼하의 남쪽에서 이어오는 지류 강변에 위치하여 신성에서는 동남쪽으로 직선거리 30km 정도일 뿐이다. 이들은 모두 신성 배후의 산성들이다. 고구려 서북지역방어의 중심지인 신성新城 주변에는 많은 산성들이 거미줄처럼 배치되어 있으니, 상호연합작전이 가능하도록 되어 있다. 그것이 신성이 그토록 강력한 방어력을 발휘하며 수·당의 대군을 지켜냈던 원천이었을 것이다.

장당진章黨鎭 마을에서 멀리 보는 대화방자저수지의 거대한 댐. 앞의 흰색은 보조 물막이 담장이고 뒤에 검은색 일직선이 멀리 보이는 댐이다.

3 장

서풍성자산산성西豐城子山山城

산성이름	위치	규모(둘레)	성벽재질	분포도
최진보산성催陣堡山城	철령현 최진보향 최진보촌 북쪽	5,200m	석성·토석	100
장루자산성張樓子山城	철령현 최진보향 장루자촌 남쪽	2,213m	토석혼축	101
마가채산성馬家寨山城	개원시 마가채진 마가채촌 북쪽	1,500m	토석혼축	102
서풍성자산산성西豐城子山山城	철령 서풍현 양천진소재지 남쪽 7km	4,393m	석성	103
팔과수고성자산성八棵樹古城子山城	개원시 팔과수진 고성자촌 북쪽	1,100m	토석혼축	104
금성산산성金星山山城	철령 서풍현 금성만족자치향 금성촌	200m	토석혼축	105
개원용담사산성開原龍潭寺山城	개원시 위원보진 용왕취촌 북쪽	1,450m	토석혼축	106

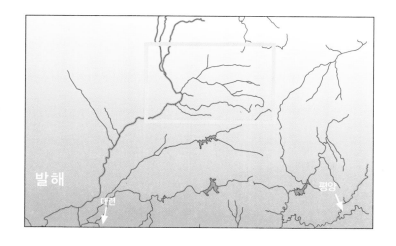

발해

대련

평양

북
4

요하

개원용담사산성

구하

염하하

구하

금성산산성

구하

연반하

청하

청하

서풍성자산
산성

북산산성

팔과수고성자산성

철 령

마가채산성

사하

청하

요하

범하

최진보산성

범하

장루자산성

최진보산성催陣堡山城과 장루자산성張樓子山城
― 신성新城 북부에서 고구려를 지켰던 산성

풍력발전기가 설치된 **최진보산성催陳堡山城** 동북 모퉁이 각대

산성 답사의 거리가 점점 멀어진다. 겨울의 끝자락에 요하의 중류이자 요녕성 북단에 자리한 철령鐵嶺 지역의 고구려 산성 답사에 나섰다. 철령은 철령시와 현급縣級 시市인 개원시開原市, 조병산시調兵山市, 그리고 창도현昌圖縣, 서풍현西豐縣, 철령현鐵嶺縣 등 3개 현縣을 포함하는 인구 293만의 작지 않은 지역이다. 그 서쪽으로 요하遼河가 관통하는 평원지대가 펼쳐지고 동쪽으로 산악지대와 만난다. 동부 산악에서 발원하여 요하遼河로 유입되는 크고 작은 지류 변의 산에 고구려 산성이 산재해 있다.

그 중에서 철령 지역의 남동부 철령현鐵嶺縣 최진보향催陳堡鄉 마을의 북쪽에, 동으로부터 서로 철령시내를 지나 요하遼河로 유입되는 범하凡河가 흐른다. 최진보산성催陣堡山城과 장루자산성張樓子山城은 범하의 북안과 남안에 6km 간격으로 있다. 요하를 건너 그 지류인 범하凡河 변에 펼쳐지는 철령 지역의 평원을 따라 내륙으로 진격하는 적들을 지키는 길목의 산성들이다. 또한 당시 고구려 서부의 주요한 방어 거점이었던 신성新城 북쪽을 지키는 임무도 함께 지녔다. 신성으로 비정되는 무순撫順의 고이산산성高爾山山城과는 직선거리로 불과 33km 떨어져 있다.

양 옆의 절개지를 보면 토축土築의 성벽이 드러난다.

먼저 최진보향催陣堡鄕에 도착하여 북쪽의 산악지대가 끝나는 서쪽에 범하凡河를 건너는 다리를 지나면, 마치 산속에 감춰진 듯 외부에서는 보이지 않는 곳에 최진보산성催陣堡山城이 있다. 어디인지 보이지 않아 마을 주민에게 물으니, 서북쪽으로 난 "관음각觀音閣 가는 길로 가라"고 들은 후에나 찾을 수 있었다. 그 길의 끝, 산성의 수구문水口門터에는 근래에 세운 문루門樓가 있다. 시멘트로 세워 생경하기조차 한 문루 옆으로 드러난 절개지를 보면, 판축기법의 토축土築 성벽임이 확연하다.

1996년 제7기 『고고考古』에 게재된 「요녕철령시최진보산성조사遼寧鐵嶺市催陣堡山城調査」를 보면, 남벽에 개설된 정문인 남문과 수구문 사이에는 성벽

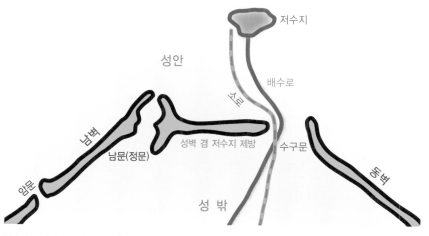

【남벽 3개 성문의 상관도】
본 도면은 상기 조사보고를 기초하여 그렸음.

겸 제방이 있을 정도로 구조가 복잡하지만, 지금은 수구문터에 새로운 문이 들어서서 그 구조를 찾아 볼 수 없다. 앞 쪽의 【남벽 3개 성문의 상관도】에 나와 있듯이, 성에서 가장 낮은 지역인 남벽에 암문暗門·남문·수구문이 나란히 있었다. 남문(정문)은 옹성구조였다.

새로 난 출입문을 통해 성안으로 들어가면, 들어서자마자 왼쪽에 저수지가 자리한다. 최근에 홍수예방을 위해 새로 축조하면서 옛 모습을 찾아 볼 수 없으니 안타깝다. 하지만 저수지의 존재만으로도 성안에 수량이 풍부했음을 알 수 있다. 성안에 들어서 산성을 전체적으로 조감해

성안의 저수지. 건너편 가장 멀리 보이는 산등성이가 최진보산성의 북벽이다.

보면 북고남저北高南低의 지형이며, 북쪽과 동·서쪽 3면의 산등성이가 감싸고 있으니, 전형적인 포곡식산성이다. 보기만 해도 성의 규모가 대단하다는 것을 알 수 있다.

산성의 동·서쪽은 높은 산악이 이어지고 성 밖에는 풍력발전 풍차가 열심히 돌고 있다. 마침 경운기를 타고 지나는 농부에게 물으니, 그것들을 건설하느라 산성의 동벽이 많이 훼손되었다고 증언한다.

성안 언덕배기에 청대淸代에 세웠다는 관음각觀音閣이라는 작은 사찰이 있다. 문화혁명 시대에 훼손되었던 사찰은 허가 없이 재건하여 불법사찰이라는 공고문과 함께 텅 비어 있다. 하지만 그곳은 성안의 중심이니 고구려 시대에는 지휘부 등 중요시설이 자리했을 것이다. 사찰 앞으로 정문(남문)과 북문을 잇는 마찻길이 나있다. 그 길의 노선을 보아도 관음각터가 바로 산성의 중심이 분명하다. 마찻길을 따라 일단 동북쪽 모퉁이의 각대角臺로 향하여 갔다. 제법 높은 고도의 동벽으로 오르는 길은 가파르니 숨이 턱까지 차오른다. 멀리서 보았을 땐 몰랐지만 각대에 다가가니 풍력발전기의 풍차가 엄청나게

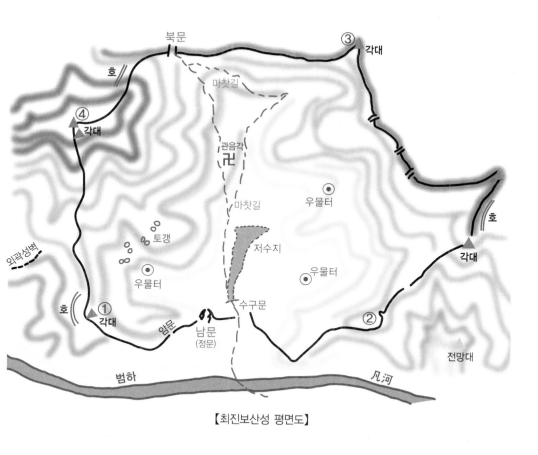

【최진보산성 평면도】

크다. 산악지역 여기저기에 세워 놓은 풍력발전시설로 이 지역의 전기수요를 얼마나 충족할까? 굳이 산성 가까이에 세우느라고 성벽을 허물 필요가 있었을까? 상기 평면도상에서 ③인 동북쪽 각대로부터 산등성이를 타고 북벽이 서쪽으로 이어진다. 성 밖으로는 풍력발전시설을 위한 임시도로가 구불구불 산을 오른다.

북벽은 토벽이지만 바깥쪽 높이는 약 7~9m라서 접근이 쉽지 않아 보인다. 안쪽으로는 3~4m 높이이다. 북벽의 중간지점에서 서쪽으로 더 가면 북문을 만난다. 북문은 도로가 성안으로 길게 이어지며 양측면으로 높이 솟은 대臺가 옹성구조를 이룬다. 돌출된 대를 지나 서쪽으로 좀 가다보면 건축지의 흔적이 나타나는 것으로 보아, 북문을 수비했던 병사들이 기거했던 주거지로 보인다.

북문은 문도門道가 길며 성 밖 문도 끝에 삼각형의 토대土臺가 있고 문 양측으로 대가 있으니 또 하나의 옹성구조이다.

최진보산성 북벽은 토축의 성벽이며 바깥쪽은 높다.

서벽에서 내려다보는 남벽. 가운데 산줄기가 만나는 지점에 수구문과 남문이 개설되어 있다. 성 밖 멀리 최진보향 마을이 보인다.

북문을 지나 북서 모퉁이의 각대角臺 ④에 가까워질수록 석축의 성벽이 분명하게 나타난다. 외곽으로 길게 이어지는 참호塹壕를 파 방어를 보강하였고 안쪽으로 또 다른 건축지가 있는 것을 보면, 서쪽 방향이 적의 주공격로라 여기고 대비한 게 아니었을까 하는 생각마저 든다. 일반적으로 지대가 낮은 남쪽으로 공격하리라고 생각할 수 있지만, 그 반대편의 방어력을 보강한 것은 사고의 반전이다. 관구검毌丘儉이나 모용황慕容皝이 환도산성丸都山城을 공격할 때, 가장 험난한 코스라고 할 수 있는 서벽을 공략했던 것은 상식의 허를 찌른 것이 아니던가? 보다 철저하게 석축을 쌓은 성벽을 따라 오르다 보면 북서 모퉁이의 각대에 닿는다. 서쪽 지역에서는 가장 높은 316m의 고지이다. 각대에 올라서니 그 중앙에 봉화대의 흔적이 남아 있으며 사방을 둘러보니 서쪽 방향에 이어지는 산악지대와 그 남쪽 평야 지대를 굽이 흐르는 범하凡河가 한눈에 들어온다. 적군이 그 강줄기를 따라 상류 지역의 산악으로 진격해왔고 고구려군사들은 이 지역 산성에서 그들을 맞아 대처를 했을 테니, 과연 그 방향이다.

④의 서북쪽 각대에서 남쪽으로 방향을 틀어 ①의 서남쪽까지 이어지는 성벽이 이 성의 서벽이다. 성벽의 훼손 상태가 다른 곳에 비하여 심한 편이다. 풍력발전시설들이 세워져 그 자리를 찾아볼 수 없지만, 성 밖 서쪽으로 외곽 성벽까지 추가로 쌓았다 하니, 그것은 적을 차단할 수 있는 관애關隘요, 란마장欄馬墻이다.

서벽에서 낮은 지대의 정문과 수구문을 포함한 남벽을 한눈에 바라보며 내려온다. 상기의 평면도를 보면 남서 모퉁이의 각대인 서남쪽 ①에서 동남쪽 ②까지 이어지는 성벽이다. 그곳은 평야지대와 성을 잇는 교통로가 개설되어 있고 성안의 계곡과 저수지의 물을 성 밖의 범하凡河로 쏟아낸다.

동벽은 동남쪽 ②에서 산을 굽이굽이 오르며 동북쪽 ③의 각대까지 가장 긴 거리를 이어간다. 전체성의 둘레는 동서 길이가 1,500m, 남북 폭이 1,100m 에 이르니 5,200m로 추정하고 있다. 그러니 고구려 산성 중 대형성에 속하며 신성新城보다도 더 큰 면적이다.

성안의 저수지蓄水池는 근래에 와서 정비되었지만, 동북의 계곡물을 받아 형성하여 사계절 내내 수원 역할을 했음이 분명하다. 저수지 주변에 석재를 쌓아 그 형태를 잘 유지하였으며 남단에는 석축의 제방을 쌓아 홍수에 대비 하였다. 남단에서 동쪽으로 치우친 지점에 성 밖을 향한 배수로가 있었지만, 수구문터에 새로운 정문을 설치하면서 저수지도 정비되었으니 고구려 당시의 모습은 찾아 볼 수가 없다. 그 밖에 평면도에서 보듯이 성내에는 3곳에서 옛 우물터가 발견 되었다.

최진보산성은 성의 둘레가 길다보니 곳곳에 8개의 각대와 전망대를 설치하 였다. 상기 평면도에서 보듯이 성의 동남쪽 ②의 밖에 하단부는 석축이며 상 단은 토축인 원뿔형 대臺가 있으니, 범하 상류의 주변상황을 보다 가까이 조 망하기 위함일 것이다. 그래서인지 동남 모퉁이인 ②의 위치에서는 별도의 각대를 발견할 수 없다. 그러나 ④의 서북쪽은 내·외 약 2m 간격으로 각대 가 중복해서 설치되어 있다. 특히 안쪽의 각대는 그 직경이 14m로 그 보존 상태가 양호한 편이다. 나머지 5개 대의 위치는 상기의 평면도를 보면 알 수 있게 위치를 ▲으로 표시해 두었다.

성안에는 3곳의 건물터와 8곳의 토갱土坑이 발견되었다. 건물터는 북벽에서 서쪽으로 치우친 지역에서 2곳, 동벽의 중간 굽어진 지역 안쪽에 1곳으로 모 두 석축의 흔적이 있다. 또한 상기 평면도에서 보듯이, 성안 서쪽에 치우친 곳 의 언덕에 직경 약 10~12m의 원형 구덩이가 2개씩 쌍을 이루며 50~100m 간 격으로 집중적으로 분포되어 있다. 고구려 산성의 성안에서 많이 발견되는 시 설물 중 하나가 토갱이다. 대개 원형으로 직경이 8~15m이며, 깊이는 당시에는 더 깊었겠지만 현재는 1~2m 정도 남아있다.

토갱의 용도는 학자들에 따라 주장하는 바가 차이가 있지만, 병사들이 숙식을 하던 숙영지의 터가 아닐까? 고검지산성高儉地山城, 서풍성자산산성西豐城子山山城 등 북쪽 지역에서 집중적으로 발견되는 것을 보면, 추위로부터 병사들을 보호했던 반지하식 주거시설로 여겨진다.

산성을 돌아보고 나니, 산세를 활용하여 산등성이에 쌓은 그 성벽의 견고함도 대단하지만 곳곳에 방어력을 강화하기 위한 시설들이 돋보인다. 서벽 외곽에 쌓은 외벽, 성벽 밖에 파 놓은 참호, 성 밖과 성벽 위 곳곳에 설치한 대臺, 남문과 북문의 옹성구조 등이 적들의 접근을 어렵게 하는 시설물이다. 그뿐 아니라 가장 취약지역이라고 할 수 있는 저지대인 남쪽의 방어를 보강해주듯이, 남문 밖에서 범하凡河가 동에서 서로 흐르니 천연의 해자垓字 역할을 하지 않는가?

인공과 자연의 조화가 고구려 산성의 특징이지만 특히 최진보산성은 명불허전의 산성답다는 생각이다. 역사서상의 남소성南蘇城으로 비정하는 학자도 있다. 최진보산성은 그 위치 때문에 신성과의 불가분의 관계임을 간과할 수가 없다. 『삼국사기』 「고구려본기」 제10 보장왕편을 보면, "보장왕 26년(667년) 9월에 이적李勣이 신성을 함락시키고 계필하력契苾何力으로 하여금 지키게 하였다 … 고간高侃은 금산金山까지 진출했다가 우리 군사와 싸워 패했다. 우리 군사가 승세를 타고 도망가는 적들을 쫓자 설인귀가 병력을 이끌고 측면에서 공격해와 우리 군사 5만여 명을 죽이고 남소南蘇와 목저木氐와 창암蒼巖의 세 성을 함락시켰으며, 천남생의 병력과 합하였다."

또한 "668년(보장왕 27년) 2월에 이적李勣 등이 부여성을 함락시켰다. 설인귀가 금산金山에서 우리 군사를 깨뜨린 다음 승세를 타 3천 명을 거느리고 부여

성을 치려하자 …'라는 대목을 살펴보자. 『신당서新唐書』「설인귀전薛仁貴傳」
에도 거의 같은 내용을 이야기하고 있다. 667년은 이미 고구려의 국운이 쇠하
여 망국의 길로 들어 선 때이다. 당시에 연개소문의 두 아들간의 다툼을 틈타
필사의 공격을 했던 당唐이건만, 금산은 쉽게 함락되지 않고 마지막까지 지켜
내다 668년에 이르러서야 내주게 된다. 그 금산金山, 즉 금산성金山城을 오늘
돌아본 최진보산성으로 보는 학자가 많다.

상기의 기록에서 보이는 신성·금산성·부여성의 관계를 미루어 짐작할 수
있다. 당의 군사가 신성을 함락시킨 후에도 금산성의 존재가 두려웠기에 계속
공략한다. 최진보산성은 이미 언급했듯이 신성으로 비정되는 고이산산성高爾
山山城에서 북쪽으로 불과 33km 떨어져 있다. 신성 인근에 위치하여 위급한
상황을 타개하기 위하여 연합작전으로 도울만한 대형 산성은 최진보산성이
유일하기 때문에, 학자들이 금산성으로 보는 것이다.

금산성으로 비정되는 최진보산성 북서 각대角臺에서 바라본 범하凡河. 성 남쪽에서 동으로부터 서로 흐른다.

최진보산성은 둘레만을 비교한다면 신성보다도 크다. 성의 규모로 보아 1만 명 이상의 군사들이 주둔했던 성이었기에, 당군唐軍은 고구려 서부 지역 방어의 중심인 신성을 함락했음에도, 재탈환당할 가능성을 염려할 수밖에 없었다. 그 북쪽 배후에는 또 하나의 대형 산성인 서풍성자산산성西豐城子山山城이 있지 않은가? 그 성은 오늘날 많은 중국학자들이 부여성으로 비정한다. 그 사실 여부를 차치해 두더라도 상기 기록을 자세히 살펴보면, 당군은 신성을 차지한 후에도 그곳에서 멀지 않은 대형 산성인 금산성과 부여성을 눈엣 가시처럼 여겼던 것을 알 수 있다.

최진보산성을 나와 장루자산성張樓子山城을 찾아 서쪽으로 향한다. 범하凡河를 따라 하류(서쪽)로 6km 떨어진 곳에 자리한다. 도로를 따라 최진보향 관내의 장루자촌張樓子村에 도착해 범하를 건너면 강의 남안南岸에 면한 산 위에 바로 산성이 있다.

장루자산성張樓子山城의 동벽에서 바라보는 북벽과 서벽의 모습. 성벽이 감싸고 있는 성안은 마치 평원처럼 넓게 펼쳐지니 많은 인원의 병사들이 주둔할 수 있는 성이다.

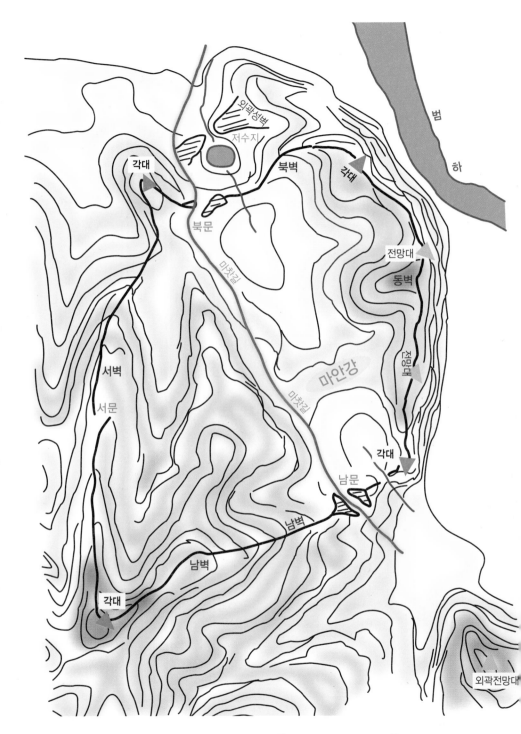

외곽성벽

저수지

각대

북벽

각대

북문

전망대

마찻길

동벽

서벽

마안강

정문모

서문

마찻길

각대

남문

남벽

남벽

각대

범

하

외곽전망대

【장루자산성 평면 개념도】

현지인들은 그 산을 청룡산靑龍山이라고 하기에 청룡산산성靑龍山山城으로
도 불린다. 길을 따라 접근하면 산성의 북벽에 닿는다. 동·서쪽 산줄기를 이
으며 웅장하게 솟은 인공성벽이 북벽이다. 북벽의 동쪽 끝 봉우리 아래 성 밖
에 사찰이 하나 있어 다가가 보니, 최근에 지은 듯한 "연진성황묘延津城隍廟"
란 도교사원이지만 최진보산성 안의 관음사와 마찬가지로 텅 비어있다. 요즘
중국인들 사이에 형편이 나아지면서 종교가 새롭게 각광을 받는데, 그 주요
원인은 돈을 많이 벌게 해달라고 기원하는 것이 많으니 과연 중국에서 종교
의 의미는 무엇인가? 특히 도교가 더욱 그렇다. 그래서인지 허가도 없이 불법
으로 지은 사찰이 많은 듯하다.

　사찰로부터 북벽과 동벽이 만나는 지점의 봉우리를 향해 오른다. 성안을 내려
다보니 인공의 북벽과 반대편 능선 위에 길게 늘어 선 서벽이 한눈에 들어온다.
성안은 온통 옥수수밭이 되었지만 아직 겨울의 끝자락이라서 황량한 벌판이다.

동벽에서 내려다보는 강과 그 주변에 펼쳐지는 평원. 장루자촌 마을이 한눈에 들어오고 그 뒤로 멀리 최진보산성이
자리한 산도 육안에 들어온다.

가파른 언덕에 선 동벽의 밖 바로 밑에 범하가 동에서 북으로 산성을 휘감으며 흘러 천연의 해자垓字 역할을 한다. 동벽에서 강을 내려다보니 산성은 당시에 강줄기를 타고 오던 적들을 지키는 길목이었음이 분명하다. 성 밖으로 넓게 펼쳐지는 벌판엔 장루자촌이 한눈에 들어오고 그 뒤에 최진보산성이 있는 산도 육안에 들어오니, 당시엔 봉화대에서 연기를 피워 올려 적들의 정황을 알렸을 것이다. 연합작전을 펼 수 있는 위치이다.

동벽을 따라 남쪽으로 가다보면 성벽 아래(성안)에 점장대點將臺가 눈에 띤다. 대의 상단에는 넓게 원형의 구덩이, 이른바 토갱土坑이 있다. 최진보산성뿐 아니라 고구려 산성에서 흔히 나타나는 유적이다. 남쪽으로 내려가는 동벽 위에는 자연적으로 형성된 대臺가 2곳 더 있으니, 성 밖의 강변을 보다 철저히 관찰하였던 시설로 보이며, 동벽과 남벽이 만나는 지점의 모퉁이에 또 하나의 대가 있으니 바로 각대角臺이다.

성안에서 바라보는 남벽. 그 일부가 홍수에 무너졌다. 사진 왼쪽 성 밖 인접한 산 위에는 외곽 전망대가 자리한다.

136쪽의 평면도를 보면, 범하에 면하는 동벽의 길이는 554m에 달하며 4개의 대臺가 설치되어 있으니, 하천과 산성의 깊은 연관성을 말해주고 있다. 동남 모퉁이에 자리한 각대로부터 남벽이 시작된다. 138쪽의 사진에서 보듯이 홍수 탓인지 각대에 근접한 남벽이 무너져 내린 틈이 보인다. 그곳이 산성의 남부에서 가장 낮은 지역인데, 지금은 농경지로 개간되어 분간할 수 없지만 배수로가 있던 자리였기에 홍수에 취약해 무너진 듯하다. 성 밖으로 나가서 무너져 내린 단면을 보면 돌과 흙으로 달구질한 성벽이었음이 드러난다. 그 지점에서 성 밖에 인접한 산 위에는 최진보산성과 같이 외곽 전망대가 자리하고 있다. 동남 방향에서 접근해 오는 적을 감시하는 초소였을 것이다.

서쪽으로 좀 더 가면 남문이 있는데, 좌우 양측에 옹성을 쌓고 문도門道가 굴곡져 밖에서 성안이 보이지 않는다. 그 성문 안으로 들어가면 옥수수밭 사이로 마찻길이 나있다. 그리고 남벽은 남문에서 다시 산을 타고 계속 이어지다 봉우리 위의 서남 모퉁이 각대에 이른다. 그리하여 남벽의 길이는 547.5m에 이른다. 서남 각대가 있는 봉우리는 성 중에서 가장 높은 곳으로 해발 164m에 달한다. 서벽은 각대에서부터 산등성이를 타고 북쪽을 향하는 데 그 중간에 서문터가 있다. 서문 역시 문도가 굽어있고, 문의 양측 벽이 엇갈려서 일종의 옹성구조를 이룬다. 그곳에서 서벽은 산을 내려가다가 북서쪽에 돌출된 봉우리 위의 각대까지 이어지니, 그 길이는 약 725m이다.

평면도에서 보듯이, 성안 가운데 남·북문을 잇는 마찻길을 기준으로 동쪽에 넓은 평지가, 서쪽에 그리 높지는 않으나 산세가 이어진다. 서쪽 산지의 북쪽에 골짜기로 인해 평지가 있으니 당시 성안의 주요 시설들이 자리했을 것으로 보인다. 동쪽의 평지 중간에는 마안강馬鞍崗이라 불리는 좀 높은 언덕이 동서로 길게 형성되고, 그 남·북 방향에 경사를 이루며 저지대가 펼쳐지니 물이 남북 방향으로 흐르는 지세를 형성하고 있다. 아무튼 당시에는 그 평지 위에서 병사들의 훈련이 실시되고 그들의 숙영지도 자리했을 것이며 일부 경작을 하여 자급자족을 꾀하였으리라 여겨진다. 지금은 오롯이 옥수수밭으로 변하여 남은 것이 없으니 그저 상상만 할 뿐이다.

마찻길이 북벽의 서쪽에 닿으면 북문이 개설되어 있고, 그곳에 장루자산성 張樓子山城이 2007년 "성급문물보호단위省級文物保護單位"로 공포되었다는 표지석이 있다. 북문 역시 문도가 굽어서 성 밖에서 성안을 볼 수 없게 하였다. 특히 평면도에서 보듯이, 성안 쪽을 향해 쌓은 문 동쪽의 대가 밖으로 돌출된 북서 각대角臺와 함께 옹성구조를 이룬다. 문을 나서 성 밖에서 북벽을 바라보면, 동·서벽은 능선을 따라 쌓은 데 비해 저지대에 쌓은 남벽과 북벽은 그 높이가 8~10m에 이를 만큼 상당하다. 북벽의 중간지점도 남벽과 마찬가지로 성벽이 무너져 내린 듯 꽤 넓게 갈라졌다.

밖의 저수지에서 바라본 **장루자산성**張樓子山城 **북벽**. 가운데 갈라진 틈이 있다.

그 틈 사이로 성 밖으로 나가면, 저수지蓄水池터가 자리한다. 지금은 물이 고갈되었지만 주변의 다른 곳보다 습기가 많은 것을 느낄 수 있다. 또한 저수지 바깥(북쪽)으로 또 다른 성벽을 쌓아 보호하고 있으며, 그 중간에 배수로가 나있다. 저수지의 물은 성안 사람들의 생명수이다 보니 목숨을 걸고 지켰을 것이다. 그렇다면 북벽의 갈라진 틈에는 저수지를 드나들던 작은 문이 있었을 것이며, 그 밑으로 성안의 물을 밖으로 내보내던 배수로가 개설되어 있었다고 추정할 수가 있다. 그러던 것이 대홍수로 인하여 남벽과 마찬가지로 무너져 내린 것으로 보인다.

2001년 제2기『북방문물北方文物』에 게재된 주향영周向永, 왕조화王兆華 공저의「요녕철령장루자산성조사遼寧鐵嶺張樓子山城調査」에 따르면, "저수지는 북벽 밖에 있으며 그 서쪽은 산세를 의존하여 성으로 들어가는 통로가 개설되어 있고, 동쪽에는 하나의 넓고 두터운 토벽이 있는데 현존 길이가 35m, 폭 20m, 잔고가 6m이다. 토벽 아래로 석재로 쌓은 배수구와 북벽 아래의 배

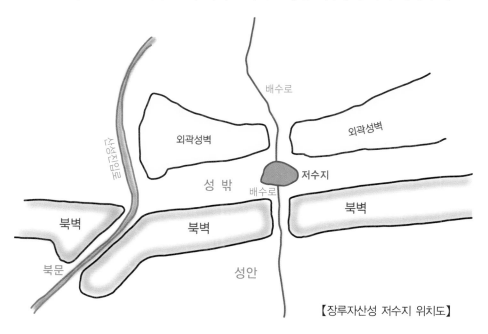

【장루자산성 저수지 위치도】

수구가 남북으로 대응한다. 蓄水池位北墻之外, 水池西側是依山勢開鑿的進城通路, 東側有一寬厚的土墻, 這道土墻現存長35, 寬20, 存高約6米。土墻下原有石砌泄水涵洞, 與北墻下的泄水涵洞南北對應。"고 한다. 그간 많은 고구려 산성에서 저수지를 보아 왔지만, 성 밖에 자리하는 것은 아주 드문 경우이다. 저수지를 본 뒤 다시 북벽을 따라 출발점이었던 동북 각대 아래의 사찰로 돌아왔다. 북벽은 이렇게 386m이며 장루자산성은 전체 둘레 2,213m로 규모면에서는 그리 큰 성은 아니지만, 여러 가지 특징을 지녔다.

동벽에 올랐을 때 넓게 펼쳐진 평원 건너 최진보산성이 육안에 들어왔다. 두 산성은 불과 6km 거리로 범하의 남안과 북안에서 서로 마주보고 있다. 인근의 고구려 서북방어 중심이었던 신성新城이 위급할 때는 연합하여 신성을 지켜냈다. 항상 전황을 공유하면서 공동전선을 펼쳤던 것이 바로 대군을 무찌를 수 있었던 고구려 산성의 힘이다.

【최진보산성·장루자산성 위치도】

마가채산성馬家寨山城
— 사하沙河 변에 자리한 산성

마가채산성馬家寨山城 북벽에서 바라보는 성안에는 구정용천사九鼎龍泉寺가 있고, 남벽 밖에 마을이 있다.

철령 시내에서 하룻밤 지내고 부지런히 개원시 마가채진을 지나는 사하沙河 변의 마가채산성馬家寨山城을 찾아 나섰다. 답사 전에 『북방문물北方文物』 1996년 제1기에 게재된 주향영周向永·조준위趙俊偉·이아빙李亞冰 공저의 「요녕개원경내 고구려성지遼寧開原境內高句麗城址」를 보니, 마가채산성 안에 마가채중학교馬家寨中學校 교사校舍가 자리잡고 있는 것으로 되어 있다. 따라서 마을에 도착하여 우선 학교를 찾았으나 산이 아닌 마을 초입 평지에 자리하고 있으니 혼란스럽기 짝이 없다. 일단 마을 사람이 이르는 대로 산성이 있다는 마을 동북쪽 뒷산에 오르니 구정용천사九鼎龍泉寺의 웅장한 정문누각이 우뚝 서있다.

정문 앞의 잘 보이지도 않는 한 모퉁이에 2014년 "성급문물보호단위省級文物保護單位"로 공포되었다는 표지석이, 그 옆에 마모가 되어 분명하지 않지만 1985년에 철령시鐵嶺市에서 "시급문물보호단위"로 선정한 표지석이 나란히

서 있다. 1985년 표지석에는 마가채산성
馬家寨山城이 아니라 "마가채고구려산성
馬家寨高句麗山城"이라고 새겨 놓았으니,
그간의 중국정부 시각의 변화를 읽는 듯
하여 씁쓸하다.

정문을 들어서니 거대하고 화려한 사
찰 건물들로 꽉 차있다. 성안에는 분명
중학교건물이 있어야 하건만 그 대신에

1985년에 세운 시급문물보호단위 표지석에는 "마가채고구려산성
馬家寨高句麗山城"이라고 분명하게 새겨져 있다.

사찰이 들어서 있으니, 어찌 설명해야 할지 모르겠다. 일단 표지석의 존재를
믿고 성안에 들어서 전체를 조망해 보니, 북고남저北高南低의 지형에 계곡을
북·동·서 삼면이 둘러싸고, 저지대인 남쪽에 동서의 산줄기를 잇는 토벽을
쌓으면서 그 가운데에 성문을 낸 형상이다. 상기 서를 보면 산성 남쪽 중간은
인공으로 달구질한 토벽에 하단 폭이 8m, 상단은 1.5m, 잔고가 4.6m이었고,
12×8cm 크기의 장방형 배수구가 4~5m 간격으로 설치되어 있었다.

지금의 성 안팎을 연결하는 통로(당시 학교교문)는 수구문이었으며, 그 동쪽
28m 떨어진 곳에 성문이 개설되어 있었다고 설명한다. 성문 진입로에 연이어
성벽 안쪽 아래에 마찻길馬道이 선명하게 남아 있었다고 한다. 하지만 지금은
사찰의 웅장한 정문 누각을 만들면서 남은 것이 없고 단지 토축土築의 남벽
일부만이 남아 있을 뿐이다. 그나마 남아 있는 성벽은 동쪽의 산언덕을 오르
면서 반원을 그리고, 돌출되어 있는 남동 모퉁이의 각대를 만난다. 각대에
오르니 남쪽과 서쪽 방향으로 마가채진 마을 전체가 한눈에 들어오며, 성벽
너머 동쪽에 작은 댐을 쌓아 만든 마가채저수지馬家寨水庫가 보인다. 각대 안
쪽에는 평탄한 공간이 있는 것으로 보아 아마도 각루 등의 건축물이 있었고
병사들이 그곳에서 기거했을 것으로 보인다.

이전에 있었던 마가채산성의 성문과 수구문은 사찰의 정문 문루를 건설하면서 다 없어졌지만, 그 동쪽에 토축의 남벽이 분명하게 남아 있다.

【마가채산성 평면과 주변도】

동벽을 따라 북쪽을 향하여 간다. 풀어 놓은 넥타이처럼 구불구불 이어가는 산등성이 위에 성벽을 쌓았다. 성 밖으로 약 30m 높이의 절벽 아래로는 마가채저수지가 인접해 있다. 이미 3월 중순이 지났건만, 호수는 아직도 얼어있다. 오는 길에도 높은 산이나 그늘진 곳에는 아직도 눈이 녹지 않고 있었으니, 북방의 봄은 아직 먼발치에서 다가올 줄 모른다. 동벽 중간에서 남쪽에 치우친 위치에 통로가 있다. 성안의 마찻길과 연결되는 그 통로는 위급한 상황에서 성 밖으로 군사를 내보냈던 암문暗門으로 여겨진다. 북쪽으로 계속 더 가다보면 북동 모퉁이의 봉우리 위에 각대가 있다. 원형의 평탄한 대를 이루는 그곳에서는 동북 방향에서 이동하는 적들을 감시하는 역할을 한다. 하지만 사찰에서 그곳을 오르내리게 계단으로 이어놓고 목재로 전망대를 세워 놓았으니 원형을 찾아보기 어렵다. 성안 부지뿐 아니라 성 전체를 손댄 것이다.

성벽은 그곳부터 북벽이 되어 서쪽으로 간다. 성벽을 보면 군데군데 잡석이 드러나 보이니 토석혼축土石混築의 벽이다. 북벽에서 성 밖의 봉우리와 길이 이어지는 곳을 따라가 보니, 과연 성 밖의 전망대를 만난다. 원형의 평대平臺 위에 올라서니 동북·서북 지역이 훤히 드러난다. 그곳에서 좀 더 내려가다 보면 계곡을 차단하는 길이 80m, 높이 약 15m의 토성벽土城壁이 자리한다. 마가채산성의 북쪽 외곽을 방어하기 위한 성벽으로 중국학자들은 그러한 벽을 "란마장欄馬墻"이라고 부르지만, 통화현通化縣 건설촌建設村의 건설산성建設山城에서 보았던 성문입구의 차단벽은 관애關隘라고 한다. 외곽성벽의 존재는 산성의 방어방향이 서북쪽을 향하고 있음을 알려준다. 수없이 고구려 산성을 답사하였지만, 외곽성벽이 따로 있는 경우는 그리 많지 않다. 북벽은 서쪽으로 다가갈수록 성벽의 윤곽이 더 선명하게 나타난다. 북서 모퉁이의 봉우리 위에 각대를 만들고 다시 남쪽을 향하면서 서벽을 이룬다. 서벽 또한 성벽의 윤곽이 비교적 또렷하다.

성안에 다시 가보았지만 오롯이 사찰 건물이 들어서서 아무것도 남아 있지 않다. 단지 남쪽 정문 안에 들어서면 큰 연못이 하나 있는데, 그것이 과연 성 안의 저수지蓄水池였는지 모르겠다. 상기서에서 보면 "산성 내 평지 중앙에 하나의 연못이 있는데, 원래 성안에 취수하는 곳이었지만 현재는 중학교 경내 에 있는 연못 하화지荷花池이다. 연못의 외형은 불규칙한 타원형을 나타냈으 며 그 직경은 20m로, 외벽은 원래 석재로 쌓았지만 중학교를 건설할 때 손보 면서 이미 원래의 모습을 잃어버렸다. 山城內平地中央, 有一水潭, 原爲城內取水 之處, 現爲鄕中學校園內的荷花池。 水潭外形呈不規則橢圓形, 池徑約20米, 四壁原 有砌石, 建鄕中學時經修整已失去原貌。"고 설명한다. 현재 사찰 내의 연못 크기 는 과연 그 직경이 20m 정도로 보이며, 연못 안에서는 아직 얼어있는 곳도 있 지만 마른 연蓮 줄기가 그 속에서 봄을 기다리고 있으니, 하화지荷花池라 불렀 음직하다. 돌아본 산성이 마가채산성임은 틀림없어 보이지만, 상기서에 산성 안에 학교가 있다고 함은 달리 설명할 방법이 없으니 답답할 뿐이다.

궁금한 마음을 견딜 수 없어 다시 마을 입구에 있는 학교로 한달음에 달려 갔다. 학교 뒤에 조금 떨어진 산으로 가다가 주변에 사는 노인 한 분을 만나서 물었다. 그분의 답변은 "예전에 학교는 성안에 있었는데, 원래 성안에는 청대 淸代 초기에 지은 용천사龍泉寺라는 사찰이 있었고 그 이름은 성안에 있는 연 못으로 인해 명명되었다고 한다. 하지만 문화혁명 때 훼손되고 없어졌다고

성안 저수지였던 연못은 하화지荷花池로 불린다.

한다. 1958년 모택동毛澤東 주석의 지시로 인민공사가 세워졌을 때, 전국의 농촌행정조직은 자연적인 촌락에서 인민공사 산하의 생산대生産隊로 바뀌었다. 그 당시 인민공사가 사찰터에 중학교를 지어 사용하다가, 2006년 심양의 불교계가 용천사龍泉寺를 재건할 계획을 세우면서 학교를 마을 입구로 이전하고, 뒤에 현재의 사찰이 준공되었다"고 한다. 노인은 인민공사 시절 마을의 생산대대장生産大隊長을 지냈기에 그 내력을 잘 안다면서 설명해주었다. 그리고 내가 찾던 하화지荷花池가 바로 절 안에서 본 연못이며, 지금도 여름이면 연꽃으로 가득하다고 한다. 이제야 궁금증이 풀렸다.

이왕 말이 나온 김에, 산성의 서남 각대角臺부터 마을 입구를 감싸고 사하를 건너 삼가자촌三家子村 북쪽 산까지 연결되는 외곽성벽에 대해서 물어 보았다. 바로 그는 자기 집 텃밭의 담장을 가리키며 그것이 외곽성벽이었다고 답한다. 자세히 보면 토석혼축의 벽체임이 드러난다. 성벽은 서남 각대에서

중학교와 용천사 유래를 설명해준 노인의 텃밭 담장이 산줄기에서 이어지는 외곽성벽이었다. 마을과 농지 개발로 없어지고 유일하게 남은 구간이다.

산줄기를 타고 내려오다가 자기집 앞을 지나 골목길을 따라 가다가, 지방도로 와 만나는 지점에 문터가 있었다고 한다. 길을 만들고 길옆에 집을 짓느라 없 어졌다면서, 다른 집 아래의 기초를 가리키며 그것도 성벽의 일부였다고 한다.

상기【마가채산성 평면 및 주변도】에서 점선으로 표시된 외곽성벽은 성의 서북 방향에서 사하를 따라 접근해 오는 적을 차단하기 위하여 평지에 쌓은 또 하나의 차단벽이다. 평지의 외곽성벽과 산성의 서벽, 그리고 북벽 외곽의 전망대와 계곡을 차단하는 외곽성벽이 이어지고 있음을 알 수 있다. 노인의 증언뿐 아니라 상기서에도 외곽 성벽에 대하여 조사 당시에 일부 남아 있던 벽체가 높이 1.6m, 하단 2m, 상단 0.5m였으며, 재료와 구축방법이 산성의 남벽과 동일하다고 기록하고 있다. 추정할 수 있는 외곽 성벽의 길이는 약 1.4km에 달했을 것이다.

요하 변에 자리한 철령鐵嶺 지역은 드넓은 평원 한가운데 있다. 요하를 건 너는 데 성공한 적은 거의 저항 없이 질주하듯 내륙으로 진입해 왔을 것이다. 하지만 동부로 갈수록 산지가 나타나면서 산성의 저항이 시작된다. 마가채산 성도 요하를 건너서 그 지류인 사하沙河를 따라 오는 길목의 하나였다. 이곳 에서 산성과 이어지는 평지의 외곽성벽을 확인하면서 당시 고구려의 평지방 어수단을 볼 수 있으니, 대단히 중요한 유적이다. 그곳에는 고구려 선조들의 지혜와 피땀 어린 노력이 배어 있다.

서풍성자산산성西豐城子山山城

— 철령鐵嶺 동북 지역 또 하나의 대형 산성

서풍성자산산성 성안 서북부의 점장대

철령 지역에서 가장 동북쪽인 서풍현의 양천진涼泉鎮에서 남으로 7km 정도 떨어진 성자산城子山 위에 또 하나의 대형 고구려 산성이 자리하고 있다. 성자산은 주변 30여 개의 산봉우리가 이어져 있고, 요하의 큰 지류인 청하淸河의 상류에 자리한다. 청하는 무순撫順 청원현淸源縣 영액문진英額門鎮의 삼도구령三道溝嶺에서 발원하여 북서쪽으로 흐르다가, 개원시開原市 동북쪽으로부터 서풍현西豐縣을 관통하는 또 하나의 지류인 구하寇河를 품고 요하로 유입되니, 길이 217km의 강이다. 청하의 상류가 고구려로 침공하는 고도古道인 북도北道의 노선상 청원현淸源縣과 연관성이 있다는 것에 주목하면서 답사에 나선다.

요하遼河 변의 넓은 평야지대를 지나서 동쪽으로 갈수록 산지가 나타난다. 그곳까지 장백산맥長白山脈의 여맥餘脈이라고 하니, 백두산의 기운이 어디까지 뻗쳐 있는지 그저 놀랄 따름이다. 들판을 지나 눈앞에 펼쳐진 산지에 거대한 산문과 함께 서풍성자산산성西豐城子山山城이 드러난다. 입구의 설명문에는, 본 산성은 668년 당唐의 명장 설인귀薛仁貴가 함락시킨 부여성扶餘城이라고 한다. 이곳의 설명문뿐 아니라 일부 중국의 학자들은 서풍성자산산성이 부여 성이라고 비정한다.

산문에 들어서면 1963년 "성급문물보호단위"로, 2013년에 "전국문물보호 단위"로 선정된 표지석 두 개가 나란히 서있다. 과연 서풍성자산산성西豐城子山山城은 중국에서 일찍부터 산성의 가치를 인정했던 것이다. 입구에는 매표 소도 있고, 관리직원이 입장표를 건네주면서 동벽 일부와 남벽에는 아직 눈이 많이 쌓여 출입을 금하니 절대로 가면 안 된다고 경고한다. 3월도 중순이 넘 었건만 봄은 아직도 멀리 있는 듯하다.

처음 닿은 성벽(서벽) 가운데 난 문은 성 중에서 가장 낮은 지점이며 당시 성안의 계곡물을 성 밖으로 내는 수구문水口門(중국에서는 설수문泄水門이라고도 부름)이었다. 지금은 성안을 드나드는 출입문이다. 평면도에서 보듯이 서쪽에 서 진입하는 반도盤道라 불리는 마찻길을 따라가면 수구문 남쪽에 있는 서

서풍성자산산성의 수구문 자리

문(정문)을 통해 성안으로 진입한다. 건안성建安城으로 비정되는 개주蓋州 소재의 청석령고려성산산성靑石嶺高麗城山山城도 그렇고, 안시성으로 비정되는 해성海城의 영성자산성營城子山城을 비롯한 많은 고구려 산성들에서 정문이 아닌 수구문이 지금의 출입로로 사용되는 것과 같은 사례이다. 후대에 홍수를 대비하여 정비되다 보니 그렇게 된 것으로 보인다. 수구문 양 측면에 바로 험준한 산세가 시작되지만 그 비탈에 성벽을 쌓았다. 일단 수구문을 거쳐 성안으로 들어갔다.

1973년 조사 당시 문에서 가까운 계곡에서 급격하게 물이 불어 성벽에 직접 닥치는 것을 방지하기 위한 제방水壩이 있었다고 하지만, 지금은 약간의 석축 흔적만 남아 있을 뿐이다. 계곡과 멀어지는 길을 따라 북쪽으로 올라가다 보면 민국民國 시대에 지었다는 도교사원 하나가 문을 굳게 잠근 채로 있는데, 그 북쪽에 기와 등의 유물이 출토된 건축지가 발견되었다고 한다. 아마도

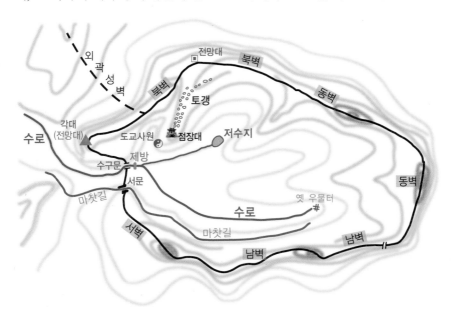

【서풍성자산산성 평면도】

도교사원을 지으면서 유적지는 유실된 것으로 보인다. 주변의 정황으로 보아 사원터와 그 건축지는 연결된 하나의 부지로서 당시에 산성의 중심시설이 자리 잡았을 가능성이 있다. 그 외에도 성안에는 병사들이 기거했을 다수의 건축 지가 자리하고 있다. 사원 북쪽으로 약 170m 떨어진 높은 곳에 점장대가 자리한다. 점장대는 각 변의 길이가 약 9m인 정방형에 가공석으로 정갈하게 10~13층을 쌓았으며, 잔고는 약 2.2m이다. 대臺의 북쪽 면에 계단을 만들어 놓았으나 지금은 8개만 남아있을 뿐이다. 점장대에 오르면 동서남북이 훤히 다 내려다보이니, 장수가 그곳에서 전투와 훈련을 지휘하기에 적합해 보인다.

점장대 옆 설명문에는 바로 북쪽에 27개의 토갱土坑이 발견되었으며, 전문가는 그것을 "수비병사의 숙영지戌卒營地"라고 하고 일반사람들은 "삥컹兵坑"이라 하지만, 당시 동북에 있던 반지하식 주택의 속칭 "띠인쯔地窨子"라고 적혀있다. 고구려 산성 중에 많이 나타나는 유적이며 현지인들은 그것을 "까오리컹高麗坑"이라고도 부른다. 산을 오르면서 토갱을 보니 대개 원형으로 작은 것은 그 직경이 2~5m, 큰 것은 8.5~10m이며, 깊이는 0.5~1.75m이지만 세월의 흐름으로 얕아졌을 것이다.

토갱의 간격은 1~3.5m로 27개가 밀집되어 있다. 이곳과 같이 집중적으로 모여 있는 것은 다른 산성에서는 보지 못한 아주 특이

"까오리컹." 토갱 위에 지붕을 만들어 당시의 거주시설이었던 것을 재현해 놓았다. 이 지역은 겨울에 특별히 추운데 고구려 병사들은 어떻게 추위를 견뎠을까?

한 경우이다. 1996년도에 발간된『요해문물학간遼海文物學刊』에 게재된 주향영周向永·조수리趙守利·형걸邢杰 3인 공저의「서풍성자산산성」이란 조사보고서에 따르면, 이곳뿐 아니라 남·북벽 안쪽에 주로 분포되어 있으며 그 밖에 산재한 것까지 합치면 산성 전체에 144개의 토갱이 발견되었다고 하니, 어쩌면 전체 고구려 산성 중에 가장 많을 수도 있다.

점장대 동측 계곡에 저수지蓄水池가 자리하고 있다. 지금은 물이 고갈되어 그 흔적만 남아 있지만, 상기서에 따르면 길이 37m, 폭이 28.3m의 타원형으로 서쪽 돌출된 부분에 수문이 있으며, 북쪽에도 돌출부가 있으니 계곡에서 물이 유입되는 부분으로 보인다. 남쪽 돌출부에는 그 폭이 5.4m, 길이가 11.2m의 출구가 있어, 물이 넘치면 계곡의 도랑을 따라 흐르다 제방을 거쳐 수구문을 통해 성 밖으로 나간다고 한다. 저수지 옆에 서 있는 설명문에는, 동·북의 두 벽은 석축이라고 설명되고 있으나 지금은 남아 있지 않다. 원래 수심이 5m의 샘이 있었으며 주변에도 2곳의 옛 우물이 있었다고 한다. 주변의 우물에다 저수지 자체에도 샘이 있었으니, 수량이 풍부하여 중요한 수원이었음은 불문가지이다.

다시 산을 올랐다. 동물 형상의 기암奇巖과 노송이 어우러져 아름다운 약 300m의 살만달령薩滿達嶺을 지나면, 북벽과 동벽이 만나는 모퉁이다. 아름답긴 하지만 곳곳에 인공으로 설치한 쇠밧줄이 없었다면 오르기 어려울 정도이니 숨이 찰 지경이다. 그곳에서 동쪽으로 동벽을 따라 오르면, 성안에서 두 번째로 높은 해발 720m의 고산봉固山峰에 닿는다. 봉우리에 올라 성안을 내려다보니 멀리 남벽과 서벽을 이루는 산등성이가 눈에 들어오고 두 산줄기가 만나는 지점에 바로 수구문이 자리한다. 그곳에서 보다 보존 상태가 양호한 동벽을 따라 얼마 안 가서 해발 763m의 최고봉에 닿을 수 있지만, 등반금지 구역이라서 발길을 되돌려야만 한다. 동벽 일부와 남벽은 겨울철에 안전사고의 위험이 있다고 하니 어쩔 수 없다.

동벽의 고산봉固山峰에서 내려다보는 성안. 왼쪽 산등성이에 남벽이, 오른쪽 산등성이가 서벽이 있다. 두 산줄기가 만나는 낮은 지점에 수구문과 서문이 자리한다.

상기서에 전체 산성의 둘레는 4,393.4m이며 그 중 인공석벽이 4,070.6m이고 자연의 험준한 절벽을 이용한 구간이 322.8m라고 소개한다. 전체적으로 성벽은 산등성이를 따라 축조되었으며 천연의 바위와 인공성벽을 완전하게 연결하여 더욱 견고하게 축성을 하여 오늘날까지 거의 완벽하게 남아 있다고 한다. 산성의 규모에 비하면 성문이 서쪽의 수구문과 서문(정문) 두 곳뿐이라 의문을 가졌었는데, 북벽과 남벽에 각각 "터진 틈豁口"이 있어 보조문 역할을 한다. 또한 남벽 중간 지점에서 7개의 주동柱洞이 발견되었다고 한다. 조사 시에 실측한 결과에 따르면, 큰 것은 폭이 30cm, 깊이가 60cm 안팎, 작은 것은 폭이 20cm, 깊이가 45cm 정도라고 한다.

주동은 성벽 바깥 가장자리에서 70cm 떨어진 위치의 벽 윗면에 설치되어 있으며 주동간의 간격은 약 1.5~1.8m라고 하는데 가볼 수 없으니 아쉽다. 과연 이 산성에서 주동柱洞의 용도는 무엇이었을까? 남쪽 일부의 성 밖이 완만한 구간에 설치되었다고 하니, 그곳으로 접근하는 적을 막기 위해 쇠뇌를 설치했던 것은 아닐까 생각해 본다.

고산봉에서 하산하는 길 역시 가파르다. 올라오던 길이 아닌 남벽에 가까운 분지 쪽을 향하여 간다. 고구려 당시의 것인지는 확실치 않으나, 도중의 해발 520m 지점에 "경룡천璟瓏泉"이란 샘터가 있다. 설명에 의하면, "당 태종이 645년 고구려원정 시 이곳 성자산城子山에 주둔하며 쉬다가 선제先帝에게 하사받은 옥패玉佩를 떨어뜨렸다. 한 군사가 물을 뜨러 갔다가 산허리의 맑은 샘에서 옥패를 발견하니, 태종은 크게 기뻐하여 군사에게 상을 내리고 바위 사이로 솟아나는 샘물을 찾아갔다. 맑고 투명하며 졸졸 흐르는 소리가 마치 옥패가 부딪히는 소리와 같다며 경룡천璟瓏泉이라 명명했다. 후대 사람이 산에 올라 그 샘물이 맑고 찬 것을 보고 황주관黃酒館을 세워 그 물로 술을 빚었다." 물론 이 이야기는 허구에 지나지 않는다. 645년에 당 태종은 이곳에 오지 않았다. 요하를 건너 요동성遼東城을 점령하는데 총력을 기울였으며, 그 후에 백암성白巖城을 거쳐 안시성을 공략하다 패하고 철수하였으므로 이곳 성자산에 들를 여력과 시간이 없었다. 많은 고구려 산성에 얽힌 민담 중 하나로서, 원정에 실패하고 시름시름 앓다가 4년 후 649년도에 사망한 당 태종의 한을 위로하는 이야기에 불과하다.

황주관黃酒館은 근래에 새로 지은 판매시설이 자리할 뿐 인근의 샘터와 토갱土坑 말고는 남은 유적이 없다. 다만 성 안의 마찻길과 연결된 것으로 보아 산성의 주요시설이 자리했던 곳이 아닌가 추정해본다. 인근에 자리한 옛 우물터 또한 그러한 추측을 뒷받침한다. 현지인들이 고포마도古跑馬道라고 부르는 마찻길은 성 안에서 서문을 통해 성 밖과 연결되는 당시의 주요 교통로이다. 그 폭이 3~4.8m인 마찻길은 성안에서 1,500m

당시의 마찻길은 서문과 황주관을 이었고 오늘날에도 등산로이다.

그리고 성 밖에서 약 450m를 이어진다. 성 안의 길을 따라 걷다 보면 석축으로 쌓은 건축지 흔적도 눈에 띈다.

아직도 생생하게 남아 있는 마찻길은 결국 서문에 닿는다. 서문은 당시 산성의 정문으로서 수구문과는 불과 87m 떨어진 산언덕 위에 자리한다. 문의 양측은 서로 어긋나게 서있있다. 아래의 【서풍성자산산성의 서문 평면도】에서 보듯이, 위쪽의 문가는 성벽보다 더 두텁게 보강했고, 아래쪽은 문도門道를 따라 성 안으로 더 들어가 적들의 접근을 차단하는 일종의 옹성구조이다. 산성 전체의 성문은 오늘 처음 진입했던 수구문과 서문(정문), 그리고 북벽과 남벽에 보조문 역할을 하는 "터진 틈豁口"이 전부이다.

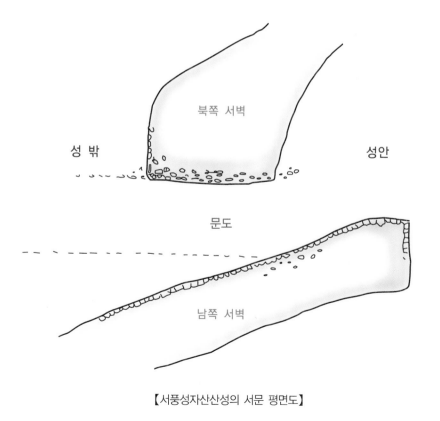

【서풍성자산산성의 서문 평면도】

보존상태가 양호한 서벽과 서문

서풍성자산산성 입구에 만들어 놓은 산성 모형.
북벽에서 뻗어 나온 외곽성벽을 볼 수 있다.

서풍성자산산성에서 빼놓을 수 없는 중요한 유적이 북벽에서 시작하여 성 밖 서북쪽으로 이어지는 외곽성벽이다. 석축의 기초 위에 토벽을 쌓거나 전체를 토벽으로 쌓은 성벽이 약 5,000m 이어지니, 서북쪽에서 접근하는 적들을 방어하기 위한 또 하나의 관애關隘이며 란마장攔馬墙이다. 개원開原에 자리한 마가채산성馬家寨山城에서 보았던 외곽성벽과 같은 성격을 지녔다. 산성과 이어지는 그 외곽성벽은, 서풍성자산산성이 부여성이었으며 외곽성벽으로 천리장성이 시작되었다고 착각하게 만들기도 한다.

과연 현지의 설명대로 이 산성이 부여성이었을까? 규모 면에서만 본다면 충분히 그럴 만하다. 서풍성자산산성西豐城子山山城을 부여성이라고 주장하는 학자들은, 천리장성의 노선이 "동북은 부여성에서 시작하여 서남은 바다에 이르는 일천여 리이다. 東北自扶餘城, 西南至海千有餘里."라는 역사서 기록은 이곳 서풍성자산산성부터 요동반도 끝자락인 대련의 대흑산大黑山 비사성卑沙城에 해당된다고 주장한다. 그렇다면 요하遼河를 건너오는 적을 차단할 목적으로 그 동안東岸에 축조했다는 기록과는 일부 구간만이 일치하니, 어찌 설명해야 하는가? 이미 저자가 2018년에 출간한 『요동 고구려 산성을 가다』 제8장 중 「고구려 천리장성을 따라가는 길」에서 논했듯이, 천리장성에 대하여 "천리산성설千里山城說"과 "변강설邊崗說"로 양분되는 바, 우리나라의 일부 학자들과 중국의 보다 많은 학자들은 "변강설"을 지지하는 편이다. 길림성 농안農安에서 시작하여 요녕성 영구營口 해안까지의 요하 동안에 이어지는 587km가 천리장성의 노선이라고 주장하는 것이 변강설邊崗說이다. 나도 그 노선 일부를 답사한 결과 "변강설"이 더 설득력이 있다는 입장이다. 그렇다면 부여성은 오늘 답사한 서풍성자산산성보다는 농안農安에 있는 농안고성農安古城 혹은 그곳에서 멀지 않은 길림시에 자리한 용담산산성龍潭山山城을 부여성扶餘城으로 비정하는 설이 보다 타당하다고 본다. 물론 여기서 그 결론을 잠시 유보하고 추후 농안農安 지역과 용담산산성 그리고 그에 이어지는 천리장성 길림성 구간을 답사하고 난 후에 판단하겠다.

팔과수고성자산성八棵樹古城子山城과 금성산산성金星山山城 등
― 서풍성자산산성 주변의 산성들

팔과수고성자산성八棵樹古城子山城의 북벽과 성안의 저수지蓄水池

　청하와 그 지류들에 산성들이 산재해 있다. 서풍성자산산성西豊城子山山城이 청하淸河 상류에 자리한다고 했지만, 보다 정확히 이야기하면 그 상류에서 합류하는 하나의 지류인 연반하碾盤河 변에 자리한다. 그뿐 아니라, 구하寇河 라는 비교적 큰 지류가 서풍현西豊縣 진흥향振興鄕 노야령老爺嶺에서 발원하여 서풍현 소재지를 관통한 후, 다시 서남쪽으로 흐르다 개원시開原市에서 청하와 합류한다. 팔과수고성자산성八棵樹古城子山城은 서풍성자산산성과 직선거리로 불과 13.5km 떨어진 거리이며 서남쪽의 청하를 지키고 있다. 서풍성자산산성은 대형산성에 속하고 이외의 산성들은 비교적 규모가 작아 서풍성자산산성을 호위하는 형상이다.

　먼저 개원시開原市 팔과수진八棵樹鎭에서 남쪽으로 약 6km 떨어진 고성자촌古城子村 마을로 향한다. 마을에 진입하기 전에 또 하나의 작은 지류인 아랍하阿拉河가 청하와 만나는 지점이 나온다. 그 합류지점을 보면, 왜 이 자리에

【서풍성자산산성 주변의 고구려 산성 위치도】

산성이 위치했는지를 알 것 같다.

마을 노인에게 물으니, 마을 북동쪽에 보이는 그리 높지 않은 산 위에 고구려 산성이 자리한다고 하며 동행해 주겠다고 한다. 산에 접근하자 계곡을 가로막듯이 놓인 제방이 먼저 눈에 띈다. 제방 남쪽 끝단과 남쪽 산자락을 잇는 부분에 성문이 있다. 지금의 통행로는 차가 진입할 정도로 시멘트 포장까지 해놓았지만, 1996년 조사 당시만 해도 성문의 폭이 5m, 성문 안에 들어서면 폭 8~10m에 길이 40m 정도의 마찻길 흔적이 남아 있었다고 한다.

하지만 지금은 성문에서 이어지는 포장도로가 산자락 아래 평지를 일주하여 제방 위까지 연결되어 있으니, 옛 모습을 찾을 길이 없어 안타깝다. 성문에서 전체적으로 조망해보니, 동고서저東高西低의 지형에 남북의 산줄기가 평행되게 마주하며 동쪽 산등성이와 함께 3면이 감싸는 포곡식산성包谷式山城이다.

성안으로 이어지는 시멘트 포장의 통행로는 성안을 일주하며, 멀리 뒤로 보이는 산등성이가 팔과수고성자산성의 동벽이다.

성안의 집에서 오토바이를 타고 나온 사람이 다가오더니, 동행한 마을 노인과 뭔가 한참 말을 주고받는다. 그는 정부로부터 산성의 관리를 청부 받아 성안에서 농사도 짓고 산에서 버섯 등을 채취할 뿐 아니라, 정부로부터 일정한 관리비용도 받는다고 한다. 그야말로 꿩 먹고 알 먹는 격이 아니던가? 고구려 산성의 관리를 문화재 전문가도 아닌 개인에게 맡긴다는 것은 아무리 생각해도 이해할 수 없다.

제방 위의 포장도로를 지나 북벽으로 올라 간다. 북벽의 서쪽 초입, 전망대가 있었을 만 한 돌출된 작은 봉우리에는 이동통신중계탑 이 서 있고, 그 옆을 지나는 성벽 위로 등산 로가 놓여 있다. 산등성이 위로 이어진 성벽 은 작은 돌 조각을 섞고 흙을 달구질하여 쌓 은 토벽인데, 그 위에 시멘트로 만든 보도블 록을 깔아 등산로를 만든 것이다. 아마도 그 것은 관리인에게 정부 예산에서 지원을 해준

산등성이를 타는 남으로 향하는 동벽의 일부

결과물일 것이다. 천수백 년 된 성곽에 보도블록을 깔아서 관리한다고 하니 기가 찰 노릇이다.

　그런 북벽을 따라 동쪽을 향해 좀 가다 보면 전망대가 자리했을 만한 작은 봉우리를 만나고, 그 안쪽에 비교적 넓고 평탄한 공간이 나타난다. 그것이 평면도에서 보는 북측 내성이다. 팔과수고성자산성八棵樹古城子山城에는 남·북벽 안쪽으로 각각 내성이 있는데, 다른 고구려 산성에서는 볼 수 없는 특이한 경우이다. 대개 내성의 역할은 주로 지휘부가 자리하고 있는 경우가 많으며 그래서 한 곳의 내성이 존재한다. 그렇다면 이곳에서는 그 용도가 다른 것일까? 남·북벽을 지키는 병사들의 숙영지와 식량·병장기 등을 보관하던 창고가 있었던 터가 아닐까 생각해본다. 특히 남측 내성터는 동서 길이가 56m, 남북 폭이 14m로 보존 상태가 양호한 편이다.

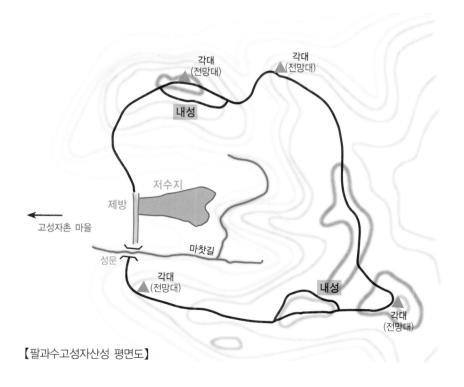

【팔과수고성자산성 평면도】

북벽은 거의 같은 형태로 가다가 북동 모퉁이에서 또 하나의 각대를 만들고, 동벽이 산등성이 위로 이어진다. 성 밖은 산으로 이어지니, 그 산 자체가 접근하는 적을 차단하는 역할을 한다. 동벽에서 성안과 성 서쪽에 넓게 펼쳐지는 벌판을 번갈아 내려다보면, 팔과수고성자산성은 그리 큰 성은 아니지만 청하淸河 변 평야지대에서 생산활동을 하던 백성들을 관리했던 행정관청도 겸했을 가능성이 높다.

산성의 규모에 비하여 성안의 평탄한 공간이 넓은 것과도 연관을 지어 생각해볼 수 있다. 자세히 살펴보면, 성벽 안쪽으로 그리 넓은 폭은 아니지만 평탄한 공간이 계속 이어진다. 아마도 그것은 남·북벽에 자리한 내성들을 연결했던 마찻길이 아니었을까?

아주 분명하지는 않지만, 산성 네 모퉁이마다 높이가 1.5~2m인 대臺의 흔적이 있다. 동벽과 남벽이 만나는 모퉁이는 좀 길게 돌출되면서 그 위에 각대의 터가 자리한다. 각대에서 다시 남벽이 시작되며 성벽 위에 만든 등산로가 중간에서 갈라지니 남측 내성이다. 그 내성은 약 60m 지나서 다시 외성벽인

팔과수고성자산성에서 내려다보는 고성자촌과 청하淸河 변의 평야지대. 마을 노인은 마을 외곽으로 토축의 성곽이 길게 있었다고 전한다.

남벽과 만난다. 북측 내성보다 훨씬 선명하게 남아 있음을 알 수 있다.

성벽은 그곳에서 계속 서쪽으로 이어 가다가 남서쪽 각대를 만들고 성문과 연결된다. 각대 옆에는 넓은 공간의 건물터도 자리하는 것으로 보아, 남·서쪽 넓게 펼쳐지는 벌판을 관찰하는 병사들이 주둔했던 것으로 여겨진다.

성문으로 다시 돌아왔다. 둘레가 불과 1,100m인 크지 않은 산성이지만, 내성과 저수지와 제방이란 소중한 유적이 있다. 지금은 개축하여 옛 모습을 전혀 찾을 수 없지만, 면적 400여 m²의 저수지에 높이 12m에 길이 60m의 제방이 있고, 그 아래의 50×37cm 크기의 석축으로 된 배수구를 통하여 물을 성 밖으로 내보냈다고 한다.

1951년 대홍수를 겪으면서 제방이 무너져 내렸을 때 확인한 결과, 제방은 쇄석과 흙을 혼합하여 달구질하여 쌓았고 제방 아래에서 일정한 크기의 큰 돌들이 일렬로 쌓여 있는 것을 발견하였는데, 그것은 배수구를 쌓기 위함이었다고 한다. 당시의 토목기술이 대단하였음에 고개가 절로 숙여진다.

저수지의 제방

구하寇河는 청하의 또 다른 지류 중 하나이며, 서풍성자산산성의 북쪽에서 동으로부터 서로 흘러간다. 그 강변의 금성만족자치향金星滿族自治鄕 금성촌 金星村의 북쪽 구릉에서, 높지는 않지만 강에 면하여 우뚝 선 절벽을 지닌 산에 산성이 있을 것이란 직감이 빗나가지 않았다. 다가가려면 하천을 건너야 하고 주변은 온통 옥수수밭이다. 절벽을 빼고는 어느 방향에서든 옥수수밭을 지나야 산에 닿을 수 있을 정도이다. 절벽 위가 바로 산성은 아니고 작은 대臺가 자리하니, 구하寇河가 발아래에서 흐르고 강 건너 금성촌이 한눈에 들어온다. 당시 강을 따라 이동하는 적들을 감시했던 요지였음을 알 수 있다.

실제로 산성은 그 대로부터 동쪽으로 약 200m 정도 떨어져 있다. 옥수수밭 가운데의 흙둔덕이 바로 성벽이다. 토벽인 탓에 성의 안팎과 성벽 위마저 오롯이 옥수수밭이니 그저 놀라울 따름이다. 평지의 고구려 성터는 중국농민들에겐 그저 농토일 뿐 아무런 의미를 지니지 않는다. 이곳에서만 느끼는 것이 아니고 여느 산성에서도 보아왔던 사실이다.

산성 안에 들어가니 거의 정방형의 토축土築 성벽은 둘레가 약 200m 정도인

3월 중순이 넘었건만 구하는 아직 얼어 있다. 강 건너 절벽을 드러낸 산 위에 금성산산성金星山山城이 자리한다.

작은 산성이다. 남벽은 동쪽 끝 대臺에서 이어온 절벽 위에 있어 적의 접근이 전혀 불가능해 보이고, 나머지 3면에 남아 있는 벽은 안에서 1~2m 높이이며 밖에서 보면 2~3m이다.

북벽에 성문이 하나 개설되어 있으며 그곳의 절단면을 보면 판축기법板築技法의 토축 성벽임을 알 수 있다. 옥수수밭 가운데서도 정연하게 남아있는 성벽이 고마울 따름이다.

판축기법으로 달구질한 토축 성벽(북)

산성은 구하가 흐르는 길목에서 대형 산성과 보조 산성들을 연결하는 초소 구실을 하였을지도 모른다. 약 2,500m² 면적의 산성은 초소를 지키는 병사들의 기숙과 군량미 등 물자 보관에 부족함이 없어 보인다. 서풍성자산산성의 북쪽 직선거리로 약 19km 떨어진 곳에서, 구하寇河 변의 상황을 보고하고 명령을 하달받는 그런 지휘체계 하에 있었던 산성으로 여겨진다.

금성산산성金星山山城**의 북문.** 성벽은 물론 문도門道마저 옥수수를 심을 정도이니 성벽을 깔아뭉개지 않은 것이 고마울 정도이다.

상기의【서풍성자산산성 주변의 고구려 산성 위치도】(161쪽)를 보면 서풍성자산산성 북쪽으로는 연반하가 흐르고 남쪽으로는 청하가 흐른다. 그 연반하의 발원지는 산성의 동쪽으로 10km 떨어진 화륭향和隆鄉의 산간지역이다. 금성산산성과도 그리 멀지 않다. 1994년 발간된 왕우랑王禹浪・왕굉북王宏北 공저의『고구려・발해고성지연구회편高句麗、渤海古城址研究滙編』을 보면, 서풍현西豐縣 화륭향和隆鄉 성산촌城山村 장가보張家堡의 북쪽 산 정상에 고구려 산성이 있다고 하며, 산성이름을 북산산성北山山城으로 기재하고 있다. 산성은 산등성이를 따라 축조하였으며 성문은 계곡 입구에 개설되었으며 성안에 샘터와 저수지가 자리하고 있다고 설명한다.

화륭향 소재지에 도착하여 노인을 찾아 물어보지만, 화륭향에는 성산촌城山村도 장가보張家堡라는 지명이 없다는 것이다. 다른 사람을 잡고 물어봐도 똑같은 답이 돌아올 뿐이다. 시골의 작은 향鄉 마을에서 관내의 마을 이름을 모를 리가 없다. 그래서 혹시 관내에 고구려 산성이 있냐고 물어봤지만 전혀 들은 바가 없다고 하니 상기 자료의 오류라고 볼 수밖에 없다. 허탈한 마음으로 발길을 돌린다.

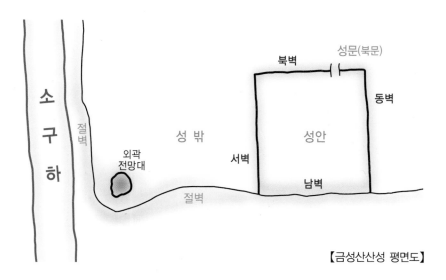

【금성산산성 평면도】

산성 안팎이 사찰로 뒤덮인 개원開原 용담사산성龍潭寺山城

용담사산성龍潭寺山城의 정문이었던 동문. 지금은 용담사의 안채와 바깥채를 연결하는 문이지만, 문 양쪽으로 산성의 모습이 그대로 남아 있다.

용담사龍潭寺는 청대淸代 건륭乾隆 황제 시기에 지어졌다는 사찰이다. 그 주위에 7개의 봉우리가 둘러싼 한가운데 샘이 있었으며, "민간에 전해지는 전설에 따르면, 그 못 안에 두 마리의 용이 숨어 있어서 용담龍潭이라 이름 지어졌다"고 한다. 건륭과 광서光緖 두 황제가 들러서 물맛을 칭찬하여 유명해졌다고 한다. 민간에 퍼져 있는 전설이나 두 황제에 대한 고사는, 결국 고구려 산성 안의 샘과 저수지는 고구려 당시부터 청나라 때나 지금이나 사시사철 물이 마르지 않는 생명수였음을 말해주는 것이다. 그 저수지를 둘러싸고 있는 산성 주위에 7개의 봉우리가 늘어서 있고, 후대에 성의 안팎에 지은 사찰을 칠정용담사七鼎龍潭寺라고도 부른다.

용담사산성은 개원시開原市 위원보진威遠堡鎭 부근의 S14요개遼開고속도로 위원보威遠堡 나들목에서 나와 동북으로 3km 떨어진 지방도로 변에 자리한다. 도로변에 웅장한 장식에 커다랗게 "칠정용담사七鼎龍潭寺"라고 쓴 산문이 있다. 경내에서 스님에게 물으니, 더 안쪽으로 들어가라고 한다. 들어가니 문이 하나 더 나오고, 산으로 둘러싸인 안쪽은 사찰건물들이 조밀하게 있다. 자세히 살펴보니, 들어온 문이 바로 산성의 동문이었고 양쪽으로 이어진 산줄기가 동벽이다. 그리고 사찰건물이 자리한 곳이 성안이다.

다시 성 밖으로 나가, 일단 북벽과 동벽이 만나는 각대角臺가 자리한 봉우리에 오른다. 돈이 많은 사찰이라서인지 각대 자리에도 정자를 세워놓았다. 고증해서 복원한 것이 아니고 신도들을 위해 산행을 하다가 쉬라는 의미인지, 그 안에 앉을 수 있는 벤치도 설치했다. 차라리 그대로 보존하는 편이 나았을 텐데 공사한다고 훼손되었다. 각대 자리는 인공적으로 높인 평대이며 성안의 아랫쪽에 꽤 넓고 평탄한 공간이 있으니, 아마도 병사들이 기거했던 건물터로 여겨진다. 그 터와 성 안쪽으로 참호가 계속 산 아래를 향해 이어진다. 병사들이 성안에서 각대를 오르내렸던 통로이다. 각대에서 성 밖을 내려다보면 구하寇河가 만들어 놓은 평야지대가 한눈에 들어온다.

각대에서 북벽을 타고 간다. 토축의 성벽 위는 등산로가 되어 있지만 상단부를 인공적으로 높인 흔적이 역력하다. 일부 훼손된 부분을 보면, 흙과 쇄석을 혼합하여 달구질하여 쌓았음을 알 수 있다. 철령 관내의 최진보산성·팔과수고성자산성과 같은 축성법이다. 이 산에서 성벽을 쌓을 만한 석재를 구하기 어려웠기 때문이다.

산세를 이용하여 길게 이어지는 토축의 북벽

길게 이어지는 북벽 중간에 또 봉우리가 자리하고 그 위에도 정자가 세워져 있다. 성 안이 한눈에 들어오면서 북쪽에서 접근하는 적을 감시하던 대臺이었다. 대 옆의 평탄한 공간은 병사들이 머물던 건물터였을 것으로 보인다. 전망대로부터 북벽은 계속 서쪽을 향하다가 또 하나의 똑같은 정자를 만난다. 그것 또한 사찰에서 근래 지은 것이며, 북벽과 서벽이 만나는 지점의 각대角臺 자리이면서 성안을 감싸고 있는 봉우리 중의 하나이다. 산성에서 가장 높은 위치로 해발 225m이며, 그 정확한 위치는 북위 42° 42'28", 동경 124°16'0"이다.

성벽은 다시 방향을 틀어 서벽으로 이어진다. 마찬가지로 산세를 이용하여 쌓은 토벽이다. 성벽 밖으로 마찻길이 나있고 성벽 안쪽에도 평탄한 공간이 이어지는 것을 보면, 건물터와 마찻길이 계속 연결되어 있는 흔적이 역력하다. 서벽에서 더 안쪽으로 들어가면 산언덕에 5단의 계단식으로 큰 평대가 자리하고 있으며, 각 단마다 면적이 넓은 것으로 보아 인공적으로 축조한 것으로 보인다. 그 아래로 성안의 평지와 연결되며, 계단 꼭대기에 올라서면 성안이 구석구석 다 보인다. 각 단의 평대 면적은 길이가 약 30m에 폭이 약 10m로, 아마도 평상시 병마를 훈련시킨 곳이거나 건물터로도 볼 수 있지만 기와 등의 건축 재료가 발굴되었다는 보고는 없다.

다시 서벽을 따라 걷다 보면 남벽과 만나는 지점에 또 하나의 봉우리가 있고 각대 자리였을 그곳에도 영락없이 정자가 세워져있다. 산성 전체에 각대를 포함한 전망대는 6곳이며 대개 원형 또는 타원형에 그 규모는 직경이 10~16m 사이이지만, 이곳은 28m에 달하니 가장 크다고 할 수 있다. 7개의 산봉우리가 감싸고 있어 칠정용담사七鼎龍潭寺라 했다는데, 6개의 봉우리와 전망대가 전부이니 어찌 된 일인지 알 수가 없다.

각대를 돌아 남벽으로 이어지다가 중간에 거의 같은 형태의 전망대를 다시 만난다. 대臺에 올라서니 남쪽으로 넓게 펼쳐지는 벌판과 그 가운데를 관통하는 구하寇河가 눈에 들어온다. 그곳부터 남벽은 급하게 하산하며 성안으로 이어지는 길이 있고, 더 동쪽으로 가면 돌출된 봉우리 위에 또 하나의 전망대가 서있으니, 남벽과 동벽이 만나는 각대角臺이면서 동시에 성의 정문을 보호하는 역할도 한다. 그곳에서 시작되는 동벽은 정문(동문)을 지나 다시 산을 오르며 오늘 답사를 시작했

용담사산성 남벽에서 바라본 풍경. 넓게 평야가 펼쳐치고 구하寇河가 흐른다.

던 북동쪽 각대에 닿는다. 전체 성벽의 둘레는 1,450m에 달한다.

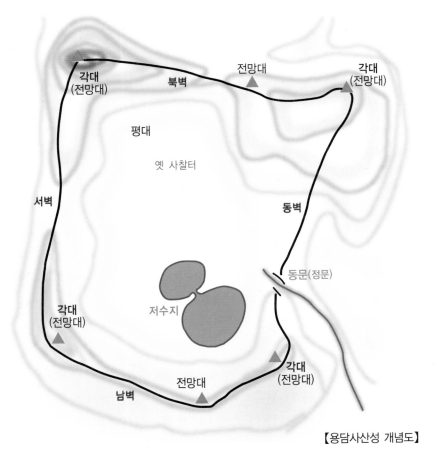

【용담사산성 개념도】

성안의 용담

　남벽에서 성안으로 이어지는 길로부터 성안을 들여다보면 동남쪽으로 치우친 곳에 표주박 같은 모양의 연못이 있다. 두 개의 연못이 좌우로 나란히 연결되는 곳 위에 아치형의 작은 교량이 있다. 바로 사찰의 이름이 유래한 그 용담龍潭이다. 원래 산성 안의 저수지였으나 사찰을 건설하면서 새로 정비한 탓에 옛 모습은 오간 데 없지만, 이전에는 그 외벽을 석재로 축조하였으며 동측 저수지의 동벽에 배수로가 연결되어 성 밖으로 물을 내보냈다. 산성의 발굴조사 시에 정문(동문) 밖 진입로변에서 배수함통구排水涵洞口가 확인되었는데, 3개의 판석으로 덮은 석축의 입구 크기는 폭이 1m, 높이 1.2m이었다고 하니, 당시에 저수지에서 성 밖으로 토출한 수량이 작은 규모가 아님을 알 수 있다.

　【용담사산성 개념도】에서 보듯이, 성안에는 작은 규모의 용담사의 옛 터가 있다. 그곳이 청대에 처음 지어진 용담사터라고는 하지만, 실상은 고구려 때에는 산성의 중심시설이 있었던 자리이다. 지대가 약간 높은 평탄한 곳이면서 저수지에서도 그리 멀지 않은 곳이기에 그러한 추정을 가능케 한다.

　성 안팎이 언제부터인가 대규모의 사찰로 뒤덮여 원래의 유적은 남은 것이 없지만, 오늘 돌아보았듯이 성벽이 그대로 남아 있고, 옛 모습은 잃어버렸어도 저수지만큼은 물이 마르지 않고 자리를 지키면서 고구려의 역사를 증언하고 있다. 또한 성안 산언덕에서 고구려 시대 문양의 기와편, 그 주변에서 발굴된 화살촉·칼집 등의 유물이 고구려 산성임을 증명하고 있다. 용담사산성 북동쪽으로 1.9km 지점에서 구하寇河와 엽혁하葉赫河가 합류한다. 고구려 당시 강이 합류하는 지점은 교통의 요지였기에 반드시 산성이 존재했다.

4장

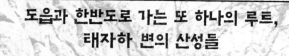

도읍과 한반도로 가는 또 하나의 루트, 태자하 변의 산성들

삼송산성杉松山城 성벽

산성이름	위치(현지주소)	규모(둘레)	성벽재질	위치번호
개모성蓋牟城(탑산산성塔山山城)	심양시 소가둔구 진상둔진소재지 동쪽	1,000m	토석혼축	107
변우산성邊牛山城	본계시 계호구 왜두산진 변우촌 고려성 마을	2,000m	토석혼축	108
평정산산성平頂山山城	본계시 평정산	3,283m	석성	109
하보산성下堡山城	본계현 소시진 하보촌	900m	토석혼축	110
태자성산산성太子城山山城	무순 신빈현 하협하진 쌍하촌	1,425m	석성	111
삼송산성杉松山城	무순 신빈현 위자욕진 삼송촌	7,000m	석성	112
이가보자산성李家堡子山城	본계현 초하구진 강초촌 이가보	5,000m	석성	113

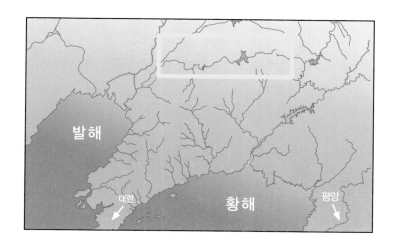

개모성蓋牟城(탑산산성塔山山城)과 변우산성邊牛山城
– 신성新城에서 요동성遼東城으로 가는 길목을 지키던 산성

태자하太子河의 지류인 북사하北沙河를 건너는 교량 위에서 바라본 탑산塔山. 한쪽은 채석장이 파고들며 다른 쪽은 군부대가 자리하고 있으니, 산성의 운명이 그리 오래갈 듯하지 않아 안타깝다.

개모성蓋牟城으로 비정되는 탑산산성塔山山城을 찾았다. 개모성은 심양시沈陽市 소가둔구蘇家屯區 진상둔진陳相屯鎭의 동쪽 탑산塔山 위에 자리한다. 백암성에서는 직선거리로 약 31km 떨어져 있고, 신성으로부터는 남서쪽 약 45km 떨어져 있으며, 요동성으로부터 북동쪽으로 약 44km 떨어져 있으니, 중간지점인 셈이다.

개모성과 관련하여 『삼국사기』 「고구려본기」 제9 보장왕편을 보면, 이세적李世勣이 이끄는 당의 선발대는 요수를 건너 요동성으로 향하기 전에 신성新城을 공격했지만 농성전에 들어가니 결국 우회했고, "개모성을 함락시켜 병사 1(또는 2)만 명과 양곡 10만 석을 노획하고 그 지역을 개주蓋州로 하였다"는 기록이 나온다. 『신당서』에도 거의 같은 내용이 있다. "이적(이세적을 이름)이 개모성을 점령하여 2만 명과 양곡 10만 석을 획득하였다. 이로써 그 지역이 개주로 되었다. 李勣攻克了蓋牟城, 得户二万, 糧十万石, 以其地列爲蓋州。"

『삼국사기』같은 편에 당 태종의 백암성 함락을 기록하고 바로 다음에 "처음 初 막리지가 가시성加尸城 사람 700명을 보내어 개모성을 지키게 하였으나 이세적이 그들 모두 노획하니, (중략) …… 당 태종이 그들에게 곡식을 주어 보냈다. 개모성을 개주로 하였다"고 언급하니 시기상으로 혼란을 일으킨다. 『신당서』에도 "막리지가 가시성 사람 700명을 보내 개모성을 지키게 하나 이적이 그들 전부를 포로로 잡았다. 莫離支調加尸的人七百名戌守蓋牟, 李勣將他們全俘虜了。"는 같은 내용이다. 하지만 초初자가 없어서 더욱 헷갈린다.

『자치통감自治通鑑』의 기록은 『삼국사기』와 거의 동일하지만 보다 구체적인 날짜를 명시하였다. "처음에 막리지가 가시성 사람 7백 명을 보내 개모성을 지키게 하지만 이세적이 전부 포로로 잡았다. (중략) …… 무술(645년 6월 2일)에 모두에게 곡식을 주어 보냈다. 기해(6월 3일)에 개모성을 개주로 하였다. 初, 莫離支遣加尸城七百人戌蓋牟城, 李世勣盡虜之, …… 戌戌皆廩賜遣之。己亥以蓋牟城爲蓋州。"결국 세 역사서의 내용을 비교·분석하면, 6월 1일 백암성을 함락시키고 보니 북쪽의 배후에 소재한 신성의 존재가 거슬렸으나 안시성으로 가기 바쁜 그들이었기에 그 먼 곳으로 돌아가 칠 수도 없는 노릇이었다. 결국 그 중간에 위치한 개모성의 전략적 중요성을 감안하여, 초기에 함락시켰을 당시 잡은 (가시성에서 온) 포로까지 풀어주면서 민심을 달래고 방어태세를 굳히기 위해 그 지역을 개주蓋州로 명명했던 것이다.

이러한 역사를 상기하면서 농촌길을 거쳐 만난 탑산은, 멀리서 봐도 한쪽이 확연하게 잘려있다. 산 입구부터 떡하니 채석장이 자리한 것이다. 1985년 심양시 인민정부가 "시급문물보호단위"로 공포하고, 1988년 요녕성 정부에서 "성급문물보호단위"로 선정하면서 문화재로 보호한다고 세운 표지석이 무색하다.

산에 오르니 산성의 서쪽에는 군부대가 자리하고, 동남쪽에는 이미 폐쇄된 채석장이 흉물스럽게 입을 벌린 채 누워 있다. 산성의 남벽이 산을 헐어 낸 채석

채석장과 맞닿은 개모성의 동남쪽

장 경계의 절벽과 아슬아슬하게 마주할 정도이다. 그래도 산성 성벽의 윤곽은 뚜렷하게 남아 있다. 서북고西北高·동남저東南低의 지형 위에 세워진 성벽은 성의 동남쪽에 성문과 배수문이 있다고 하지만 지금은 선명하게 남아 있지 않다. 오늘날 그 옆에서는 산을 깎아 내어 석재를 채취하고 있지만, 그 옛날에는 주변에 가용할 석재가 없었던 탓에 달구질한 토축土築의 성벽을 쌓았다. 하지만 그 윤곽만큼은 선명하게 남아 있으니 실로 대단하다.

탑산산성의 둘레가 1,000m 남짓하니 큰 성은 아니지만, 성안은 평탄하고 넓은 터가 있으니 생각보다는 많은 군사들의 주둔이 가능했으리라 여겨진다. 평상시에는 산성 주변에 펼쳐지는 평원에서의 생산활동을 관리하고, 전시에는 백성까지 산성에 모여 힘을 합쳐 적과 맞섰을 것이다. 산성 가장 높은 곳에 요대遼代 중희重熙 14년인 1045년 6각角7층層의 밀첨식전탑密檐式塼塔으로 "무구정광탑無垢淨光塔"이 세워졌지만 1946년 국공내전 당시에 훼손되어 지금은 남아 있지 않다. 그 탑이 있었던 연유로 해서 산이름을 탑산塔山이라고 한다. 또한 성안에는 명대에 지었다는 사찰 안녕사安寧寺가 있었지만 탑과 함께 운명을 같이했다고 한다. 지금은 가장 오래된 역사를 품고 있는 산성의 흔적만이 남아 있으니 그것만으로도 기적에 가까운 일이 아닌가?

산정상에는 1985년에 "시급문물보호단위"로 선정되어 공포했다는 탑산산성의 표지석이 있으나, 아마도 그 곳에 요대의 "무구정광탑"이 있었으며, 고구려 당시에는 그곳이 점장대點將臺였을 것이다. 그곳에 올라서니 산성의 남쪽에서 동으로부터 서로 흐르는 북사하北沙河와 진상둔陳相屯 마을이 훤히 내려보인다. 사방이 다 보이는 산은 그리 높지 않으나 평원 한가운데 우뚝 솟아 있다.

1985년 심양시에서 선정한 시급문물보호단위 표지석

탑산의 정상에선 마을 전체가 훤히 보인다. 그 가운데로 하천과 도로, 철도가 지난다.

요지에 자리한 것이다. 그러니 645년 요하를 건넌 후 신성新城의 점령에 실패한 이세적李勣의 당군唐軍은 기필코 개모성蓋牟城으로 비정되는 이 성을 차지해야 했다. 당 태종은 요동성과 백암성을 함락시킨 후에도 그랬지만, 고구려 동정 내내 신성의 존재에 대하여 불안감을 가졌던 것은 주지의 사실이다. 따라서 신성에서 내려오는 고구려 지원군을 그 중간에서 막을 수 있는 개모성이 그들에게 중요했던 것이다.

【고구려 당시 신성과 요동성 중간에 소재한 성들 현황도】

[범례]
(1)신성 (2)요동성 (3)개모성(塔山山城) (4)변우산성邊牛山城 (5)백암성(燕州城山城)
(6)평정산산성平頂山山城 (7)유관산산성有關山山城 (8)하보산성下堡山城

역사서에 기록은 없지만 본계시本溪市 계호구溪湖區 왜두산진歪頭山鎭 변우촌邊牛村 동쪽 산에 자리한 변우산성邊牛山城을 답사하면서, 개모성蓋牟城으로 비정되는 탑산산성과 마찬가지로 신성에서 요동성으로 가는 길목을 지킨 성이었다는 확신이 들었다. 【고구려 당시 신성과 요동성 중간에 소재한 성들 현황도】(181쪽)에서 보듯이, 신성 – 개모성 – 요동성과의 직선거리는 각각 약 45km씩 떨어져 있다. 변우산성도 마찬가지로 신성에서부터 45km, 요동성과는 49km 떨어져 있다. 변우산성은 개모성에서 동남쪽으로 불과 17km 거리이니, 함께 길목을 지키는 성이 아니었겠는가?

변우산성의 주변을 보면 평정산산성平頂山山城, 유관산산성有關山山城(궁륭산산성穹窿山山城으로도 불림), 하보산성下堡山城 등 많은 성들이 떠받치고 있으니, 성의 규모가 그리 크지는 않더라도 강력한 전력을 발휘할 수 있는 성이었다. 당시 이적의 선발대는 당 태종이 요동성에 도착하는 시점보다 앞서가야 하는 절박감 때문에 길게 전투를 벌일 시간이 없었으므로, 비교적 규모가 큰 백암성白巖城처럼 우회해서 지나칠 수밖에 없었을 것이다.

본계시 외곽 변우촌邊牛村의 고려성高麗城 마을 뒷산에 바로 변우산성邊牛山城이 있다. 마을에 흐르는 시냇물은 산성에서 흘러내려 온 것이다.

변우촌의 작은 농촌마을은 이름마저 "고려성高麗城"이며, 마을 뒷산에 변우산성이 있다. 마을을 지나 산자락에 들어서면 길가에 2007년에 "성급문물보호단위省級文物保護單位"로, 2013년 "전국중점문물보호단위"로 공포되었다는 표지석 2개가 나란히 서 있어 산성이 범상치 않음을 말해주고 있다. 동북 3성의 수많은 고구려 산성 중에 중국 정부 국무원으로부터 "전국중점문물보호단위"로 선정된 것이 몇 개나 되던가?

표지석 앞에 서서 산성 전체를 조망하면 성은 동고서저東高西低의 지형에 자리한 전형적인 포곡식包谷式 산성이다. 표지석을 지나니 계곡에서 흘러나오는 물을 가두어 만든 작은 저수지가 나오지만 아마도 근래에 주민들이 만든 듯하다. 저수지 너머에는 각각 남쪽과 북쪽에서 마을을 향해 내려오는 산줄기들 사이에 형성된 꽤 넓은 평지가 펼쳐진다. 저수지를 지나 조금 더 들어가니 서벽이 남북 양쪽 산줄기를 향해 이어지고 성문이 나온다. 성의 정문인 서문이다.

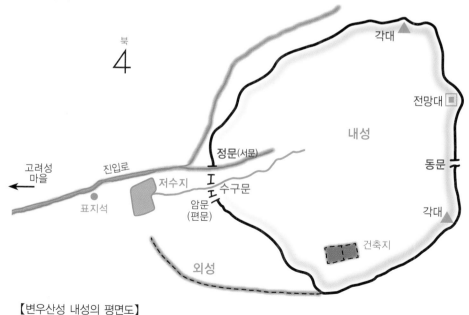

【변우산성 내성의 평면도】

일단 서문에서 북쪽으로 이어지는 성벽을 따라 오른다. 성벽은 산줄기를 타고 오르면서 동쪽 봉우리를 향하여 가다 방향을 틀면서 북벽이 된다. 성벽은 산줄기를 따라 흙을 달구질해 높인 토석혼축土石混築이다. 북벽과 동벽이 만나는 모퉁이에는 대臺를 만들었으니 동북쪽을 관찰하였던 각대角臺다. 그곳에서부터 남쪽을 향하여 동벽이 이어진다. 토축土築의 윤곽이 계속되며 성 바깥쪽으로는 5~6m, 안쪽으로는 2m 전후의 높이가 남아있다. 성벽 안쪽에는 폭 2~3m의 평탄한 길이 계속 따라가니 당시에는 마찻길馬道이었을 것이다.

동벽 중간지점에 또다시 전망대를 만들어 놓았다. 동쪽 바깥에서 진입하는 적의 관찰이 가능하고 성안까지 훤히 보이는 것으로 보아, 장수가 지휘했던 점장대點將臺 자리로 보인다. 그곳에 올라서면 성안 너머 서쪽의 벌판까지도 훤히 보인다. 그 서쪽 평원에 태자하太子河의 지류인 북사하北沙河가 흐르고, 그 강줄기를 따라 단동에서 심양을 잇는 고속도로와 철도가 지난다. 북사하北沙河는 북서쪽 방향으로 흘러 개모성(탑산산성) 남쪽을 지나 요동성이 있었던

동벽 점장대에서는 성안 너머 서쪽 벌판도 훤히 보인다. 지금은 나무가 시야를 가리지만 성안은 바로 발아래 있다.

요양시 서쪽 외곽에서 태자하와 합류한다. 그 당시에도 주요 교통로였고, 그 노선을 지켰던 성이었음을 알 수 있다. 대를 지나 동벽을 타고 남쪽으로 계속 가다보면 남쪽 벽과 만나기 전에 동문이 개설되어 있다. 동문 밖은 산세가 완만하며 동쪽 벌판과 이어진다. 동문 양쪽을 높여 대臺를 만들어 적의 접근이 용이하지 않게 하였다. 하나의 옹성구조로 볼 수 있다.

동벽과 남벽이 만나는 지점에서 또 하나의 각대角臺를 만난다. 각대에는 비사성 인근 동우령童牛嶺과 영구 대석교 석성자산石城子山산성에서 보았던 형태의 봉화대가 자리하고 있다. 그 두 곳에서 본 봉화대는 석축으로 되어 있으나 이곳은 토석土石을 혼합하여 쌓았다는 점에 차이가 있을 뿐 그 형태는 똑같다. 그 규모는 외경이 약 4m, 내경이 1.7m, 잔고가 0.5~0.7m의 원형이다. 그 각대의 위치는 북위 41°29'28", 동경 123°42'40"이며 높이는 해발 263m 이다. 동벽에서 만난 대들의 높이는 거의 비슷하다. 각대에서 다시 방향을 서쪽으로 틀어 토벽이 산줄기를 따라 하산하니, 그것이 바로 남벽이다.

동·남벽이 만나는 지점인 각대 위에 원형의 봉화대터가 남아있다. 가운데 빈 공간을 나무들이 차지하고 있다.

서벽에 도달하기 전 남벽 안쪽의 평탄한 공간에 가공석들이 사각으로 칸칸이 놓여 있어 건물터였음을 나타낸다. 아마도 병사들의 숙영지였을 것이다. 서남쪽을 돌아 북쪽으로 방향을 틀면서 마을과 마주하는 서벽을 만난다. 그 역시 토석혼축土石混築의 성벽이며 산비탈을 타고 내려가니, 그만큼 성벽은 더 높다. 성벽을 따라오던 마찻길은 서벽에 닿으면서 없어졌다. 정문 쪽으로 다가가면 먼저 별도의 성문이 나타난다. 아마도 암문이었을 것이다. 정문으로 적이 접근을 하면 성안의 병사가 이 문을 통하여 나가서 그 배후를 치는 기능을 한다. 풍영겸馮永謙 저 『북방사지연구北方史地研究』의 「고구려성지집요高句麗城址輯要」에서 변우산성을 설명하면서 서벽의 문들을 언급했다. "서벽에 3개의 문이 있는데, 북에서 남으로 향하는 순서대로 성문·수문·편문이다. 在西墻關有三門, 由北向南依次爲城門、水門、便門." 편문便門이라 함은 뒷문 또는 편리한 곳에 낸 문이라는 사전적 의미를 지니고 있지만, 고구려 산성에서 많이 나타나는 암문을 이른다. 문 양쪽을 높여 대臺를 만들었다.

그곳에서 북쪽으로 약 20~30m를 가면 또 하나의 문이 나온다. 산성 안의 계곡물을 흘려보내는 수구문水口門이다. 여름철의 홍수에 대비하여 거의 일반 문과 같은 크기로 개설된 것을 볼 수 있다. 수구문의 북쪽으로 얼마 떨어지지 않은 보다 높은 곳에 성의 정문이 개설되어 있다. 아침에 출발했던 곳으로 다시 돌아온 것이다.

변우산성 성안에서 바라본 수구문. 3월 중순에도 계곡은 얼어있다.

성의 둘레는 일반적으로 1,235m라고 알려져 있다. 하지만 많은 학자들은 성 서면에 연이어 하나의 외성外城이 이어진다고 주장한다. 상기의 『북방사지연구』에서는 "성 서면에 또 하나의 외성이 있는데, 길이가 545m이며 서쪽 면에 하나의 문이 개설되어 있다. 별도의 외성을 연결하여 축조되었는데 길이가 795m이며, 남쪽 면에 성문이 있다. 제일 아랫부분에는 배수문이 있다. 城西面還有一外城, 周長545米, 在西墻闢有一門。又接築另一外城。周長795米, 門在南墻, 最下部還有一泄水門."고 되어있다. 두 개의 외성이 연이어 있다는 이야기다. 지금까지 내성內城만을 답사한 꼴이다. 내성의 서문(정문)에서 밖을 보면 남·북의 산줄기가 계속 서쪽으로 이어지는데, 남벽이 연장되면서 산줄기 사이를 사이를 잇는 외성이 이어진다는 설명이다. 하지만 남북을 연결하는 외성의 서벽은 훼손된 탓인지 흔적이 없다. 단지 저수지의 둑이 성벽의 흔적처럼 보일 뿐이니, 저수지를 새로 축조하면서 성벽을 허물었는지도 모를 일이다. 그것이 사실이라면 성의 규모는 상당히 커진다. 학자에 따라서는 전체 둘레를 2,000m로 규정하기도 한다. 그렇다면 표지석이 서있던 성의 입구가 내·외성의 주된 출입로였을 가능성이 있다. 외성外城의 흔적은 남아있지 않으니 안타까울 뿐이다.

일부 학자들은 내성의 남벽이 산줄기를 타고 서쪽 방향으로 더 연장되면서 외성을 구성한다고 설명한다. 그렇다면 지금의 저수지도 외성 안에 있던 옛 저수지터였을 것이다.

마을로 내려 와서 노인에게 산성에 대하여 물었다. 마을 이름이 고려성高麗城인 것은 뒷산의 고구려 산성 때문이라고 한다. 더불어 성안 북쪽에서 고구려 시대 것으로 추정되는 9개의 솥단지와 18개의 항아리가 발견되었다고 그의 선대로부터 전해 들었다고 한다. 또한 20여 년 전에 한 농민이 성안에서 밭을 개간하다가 고대 유물을 발견하였는데 자세한 내용은 알 수 없지만 본계시 박물관에 보관되어 있다고 한다.

많은 학자들은 변우산성을 당 태종의 동정 당시에 점령했던 10개 성 중 하나인 마미성磨米城으로 비정하기도 한다. 또한 인근 태자하 변, 현재 본계本溪 시내에 있는 평정산平頂山산성을 횡산橫山으로 추정한다. 변우산성(마미성으로 추정)의 주변에 있는 탑산산성塔山山城(개모성으로 추정)과 평정산平頂山산성 (횡산성으로 추정)을 점령했다는 얘기인데, 당시에 당군이 이곳에서 압록강을 향해 가다가 다시 돌아서 안시성安市城과 수암岫岩을 통해 가는 루트를 선택했다는 것인가? 이해할 수가 없다. 역사서상의 성과 그들이 추정하는 오늘날의 성이 과연 얼마나 일치하는 것인지? 아니면 이 노선으로 가다가 어쩔 수 없이 안시성으로 전환한 것인지 의문이 꼬리를 잇는다.

『삼국사기』나 중국의 역사서를 보면, 이세적의 선발대가 645년 4월 15일 개모성에 도착, 4월 26일에야 함락시킨다. 이번에 돌아본 개모성으로 비정하는 탑산산성을 보면, 정예병으로 구성된 당의 선발대가 성을 점령하는데 10여 일이나 걸린다는 것은 이해할 수가 없다. 당연히 역사서에 기록되지 않았지만 이웃한 변우산성과 연합작전으로 전술을 폈을 것이다. 그것이 고구려 산성 포국의 기본틀이다.

평정산산성平頂山山城과 하보산성下堡山城 등

– 태자하太子河 중류, 본계本溪 지역을 지키던 산성들

평정산平頂山 정상의 산성에서 내려다 본 본계本溪 시내

　산 정상이 평탄하다고 하여 평정산平頂山이라고 하는데, 중국에서 평정산이란 이름의 산은 하나둘이 아니다. 본계本溪시 동남부에 우뚝 솟아 시내 어디서도 볼 수 있고, 본계시의 상징과 같은 산 역시 평정산平頂山이다. 고도는 해발 657m(혹은 661.2m라고도 함)로 북쪽으로 본계本溪 시내가, 약 5km 떨어져서 동에서 서로 흐르는 태자하太子河가 한눈에 들어온다. 평정산산성의 동쪽에서는 심양에서 단동을 잇는 고속도로가 지난다. 그를 따라가면 태자하 상류에서 남쪽으로 좀 떨어져 압록강 지류를 만나니, 한반도와 이어지는 또 하나의 루트를 지키는 산성 중의 하나였을 것이다.

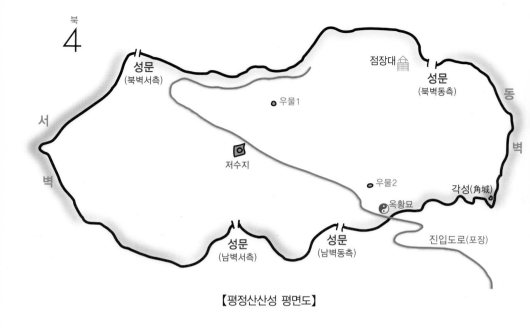

【평정산산성 평면도】

　넓게 펼쳐진 평탄한 산 정상은 고구려로부터 역대 왕조를 거쳐 근·현대까지 유용하게 활용되고 있다. 2002년 5월에 산정상 절벽의 틈새를 연결하고 완만한 지대의 방어를 보강하느라 쌓은 인공성벽이 발견되면서, 본계시本溪市 박물관에서 본격적인 발굴조사를 시작하여 고구려 산성의 존재를 알게 되었다. 또한 2008년 6월 산 정상에 여러 건설공사를 하던 중 수많은 고구려 시대 유물이 발굴되었고, 금金·명明대의 유물도 함께 발굴되면서 역대왕조에서 연이어 사용하였음이 입증되었다. 그만큼 산성의 전략적인 가치를 이야기하는 것이기도 하다.

　산이 높다 보니 산의 북쪽에서 산 정상으로 오르는 케이블카가 놓여있다. 하지만 동절기라서 운행이 중지된 채로 아직 재개되지 않았다. 하는 수 없이 정상의 서북쪽 청운관青雲關을 잇는 계단길을 오른다. 가도 가도 끝나지 않기에, 해발 600여 미터를 잇는 계단길이 힘든 노정임은 비로소 알게 되었다.

계단이 끝날 즈음 근래에 어설프게 개축된 성문이 있고, 들어서면 산의 정상 서북 모퉁이 넓은 터는 각대가 있었음직한 위치이다. 성의 서문은 북벽의 서측 끝에 치우쳐 있다.

계단의 끝에서 청운관靑雲關이란 이름의 서문.
바로 옆의 각대 자리에는 정자를 만들어 놓았다.

『동북사지東北史地』 2009년 제5기에 게재된 양지룡梁志龍·마의馬毅 공저의 「요녕본계평정산고구려산성조사보고遼寧本溪平頂山高句麗山城調査報告」에 기초하여 보면, 서벽은 그 길이가 654m로 거의 직각의 암석으로 형성된 절벽이 천연장벽을 이루고 있으니 인공성벽이 필요하지 않은 구간이다. 단지 남측에 가까워지면서 2개 구간에 걸쳐 약 10m 정도가 발견되었을 뿐이다.

길이가 843m에 달하는 북벽은 절벽이 굴곡을 이루면서 천연의 성벽을 만들고, 10여 개 구간의 틈새를 막은 인공성벽의 누계 길이가 약 300m 정도 된다. 그 인공성벽은 산의 경사도를 이용하여 쌓았기에 외벽이

북벽 구간의 절벽 틈새에 쌓은 인공성벽

높고 내벽이 상대적으로 낮은데, 그 안을 흙과 쇄석으로 채웠다. 벽체의 아랫단의 폭은 약 4m, 상단부의 폭은 3m 정도이며, 곳에 따라 일정하지 않지만 잔고는 대개 2m 정도 남아 있다. 북벽과 이어지는 동벽도 서벽과 마찬가지로 거의 천연절벽을 이용하였으며, 그 전체 길이가 약 470m이다. 3개 구간의 절벽 틈새에 인공성벽을 쌓았으며 그 합계 길이는 약 95m에 이른다.

가장 긴 남벽의 길이가 1,217m이며, 다른 3면과 같이 주로 절벽으로 구성되며 인공성벽은 15개 구간에 누계길이가 200m 정도이다. 전체적인 성벽의 길이는 3,183m에 달하지만, 그 중 인공성벽은 불과 605m로 20% 미만이다. 그것도 30여 구간에 나누어 축조된 것이니, 전체적으로 보면 천연 성벽을 일부 보강한 정도라고 할 수 있다. 그만큼 평정산산성平頂山山城은 정상의 넓은 공간과 그 둘레의 험준한 절벽 그 자체로 이수난공易守難攻인 천혜의 요새를 이룬다.

성안이 넓다 보니 고구려 시대뿐 아니라 그 이후 왕조에서도 활용했으며 근래에도 그곳에 이것저것 잔뜩 시설을 해놓았다. 금金·원元대의 고성터, 명대明代의 봉화대터, 민국 시대에 건축한 옥황묘玉皇廟 도교사원 등이 자리하고 있다. 뿐만 아니라 현대에 들어 TV·이동통신 중계탑, 재해예방통신탑, 지질문화전시관, 케이블카정거장뿐 아니라 도서관 등의 문화시설 및 상업시설까지 성안을 빈틈 없이 도배를 해놓았다. 하다못해 2012년에 세운 공자의 석상까지 자리해서 성안을 좁게 만들고 있다. 러일전쟁 때 러시아군이 구축해놓은 참호뿐 아니라 국공내전 당시에 국민당군이 구축한 진지 등이 아직도 남아있으니, 산성이 역대로 전쟁을 치르면서 서로 차지하려고 했던 요충지였음을 짐작케 한다. 현재도 군부대가 자리하고 있을 정도이다.

실제로 발굴 작업을 통하여 고구려 시대의 유적이라고 판명된 것은, 근래 개축되어 원래 모습을 찾을 수 없지만, 팔각지八角池라 명명한 저수지를 비롯한 2곳의 우물터水井 및 전망대 등이다. 또한 동남쪽 모퉁이에 그 보존상태가 양호한 각성角城이 있는데, 그곳에 군사를 두고 동남쪽에서 이동하는 적을 조망하고 차단했던 것으로 보인다. 일반적인 고구려 산성은 모퉁이에 각대角臺가 있어 그곳에 각루角樓를 설치했을 것으로 추정하지만, 이곳 각성角城의 존재는 아주 특이한 경우이다.

저수지 인근 완만한 산언덕에는 당시의 계단식 밭터가 남아 있다. 성안에

평정산산성의 동남 모퉁이에 자리한 각성角城. 군사들이 주둔하며 동남 방향을 전망하던 곳으로 그 보존 상태가 아주 양호하게 남아 있다.

계단식 밭이 있었다 함은 경작을 통해 성안에서 일부 자급자족이 가능했음을 말해준다. 더 많은 시설들이 있었겠지만 여러 왕조를 거치면서 개조되고 사라졌을 것이다. 산성의 최고점인 점장대가 있었던 곳은 군사지역이라 접근할 수 없고, 그 인근의 위치는 북위 41°16′19″, 동경 123°46′47″이며 고도는 656m이다.

중국의 많은 학자들은 평정산산성을 역사서에 등장하는 횡산성橫山城으로 비정한다. 멀리서 보이는 평탄한 산의 정상부가 종縱이 아니고 횡橫으로 누워 있다는 의미로 그리 부른다는 것이다. 『자치통감』「당기唐紀」 태종편을 보면 645년 동정 당시에 "현도·횡산·개모·마미·요동·백암·비사·맥곡·은산·후황 10개 성을 빼앗았다. 拔玄菟、橫山、蓋牟、磨米、遼東、白巖、卑沙、麥谷、銀山、後黃十城."고 하는 횡산橫山으로 본 것이다. 또한 『구당서』「설인귀전」이나 『자치통감』「당기」 고종편을 보면, 현경顯慶 4년(659년) 11월에 설인귀가 고구려 장수 온사문溫沙門을 횡산橫山 싸움에서 격파했다고 하는데, 그 횡산이 평정산산성平頂山山城이라고 비정한다.

『삼국사기』「고구려본기」제9 보장왕 상편에도 거의 같은 내용으로 기재되어 있다. "무릇 현도·횡산·개모·마미·요동·백암·비사·협곡·은산·후황의 10성을 함락하였고 요주·개주·암주의 3개 주 호구戶口를 중국으로 옮긴 자가 7만 명이었다"고 하였다. 여기서 자치통감을 보면 "맥곡麥谷," 삼국사기에는 "협곡夾谷"이라고 되어 있어 차이가 있으나, 그것은 맥麥과 협夾의 판독 오류에서 온 것으로 보인다.

그리고 「고구려본기」제10 보장왕 하편에 보면 "11월에 당의 우령군중랑장 설인귀 등이 아장 온사문과 더불어 횡산에서 싸워 이를 무너뜨렸다"고 기록하고 있다. 오늘 돌아본 평정산 정상의 산성이 고구려 말기에 나라를 지키려고

시내에서 바라보는 평정산산성의 동벽. 산 정상이 평탄하며 그곳에 산성이 있음을 한눈에 알 수 있다.

필사의 노력을 했던 산성이었음에 감회가 새롭다.

　같은 날 평정산에 가기 전에 들렀던 산성이 하보산성下堡山城이다. 본계
시에서 환인桓仁을 연결하는 S305번 본환선本桓線 도로를 타고 동쪽으로 약
42km 가다 보면, 본계시 동부의 만족자치현인 본계현本溪縣의 중심지 소시진
小市鎮에 도달한다. 그곳에서 북쪽으로 3.5km 떨어진 곳에 하보촌下堡村이 있
으며, 부근 태자하太子河 강변의 산 위에 산성이 보인다. 길을 돌아오니 먼 거
리지만, 평정산과 직선거리로는 불과 28km 떨어진 곳이다. 이곳은 태자하의
상류이다. 산성에 오르면 동쪽에 강을 막아 건설한 관음각저수지觀音閣水庫가
보인다.

　먼저 소시진小市鎮에 닿아 점심부터 해결해야 한다. 본계현本溪縣은 유목민
이었던 만주족의 자치현滿族自治縣이기에 시내 가로변 곳곳에 전양관全羊館이

태자하 남안에서 바라본 하보산성下堡山城 전경. 건너편 마을 뒤의 나지막한 산에 산성이 있으며, 산성의 뒤 산악
지대에서 오른쪽 높은 산이 해발 934m의 요양두산要羊頭山이다. 하보산성은 강이 산성을 휘감아 도는 위치에 자리
하니, 강변으로 이동하는 적을 감시하는 요충지였다.

라고 쓴 양고기 집이 유난히 눈에 띈다. 양은 면양綿羊과 산양山羊으로 나뉘는데, 산양이 우리 주변에서도 보았던 염소를 이른다. 우리나라에서는 염소를 약용으로 또는 음식을 해서 드는 경우가 있지만, 주변에 면양을 키우는 것을 거의 볼 수가 없지 않던가? 하지만 내가 군 생활할 때에는 육류공급이 여의치 않았던 탓인지, 수입 양고기를 넣고 국을 끓여 일주일에 두세 번 정도 나왔던 기억이 있다. 그때의 경험 때문인지 나는 중국에서 양고기를 즐기게 되었다. 중국에서는 양고기로 만든 양탕羊湯이 보양식으로 취급되고 특히 남자들이 즐겨 찾는다. 양탕 한 그릇에 밀가루 떡餅 하나 뚝딱 해치우고 하보산성下堡山城으로 향했다.

시내 북쪽 가까운 곳에서 태자하를 만나고 대교를 하나 지나면, 강 북안의 마을 하보촌下堡村이 있다. 마을 한가운데로 난 길을 지나 산 아래서 이미 폐교된 소학교를 만나고, 그 뒷산에 바로 산성이 자리한다. 그리 높지 않지만 태

마을에서 바라보는 산성의 모습. 남벽이 길게 늘어선 것이 보이고 사진의 왼쪽에는 북쪽 봉우리가 솟아 있다.

자하太子河 강변에 우뚝 솟아 있으니, 강을 따라 이동하는 적군을 감시하기에 적합하였을 것으로 보인다.

남벽 동쪽 끝자락에 자리한 전망대. 공간이 넓고 건축물터가 있다.

학교 담과 마을 사이의 작은 골목길이 산 아래에 닿고 그곳에 산성의 정문이 자리한다. 서벽의 남쪽 끄트머리이며, 그곳에서 남쪽 산등성이로 오르는 길이 바로 강과 면하는 남벽이다. 토축土築의 남벽 위로 난 길을 따라 동쪽으로 오르다 보면 끝자락에 산봉우리를 만나고 그곳에 넓은 공간의 대臺가 펼쳐진다. 동쪽 멀리 저수지가 보이며 그 제방 아래로 흐르는 강에 면하고 있으니, 많은 군사들

북쪽 산봉우리. 점장대點將臺로 추정

이 주둔하면서 강변을 감시하던 전망대이다. 아주 선명하지는 않으나 석축의 건축물터가 사각의 형태를 이루고 있다. 산성의 지휘부가 있던 장소일 수도 있다고 생각해본다.

북쪽을 바라보니 좀 더 높은 봉우리가 있고, 이어지는 산줄기가 서쪽을 향해 남벽과 평행으로 뻗어 내려가고 있다. 평행을 이루는 남·북 두 성벽 안에 펼쳐지는 넓은 공간이 성안이다. 종래 보아 왔던 고구려 산성대로라면 두 봉우리 사이에도 산등성이가 이어져 동벽을 형성해야 하건만, 여기는 낮은 토성이 두르고 있다. 따라서 이 산성의 형태는 고구려 산성 중 가장 흔한 포곡식包

谷式 산성이 아니라, 두 봉우리를 중심으로 그 외곽에 성벽을 축조하여 말안장과 같은 형태를 띠는 마안식馬鞍式 산성이다. 고구려 산성 형태는 포곡식 산성 및 평정산산성平頂山山城과 같이 산 정상을 중심으로 형성되는 산정식山頂式 산성이 주를 이루며, 마안식 산성은 그리 많은 편이 아니다.

두 봉우리의 위치 좌표는, 남쪽 봉우리가 북위 41°19'32", 동경 124°6'38"에 해발 220m이며, 북쪽 봉우리가 북위 41°19'50", 동경 124°6'19"에 해발 293m이다. 산성의 둘레는 약 900m로 그리 큰 성은 아니지만 태자하 강변에 위치하여 그 전략적인 가치는 상당히 중요하다고 할 수 있다.

북쪽 봉우리에 올라보니 남쪽 봉우리와 성안이 내려다 보이고, 동쪽 성 밖으로는 해발 934m의 요양두산要陽頭山을 중심으로 한 산악 지대가 펼쳐진다. 북쪽 봉우리가 산성에서 가장 높은 지점이다. 성벽은 그 봉우리에서 서쪽을 향하여 산줄기를 타고 내려오며 북벽을 이루면서 서벽을 만나고, 다시 서벽의 남단에서 정문과 이어진다. 북쪽 봉우리에서 성안으로 내려오다 보니 제법 공간이 넓다. 최근에 쓴 묘가 듬성듬성 자리하고 있으니, 고구려 산성은 현대인에게 좋은 못자리마저 제공하는가 보다. 성안에서 바라보면 남북 양쪽 봉우리에서 이어지는 산줄기 사이의 공간은 마치 말안장을 닮았다. 정문으로 다가갈수록 공간이 넓으니, 그곳에는 우물도 있었으며 성의 중심시설이 자리했을 것이다.

태자하太子河의 고대 이름은 연하衍河이며 한漢대에는 대양하大梁河 또는 양수梁水로 불렸다. 태자하로 처음 명명된 것은 명明대였으며 청淸대에 태자하太資河로 불리다가 근대에 와서 다시 태자하太子河로 명명되면서 오늘날에 이른다. 역사서의 기록을 보면 고구려 당시에는 양수梁水로 불렸음을 알 수 있다. 강은 두 곳에서 발원하여 두 갈래로 서쪽을 향해 흐르기 때문에 북태자하와 남태자하로 나뉜다.

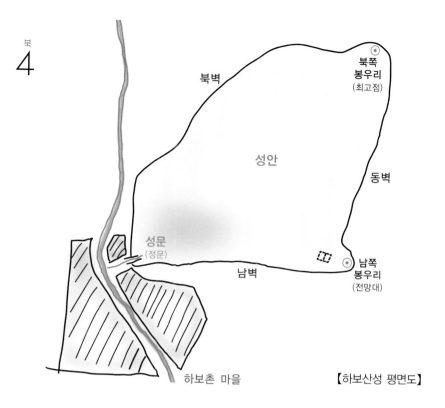

북벽

북쪽
봉우리
(최고점)

성안

동벽

성문
(정문)

남쪽
봉우리
(전망대)

남벽

하보촌 마을

【하보산성 평면도】

　북태자하는 고구려 당시 남도南道의 주요한 경유지인 신빈현新賓縣의 남부 평정산진平頂山鎭 홍안구鴻雁溝에서 발원하고, 남태자하는 본계현의 동부인 동영방향東營坊鄕 양호구羊湖溝에서 발원한다. 이들 발원지는 모두 고구려 첫 도읍지였던 환인桓仁과 근접한 거리에 있다. 두 지류는 1995년 완공한 관음각 저수지觀音閣水庫에서 합류하여 본계本溪와 요양遼陽을 거쳐 해성海城의 삼차하三岔河 부근에서 혼하渾河로 유입되었다가 다시 요하遼河와 합쳐진다. 특히 북태자하는 신빈현으로 이어지면서 강변에 태자산산성太子山山城 등이 위치한 것으로 보아, 주요 교통로가 이어졌을 가능성을 이야기하고 있다.

　하보산성下堡山城은 북태자하와 남태자하가 합쳐지는 관음각저수지 제방 바로 서남쪽 강변에 위치하고, 평정산산성平頂山山城은 그보다 하류인 본계本溪시내를 관통하는 태자하 강변에 서있다. 이들 산성은 태자하 강변을 따라 이동하는 적들을 감시하고 차단하였던 산성임에 틀림없다.

태자하太子河 상류를 지켰던
태자성산산성太子城山山城과 삼송산성杉松山城

태자성촌 마을에서 바라보는 **태자성산산성 남벽**

중국의 국경절은 춘절春節 다음으로 큰 명절이라 7일씩이나 휴무이며 수년 전부터는 고속도로 통행료도 면제할 정도다. 이전에 미처 답사하지 못한 신빈 만족자치현新賓滿族自治縣 내의 산성들을 답사하기 위해 길을 떠났다. 태자하太子河는 신빈현新賓縣의 남서부 평정산진平頂山鎭 홍안구鴻雁溝와 본계현本溪縣의 동부 동영방향東營坊鄕 양호구羊湖溝의 두 곳에서 발원하며, 각각 북태자하와 남태자하로 불리며 상류를 이룬다. 두 줄기의 상류는 본계현에 소재한 관음각저수지觀音閣水庫에서 합류하고 본계本溪시내와 요양遼陽을 거쳐 해성海城의 삼차하三岔河 부근에서 혼하渾河로 유입되며 다시 요하遼河와 합쳐진다. 413km에 이르는 요하에서 주요한 지류이다.

특히 고구려 시대 요동 지역의 중심지였던 요동성遼東城을 휘감아 돌며 당시에 조운漕運의 교통로였던 강이라서 우리에겐 더욱 감회가 깊다. 그 강줄기를 따라 상류로 올라가면 수많은 산성들이 산재해 있고, 당시 수도였던 국내성에 이르러 한반도를 연결하는 길라잡이 역할을 했던 강이었으리란 추정이

가능하다. 강의 상류 중 한 줄기인 북태자하北太子河 좌·우안에 직선거리로 불과 10km 떨어진 두 산성의 역할은 무엇이었을까?

두 상류의 합류지점에서 상류 쪽으로 7여 km 떨어진 신빈현 하협하진下夾河鎭 태자성촌太子城村 북쪽 강변의 그리 높지 않은 언덕에 태자성산산성太子城山山城이 자리한다. 먼저 태자성촌 마을을 찾아간다. 마을 어귀에서 아주머니에게 물으니, 그 진입로는 마을로 들어오기 전 S202성도省道 길가의 주유소 담장 옆으로 나 있다고 알려준다. 더불어 이웃의 쌍하촌雙河村에 합병되어 지금은 마을 이름이 쌍하촌이라고 한다.

얼른 보면 지나치기 쉽지만 S202성도省道 길가의 언덕에, 1987년 4월에 무순시撫順市에서 "시급문물보호단위"로 공포하였고, 2014년 10월에 요녕성 정부가 "성급문물보호단위"로 공포하였다는 표지석 두 개가 나란히 서 있다. 태자성산산성의 표지석이 서 있는 언덕의 봉우

두 개의 산성의 표지석. 왼쪽의 표지석은 **太子城(高句麗)**라고 하여 고구려 성임을 분명히 하고 있다.

리가 산성의 서쪽 끝단이다. 그곳에서 시작되는 산성은 동서로 긴 타원형인데, 동서로 높으면서 중간지점을 향해 낮아지는 구릉이니 전형적인 마안식馬鞍式 산성 형태이다. 성안의 남면이 북면에 비해 조금 높을 뿐이다. 산성은 내성과 외성의 이중구조이며 동쪽에 내성이 자리한다.

산성의 북쪽에서 태자하가 동에서 서로 흐르고 동남쪽으로부터 소협하小夾河가 산성을 감아 돌아서 동북쪽에서 태자하와 합류한다. 이곳뿐 아니라 많은 고구려 산성들이 강의 합류지점에 축조된 것은 그만큼 전략적 요충지

라는 것을 이야기한다.

표지석을 뒤로 하고 주유소 옆에 난 진입로로 들어가니 그 길 끝에서 성문을 만나는데, 남벽 서쪽으로 치우쳐 있는 남문이다. 성안에 들어서니 어느 한 곳 빈틈없이 옥수수밭이다. 이러고도 성급문물보호단위라고 할 수 있을까?

성문에서 시작되는 남벽은 마을과 면하여 동쪽으로 길게 이어지는 절벽 위에 쌓았으니 적의 접근이 어렵다. 남문에서 내성벽內城壁의 남단까지의 남벽 길이는 260m이다. 남벽에서 비교적 완만한 서쪽은 절벽의 상단을 바깥으로 깎아 낸 후에 석재를 쌓아 상단과 높이를 맞춘 다음에 그 위에 다시 석재를 쌓았다고 한다. 그 기단과 상단의 폭은 1m이고 잔고는 0.5m이다. 하지만

태자성산산성의 북동쪽에서 소협하가 태자하에 합류하여 서쪽 하류로 흐른다. 바로 이 점이 산성의 입지조건인지도 모른다.

옥수수밭과 풀숲 때문에 어쩌다 돌무더기만 보일 뿐 확연하게 드러나지 않는
다. 남벽은 동쪽으로 갈수록 동벽과 마찬가지로 가파른 암석의 절벽이니 별도
의 인공성벽이 필요 없을 법도 하건만, 띠를 두르듯 0.5~1m 높이로 낮게 돌을
쌓았다.

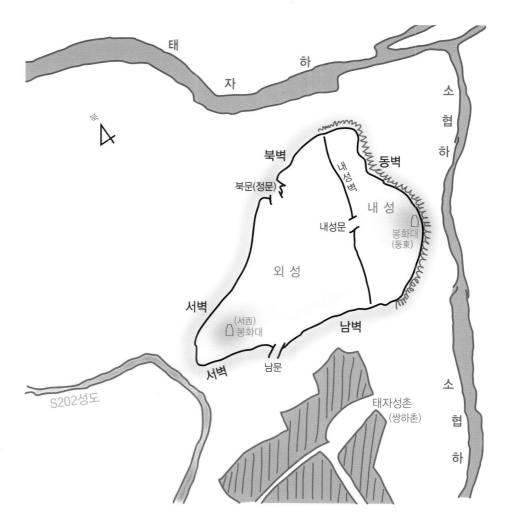

【태자성산산성 평면과 주변 하천 현황도】

내성벽의 남단에서 북단에 걸치는 395m 길이의 동벽도 거의 같은 형태로 쌓았다. 동벽으로 돌면 동쪽 봉화대가 있는 작은 봉우리를 만난다. 자세히 살펴보면 둘레를 에워싼 석재들이 보이니 인공으로 쌓은 대臺이다. 하단 15m, 상단은 2.5m, 높이가 4m인 봉화대라고는 하지만, 내성에 소재한 것을 보아 점장대點將臺라고 할 수도 있다. 고구려 산성에서 내성의 존재는 일반적으로 지휘부가 위치하는 장소이다. 소협하와 면하는 동벽은 그 모양이 활의 형태를 띠면서 높이 80m 전후의 암벽 위를 이어가고 있다. 그래서인지 성안 전체가 한눈에 들어오지만, 지금은 아무리 둘러보아도 옥수수밭으로 뒤덮여 있어 내성內城을 자세히 답사할 방법이 없다. 그렇다고 남의 옥수수밭을 헤집고 다녔다간 큰 시비가 생길 것이니, 그냥 그 윤곽만 보고 판단할 뿐이다.

서벽 쪽에서 바라본 동벽(점선 1번 상단)과 내성벽(점선 1번 하단). 외성의 성안 부지(점선 밖 2번). 점선 왼쪽 끝에 북벽의 대臺가 있다. 내성벽 중간의 대臺에 내성문이 자리한다.

북벽이 시작되는 지점은 내성의 북단이기도 한데, 그곳에 대臺를 만들어 높여 놓았다. 대에 오르면 북동쪽이 한눈에 들어오고 북벽의 서쪽 끝에 산성의 정문인 북문이 있다. 대에서 시작되는 내성은 남쪽을 향하여 일직선으로 경계를 이루며 동벽과 나란히 자리한다. 옥수수밭 속의 280m 내성벽 가운데 솟은 작은 대臺가 그곳이 내성문內城門자리임을 알려준다. 내성벽은 하단의 폭이 2.5m 상단이 2m, 잔고가 3m라고 하지만 추수를 기다리는 옥수수대 속에 꼭꼭 숨어 있다. 멀리서 봐야 그 윤곽이 드러날 뿐이다.

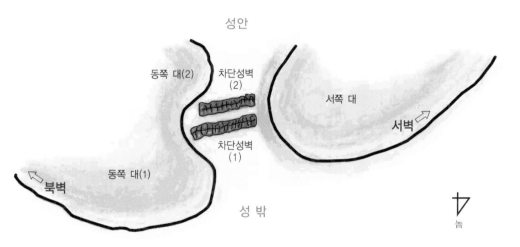

【태자성산산성 북문 옹성구조 개념도】

북벽은 소협하를 품은 태자하와 나란히 서쪽으로 간다. 동벽의 암벽은 끝이 났지만 아직도 외벽의 높이가 8~10m로 적의 접근이 쉽지 않다. 성의 정문인 북문은 성안에서 가장 낮은 위치인데, 인접한 북벽에는 정문으로의 진입을 측면에서 차단할 수 있는 대臺를 이룬다. 대는 약 20m의 높이로 상단부가 평탄하다. 위의 【태자성 북문 옹성구조 개념도】에서 보듯이 동쪽(북벽)에 2개의 대가 정문을 감싸는 이중구조이며 서쪽(서벽)에도 하나 더 있으니 완벽한 옹성구조이다. 북문으로 내려 가보면 앞뒤 이중으로 석벽石壁을 쌓아 적의 진입을

북문 동쪽(북벽) 대에서 바라본 모습. 낮은 곳이 정문인 북문이며, 그 너머 서벽이 이어져 올라가고 끝에 서쪽 봉화대가 보인다. 봉화대는 성 전체에서 가장 높은 곳이다.

1차적으로 차단한다. 북문은 성의 가장 낮은 지점이다 보니 물을 모아 성밖으로 배수하는 수구문水口門의 역할도 겸하고 있다. 문의 이중 석벽은 배수 시 성안의 토사가 유실되는 것을 차단하기도 한다. 북문을 지나면 서벽이 시작된다. 북벽과 나란히 흐르던 태자하는 점점 멀어지고 성벽은 서쪽 봉우리의 봉화대를 향하여 오른다. 서벽은 성안의 옥수수밭 너머에 풀숲으로 덮였지만, 성밖은 높이 30~40m에 약 60° 경사의 언덕이다. 위험을 무릅쓰고 내려가 보니, 경사면에는 접근을 차단하기 위해 인공석을 쌓은 성벽의 흔적이 분명하게 드러난다. 서벽은 봉화대를 휘감아 돌아서 남문까지 약 490m 이어간다.

서봉화대는 동봉화대보다는 큰 규모로 하단의 직경이 25m, 정상부의 직경은 4m에 높이가 6m이며, 주변에는 폭 2m에 깊이 1m 미만의 호를 판 흔적이

동벽에서 바라본 서봉화대. 봉화대는 돌과 흙을 섞어 쌓은 탓에 성안을 차지한 옥수수밭도 그곳만은 남겨 두었다.

보인다. 석재가 간간이 드러나는 것을 보아 동봉화대와 마찬가지로 석재와 흙을 혼합하여 인공적으로 쌓은 대臺임을 알 수 있다. 서봉화대는 산성에서 가장 높은 곳이다. 북위 41°22'19"이며, 동경 124°26'21"에 위치하며 해발 366m이다.

서봉화대에 올라서니 성안 전체가 한눈에 조망된다. 남벽과 북벽의 고저가 조금 차이가 있을 뿐 동서의 끝단에서 경사를 이루며 내려와 가운데 선에서 마주치니 과연 말안장과 같이 생겼다. 그래서 마안봉식 산성이라고 하지 않던 가? 성 밖을 보면 서북쪽 멀리 하협하진下夾河鎭 마을이 자리하고, 성의 북벽에 근접했던 태자하가 마을을 관통하여 흐르고 있다. 산에 가려져 있으나, 불과 7여 km 떨어진 관음사저수지觀音寺水庫에서 남태자하와 합류하여 태자하의 본류를 이룬다. 관음사저수지 제방 부근의 하보산성下堡山城과 그리 멀지 않다.

봉화대를 돌아 내려오는 길은 서벽의 남단이다. 내려오다 보면 남벽과 만나고 바로 그 지점에 남문이 개설되어 있다. 아침에 처음 성안으로 진입하여 답사를 시작했던 곳이니, 길이가 1,425m의 성벽 전체를 완주한 것이다. 성벽의 길이는 중국사회과학원 고고연구소가 출간한 1992년 제4기 『고고考古』에 실린 무순시박물관撫順市博物館의 「요녕신빈현고구려태자성遼寧新賓縣高句麗太子城」이란 제목의 조사보고서에 기재된 것을 참고하였다.

태자성산산성은 소협하가 태자하에 합류되는 곳에 위치하니, 두 하천변에 조성된 당시의 교통로를 따라 이동하는 적들의 조망이 가능한 요충지임을 알 수 있다. 뿐만 아니라 성을 향해 공격하는 적들에 대해서는 두 강줄기가 산성의 남, 동, 북면에서 천연의 해자垓字 역할을 하니 그야말로 이수난공易守難攻의 천연요새다. 여타 고구려 산성과 달리 각대角臺를 볼 수 없고, 동서 양측 중앙에 봉화대를 겸한 높은 대臺를 축조한 것이 큰 차이점이다.

상기의 조사보고서에 따르면, 두 곳의 봉화대 중 서봉화대가 전체 산성 중 취약한 방향에 자리한 중요 방어시설이면서, 가장 높은 곳이라 성안을 내려다보면서 지휘가 가능하다는 점을 들어 점장대點將臺라고 추정하고 있다. 하지만 나의 생각은 다르다. 동·서봉화대의 높이 차이가 크지 않으며, 마안봉식馬鞍峰式 산성이다 보니 성안을 내려다보며 지휘할 수 있다는 점은 동봉화대에서도 가능하다.

다만 동봉화대가 내성內城 안에 위치하기 때문에 점장대였을 가능성이 더 크다. 석성石城으로 비정하는 성산산성城山山城(장하시)이나 건안성建安城으로 추정하는 개주蓋州의 청석령靑石嶺 고려성산산성高麗城山山城 등에서 보듯이, 다른 고구려 산성을 보면 지휘부나 점장대가 내성 안에 위치한 예를 흔히 볼 수 있다. 또한 그 곳은 태자하와 소협하의 합류지점 등 하천의 동정을 근접한 위치에서 보다 더 세밀하게 관찰할 수 있다는 점에서 본 산성의 입지조건에도 부합한다. 물론 사면 중 가장 취약한 서쪽에 대한 방어도 중요하지만, 그렇기에 서봉화대를 더 높게 축조하여 보조 점장대로 활용했을 가능성이 있다.

또 한 가지 이 태자성산산성의 특징은, 대개의 고구려 산성들은 험준한 절벽 등 천연의 장벽이 있는 경우에는 별도의 인공성벽을 쌓지 않는 것이 일반적인데, 수십 미터의 벼랑을 접하고 있는 동쪽 절벽 위에도 그리 높지는 않으나 인공성벽을 쌓았다. 상기서는 그것이 외부의 적에게는 여장女墻의 역할을 하면서 성안의 병사들에게는 실족을 방지하는 가드레일 역할을 하게끔 축조한 것이라 한다. 이 얼마나 인본주의에 입각한 설계인가? 그것이 고구려 산성이다.

태자성촌에서 S202성도를 타고 12km를 가다 보면 위자욕진葦子峪鎭을 만나고, 그곳에서 다시 향촌도로를 타고 북서 방향으로 6km 정도 가다 보면 삼송촌杉松村이란 농촌을 만난다. 도로변에 나란히 서있는 두 개의 표지석이 눈에 띠며 그 배경의 산 위에 삼송산성杉松山城이 자리한다. 표지석을 보면 2002년에 "시급문물보호단위"로, 2014년 10월 "성급문물보호단위"로 공포되었다.

북태자하 변의 또 하나의 산성인 **삼송산성**杉松山城

산으로 다가가니 과연 어디로 올라야 산성을 만날 수 있을지 도저히 감이 잡히지 않는다. 인근 옥수수밭에서 일하던 농부에게 길을 물으면서 동행해 달라고 부탁했다. 동행은 길을 안내받을 목적과 함께 산성에 대한 정보를 얻기 위함이다. 쉴 때마다 말은 담배를 피워 무는 69세의 주周 노인은 나이답지 않게 앞장서서 잘도 걷는다. 산 이름이 대성자大城子라고 한다. 하지만 돌아와서 빠이뚜百度 지도를 보니 소산성자小山城子로 되어 있다. 중요한 문제는 아니지만, 마을 사람들이 통상적으로 부르는 이름이 더 소중하다는 생각이고, 아무튼 둘 다 산성과 연관이 있는 이름이다. 노인이 몇 번 담배를 피운 사이에 정상에 다다르고 성문과 함께 성벽이 나타난다. 그는 다래를 따서 내게 먹으라고 건넨다. 인정이 더해진 천연의 맛이 아주 달콤하다.

서벽의 남단에서 성의 정문을 겸하는 서문으로부터 북쪽을 향하여 올라간다. 군데군데 무너져 내렸지만, 서벽에서 잘 남은 곳은 석축의 잔고가 3~4m에 이르고 상단의 폭은 2~2.5m 정도 된다. 약 40~50m 계속되던 성벽은 산줄기를 타고 올라가면서 바위가 이어져서 천연의 장벽을 이룬다. 서벽은 인공과 자연의 성벽이 혼재해 있다. 자연암석으로 이루어진 구간이 인공의 성벽보다도 더 견고하다.

서벽이 끝나는 지점에 큰 바위가 각대를 만들어 놓았고, 그 각대에서 이어지는 북벽은 토축土築의 성벽이다. 겉보기엔 토성이지만 그 안에는 돌과 혼합하여 쌓은 것이 마치 신성新城을 보는 것 같다. 성벽을 따라 가다 보면 하나의 치雉가 나타나는데, 안쪽으로 제법 넓고 평탄한 공간을 보니 병사들이 숙영했던 건축물이 있었음 직하다. 치는 많이 허물어져 성밖 경사면에 가공석들을 수없이 쏟아내고 있으니 머지않아 그 존재마저 없어질 수 있겠다. 좀 더 이어지는 북벽은 동벽과 만나는 모퉁이에 마침표를 찍듯이, 석축의 근사한 각대角臺를 만들어 놓았다. 성밖으로 반듯한 가공석을 높이 쌓고 그 윗면은 평탄한 공간을 만들어 놓았으니 병사들이 동북 방향에서 이동하는 적들을

서벽의 인공석축 구간은 보존상태가 양호하나 군데군데 훼손된 상태가 심하다.

동북의 각대. 남아 있는 모습이 웅장하지만 세월을 견디지 못하고 곳곳에 균열이 생겨 언제 무너질지 모른다.

관찰하기에 적합하다. 하지만 석축의 각대라 해도 세월의 흐름을 견디지 못했던지, 그 벽의 외관은 마치 지진으로 건물이나 지표면에 생긴 균열과 같은 모습이다. 아뿔싸! 어찌하면 좋을까. 서벽도, 치도, 이곳의 각대도 같은 처지인데, 고구려 산성들은 그 누구의 관심도 없이 이렇게 방치된 상태로 놓여 있다.

아쉬운 마음을 뒤로 하고 동벽을 따라 가니 어느 정도 토축성벽이 이어지더니 석축의 성벽이 나타난다. 지형이 비교적 완만한 구간에서 가공석을 높게 쌓아 방어력을 보강했다. 이곳도 곳곳이 훼손되었지만 그래도 온전히 남은 성벽은 웅장하고 섬세하게 쌓아 올린 모습이 감동적이다. 외면의 반듯한 가공석이 떨어져 나가 안쪽을 구성하는 쐐기석이 드러나 있는 구간도 보인다. 자세히 들여다보면 쐐기석 사이에 작은 돌 조각과 흙을 다져 넣었다. 오랜 세월의 풍

동벽의 석축 구간은 삼송산성 중에서 가장 양호하게 보존된 구간이다. 일부 훼손된 곳은 외면의 가공석이 떨어져 나가 안쪽의 쐐기석이 드러났다.

상을 건져낸 그 정교함 속에 선조의 숨결이 느껴진다. 경사도에 따라 차이는 있으나 높은 곳의 잔고는 6m에 달하며 약 60~70m 정도의 길이를 이어간다.

노인은 날이 어두워질까 걱정인지 걸음을 재촉하지만, 그래도 성벽을 따라 꼼꼼하게 안내하면서 꼭 보아야 할 곳을 빠짐없이 보여준다. 젊은이라면 이곳에 고구려 산성이 있다는 사실마저도 모를 것이다. 현지의 노인은 산중인이지만 그들이 언제까지 남아 이렇게 고구려를 이야기할 수 있을까?

다시 토축의 성벽이 잠깐 이어지다가 남벽이 시작된다. 처음 답사를 시작했던 서문의 서벽과 이어지는 구간이다. 성안에서 보면 자연 암석이 줄을 이어 성벽을 이루나, 그 위를 오르면 암석 사이를 크고 작은 가공석들로 채워 평탄하게 만들었다. 성 밖으로도 가공석들이 흩어져 있는 것을 보아 천연장벽을 보강하여 방어력을 강화하였음을 알 수 있다. 오르락내리락하는 나를 보고 노인은 그 구간이 자연 암석 그대로라고 하지만 그렇지가 않다. 성벽 전체를 돌아보고 서문에 다시 도착하였다.

산성은 산아래 표지석에서 조망하였던 두 봉우리 사이에 위치한 것이다. 하지만 거의 산 정상부이니 산정식山頂式 산성이라고 할 수 있다. 돌아본 산성의 둘레는 약 1,100m에 달한다. 서벽은 남단의 서문에서 시작하여 인공 성벽과 자연암의 천연장벽으로 구성되며, 북벽은 중간의 치를 제외하고는 토축의 성벽으로 이루어져 있다. 동벽은 토축과 석축의 인공 성벽이 혼재하고, 남벽은 암석 사이를 가공석으로 보강하였다. 산성의 위치는 북동 각대를 기준하여 북위 41°27'29", 동경 124°28'06"이며 고도는 해발 656m에 달한다.

답사에서 돌아온 후 어렵게 구한 2011년 무순시정협문사위원회撫順市政協 文史委員會 출간의 『무순문물撫順文物』「고유지古遺址」 중에서 삼송산성杉松山 城편을 보면, 오늘 돌아본 1,100m의 산성이 전부가 아니다. 그것은 주성主城인

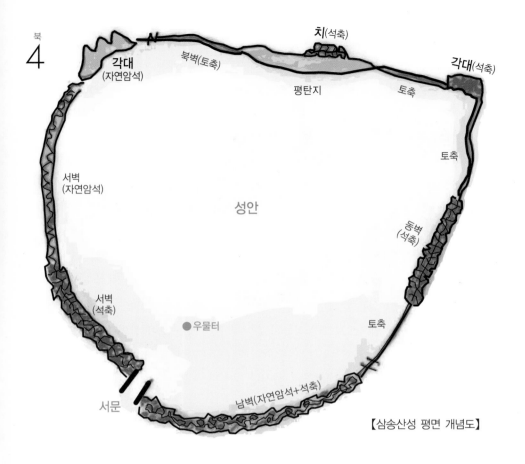

북
4

각대
(자연암석)

북벽(토축)

치(석축)

각대(석축)

평탄지

토축

토축

서벽
(자연암석)

성안

동벽
(석축)

서벽
(석축)

●우물터

토축

서문

남벽(자연암석+석축)

【삼송산성 평면 개념도】

서성西城으로서 전체 성의 일부분이었고, 그 외에도 동성東城과 북성北城이
인접해 있었다.

"서성과 인접한 계곡이며 촌민들은 '산성구'라고 부르는 곳에 동성東城이
자리한다. 그 계곡의 북·동·남 삼면의 산등성이가 아주 큰 성벽이 되며,
성 둘레가 4,000m에 달하고 타원형이다. 남면에서 자연적으로 갈라진 틈
이 성문터이다. 성벽은 주로 가파른 산등성이를 차용했으며 단지 동벽의
남쪽 부분 한 구역에 300m 안 되는 인공석벽이 있다. 東城, 是與西城相隣接
東部溝谷, 卽村民稱山城溝的地方, 其溝谷爲北、東、南三面山脊更大的城垣, 周長
達4,000m, 平面呈橢圓形南面天然豁口爲門址, 城垣主要借用陡峭的山脊, 只在東

墙南部有一段不足300m的人工石砌墙。"

"북성北城 역시 서성의 북측에서 삼면이 막힌 하나의 계곡이며, 계곡 입구에 약 200m 길이의 인공성벽이 차단한다. 나머지 3면의 산등성이와 더불어 하나의 독립된 단위를 형성한다. 北城, 是在西城北側亦爲一個三面封閉的溝谷, 溝口有長約200m的人工石砌墙將谷口橫斷攔截, 與其余三面山脊形成一個封閉的單元。"

그러면서 서성을 먼저 축조하고 그 후 방어의 필요에 따라 나머지 2개 성을 추가로 건설하였을 것으로 판단하였다. 동성과 북성은 간단하고 대강 축조된 것으로 봐서 보조적으로 사용하였거나 미완성일 가능성을 염두에 둔다. 아무튼 상호 연관이 있으면서 독립된 3개의 성둘레 총합은 약 7,000m로 무순 지역에서 발견된 최대 규모의 고구려 산성으로 기록하고 있다. 그렇다면 그렇게 큰 성을 쌓은 이유는 무엇일까? 혹시 일대의 수많은 산성들이 징집한 신병들을 모아서 훈련시켰던 산성은 아니었을까?

답사 전에 조사했던 자료인 왕우랑王禹浪과 왕굉북王宏北 공저의 『고구려・발해고성지연구회편高句麗・渤海古城址研究匯編』과 풍영겸馮永謙의 저서인 『북방사지연구北方史址研究』에는 그러한 언급이 없이 단일 산성으로 묘사하고 있다. 노인도 시간이 촉박했던지 북성北城과 동성東城의 존재를 전혀 이야기하지 않았다. 서성(삼송산성)의 보존 상태가 그나마 괜찮았기에 흡족한 마음으로 돌아왔지만 더욱 혼란해진다. 다시 가서 확인해야 할 필요성이 생긴 것이다.

태자성산산성과 삼송산성은 북태자하 좌・우안에 자리하면서 상류를 따라서 이동하는 적을 감시하고 차단하는 역할을 하였다. 그곳은 고구려 고도인 남도南道와 가까운 곳에서 연결이 되기도 하지만, 고구려의 최초 수도였던 환인 지역과도 직접 연결되니 수도방어선의 한 축을 담당하였다고 여겨진다.

초하草河 변의 이가보자산성李家堡子山城

– 오골성烏骨城으로 가는 길목을 지키던 대형산성

산봉우리에 이가보자산성의 서남 모퉁이 각대가 있다.

요양遼陽의 요동성遼東城을 점령하고 태자하太子河를 거슬러 올라가 북태자하北太子河를 거치면 초기 수도였던 졸본성과 국내성에 이르고, 남태자하南太子河를 따라가면 애하靉河의 한 지류인 초하草河를 거쳐 고구려 당시 최대의 산성인 오골성烏骨城에 닿는다. 한반도 사이의 압록강이 코앞이다. 수隋·당唐 등 중원세력이 요동 지역에서 압록강 하류에 닿는 또 하나의 루트인 셈이다.

남태자하와 초하가 이어지는 지점에 자리한 산성이 이가보자산성李家堡子山城이다. 산성은 본계만족자치현의 초하구진草河口鎭 강초촌莊草村 이가보李家堡 마을 북쪽의 산에 있다. 초하구진은 본계와 단동의 경계 지점에 있으면서 심양과 단동을 잇는 철도·국도·고속도로가 다 지난다. 당시에도 강과 강을 이으면서 교통로가 형성되었으며 그것이 바로 적군의 공격 루트가 될 수밖에 없었기에 산성을 축조한 것이다.

안쪽에서 바라본 이가보자산성李家堡子山城의 서벽

　　2007년에 "성급문물보호단위"로 선정·공포되었다는 표지석으로부터 올라가면 고구려 산성이 있다고 마을 노인이 일러준다. 그곳에는 "시급문물보호단위" 표지석도 있는데 훼손이 심하여 잘 보이지 않지만 강초산성茳草山城으로 되어 있다. 이전에는 산성 이름을 그렇게 부른 것이다. 밭 사이로 이어지는 길을 따라가니 경사가 심한 산길을 만난다. 오르면 성의 서쪽으로 접근하게 되어 있다. 어렵사리 오르니 석축의 서벽이 온전하게 남북으로 이어진다. 일단 서남쪽 모퉁이에 형성된 각대角臺로 가봤다. 대臺는 마을과 가장 가까운 산봉우리에 위치하며 표지석이 있던 곳 바로 뒷산이다.

　　서벽을 따라 북쪽으로 간다. 석축으로 벽을 쌓고 바깥에 흙을 쌓아 산이 그대로인 듯이 보인다. 성밖에서는 석축의 벽이 보이지 않는다. 석축의 잔고는 약 1~1.5m로 한 치 쉼 없이 이어간다. 석벽 아래로는 약 0.5~0.6m 폭의 길을 따라가니 마찻길은 아니었을 것이고 병사들이 순찰을 돌던 통로였을 것으로 보인다. 성 안쪽의 산세가 성 밖 못지않게 급하니 일정한 통로를 통해서 성벽에 올랐을 것으로 보인다.

　서벽을 따라 북으로 계속 걷다 보니 그 길이가 만만치가 않다. 중간에 또 다른 대臺가 있었음직한 봉우리를 거쳐 계속 이어가니 그 길이가 1,500m에 이른다는 말이 틀림없어 보인다. 온 길을 되돌아보니 성벽이 길게 또렷이 드러나 장관을 이룬다. 서벽은 북쪽으로 좀 이어지다가 서북 모퉁이에서 한 봉우리를 만나니, 또 하나의 각대角臺였다. 각대의 면적은 그리 크지 않으나 서북쪽의 적의 동정을 관찰할 수 있는 높은 위치에 있다. 서벽의 고도는 큰 차이가 없이 이어지나 서남쪽 각대의 위치는 북위 40°51'8", 동경 123°55'1"이며 고도는 해발 466m이다. 서북쪽 각대에서 측정한 고도는 해발 452m이다. 서북

서벽 중간의 봉우리에서 바라본 성벽. 능선 왼쪽이 성안의 석축 성벽, 오른쪽이 성 밖이다. 바깥은 급경사이니 적들의 접근이 쉽지 않아 보인다.

각대를 지나서 방향을 동쪽으로 틀면서 북벽이 된다.

　북벽은 서벽과 달리 성벽 상단이 더 넓은 4~5m이며, 성 바깥쪽으로도 돌을 쌓아 방어력을 더욱 강화하였다. 서벽은 성벽 안쪽에 병사들이 오갈 수 있는 길을 만든 반면에 북벽은 성벽 상단에 통행이 가능하게 만들었다. 북측 산세가 더 완만한 것도 아닌데 차이를 둔 이유가 무엇일까? 계속 가다 보니 성벽 봉우리 위의 대臺를 만난다. 동북 모퉁이의 각대角臺이다. 대의 기단부基壇部를 석축으로 보강했다. 대에 올라보니 북쪽으로 산 너머에 초하구진草河口鎮 마을이 보이고 산성의 서쪽에서 북으로부터 남쪽을 향해　애하의 지류인 초하草河가 흐르고 그 강을 따라 단동과 심양을 잇는 교통수단이 지나는 것을 알 수 있다. 그 강을 따라가면 단동의 주요 하천인 애하靉河와 만나고 결국 본류인 압록강과 합류한다. 그것만으로도 산성의 중요성이 가늠되지

북벽은 상단이 서벽보다 더 넓으며 바깥에도 돌을 쌓아 방어력을 더 강화하였다.

않는가? 각대의 위치는 북위 40°51'21", 동경 123°54'58"이며 고도는 해발 452m로 다른 각대의 높이와 큰 차이가 없다.

동북 각대에서 고도가 뚝 떨어지면서 성벽도 자취를 감추었다. 성안에 지금은 20~30년 되어 보이는 전나무 조림사업을 할 때 성벽이 훼손되었는지, 서벽과 북벽을 끊임없이 이어오던 석축의 벽이 사라진 것이다. 전나무 숲을 뚫고 내려오니 성안의 평지가 꽤 넓다. 하나의 능선이 길게 이어오던 서벽·북벽과 달리 동벽은 산과 산이 이어지며, 그 사이로 계곡 물이 흐르니 성안의 식수확보는 그리 큰 문제가 없어 보인다. 사방을 둘러보니 북고남저北高南低의 지형으로 동서 양쪽 산줄기가 평행을 이루며 함께 둘러싸는 전형적인 포곡식包谷式산성이다. 동·서·북 능선에서 내려온 산자락이 만든 평지에는 당시에 군영 등의 건축물이 있었고 일부는 경작도 가능했을 것이다. 동벽을 이루는 산 안쪽에 있는 그리 높지 않은 산봉우리에는 점장대點將臺가 있었을 만하다. 건안성建安城 등 여타 다른 산성에서도 성안의 작은 산에 점장대와 지휘소가 있는 사례는 얼마든지 있다.

성안에서 서벽과 동벽을 번갈아 보면서 성안에 난 길을 따라 남쪽으로 내려간다. 마을과 마주하는 남벽을 향해 가는 것이다. 계곡을 따라 난 지금 걷는 길은 당시에도 성안의 마찻길이었을 것이다. 성의 규모로 보아 성안에 군수물자를 나누고 병사들이 이

남벽과 성문의 흔적은 남아 있지 않지만 동·서쪽에서 내려 온 산줄기가 만나는 지점에 문이 있었으리라 추정할 뿐이다.

동했던 길이 있을 수밖에 없다. 남벽에서 성 밖으로 이어지는 지점에 성의 남문이자 정문이 있었을 것이다. 지금은 남벽이든 정문이든 경작지와 집을 짓느라고 그 흔적도 찾기 어렵게 되었으니 아쉬움만 남을 뿐이다. 성 전체로 보면

서벽과 북벽은 거의 완벽하게 남아 있지만 동벽과 남벽은 남은 것이 별로 없다.

　돌아오는 길에 애하 줄기를 따라 난 고속도로를 타고 멀리 오골성이 있는 봉황산鳳凰山을 바라보며 단동에 도착하였다. 오늘 돌아본 이가보자산성李家堡子山城은 내륙으로 침투한 중원 세력이 압록강 하류에 닿는 길목을 지켜냈던 산성이다. 강 건너 점점이 애처로운 불빛의 신의주와 대낮같이 불을 밝힌 중국 쪽을 비교하니 억장이 무너져 내린다. 우리에게 과연 고구려는 무엇일까? 전 국토에 산성을 세워 지켜냄으로써 한때 동북아의 중심국가 역할을 했던 역사가 아니던가? 이제는 한반도 하나 온전히 지켜내지 못하고 찢긴 채로 얼마나 많은 세월을 보낼 것인가? 오늘 압록강 강변에서 잠 못 이루는 밤이 될 것 같다.

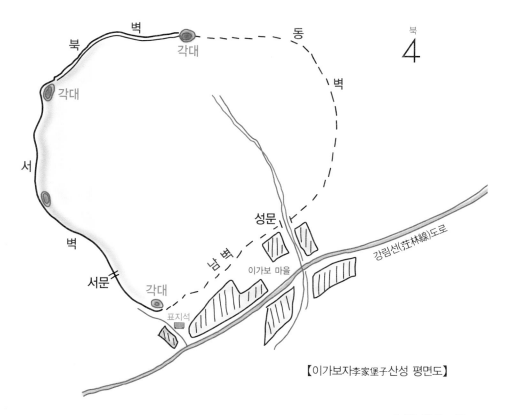

【이가보자李家堡子산성 평면도】

5

장

흑구산성黑溝山城

산성이름	위치(현지주소)	규모(둘레)	성벽재질	도면번호
철배산산성鐵背山山城	무순현 장당진 고려촌 남쪽	4,612m	토석혼축	114
살이호산성薩爾滸山城	무순현 이가향 수비촌	4,287m	석성	115
오룡산성五龍山城	무순현 상협하진 오룡촌 남쪽	2,107m	토석혼축	116
목저성木底城	무순현 목기진 하서촌	미상	평지성	117
창암성蒼巖城(훼이아라성費阿拉城)	무순 신빈현 영릉진 이도하촌	5,560m 중 일부	토석혼축	118
하남산성河南山城	무순 신빈현 영릉진 판교자촌	680m	토석혼축	119
전수호산성轉水湖山城	무순 신빈현 향수하자향 전수호촌	1,600m	석성	120
흑구산성黑溝山城	무순 신빈현 홍묘자향 사도하촌	1,493m	석성	121
동고성자성東古城子城	환인현 고성진 동고성자촌	미상	평지성	122
자합고성刺哈古城	환인현 북전자향 우의촌	길이 200m 폭 200m	석성	123

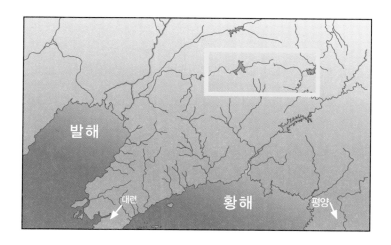

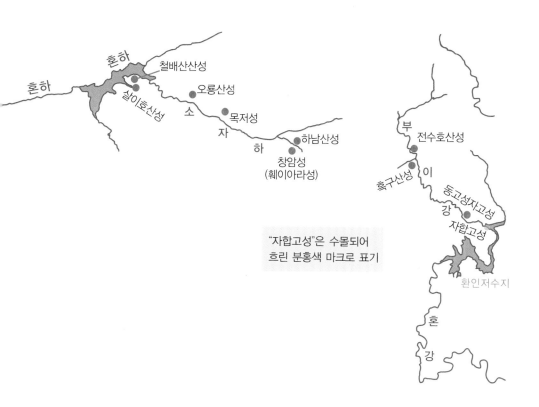

철배산산성鐵背山山城과 고구려 병마원수兵馬元帥 강이식姜以式 장군 묘

무순현 원수림元帥林에서 바라본 대화방자저수지大伙房子水庫. 건너편 산이 철배산이며 그 산 위에 철배산산성鐵背山山城이 자리하고 있다. 원수림 융은문의 잔해.

내비게이션은 원수림元帥林에서 계속 진행하라고 안내하지만, 저수지 때문에 도로는 끊기고 더이상 갈 수가 없다. 원수림 관광지 매표소 직원에게 물어보아도 철배산鐵背山을 오를 길이 없다고 한다. 그냥 물가에서 동서로 길게 뻗은 산등성이의 윤곽을 바라볼 뿐 달리 방법이 없었다.

무순시에서 국도 G202를 타고 동쪽으로 가다 보면 장당진章黨鎭 고려촌高麗村을 만난다. 고려촌의 원래 명칭은 고려영자촌高麗營子村이었다 한다. 영찰이라 함은 군영軍營을 의미하고, 저수지 이름을 대화방자大伙房子라고 한 것은 설인귀薛仁貴의 고구려정벌 시 이곳에 잠시 주둔하고 병사들이 솥을 걸고 밥을 지어 먹었다는 전설에서 유래했다는 것을 보아도,

고려촌 마을 입구의 고려高麗 표지석

당시 인근에서 고구려와 당唐의 군사들이 대치하고 있었음을 암시하고 있다. 그것을 증명이라도 하듯이 마을에서 남쪽으로 2km 남짓 떨어진 산 위에 산성이 자리하고 있다.

산성을 보기 위하여 원수림元帥林으로 들어갔다. 중국의 군벌 시대(1912~1928년 12월)에 동북왕東北王으로 한때를 풍미했던 장작림張作霖의 묘가 있는 곳이다. 그는 1928년 장개석의 북벌에 쫓겨 북경에서 다시 그의 근거지인 봉천(지금의 심양)을 향하여 기차로 이동하던 중, 일본 관동군이 설치한 폭탄으로 갑자기 사망하게 되면서 요녕성 금주錦州 능해시凌海市에 묻히게 되었다(1928년 6월). 이곳 원수림은 본인이 생전에 보아두었던 묏자리였고 그의 아들 장학량張學良이 이장하기 위해 호화롭게 묘원墓園을 꾸몄지만 쓰이지 못한 공묘空墓이다. 장학량 본인이 일본의 침략으로 근거지인 만주를 잃었고(1931년 9월), 국공내전이 끝날 무렵에는 타이완으로 끌려가 연금생활을 하다가 1991년 자유의 몸이 되자 미국으로 건너가 2001년 하와이에서 생을 마감하였다. 결국 장작림의 이장은 이뤄지지 못하고 묘원은 관광지로 변해 있다.

입구부터 늘어선 문인석, 무인석 등 묘석들은 북경에 있던 유물들을 운반해 왔다고 하며, 묘원의 거대한 규모를 보니 군벌 시대 그들의 위세를 짐작할 수 있다. 그의 공묘空墓는 남쪽에서 저수지를 접하고 있지만, 묘원 조성 당시에는 혼하渾河를 내려다보고, 강변의 도로에서부터 진입로를 내어 능문陵門·패루牌樓·융은문隆恩門을 지나

1930년대 원수림의 전경. 사진 하단(남쪽)의 혼하 강변에 도로가 지남을 볼 수 있다. 원형의 묘역과 계단의 아래는 이미 저수지에 수몰되었다(원수림에 전시된 사진을 촬영).

언덕 아래에 자리한 위패를 모시는 향당享堂(또는 향전享殿이라고 함)에 닿았다. 그리고 나서 지금도 남아 있는 계단을 지나 묘역에 오를 수 있었다. 이제 계단 아래의 시설물들은 저수지에 수몰되었지만, 오늘 와서 보니 저수지에 물이 줄어들어 허물어진 융은문의 형체만 쓸쓸하게 남아 옛 영화를 말해주고 있다. 그리고 저수지 건너편에 철배산이 있다. 장작림이 생전에 왜 이곳을 본인의 못자리로 정했는지 알 수 있을 정도로 명당이다. 멀리서 절벽을 보니 철배산 鐵背山이라고 새긴 세 글자가 희미하게 보인다.

『고구려발해고성지연구회편高句麗渤海古城址研究滙編』에 전재된 무순시박물관의 동달冬達이 쓴 「무순후금계번성과 살이호성조사撫順後金界藩城和薩爾滸城調查」에서 성에 대한 자세한 조사결과를 설명하고 있다. 철배산산성은 그 입지가 워낙 요충지이다 보니, 신빈현新賓縣 허투아라赫圖阿拉에서 거병한 누루하치努爾哈赤가 그의 근거지 서쪽 길목을 지키기 위하여 고구려 산성을 보수

철배산산성 내성의 동쪽과 남쪽에 연이어 **동위성東衛城**이 자리한다.

하여 사용하였기에, 중국에서는 일반적으로 후금後金의 산성으로 알려져 있다.

철배산은 해발 283.1m이고 산성은 깎아지른 듯한 산봉의 산세에 따라 축성을 하였으니 원수림에서 바라본 길게 늘어진 산등성이에 자리한 것이다. 산성은 내성內城・서위성西衛城・동위성東衛城 셋으로 나뉘어 있다. 서위성은 남쪽으로는 소자하蘇子河 입구를 감제瞰制하고 서쪽으로 혼하를 내려다본다. 성벽은 달구질한 토축土築으로 거의 정방형에 둘레가 325m이며, 성 중앙부에 높이 6m에 상단부 면적이 28m²인 천연 석대石臺가 자리한다. 남벽 밖으로 마찻길이 나있으며 그 길이 내성으로 연결된다.

내성은 산의 주봉에 위치하며 좁고 가파른 산등성이 위에 축성하였다. 원수림에서 정면으로 보았던 그 절벽 위에 바로 산성의 내성이 위치한다. 내성의 동서 길이는 직선거리로 1,210m이지만 남・북의 간격은 아주 좁으며, 동쪽 끝

내성의 서쪽 산에 서위성이 자리한다. 사진의 오른쪽 V자형에서 내성과 이어지는 길과 문이 자리한다.

90m의 구간에 폭이 18~20m인 평탄한 공간이 있을 뿐이다. 그곳에 건축물 터가 있으며 살이호전투薩爾滸戰役 시에 누루하치의 행궁行宮이 있었다고 한다.

내성이 있는 주봉의 동쪽 능선과 남쪽으로 대臺가 연결되고, 연이어 토석 혼용의 폭 1~1.5m, 잔고 2m의 성벽이 나타난다. 그것이 동위성東衛城이다. 내성과 이어지는 북문이 있으며, 남쪽으로 3개의 문이 개설되어 있다. 이들 문들은 행궁에 닿는 주요한 문이기도 하다.

이렇게 3개의 성이 서로 연계되어 하나의 전체 산성을 이룬다. 둘레의 합계는 4,612.5m라고 하니 작은 성이 아니다. 철배산산성은 오늘날 중국에서는 청淸 초기에 개수한 계번성界藩城으로 불리고 있다. 하지만 많은 역사학자들은 고 구려 시대에 요충지에 자리했던 산성 위에 누루하치가 명과의 전쟁을 대비하 여 개수하였음을 이야기하고 있다. 왕우랑王禹浪·왕굉북王宏北 편저의 상기 『고구려발해고성지연구회편高句麗渤海古城址研究滙編』의 「중국 요녕성 무순 시 철배산 계번성 고구려산성지」134를 보면, "오늘날의 계번성은 청대에 개 축하여 중축한 성벽이다. 이 성벽 아래는 고구려가 축조한 산성이다. 지금의 계번성은 이미 고구려 산성이 원래 갖고 있던 풍모가 아니지만, 산성의 전체 적인 포국이나 성벽의 건축 특징을 보면 산성은 여전히 고구려 시대 건축한 성으로서 많은 풍격과 특징을 지니고 있다.現今的界藩城是淸代飜修重建的城垣, 在此城垣下則是高句麗所建的山城, 因此, 目前界藩城已不是高句麗城的原有的風貌。 但是, 從山城的整個布局乃至城墻建築特點上看, 山城仍然保留有高句麗時代建城的許 多風格和特征。"고 서술한다.

철배산산성은 심양과 무순의 평야지대나 신성新城에서 산악지대를 잇고 초기의 수도였던 흘승골성이나 국내성에 닿는 길목에 자리한 성이다. 특히 성 은 북쪽에서 동서로 흐르는 혼하渾河로 남쪽의 소자하蘇子河가 유입되는 요충 지에 자리한다. 저수지가 건설되기 전에 산성의 북쪽 절벽 아래로 혼하가 흐르고 그 강변을 따라 도로가 지났던 것은 당시의 사진을 보아도 알 수 있다. 아마도 고구려 당시에도 마찬가지였을 것이다.

철배산산성에서 서남쪽, 소자하蘇子河가 유입되는 지점에서 직선거리로 3.5km 떨어진 곳 인근에 또 하나의 고구려 산성인 살이호산성薩爾滸山城이 있었다. 두 개의 산성이 소자하를 사이에 두고 마주보고 있는 것은 그만큼 요지였다는 것을 의미한다. 지금은 저수지의 건설로 그 흔적조차 찾기 어렵지만, 그 소재지의 행정구역은 무순현撫順縣 이가향李家鄕 수비촌竪碑村이다. 철배산산성을 갔다가 물어물어 찾아갔지만 주민들의 말에 의하면 지금은 남아 있는 것이 없다고 한다. 가는 길마저 수몰이 되어 버렸다.

살이호산성薩爾滸山城터의 서남쪽.
살이호전투를 기념하는 살이호풍경구 관광지.

상기의 저서 「중국 요녕성 무순현 이가향 수비촌 고구려 살이호산성지」 135의 기록에 따르면 해발 193.2m의 산 위에 자리한 산성은 그 성 둘레가 4,287m이며 그 역시 누루하치가 명과의 전쟁에 대비하여 고구려 산성을 "청대에 중건하였으며 성벽의 아랫부분은 고구려 산성으로 간주한다. 今日薩爾滸山城亦爲淸代重建, 在此城之下當爲高句麗山城。"라 설명하고 있다. 마주보는 2개의 성은 후금後金의 당시에는 누루하치의 근거지였던 오늘날 신빈현新賓縣의 서쪽 문호를 지키는 방어요충지였듯이, 고구려 시대 초기에는 수도로 가는 길목을 지켜냈고 후기에는 한반도로 진입하기 위해 압록강 하류로 가는 노선 상에 자리한 요새이기도 하였다.

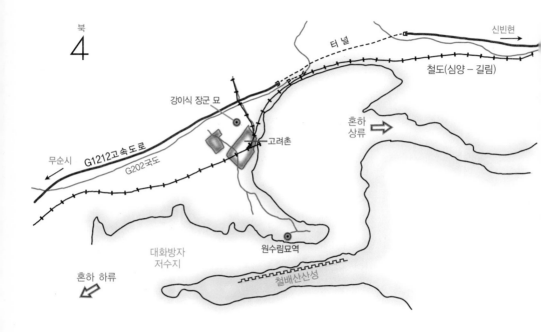

【철배산산성 / 강이식 장군 묘 / 원수림묘역 주변도】

   철배산산성이 소재한 고려촌高麗村은 저수지를 건설하기 이전에는 지금보다
동쪽의 수몰지역에 있었다고 한다. 마을이 수몰된 이후에 그들은 흑룡강성 등
으로 멀리 이주하였으나, 고향을 못 잊고 다시 돌아와 가장 가까운 곳에 마을을
형성하고 살면서 마을이름도 되찾았다. 그곳이 지금의 고려촌이다. 마을 동북
쪽 산 끝자락에 고구려의 명장 강이식姜以式 장군의 묘가 있었다고 한다.

   이번 답사에 동행한 사진작가이며 지금은 퇴직하였지만 무순시 조선족문화
관 주임으로 근무하면서 조선족 역사를 글과 사진으로 담아냈던 이윤선李潤善
선생의 증언에 따르면, 강이식 장군이 인근의 전투에서 전사하였으며 이곳에
그의 묘와 묘비가 있었다고 한다. 마을 사람들로부터 그곳에 있던 묘비가 일본
강점기 때 산에 버려졌다는 증언과 문화대혁명 때 부쉈다는 엇갈린 증언이

1930년대에 촬영한 사진에는 묘비석이 분명하게 있었지만(兵馬元帥姜公之塚) 그 후에 비석은 사라지고 좌대만이 남아 있어 아쉬움을 더한다(조선족 작가 이윤선 선생 제공).

혼재하지만, 분명 묘비석이 있었음은 1930년대의 사진으로도 증명할 수 있었다고 전한다.

이번 답사에 강이식 장군 묘를 찾을 것이란 말에 친구 강한수(대련 한국상회 자문위원)는 조상이라면서 함께 길을 나섰다. 산언덕 포도밭 가운데에 남아 있는 것은 거북 모양의 묘비 좌대뿐이다. 남아 있는 좌대 옆에 서니 저수지가 발 아래 펼쳐지고 건너편에 철배산이 아주 가깝게 마주한다. 풍수지리상으로 보아도 아주 훌륭한 묏자리임을 문외한인 나도 금방 알 수 있다. 친구는 보는 순간 너무 감동했는지 말이 없어졌다. 이번 기회로 고구려의 한 장군이었던 그를 재조명해본다. 실상 정사에 그에 대한 기록은 없다. 하긴 안시성의 영웅인 양만춘 장군도 그 기록이 없을진대 이상할 것 없다. 『삼국사기』가 고구려 부문

강이식 장군 묘의 거북모양 비석 좌대만이 포도밭 한가운데 방치되어 있다. 사진의 왼쪽 상단, 강 건너 철배산산성이 눈에 들어온다.

의 서술은 대부분 중국 역사서를 베꼈고, 중국의 사가들은 수치스러운 패전의 역사는 소홀하게 다루었을 뿐 아니라 그 전쟁에서의 고구려 명장들은 이름조차 언급하지 않았으니 기록에 없다는 것이 어쩌면 당연한지도 모른다.

단재 신채호의 『조선상고사』와 『진주강씨박사파대동보晉州姜氏博士派大同譜』 1권 별록別錄의 기록들을 종합해 보면, 수隋 문제文帝가 중국을 통일한 지 17년이 되던 해인 고구려 영양왕 8년(597년)에 침략의 야욕을 품고 모욕적인 국서를 보내온다. 이에 강이식姜以式 장군은 조정회의에서 "이같이 오만무례한 글은 붓으로 회답할 것이 아니고 칼로 회답할 것입니다"라며 개전을 주장한다. 이에 강이식 장군을 병마원수兵馬元帥로 삼아 정병 5만을 이끌고 임유관臨渝關(지금의 하북성 산해관 서북쪽)으로 향하게 했다.

장군은 예濊(또는 말갈이라고도 함) 군사 1만을 선발대로 요서에 보내 수隋의 군사를 유인케 하고 수군水軍 수천을 보내 바다 건너 산동을 공략하면서 선수를 쳤다. 수 문제는 양량楊諒을 행군대총관으로 삼아 30만 대군을 이끌고 임유관으로, 주라후周羅睺는 수군을 이끌고 평양으로 진격케 했다. 하지만 주라후 수군水軍의 목적지는 평양이 아니고, 실상 발해로 들어와 수군隋軍에게 군량을 보급하려는 속임수를 쓴 것이다. 이를 간파한 강이식 장군은 수군을 출동시켜 군량선을 격파하고 군중軍中에 출병하지 말고 성을 단단히 지킬 것을 명하여 장기전에 돌입하였다. 양식이 떨어진 수군隋軍들은 마침 닥쳐온 장마에 기아와 질병으로 사기가 저하되니 때맞춰 총공격을 감행하여 대승을 거두었다.

6월 초에 시작된 전쟁은 8월에 들어 수 문제가 철수를 결정하지만 고구려군은 끝까지 추격전을 벌여 30만 중에 살아 돌아간 병사가 3만 여일 뿐이라 할 정도이다. 중국의 사서에는 수의 30만 군사가 장마와 전염병으로 싸워보지도 못하고 물러간 것으로 기록하고 있으나, 그것은 패전의 사실을 그대로 기록하지 못하고 에둘러 표현했을 뿐이다. 그들에게 치욕을 안겨 준 강이식姜以式 장군은 언급조차 안하고 있으나 장군의 뛰어난 지략과 전술로 수隋의 대군과 치열한 전투 끝에 얻은 위대한 승리였다.

오늘에 와서 보는 강이식 장군의 묘는 봉분도, 묘비도 사라진 채 좌대만이 방치되어 있으나, 경남 진주시 상봉동에 있는 봉산사鳳山祠에 영정이 모셔져 있으며 매년 음력 3월 10일에 제향을 올린다고 한다. 뿐만 아니라 그를 진주晉州 강씨姜氏의 시조로 모시고 있다. 고구려 산성이었던 철배산산성이 바로 눈앞에 보이는 산언덕에 묘가 자리했었던 것을 우연이라고 할 수 있을까? 그것은 강이식 장군과 산성이 어떤 연관성을 지니고 있음을 짐작케 한다. 이윤선 선생은 인근에서 있었던 전투에서 전사하였기에 이곳에 묘가 있었다고 전해 온다고 하지만, 정사正史에 그에 대한 기록이 전혀 없을 뿐 아니라 그의 생몰년조차도 전해 오지 않으니 답답할 뿐이다.

일반적으로 중국의 조선족은 구한말로부터 일본강점기에 이주한 사람들로 대부분 알고 있지만, 산성의 인근에서 벌어진 살이호전투薩爾滸戰役와 관련된 잘 알려지지 않은 사실史實이 있다. 누루하치努爾哈赤가 지금의 신빈현新賓縣에 있는 허투아라赫圖阿拉에서 후금後金 정권을 세우고 그 세력을 확대해 나가자, 깜짝 놀란 명나라의 조정에서 그를 토벌하고자 10만의 군사를 보낸다. 그 당시 명군과 누루하치의 군사가 맞서 1619년 살이호에서 일대 대전을 벌였으니 이것이 바로 "살이호전투薩爾滸戰役"이다.

당시에 명은 조선에게 지원병을 요청하였다. 광해군은 후금의 세력이 만만치 않음을 알았지만, 임진왜란 때 명이 원병을 보냈기에 하는 수 없이 강홍립姜弘立을 5도도원수五道都元帥로 임명하고 13,000명의 군사를 출정시킨다. 별로 싸우고 싶지 않은 전쟁에 참여하게 된 조선군은 부찰富察(현재 환인현桓仁縣 경내)전투에서 좌영·우영이 전멸하였으며, 강홍립은 중영 5,000명을 거느리고 누루하치에게 항복한다. 그 후 강홍립 등 10여 명만이 억류되고 나머지는 조선으로 돌려보낸 것으로 알려져 있다. 하지만 이윤선 선생이 제공한 자료인 무순조선족지편찬위원회撫順朝鮮族志編纂委員會 편, 민족출판사民族出版社 출간의(2015년)『무순조선족지撫順朝鮮族志』의 설명과는 차이가 있다.

상기서에 따르면 "부찰富察의 들판에서 강홍립이 인솔하는 5,000명 조선원병은 전부 투항을 하였으며 허투아라로 끌려 왔다. 포로가 된 조선원병 일부는 살해되고, 일부는 기회를 엿보다가 조선으로 도망쳐 돌아갔고, 일부는 요동과 기타 지방의 여진 귀족집으로 보내져 하인이 되었다. 在富察之野姜弘立率5000名朝鮮援兵全部投降, 被挾帶至赫圖阿拉。被俘朝鮮援兵部分殺害, 部分伺機逃回朝鮮, 部分被發配到遼東和其他地方的女眞貴族莊園當包衣。"고 설명한다.

또한 1627년의 정묘호란과 1636년의 병자호란 때, 수십만의 조선 군인과 백성을 잡아간 후에 일부는 청나라의 팔기군八旗軍에 편입되었으나 대부분이

왕궁과 귀족의 노복이나 하인으로 전락했다. 당시 청의 수도 심양에는 "조선전쟁포로교역소朝鮮戰俘交易所"까지 설치되어 거래가 이루어졌다고 한다.

요녕성 곳곳에 박씨가 모여 사는 곳이 있어서 지금도 박가보朴家堡·박가촌朴家村 등의 지명이 남음은, 그 당시의 후예들이 살아왔다는 것을 의미한다. 상기의 자료에도 "본계시의 박가보, 요양시 박가보 등지에 박씨 성이 현재도 살고 있다. 학술계는 명말청초明末淸初 시기 조선인의 후예로 인정한다. 그들 또한 조상이 확실하게 조선인이란 것을 시인하고 있다. 그래서 1982년 그들의 뜻에 따라 그 민족성분을 조선족으로 개칭하였다. 그들이 보존하고 있는 족보를 통해 추측하면 그들은 그곳에서 이미 근 400년 살았다. 現居本溪市的朴家堡, 遼陽市朴家堡等地的朴姓, 學術界認定明末淸初時期朝鮮人的後裔, 他們也承認祖先確實朝鮮人。于是, 1982年根據他們的意愿把其民族成分改稱朝鮮族。通過他們保存的家譜推測, 他們居于此地已近400年."고 기재하고 있다.

상기의 자료를 보면, 강홍립과 함께 투항했거나 조선 인조 때의 양대 호란을 겪으며 잡혀왔던 병사나 백성들도 조선족으로 봐야 한다. 그들은 400년 이상 만족滿族·한족漢族들과 섞여 살면서 언어와 풍습은 잃었지만 민족의식만큼은 버리지 않고 당당한 조선인으로 살아왔으며, 1982년도에 드디어 조선족으로 민족을 되찾은 것이다.

오늘 철배산산성이 마주보이는 강이식姜以式 장군 묘에 서서 중국 조선족을 이야기하다 보니 가슴이 아려온다. 고구려 산성과 봉분은 물론 비석마저 사라진 채 포도밭 한가운데 방치되어 있는 고구려 명장의 묘, 그리고 이역만리에 끌려와 고향 쪽 하늘을 바라보며 노예생활을 했을 선조들, 그 어느 하나 우리에게 소중하지 않은 것이 없다. 안타깝기 짝이 없지만 잊을 수 없는 우리의 역사다.

오룡산성五龍山城
– 고구려 남도(신성도) 상의 남소성, 목저성의 흔적을 찾아가다.

오룡산성五龍山城. 산성의 동남 봉우리와 그곳에서 이어지는 산줄기에는 남벽이 축조되어 있다. 산성은 많은 학자들이 역사서의 남소성南蘇城으로, 또 일부 학자는 목저성木底城으로 비정하기도 한다. 하지만 그 누구도 확정할 수 있는 근거는 없다.

　요하를 건너 고구려 초기 도읍인 국내성에 이르는 루트인 남도·북도가 역사서에 처음 등장하는 것은, 342년 전연前燕의 모용황慕容皝이 고구려를 침입했던 기록이다. 『삼국사기』 제18권 「고구려본기」 제6 고국원왕편을 보면, "12년 2월에 환도성丸都城을 수즙修葺하고 국내성을 쌓았다. 8월에 (왕이) 환도성에 이거移居 하였다"고 한다. 바로 그해 10월에 전연의 모용황은 수도를 용성龍城(지금의 조양朝陽)으로 옮겼으며, 그의 형인 입위장군立威將軍 모용한慕容翰은 중원을 도모하기 위해서 먼저 고구려를 취하고 우문宇文 씨를 없애야 한다면서 고구려 침공의 전략을 이야기한다. 남·북의 두 길 중에 북도北道는 평활하고 남도南道는 험하고 좁으므로, 상식적으로는 대군이 북도로 오리라고 생각하여 남도를 가벼이 여길 것이다. 그러니 왕은 정병을 거느리고 남도로 진격하고 북도로는 작은 부대를 보낼 것을 권유하니, 모용황慕容皝은 그 말을 따른다.

그해 11월에 친히 정병精兵 4만을 거느리고 남도로, 군사 1만 5천을 북도로 나누어 고구려를 쳐들어 왔다. 고국원왕은 아우 무武로 하여금 정병 5만을 이끌고 북도를 방어케 하고 왕은 약졸을 거느리고 남도로 나섰다. 과연 전연은 북도에서 패하였으나 계책대로 남도를 통하여 환도성에 입성할 수 있었다. 고국원왕은 홀로 말을 타고 단웅곡斷熊谷으로 달아나고, 모용황은 환국하면서 고국원왕의 선왕인 미천왕美川王의 묘를 파헤쳐 그의 관을 싣고, 왕의 생모인 주周 씨와 왕비를 사로잡아 갔다. 뿐만 아니라 누대의 보물과 남녀 5만을 포로로 잡고 궁실을 불사르며 환도성을 헐어 버리고 돌아갔다. 그 노선이 지금의 어느 곳인지에 대한 논란이 많아 어느 누구도 확정적으로 말하기는 어렵다.

당唐대에 다시 신성도新城道란 명칭이 역사서에 등장한다. 『구당서』「고려전」을 보면, 정관貞觀 21년인 647년 3월에 "이적李勣을 요동도행군대총관遼東道行軍大總官으로 명하고 …… 영주도독병營州都督兵을 이끌고 신성도新城道로 진군하여 남소성·목저성에 진주하나, 고구려 병사의 항전에 승리를 거두지 못하고 그 외성에 불을 놓았다. 令李勣爲遼東道行軍大總官 …… 率領營州都督兵, 由新城道進軍。駐軍南蘇·木底, 高麗兵拒戰不勝, 李勣縱火燒燬其外城."고 기록하고 있다. 자치통감이나 삼국사기 등 기타 역사서에도 거의 비슷하며 똑같이 "신성도新城道"를 언급하고 있다. 또한 『삼국사기』 제22권 「고구려본기」 제10 보장왕 하편을 보면, 667년 "보장왕 26년 9월에 이적이 신성을 함락하고 계필하력契苾何力에게 지키게 하였다 …… 설인귀가 군사를 이끌고 옆에서 쳐서 아군 5만을 죽이고 남소南蘇·목저木氏·창암蒼巖의 세 성을 빼앗아 천남생泉男生의 군사와 합하였다"고 하는 부분이 있다. 이 내용도 자치통감自治通鑑 등 중국역사서에도 거의 그대로이다. 여기서 천남생의 군사와 합하였다고 함은, 이미 당唐에 투항한 남생이 근거지로 삼았던 국내성과 연결된 것으로 여겨진다. 그렇다면 신성 — 남소성 — 목저성 — 창암성 — 국내성에 이르는 루트는 신성도新城道이면서 고대의 남도南道 아닌가?

학자들은 신성도新城道는 고국원왕 때 전연의 모용황慕容皝이 군사를 나누어 침입했던 남·북도南北道 중 남도라는 데 거의 일치된 의견을 보인다. 이름만 달리할 뿐, 전연前燕 시대의 "남도南道," 수隋대의 "남소도南蘇道," 당대唐代의 "신성도新城道"가 신성新城을 시발점으로 하여 남소南蘇·목저木氐·창암蒼巖·환인桓仁을 지나 집안集安으로 이어지는, 고대부터 내려오는 노선이라는 것이다.

동북의 4월 중순은 낙엽이 진 산의 나무들이 겨우내 지내다가 대지의 물을 빨아들이기 바로 직전이라 그 건조함이 최고조에 달한 때이다. 고구려 고대의 남도南道, 즉 당대에 신성도新城道라 불린 길을 추적하면서 남소성南蘇城의 이름이 연유되었을 만한 소자하蘇子河를 따라간다. 어제 혼하와 소자하가 만나는 지점의 산성 철배산산성鐵背山山城과 살이호산성薩爾滸山城을 보고서, 그중 하나가 역사서상의 남소성일 수도 있다는 생각을 했다. 대화방자저수지大伙房子水庫를 건설하기 이전에는 철배산 앞으로 혼하 강변의 도로가 있었다는 것은, 고대에도 중요한 교통로였을 가능성을 말하고 있다. 어쩌면 그 교통로가 고대 남도, 즉 신성도였는지도 모른다. 그도 그럴 것이 산성의 배후에 혼하와 소자하가 합류하고 있으니 군사적 요충지였을 것이다. 그래서 인근에 추가로 살이호산성이 축조되었던 것이다. 일부 중국학자들은 그 두 산성이 후금의 누루하치努爾哈赤 시대의 성이라면서 남소성일 가능성을 배제하고 있다. 하지만 많은 중국 학자들은 그 두 산성은 원래 고구려 산성이었는데 그 입지가 워낙 요충지였으므로 누루하치가 다시 성을 쌓았다고 설명하며 근거들도 제시하고 있다(전편 「철배산산성鐵背山山城과 고구려 병마원수兵馬元帥 강이식姜以式 장군묘」 참조).

하지만 개연성일 뿐, 그 두 개의 산성이 남소성이라고 확실하게 말할 근거는 없다. 그래서 다른 학자들은 남소성南蘇城일 가능성을 이야기하는 인근의 다른 산성을 제시한다. 신성과 철배산산성·살이호산성은 G202국도 선상에

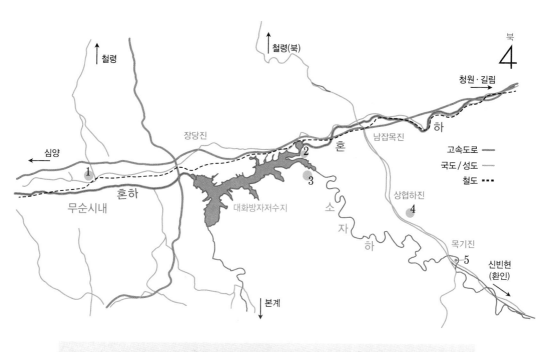

【신성에서 시작하는 추정 남도(신성도)상의 산성 위치도】

[범례] *고구려 고대 남도는 성의 배치 상황을 보았을 때 혼하를 따라가다가 소자하
합류 지점에서 다시 소자하 강변을 따라 이어진 것으로 보인다.
(1)신성 (2)철배산산성 (3)살이호산성 (4)오룡산성 (5)목저성

위치하는데, 철배산산성을 지나 남잡목진南雜木鎭에서 S201 성도省道로 분기
되고, 신빈현新賓縣을 지나 고구려 초기 도읍이 있던 환인桓仁으로 연결된다.
정확히 일치되지 않더라도 그 노선이 당시에 주요 교통로였으며 남도南道와도
가깝다고 여겨진다.

남잡목진南雜木鎭에 들어서니 이름에 걸맞게 도로변에 많은 목재공장들이
눈에 띈다. 그곳에서 혼하를 따라 서쪽으로 길림까지 이어지는 길이 G202국
도이고, 혼하를 건너 남쪽으로 가다가 소자하를 끼고 가는 도로가 S201 성도
이다. 옛 주요 교통로가 강변을 따라갔던 것을 증명하는 듯하다. 성도를 따라

남쪽으로 약 17km 정도 가면 상협하진上夾河鎭을 만나고, 그곳에서 동북쪽으로 약 4km 떨어진 곳에 오룡촌村이 있으며 마을 남쪽 산 위에 산성이 자리하고 있다. 그것이 바로 오룡산성五龍山城이다. 도로를 따라가면 철배산성과 약 35km 떨어져 있지만, 직선거리로는 약 20km 정도의 가까운 거리이다. 혼하와 소자하가 합류되는 지점의 2개 산성과 근접한 소자하 변이고, 신빈현新賓縣을 거쳐 환인桓仁과 국내성國內城으로 가는 길목에 위치한다.

오룡촌 가는 길가에 2014년 "성급문물보호단위省級文物保護單位"로 선정되었다는 〈오룡산성五龍山城〉 표지석이 서 있고, 조그만 내를 건너면 산성의 입구가 보인다. 멀리서 보아도 포곡식包谷式 산성의 전형임을 알 수 있다. 성의 입구는 북벽과 남벽에서 이어온 끝 지점이 서로 어긋나게 있으니 성문을 감추고 보호하는 옹성의 구조이다.

신빈현新賓縣을 잇는 S201성도에서 오룡촌에 닿기 전에 오룡산성 표지석이 있고, 그 배후에 산성의 입구가 보인다(북문).

성문에 다다르기 전의 밭에는 여기저기 돌무더기가 쌓여 있다. 아마도 산성에서 흘러 내려온 듯한 가공석이다. 더러는 성안에서 흘러나오는 계곡물이 밭으로 넘치지 않도록 쌓기도 하였고 나머지는 바람막이로 쌓은 것으로 보인다. 성문은 계곡 사이로 난 진입로를 따라 시작된다. 계곡 사이로 축조한 서벽 한가운데 개설된 성문에 서서 양쪽 언덕 위 대臺를 올려다 보니 당시에 그 누구도 맘 놓고 진입하는 것을 허락지 않았을 것이다. 성 전체에서 가장 낮은 지대이므로, 문 옆으로는 계곡물이 흐르는 수구문이 같이 자리한다. 홍수를 겪은 탓인지 곳곳이 움푹 패여 있기도 하고 돌로 쌓은 보가 무너져 내린 흔적도 보인다.

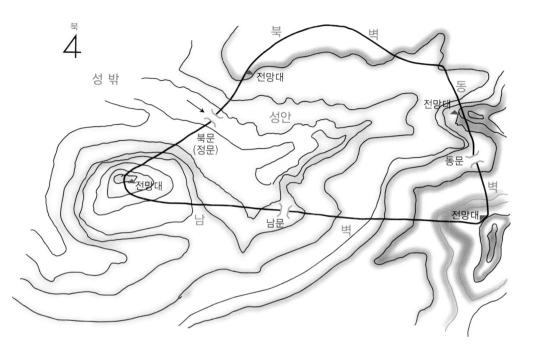

【오룡산성 평면 개념도】

북문 안에 들어서 전체를 조망하면, 오른쪽으로 남벽, 왼쪽으로 북벽이 뻗어 나가고, 동벽이 앞을 가로지르니 계곡을 삼면으로 둘러싼 형국이다. 그 안쪽에 공간이 꽤 넓으니 성의 중심시설이 있었을 것이다. 성안 한가운데로 마찻길이 지나고 길가 여기저기에 건축물터가 보인다. 그 길을 따라가면 동벽에 닿는데, 남벽부터 보기 위해 계곡에서 산줄기를 잡아 남벽으로 향했다. 남벽은 폭이 넓은 토벽을 쌓아 축조한 듯이 보인다. 그 벽 위로도 물자를 운반하고 병사들이 이동했을 만하다. 현지인들은 동남 각대角臺에서 시작하여 약 262m 지점까지 약 3~5m 폭으로 이어지는 성벽을 마찻길馬道이라고 부른다. 내가 그 구간을 만난 것이다. 좀 더 동쪽으로 이동하니 과연 동·남벽이 만나는 모퉁이의 각대角臺에 닿는다. 그곳에 올라서면 성 안팎이 다 보인다. 해발 438.3m로 성 전체 최고봉이다. 대의 바깥쪽은 흙이 흘러내리지 않도록 석축으로 보강을 하였다. 성 전체를 지휘하는 점장대가 아니었을까? 서남 각대로부터 이곳까지 성벽의 길이는 854m로, 성 전체에서 가장 길게 이어진다. 전체 성벽은 평면도에서 보듯이 그 길이를 밑변으로 하여 거의 삼각의 형태를 지닌다.

동남 각대에서 시작된 동벽은 험준한 바위로 이루어져 발을 조심조심 내딛어야 하는 위험한 구간이다. 긴장의 끈을 놓지 않고 내려오니 V자 형태의 낮은 지점에 조그만 문터를 만난다. 그 규모는 작고 형태가 완전치 않으나 동문인 듯하다. 그곳에서 다시 오르면, 상단이 1m 남짓하여 좁지만 인공의 석축 성벽이다. 잔고가 바깥으로 3~4m, 안쪽으로는 1m 남짓 남아 있다. 그러한 성벽이 가파르게 이어지는 동벽은 북벽과 만나는 지점인 동북 각대까지 292m를 이어간다. 성밖을 내다보니 험준한 벼랑이라 동벽을 통한 침입이 쉽지 않아 보인다.

북벽은 성 밖의 작은 하천과 천변의 도로와 평행하도록 산등성이 위에 쌓았다. 교통로를 따라 조망하기 좋고, 북동쪽으로 오룡촌五龍村 마을이 한눈에 들어온다. 하지만 동벽과 마찬가지로 성밖은 가파른 벼랑으로 이루어

토벽으로 된 오룡산성의 북벽

졌으니 접근이 용이하지 않으며 오로지 성문을 통해서만 성안으로 진입이 가능한 지형이다. 북벽은 607m를 이어가다가 북·서벽이 만나는 각대角臺에 이른다. 북서 각대로부터 서벽이 시작되며 남·서벽이 만나는 지점의 남서 각대까지의 서벽은 길이 354m이다. 서벽에는 두 각대 사이에 계곡이 있으니 답사를 시작했던 지점이고, 성의 가장 낮은 지점이면서 성문과 수구문이 위치한다.

전체 성벽의 길이는 2,107m에 달한다. 성벽의 길이와 그 구분은 『요해문물

학간遼海文物學刊』1994년 제2기에 게재된 무순현문물위원회의 동달冬達 저자의 「신빈현오룡고구려산성新賓縣五龍高句麗山城」을 참조하였다. 상기서에는 성문이 북문(정문)과 남문 2개로 되어 있지만, 답사결과 동벽의 가장 낮은 지점에도 작은 문의 흔적이 있다. 따라서 필자가 작성한 평면도에서 보듯이 3개의 문이 있었던 것으로 여겨진다.

과연 이 성이 남도南道상에 있던 그 남소성南蘇城일까? 당唐대에 몇 차례 언급되는 신성도新城道가 고대의 남도였으며, 당시에 그 루트를 지키다 함락되었던 남소성이 맞는가? 역사서에 언급될 정도이면 그 중요성이 상당했을 텐데, 어제 답사했던 철배산산성鐵背山山城이나 살이호산성薩爾滸山城이 규모에 있어서나 입지조건으로나 보다 요충지이다. 241쪽의 【신성에서 시작하는 추정 남도(신성도) 상의 산성 위치도】를 보면 신성에서 시작한 루트는 철배산산성까지 혼하를 따라가다가 소자하가 혼하에 합류되는 지점에 살이호산성을 두고, 다시 남동쪽으로 가다가 오룡산성五龍山城을 만난다. 고구려 산성의 배치를 눈여겨보면 강의 합류지점은 전략적 요지임을 알 수 있으니, 철배산산성이나 살이호산성이 더 중요했다는 것을 짐작할 수 있다. 일부 중국학자들은 그 두 개의 성이 후금 시대의 성이었다는 이유로 남소성이었을 가능성을 원천적으로 배제하고 있지만, 반대로 이전에는 고구려 산성이었음은 생각할 만한 여지를 충분히 남겨둔다. 하루 이틀 산성들을 답사했다고 하여 확증할 만한 근거를 찾을 순 없어도, 입지조건을 감안하면 어제의 두 산성이 오룡산성보다는 역사서에서 언급되는 남소성일 가능성이 훨씬 많다. 오히려 오룡산성은 두 산성의 인근에 위치하여 보완하는 역할을 했던 것으로 보인다. 앞으로 보다 깊은 연구가 필요하다고 생각하며 성문을 통해 하산한다.

신빈현新賓縣으로 연결되는 S201성도를 따라 약 12km 가다 보면 소자하 강변 마을인 목기진木奇鎭에 닿는다. 고구려 시대엔 성의 존재로 인해 목저성木氐城으로 불리었고, 송대宋代에 목저군木氐郡, 청清대엔 목저주木氐洲 등 역대 중국왕조에서도 목저木氐라는 이름을 놓지 않고 이어왔다. 그러나 고구려 시대 목저성의 구체적인 위치에 관해서는 학자간에 논란이 있었다. 일부에서는 목기진의 북쪽 궤자석산櫃子石山이라고 주장했으나 실제 조사결과 고구려 성터라고 할 만한 유적이 부족하였다고 한다. 1988년 무순시박물관에서 목기진木奇鎭 주변 소자하의 서안인 하서촌河西村에서 고대古代 성터를 발견하였으며, 그 평지성터가 목저성의 자리라고 추정하였다.

목기진에서 소자하를 건너 하서촌에 다다라 주민들에게 물으니, 강변의 평범한 언덕배기가 옛 성터였다고 한다. 봄이 다가와 옥수수를 심으려고 밭을 갈고 있으니 여느 옥수수밭과 다름없다. 옛 성터였다는 표지석 하나 찾을 수 없다. 무관심일까 아니면 그 위치에 대한 확신이 없었던 것일까?

목기진木奇鎭 서쪽으로 소자하가 흐르고 그 강 건너편은 옛 성터가 발견되었다는 하서촌이다(하서촌에서 바라본 강의 모습).

이틀간 남소성과 목저성을 찾아보았지만, 1,000년 이상 지난 역사를 확정적으로 이야기할 방법은 그 어디에도 없다. 단지 정황만을 보고 추정할 뿐이다. 남도의 경로 자체에 대해서 이론이 있기도 하다. 특히 국내학자인 정원철鄭元喆의 「고구려 남도, 북도와 고구려산성의 축성」(동국사학 제50권 동국사학회 간 2011.6)을 보면, 위에서 이야기한 노선은 고구려의 북도北道였고, 남도南道는 태자하太子河 유역을 따라가는 노선이었을 것이라고 주장한다. 그 근거로 산성의 분포를 들고 있다. 북도는 그 지형이 평탄하여 당시의 주요노선이었음에도 불구하고 산성의 분포가 별로 남아 있지 않다는 것이 그의 논거이다. 그러면서 신성부터 태자하 강변에 고검지산성·태자성·하보산성·평정산산성·백암성 등 많은 산성이 배치되어 있기 때문에 그 노선을 남도로 설정하고 있다. 모든 설이 정황을 가지고 추정할 뿐이지 확실한 근거는 없다.

강변 언덕이 목저성이 있었던 고성터라고 한다.

창암성蒼巖城(費阿拉城)과 하남산성河南山城(覺爾察城)

– 후금 누루하치가 차용했던 고구려 산성

지금은 옥수수밭이 되었지만, 누루하치가 처음으로 사용했던 훼이아라성(구노성舊老城) 경내이다. 밭의 끝 산자락에 내성이 있었다고 하는데, 고구려의 창암성蒼巖城의 자리로 비정된다.

청淸 태조太祖 누루하치努爾哈赤는 1586년 지금의 무순撫順 신빈현新賓縣 일대의 건주여진建州女眞을 통일하고, 소자하蘇子河 상류이자 지류인 이도하 二道河 인근에 성을 쌓고 근거지로 삼는다. 그것이 훼이아라성費阿拉城이라 불리며, 1603년에 멀지 않은 허투아라성赫圖阿拉城으로 옮겨 주변의 여진족을 완전히 통일하고, 1616년에는 후금後金의 건국을 선포하기에 이른다. 이에 위협을 느낀 명明의 조정에서 10만 군대를 보내 제압하려 했으나, 1619년 살 이호薩爾滸전투에서 누루하치가 대승을 거두어 요동 전체로 세력을 확장하는 계기가 된다.

후금後金은 1621년 고구려의 요동성이 있던 요양遼陽으로 천도를 했다가 1625년에 다시 지금의 심양인 성경盛京으로 수도를 옮기게 된다. 그는 그 이듬해에 병사를 하고, 그를 이은 후앙타이지皇太極가 국호를 청淸으로 바꾸고 연호를 숭덕崇德으로 정했다.

여기서 주목하는 것은 후금의 초기 근거지가 바로 고구려 남도南道의 주요한 길목이었던 지금의 신빈현新賓縣이었던 점이다. 따라서 그곳에는 고구려 산성이 많았고, 그들은 요충지에 자리했던 고구려 산성을 차용하여 적절하게 활용했다. 그들이 최초로 성을 쌓고 근거지로 삼았던 훼이아라성費阿拉城(휘아라성佛阿拉城 혹은 구노성舊老城으로도 불린다)은 역사서에 언급되는 고구려 남도南道·신성도新城道상에 있던 산성인 창암성蒼巖城의 자리에 축조된 것으로 여겨진다.

창암성(훼이아라성費阿拉城)은 옥수수밭이 드넓은 언덕에 자리하니, 그저 평범한 농촌일 뿐 그곳에 성이 존재한다는 것은 아무도 상상하기 어려운 곳이다. 우연히 만난 만주족 노인의 안내가 있어 들어섰지만 성이라는 그림이 그려지지 않는다. 영홍선永紅線 지방도로변 풀숲에서 1988년에 "성급문물보호단위省級文物保護單位"로 지정했다는 표지석을 보지 않았다면 믿지 않았을지도 모른다. 옥수수밭을 한참 지나 성의 남문 자리에 다다랐다. 노인의 설명에 따르면 성은 내성內城·외성外城·외곽성套城(둘레성으로 번역해도 좋을 듯하다)의 3중 성벽을 이루고 있다고 한다. 진입로의 첫 관문이 외곽성의 성문이다. 과연 양쪽으로 어렴풋이 성벽의 흔적이 나타난다. 성문 자리에서 외곽성을 조망하면 전체가 옥수수밭이 되었지만 작은 면적이 아니다.

길을 계속 따라가면 다시 하나의 성문을 만난다. 그것이 두 번째 관문이자 외성外城의 성문이다. 성문 양측을 잇는 성벽이 보다 선명하게 드러난다. 외곽성에 비하면 성안이 많이 좁아 있음을 알 수 있다. 멀리서 정면을 가로막고 서 있던 산들에 더 가까워졌다. 양옆으로도 산줄기가 뻗어 내려오고 그곳에 측면의 성벽을 쌓았다. 그 산으로 다가갈수록 그 폭이 줄어들고 따라서 성안의 면적도 작아진다.

거의 산자락에 닿았을 때 또 하나의 성문이 나타난다. 그것이 마지막 관문

창암성 내성 성문에서 보는 성벽의 단면. 그 폭도 상당히 넓다.

이자 내성內城의 정문이다. 다른 성문보다는 성벽을 훨씬 높이 그리고 어긋나게 쌓았으니 적의 접근을 쉽게 허락지 않는다. 성문에 들어서면 바로 산과 이어진다. 이렇게 성은 3중으로 구성되어 있는 것을 확인할 수가 있다. 삼중의 성은 방어력을 보강하기 위한 목적도 있었지만, 신분을 구별하여 내성에는 누루하치와 그의 친척들 약 100여 호가 살았고, 외성에는 팔기귀족八旗貴族이, 외곽성에는 400여 호의 팔기병사들이 거주하였다.

2011년 무순시정협문사위원회撫順市政協文史委員會 편 『무순문물撫順文物』 「고유지古遺址」의 훼이아라성費阿拉城(창암성) 항목을 보면, "성은 누루하치가 전체적으로 다시 건설하면서 자연의 3층으로 된 대지臺地를 이용하여 원래 성터 위에 내성·외성·외곽성으로 구분하여 지었다. 삼중의 성벽 구조는 중점

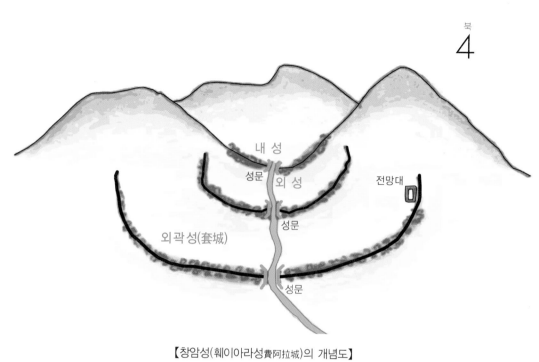

북
4

내 성

성문

외 성

전망대

외곽성(套城)

성문

성문

【창암성(훼이아라성費阿拉城)의 개념도】

적으로 성의 스스로 방어능력을 두드러지게 하며 군사적 수요에 적합하게 한다. 『성경통지盛京通志』에 성은 '성의 북쪽에서 시작하여 성의 서남에서 끝나는데 그 합계가 9리 90보이다'고 기재하였으며 토석으로 쌓은 벽체로 되어 있다. 현세 사람들이 돌과 흙을 채취, 농경생산으로 심하게 훼손하여 유지遺址의 윤곽이 분명치 않다. …… 외성벽의 실제측량 총길이는 5,560m이고, 내성벽은 산성 안 골짜기를 따라 건축하였으며 요철 지세에 따라 토석을 쌓는 방법으로 축조하니 그 전체 길이가 960m이다. 該城經努爾哈赤重新拓建。利用自然三層臺地, 在原城址上分別建起套城、內城、外城。三重城墻的結構重點突出了城堡自身防禦能力, 使之適用于軍事上的需要。据〈盛京通志〉記載, 該城'自城北起至城西南止, 計九里九十步,'爲土石壘築墻體。現人爲取石、取土、農耕生産的嚴重破壊, 遺址輪廓已經不淸 …… 外城墻實際測量總長度爲5,560m。內城墻是按照山城中溝壑走向而修建的,

它隨着溝邊的凹凸形勢採用土石壘築方法修建而成, 全長960m。"라고 한다.

훼이아라성은 일명 훠아라성佛阿拉城이라고 칭한다는데, 만주어의 "훠佛"는 아주 오래되었다는 의미이며 "아라阿拉"는 산언덕山岡을 뜻한다. 따라서 아주 오래된 산언덕이란 의미이다. 누루하치가 후금을 건국한 허투아라赫圖阿拉城 이전의 근거지였기 때문에 훼이아라성을 구노성舊老城이라 하고, 허투아라성을 노성老城이라 부른다. 그것은 1621년 요양으로 천도하여 건설한 동경성東京城을 기준으로 부른 것이 아직도 전해진 것이다. 구노성舊老城이란 의미와 상관없이 산자락에 존재하는 내성은 고구려 산성의 터에 누루하치가 다시건설한 것이다. 상기서를 보면 성은 "더불어 고구려 산성의 폐허 위에 건축하였다. 幷在高句麗山城的廢墟上築建。"란 대목을 볼 수 있다. 『요해문물학간遼海文物學刊』 1994년 제2기 「신성도급신성도상제성고新城道及新城道上諸城考」를 보면, 보다 상세하게 언급되고 있다. "후금 시대의 이도하자 구노성의 내성은 산에 의존하여 축조하였으며 고구려 산성의 형태와 유사한 점이 있다. 아직 발굴하지 못하였지만 우리는 잠정적으로 이 성을 창암성으로 추정한다. 이 성의 서남쪽 약 2.5km 거리의 유수향楡樹鄉에서 80년대 초 고구려 적석묘가 대량으로 발굴되었으니, 대형묘역 부근에는 필히 대형 유적지가 있다는 규칙에 근거하여 우리는 그 일대의 묘역이 창암성에 딸린 것으로 인정할 수 있다. 後金時代的二道河子舊老城, 該內城依山而築, 與高句麗山城的形制有相似之處, 因未經發掘, 我們暫定此處爲蒼巖城。在此城西南2.5公里的楡樹鄉, 80年代初期發現了大量的高句麗積石墓, 根據大型墓葬區附近必有大型遺址的規律, 我們可以認定, 這片墓葬區是從屬于蒼巖城的。"고 기재한다.

창암성蒼巖城이라고 하니 자세히 살펴보지만, 후금의 것도 별로 남아 있는 것이 없으니 고구려 시대의 유적은 더 말 나위가 없다. 하지만 지세를 보면 고구려 시대의 군사 요충지는 누루하치에게도 최초의 근거지로 만들 만한 가치를 지녔던 것이다. 훼이아라성은 무순撫順 신빈만족자치현新賓滿族自治縣 영릉진永陵鎭 이도하촌二道河村 동남쪽 2km 떨어진 곳에 소재해 있으며 그 정확한 위치는 북위 41°59'2", 동경 124°1'9"이다. 사실 "훼이아라"성을 찾기까지는 많은 시간을 소비했어야만 했다. 자료도 별로 없지만 현지인에게 물어도 관심이 없다. 그래도 공무원은 좀 낫지 않겠냐 싶어 이도하촌二道河村 입구 사거리의 목재검사소의 검사원에게 물으니, 영릉진으로 되돌아가는 길가에 뭔가 유적이 있다고 할 뿐이다. 찾아 가보니 의외로 산성이었다.

도로변에 2002년에 시급문물보호단위로 지정된 쥐에얼츠아성覺爾察城이란 표지석에 하남산성河南山城이라고 병기되어 있다. 하지만 진입로의 분위기가 사뭇 다르다. 아마도 어느 개인이 멋대로 산성을 개발하여 성문을 변형시키고 출입문과 매표소까지 세웠지만, 현정부로부터 제재를 받아 폐쇄된 듯하다. 2002년에 "시급문물보호단위"로 선정되었다는 것이 무색할 뿐이다. 한 중년의 여인이 따라와서 들어 온 이유를 묻더니 한국인인 것을 알고는 따라 다니며 설명한다. 산 중턱에 누루하치 조부의 6형제 중 가장 맏이인 떠스쿠德世庫가 살았다고 하는 오두막집에 초상화와 함께 그를 찬양하는 현수막을 걸어 놓았다. 여기저기 휘장과 깃발이 걸려 있어 마치 그를 신격화하여 모시는 사교 집단의 성지 같다는 생각이 들 정도이다.

산성은 동서로 190m이며, 남북으로 240m의 길이에 둘레는 약 680m이며 남고북저南高北低의 포곡식包谷式산성이다. 산에 오르니 흙과 돌을 섞어 쌓은 남벽이 드러난다. 성벽에 오르니 동남쪽에 마을 사이를 남북방향으로 흐르는 이도하李道河와 강을 따라가는 도로가 보인다.

하남산성은 남벽이 잘 남아 있다.

남벽을 따라가면 서쪽 끝으로 오르는 계단이 있는데, 그녀는 천국으로 오르는 길이라고 한다. 드디어 사교의 본색을 드러내나 하는 걱정이 앞선다. 하지만 그곳은 하늘로 통하는 길이 아니고 산성의 가장 높은 곳으로 봉화대였으며 또한 점장대點將臺가 있었던 터로 여겨진다. 대에 오르니 동으로 허투아라성이 보이고, 북으로는 이도하가 소자하로 유입되고, 그 강 건너 영릉이 눈에 들어온다. 남쪽으로는 훼이아라성이 있고 서남 방향에서는 연통산煙筒山이 멀리 서있다. 과연 이곳에 왜 산성이 존재했는지를 알 듯하다.

성안 서북쪽에 우물이 하나 있다. 그녀는 용정수龍井水라고 하면서 한 컵 권한다. 그리고 성의 중심시설이 있었을 만한 동북쪽 평탄한 장소에 지은 건물로 안내를 하길래 들어가 보니, 지금은 폐쇄되었지만 아마도 만족滿族의 민간요법으로 사람들을 치료했던 장소로 보인다. 누루하치의 큰 조부 등 당시 인물들의 초상화를 걸어 놓고 제를 올렸던 흔적으로 보아, 그의 영험을 등에 업고 사람들을 현혹시켜 무허가로 치료하다가 현정부로부터 폐쇄당한 듯하다. 고구려 산성을 후금 시대엔 만주족의 성채城寨로, 오늘날에 와서는 어느 집단의 불법개발로 형체를 알아볼 수 없게 만들어 버렸다.

상기 『무순문물撫順文物』의 기록에 따르면, "하남산성은 1981년 제2차 전국문물조사 때 발견되었으며, 이때 학자로부터 후금 누루하치의 여섯 조부 중만이인 떠스쿠德世庫가 거주했던 쥐에얼츠아성覺爾察城으로 인정되었다. 단출토한 문물 분석을 근거로 보면 이곳 유적지는 당연히 고구려 중후기의 산성이다. 河南山城于1981年第2次全國文物普查時被發現, 曾被一此學者認定爲後金時期努爾哈赤之六祖城之一的長子德世庫所居覺爾察城。但根據出土文物分析, 此處遺址應爲高句麗中晚期山城。"라 한다.

결국 오늘 돌아 본 두 산성은 누루하치의 후금이 차용해 사용했던 고구려 산성이다. 어찌 이 두 산성뿐이겠는가? 살이호전투薩爾滸戰役의 전장 부근

철배산산성鐵背山山城과 살이호산성 또한 고구려 산성이었다. 그 밖에 근거지였던 무순 일대에 수많은 고구려의 요충지를 적절히 활용하였다. 과연 누루하치는 천수백 년 전에 구축된 고구려의 산성에 대해 얼마나 알고 어떤 마음이었을까?

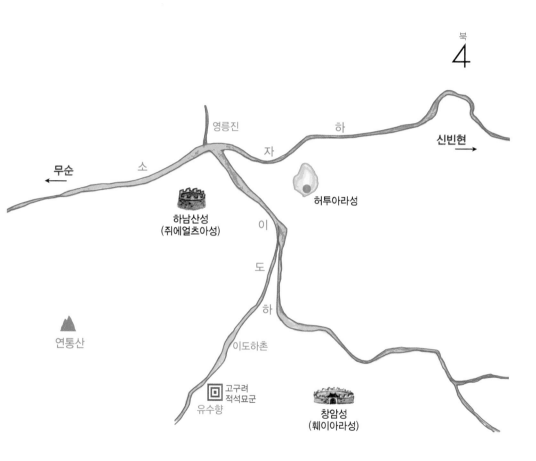

【창암성(훼이아라성)과 하남산성 주변도】

전수호산성轉水湖山城과 조선혁명군 총사령 양세봉梁世奉 장군

양세봉의 조각상 앞에서 바라본 부이강富爾江 건너 **전수호산성轉水湖山城**의 서벽.

주몽이 흘승골성에 도읍을 정한 뒤, 비류수에 채소 잎사귀가 떠내려 오는 것을 보고 그 상류에 사람이 살고 있음을 알게 되었다. 그곳에 비류국沸流國이 있고 비류국왕 송양松讓이 항복하고 나라를 바치니 그곳을 다물도多勿都라 하였다. 많은 학자들은 부이강이 바로 고대의 그 비류수라고 비정한다. 그도 그럴 것이 강줄기를 따라가면 주몽이 처음 도읍을 세웠던 바로 환인桓仁에 닿는다. 전수호산성은 바로 비류수 즉 부이강富爾江이 감아 돌아가는 산에 자리한다. 부이강은 고구려 당시 남도南道의 노선을 연결하는 하나의 강줄기였으므로 전수호산성은 그 고도古道상의 방어체계의 하나였음이 분명하다. 원래 산의 명칭도 산성의 존재로 인하여 고려성자高麗城子 또는 산성자山城子라 불리었지만, 후대에 부이강 흐름의 형태에 따라 전수호산轉水湖山이라 명명됐다고 한다.

산성에 가기 위해 전날 신빈현新賓縣 시내에 도착하여 하룻밤을 지냈다. 만족자치현滿族自治縣인 신빈현은 조선족 마을도 많은데, 압록강이 멀지 않아서인지 일본강점기에 많이 이주했고 독립운동도 활발했다. 신빈현 중심에서 동쪽으로 30여 분 가면 왕청문진旺淸門鎭에 닿는다. 한때 남만주의 중심지였지만 지금은 작은 농촌에 지나지 않는 이곳에, 조선혁명군 총사령본부가 있었다. 양세봉은 1896년 평북 철산군에서 빈농의 5남 중 장남으로 태어나 1917년 간도로 이주하니 이것이 그가 신빈현新賓縣과 인연을 맺게 된 계기다. 1919년 3·1운동을 계기로 신빈현에서 만세시위를 조직한 이래 독립군에 입대하여, 1931년 만주사변 이후 양세봉은 조선혁명군 총사령이 되어 본부를 왕청문旺淸門에 두고, 뒤에 중국의용

항일명장 양세봉 장군상

군 이춘윤李春潤과 연합하여 1932년 3월 영릉가永陵街전투에서 일본군을 이기고, 보복 차원에서 일본군이 항공기까지 동원하여 흥경성興京城을 점령하였으나 다시 수복하는 등 연전연승을 거두었다. 하지만 1934년 8월에 밀정의 계략에 빠져 안타까운 최후를 맞이하게 된다. 조선혁명군은 장군의 순국 후에 그 세력이 급격하게 위축되었다.

우리 정부는 1962년에야 건국훈장 독립장을 추서하였지만 이전부터 그가 활동했던 이곳의 왕청문 조선족학교 교정에는 양세봉 장군의 흉상을 세우고 기렸다고 한다. 하지만 갈수록 학생수가 적어져 1999년에 폐교되고, 중국기업인이 폐교된 학교를 매입하여 공장을 세우면서 장군의 조각상은 한쪽에 방치되었다. 그러던 중 2011년에 심양의 조선족 기업가인 길경갑吉京甲씨가 사재를 털어 전수호산성轉水湖山城으로 가는 길목에 장군의 조각상을 모셨다. 조각상마저 유실될 처지에 있다가 다시 세상에 보이게 된 것만으로도 얼마나 다행인지 그저 감사할 따름이다. 전수호산성 가는 길에 둘러 본 장군의 조각상을 세운 터는 주변의 옹벽에 금이 가는 등 붕괴 위기에 처해 있어 안타까움을 더한다. 우리가 나서야 하는 것은 아닐까?

전수호轉水湖는 강물이 돌아 호수를 이룬다는 의미가 아닌가? 부이강이 산을 휘감아 돌아서 여울진 곳에 호수처럼 넓은 폭을 만들며 흐른다. 부이강을 건너는 다리를 지나면 전수호촌轉水湖村이라는 목가적인 강변 마을이 나온다. 이미 왕청문이 아닌 향수

전수호산성의 동벽. 동벽은 험준하여 오를 수가 없고 남쪽으로 길이 나있다.

하자향響水河子鄕에 속한다. 마을 뒤의 옥수수밭 너머 강가에 우뚝 솟은 산은 난공불락의 요새임을 알 수 있다. 옥수수밭을 지나 남쪽에서 산을 올랐다. 가파른 산세에 잠시 올랐을 뿐이지만 숨이 턱턱 막힌다. 한참을 오른 후에야 산성의 성벽이 나타난다.

산성의 남벽을 만난 것이다. 길게 늘어진 석축의 성벽인데, 동쪽으로는 절벽이 심하니 별도의 축성이 필요치 않다. 남벽의 동쪽 끝에 가까워지면 천연의 바위가 남동의 각대角臺를 이룬다. 남벽에서 인공 성벽은 그 길이가

석축의 전수호산성 남벽

약 250m 정도, 폭은 2~3m에 잔고는 1~1.5m이다. 그 보존 상태가 양호한 편이다. 성벽 안으로 공간이 꽤 넓으니 건축물터가 있었을 것으로 보인다.

성안에 우물터인 듯한 흔적이 보이지만, 군데군데 파헤쳐 아직 흙이 마르지 않은 것을 보아 혹시 도굴꾼들이 유물을 찾아다닌 것이 아닌가 하는 생각이 든다. 그렇다면 과연 중국에서의 "문물보호단위文物保護單位"는 무엇을 의미한단 말인가? 성벽은 서쪽으로 갈수록 많이 훼손되어 잔고는 낮아지고 흔적

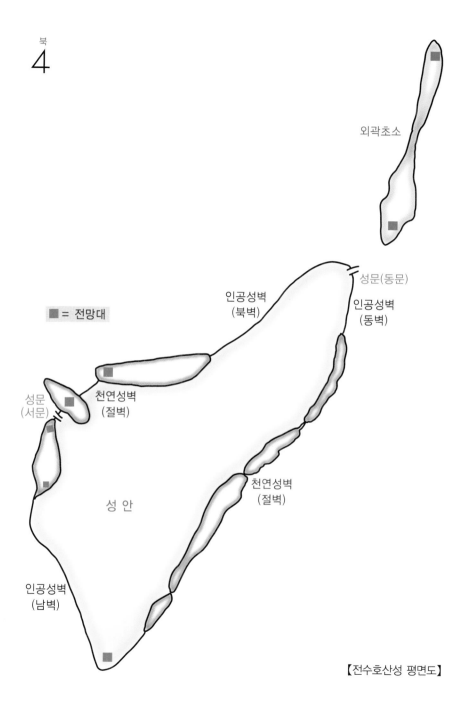

북
4

외곽초소

■ = 전망대

성문(동문)

인공성벽
(북벽)

인공성벽
(동벽)

성문
(서문)

천연성벽
(절벽)

성 안

천연성벽
(절벽)

인공성벽
(남벽)

【전수호산성 평면도】

만 남다가 남서 각대角臺와 연결된다. 각대는 높은 바위 위에 솟아 있다. 어렵게 오른 각대에서 성 밖을 내려다보니, 서남쪽에서 부이강이 흐른다. 강변에 펼쳐지는 평지가 한눈에 들어오니 바로 전에 방문했던 양세봉 장군상도 손에 잡힐 듯 보인다.

조심스럽게 각대에서 내려오면 서쪽의 성벽이 이어지면서 서문을 만난다. 부이강과 나란히 이어지는 성벽의 문이다 보니 강과 연결된다. 또한 성안에서 가장 낮은 지대이므로 성안의 물을 성밖으로 내보내는 수구문 역할도 동시에 한다. 성문 밖으로 이어지는 길은 급경사이지만 문터의 흔적이 분명하게 남아 있다. 서벽은 높고 험한 바위들로 이어지면서 인공의 성벽은 일부뿐이며 더러 큰 바위 위에 가공석을 덧쌓은 것이 보인다. 서벽은 그렇게 약 156m 이어간다. 경사가 급한 강 쪽에서 올라온 적들이 어찌 쉽게 넘을 수 있으랴?

북벽은 서쪽에서 시작되는 지점에서 토벽으로 이어지며 곧 북문이 개설되어 있다. 다시 토벽이 좀 이어지다가 험준한 바위산을 만나게 되는데, 그 높이가 밖에서 보면 약 60m, 안쪽으로 30m 정도의 웅장한 천연장벽이다. 그 어느 누구도 범접할 수 없는 완벽한 성벽이다. 바위 위에 오르면 산성 북쪽으로 이어지는 산악지대와 동북쪽의 평야지대가 한눈에 들어온다. 아마도 전망대가 자리했을 것이다. 그 다음은 석축의 성벽으로 이어지며, 그 폭은 3m에 잔고가 1.5~2m인 인공성벽이다. 북벽은 전체적으로 382m에 달하며 인공성벽이 232m, 천연성벽이 150m로 구성되어 있다. 계속 가면 북벽의 동쪽 끝 부근에서 동문을 만난다.

동벽은 동문에서 동남 각대角臺까지 약 575m를 이어간다. 마을 끝에서 바라보았던 절벽의 산세가 바로 동벽이다. 산세가 험준하니 간간이 인공의 석벽이 있을 뿐이다. 밖에서 보면, 동남 각대로부터 높이 100m 이상의 절벽인 천연장벽이 355m 이어지다가 잠시 석축의 인공 성벽이 보이고, 다시 천연성벽이

125m 정도 계속된다. 그 다음 동문까지 다시 폭 3m에 잔고가 2m 전후인 석축의 인공성벽이 약 85m 이어진다. 그러고 보면 동벽은 80% 이상이 천연성벽으로 이루어졌다. 동벽은 오를 수도 없지만 내려갈 수도 없을 만큼 험준하다. 다시 북벽으로 하산하는데, 동남쪽의 산악지대에 우뚝

천연성벽 구간

솟은 흑구산성黑溝山城이 눈에 들어온다. 그리 먼 거리가 아니고, 또한 부이강변의 산성이다. 서로 마주보고 연합하여 강변을 따라가는 남도南道를 지켰을 것이다.

259쪽의【전수호산성 평면도】에서 보듯이 동문의 북쪽 전방 절벽 위에 평탄한 공간이 있어, 병사들을 배치하여 감시하는 외곽초소를 설치, 방어력을 한층 강화하였다. 제시된 성벽의 길이 등 제원은 『북방문물北方文物』 1991년 제1기(통권 제25기)에 게재된 무순시撫順市박물관의 「전수호산성조사보고서轉水湖山城調査報告書」를 기초로 하고 답사하면서 확인한 결과이다. 상기서에 따르면 산성에는 우물터水井가 2곳 있다고 한다. 남벽의 중간 성안으로 직경 1.5m에 깊이 30cm인 터가 있다고 하지만, 지금은 도굴꾼들이 파놓은 흔적이 많아 찾을 수 없었다. 또 하나는 거의 같은 규격으로 동문 밖 34m 지점에 있다고 하지만 찾지 못하였다. 수원지는 산성에 있어 가장 중요한 입지 조건 중 하나이다.

고구려 시대의 고도였던 북도北道와 남도南道에 관해 이설도 있지만, 남도는 혼하渾河 — 소자하蘇子河 — 부이강富爾江 — 신개하新開河 — 집안集安으로 연결되는 노선이 다수설이다. 지금까지 지나온 신성新城에서 혼하를 타고 철배산

산성鐵背山山城·살이호산성薩爾滸山城 인근에서 소자하로 분기하면서 오룡산성五龍山城·목기성木奇城을 거치고 창암성·하남산성을 지나 오늘 부이강의 전수호산성에 닿았다. 부이강을 따라가면 분명 환인을 거쳐 집안으로 갈수 있지 않은가?

고대의 비류수沸流水, 부이강을 바라보면서 생각한다. 부친인 미천왕美川王 묘가 파헤쳐지고 생모와 왕비가 인질로 잡혀간 고국원왕은, 과연 남도가 어떤 길이였기에 허술하게 대처했던가? 그동안 답사했던 남도 변의 많은 산성들은 그 이후에 축조되었단 말인가? 그리고 옛 고구려 땅에서 일본군을 향해 호령했던 독립투사 양세봉 장군은 가까이에 자리한 고구려 산성을 바라보며 무슨 생각을 했을까?

전수호산성을 오르며 내려다본 부이강. 고구려 건국의 역사에 나오는 비류수沸流水다.

부이강富爾江 변의 흑구산성黑溝山城과
그 하류의 실체 없는 고구려 성들

흑구산성에서 내려다보는 부이강富爾江 지류인 **취류하聚流河 주변 벌판**

신빈현新賓縣은 만주족자치현滿族自治縣이지만 압록강에서 그리 멀지 않아 일제강점기에 이주한 동포들이 많았기에, 지금도 행정구역상 조선족촌朝鮮族村도 적지않다. 신빈현의 동쪽 끝자락인 홍묘자향紅廟子鄕에도 13개 촌 중 조선족촌이 2개나 있다고 한다.

취류하聚流河가 홍묘자향을 감아 돌아 본류인 부이강富爾江에 유입되는 지점인 사도하촌四道河村에 고구려 산성인 흑구산성黑溝山城이 자리한다. 북으로 상류에 직선거리 10km 떨어진 곳에 전수호산성轉水湖山城이 자리한다. 비류수沸流水로 비정되는 부이강은 이곳을 거쳐 이웃한 환인桓仁에서 혼강渾江으로 유입된다. 흘승골성으로부터는 불과 30km밖에 되지 않는 곳이다.

길가에서 산으로 이어지는 옥수수밭 끝자락에 1987년 "시급문물보호단위市級文物保護單位"로, 2003년 "성급문물보호단위"로 선정되었다는 표지석 두 개가 서있다. 1987년에 세워진 표지석에는 "흑구산성黑溝山城(고구려高句麗)"이라고 쓰여 있다. 무순撫順시 경내를 다니다 보면 1987년도에 보호단위로 선정하여 세운 표지석에는 다 그렇게 쓰여 있음을 알 수 있다.

표지석을 뒤로 하고 옥수수밭을 따라난 산길을 올라 정상에 닿았지만 산성은 보이지 않았다. 다만 남쪽의 강줄기와 그를 따라 전개되는 드넓은 벌판이 한눈에 들어오니, 아마도 산성 남쪽에 있는 초소 자리가 아니었을까? 다시 산줄기를 타고 북쪽으로 가다 보면 흑구산성의 남벽이 드러난다. 남벽의 서쪽 부분은 거의 완벽하게 남아 있고, 동쪽 부분은 훼손이 심하지만 그래도 성벽을 유지하고 있다. 그 길이가 54m이며, 높이는 경사도에 따라 차이가 나지만 4~6m에 달한다. 반듯하게 가공한 돌들을 쌓아올려 한 치의 빈틈도

보존상태가 양호한 흑구산성 남벽

없어 보인다. 남벽의 동·서 양측에는 거대한 암석들이 밖으로 돌출하니 천연의 각대角臺가 아닌가?

성벽이 무너진 구간을 통해 성안으로 들어섰다. 남벽의 안쪽을 약 1m 높여 여장女墻을 만드니 완벽한 방어시설을 갖추었다. 서벽은 천연의 바위들이 병풍을 이루며 북쪽을 향하여 간다. 그 높이가 20~30m에 달하니 별도의 축성이 필요치 않다. 다만 틈새를 인공벽으로 보강한 흔적이 곳곳에 눈에 띈다. 웅장한 자연성벽을 한참 이어가던 서벽은 북쪽으로 치우쳐 가면서 인공의 성벽이 길게 나타난다. 서벽의 인공성벽이 시작되자마자 성안으로 돌출된, 각 변의 길이가 약 5m인 사각형의 공간이 있다. 그곳에 서보면 나뭇가지들이 가리고 있지만 성안이 다 보일 만한 위치이니 점장대點將臺이다. 서벽은 좁은 능선의

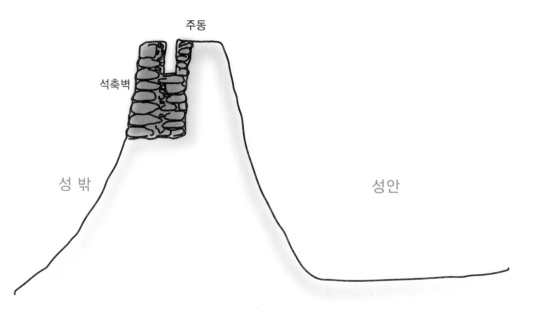

【흑구산성의 서벽 구조 개념도】

바깥쪽에 남벽보다는 낮게 돌을 쌓았으며 경사도에 따라 높이가 1~2m로 일정치 않게 남아 있다. 북벽과 이어지는 모퉁이까지 그 길이는 약 200m에 달하여 성 전체에서 가장 긴 인공성벽 구간이다. 성 밖을 잇는 언덕의 경사도가 약 70도 정도이니 적의 접근이 그리 만만해 보이지 않건만 그래도 등반이 가능하기에 방어를 강화하기 위해 축성되었다. 성벽 안쪽을 보면 높이 5~6m의 벼랑 아래의 부지가 비로소 성안이다. 곳곳에 건축물터가 보인다.

서벽 상단에는 석동石洞이라고도 하는 주동柱洞이 25개나 잇달아 나타난다. 사각형으로 한 변의 길이가 20~30cm에 깊이가 30~60cm로 일정치는 않다. 과연 이 산성에서는 용도가 무엇이었까? 고구려 산성 여기저기서 발견되는 주동은 학자에 따라 4가지 용도로 설명한다. 주동에다

고구려 산성에서 볼 수 있는 주동柱洞

기둥을 설치하고, 1) 끈으로 통나무를 매달았다가 적이 접근해 오면 통나무를 굴리는 용도 2) 쇠뇌를 매달고 적을 향하여 발사하는 발사대 3) 목책 설치용 4) 깃대 등으로 구분한다. 주동의 간격이나 성 밖의 경사도 등을 감안하면, 이곳에서는 1)번의 용도로 여겨진다. 급한 경사를 오르면서 지칠 대로 지쳐버린 적들을 향해 통나무를 굴린다면 그 누가 피할 수 있겠는가?

계속 북쪽으로 더 가면 서벽과 북벽이 만나는 지점에서 밖으로 돌출된 형태의 각대角臺를 만난다. 각대는 서쪽 면이 12.6m, 동쪽으로 13.2m, 북쪽으로 6m이며 잔고가 약 4m의 규모이다. 이어서 북벽이 진행되는데 바로 북문이 자리하고 있다. 그러니 각대이면서 동시에 북문의 옹성을 형성하는 대臺이기도 하다. 각대를 지나 만나는 북문은 서쪽에는 각대를, 동쪽에는 천연바위 위의

전망대를 끼고 있으니 완전한 옹성구조이다. 성문을 지난 북벽은 높은 바위가 만든 벼랑으로 천연의 장벽을 이룬다. 그 길이가 95m 정도이며 높이가 약 20m로, 정상에 석축의 대臺가 남아있어 전망대였음을 말해주고 있다. 그곳에서 성밖 북쪽 평지를 관찰할 수 있으며 부이강富爾江 상류 쪽에 10km 정도 떨어진 전수호산성轉水湖山城과 서로 연락을 할 수 있는 봉화대 시설의 흔적도 볼 수 있다. 자연성벽을 지나면 다시 낮고 완만한 구간을 방어하기 위한 인공성벽이 나온다. 이렇게 총 175m의 북벽이 끝나고 방향을 틀어 동벽이 시작된다.

약 95m인 자연성벽의 끝에 인공성벽이 잠깐 나타났다가 동문이 보인다. 문 양쪽에 자연 절벽이 있는데 남쪽 절벽의 성 밖으로 돌출된 부위에는 석축의 대를 쌓았다. 문에도 양쪽의 벼랑 사이에 2중으로 차단벽을 쌓았는데, 성밖 쪽의 벽은 남쪽에, 성안 쪽의 벽은 북쪽에 치우쳐 통로를 개설하여 서로 엇갈려 출입하도록 만들었다. 1·2차 차단벽, 문의 위치를 엇갈리게 한 점, 문 옆에 돌출한 돈대墩臺 등이 전형적인 옹성구조이다. 언덕에 있다 보니 성 밖이 낮고 성안이 높은 위치인데, 이곳은 성 전체에서 가장 낮은 지역이라 밖으로 물을 내보내는 수구문水口門의 역할도 한다. 동문을 지나 높은 벼랑으로 된 자연성벽이 계속 이어진다. 남벽을 만날 즈음에 다시 인공성벽이 나타나는 동벽 전체의 길이는 571m에 달한다.

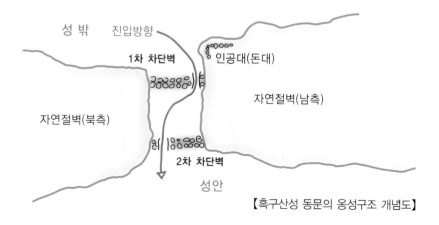

【흑구산성 동문의 옹성구조 개념도】

흑구산성은 전체적으로 볼 때 인공성벽의 길이는 447m이며 자연성벽의 길이가 1,046m로 구성되어 전체 둘레가 1,493m에 달하니 결코 작은 성이라고 할 수도 없다. 성안은 전체적으로 남쪽이 높고 북쪽으로 갈수록 낮으며, 서쪽에 비해 동쪽이 낮은 지형이다. 특히 북쪽 가까이에 평탄하고 넓은 공간이 있으니, 그곳에 성의 중심시설이 자리했던 것을 증명이라도 하듯이 2곳의 우물터와 6곳의 건축물터가 자리한다. 돌로 된 건축물의 기초가 사각의 형태로 선명하게 남아 있으니 의심의 여지가 없다.

늦은 가을 산엔 어둠이 일찍 내려 오후 네 시 반이면 어두워지기 시작했다. 동문을 통해 내려오면서 흘승골성에 수도를 정했던 고구려의 시조 주몽을 생각한다. 비류수沸流水로 비정되는 부이강富爾江 변에 자리하니 어쩌면 비류국에 속했던 산성은 아니었을까? 아니면 비류국을 정복한 후에 축조한 산성이었을까? 흑구산성의 축조방식은 그 비류수 하류 인근에 자리한 패왕조산성覇王朝山城이나 환도산성丸都山城과 유사점이 많다. 성벽의 석재와 축조된 형태나 성벽 상단의 주동柱洞을 보아도 분명 고구려 초기의 산성이라고 할 수 있다. 그렇다면 당시에 흘승골성과 국내성 등 수도의

【흑구산성 평면 개념도】

성안 북동쪽 평탄한 곳에 위치한 사각의 건축물터의 기초. 근처에 이러한 터가 6곳이나 있으니 중심시설이 자리했던 곳으로 보인다.

방어를 강화하기 위해 전방에 축조했던 산성이었을 가능성이 크다. 그리고 고구려의 고도古道, 남도南道 상에서 수도로 가는 길목의 중요한 산성이었다. 그렇다면 무려 2,000여 년을 지켜오면서 온갖 풍상을 겪은 산성이다. 그럼에도 불구하고 오늘 돌아본 산성의 보존 상태가 양호하게 남아 있다는 사실이 좀처럼 믿어지지 않는다. 과연 고구려 장인들의 축성술은 불가사의不可思議라 할 만하다.

부이강富爾江을 따라 하류로 좀 더 가다보면 고구려의 첫 도읍지였던 흘승골성이 자리한 환인에 닿는다. 단동에서 통화 가는 G11고속도로를 가다보면 "서고성자西古城子" 나들목을 지나게 된다. 환인 지역의 마을 이름에 고성古城이 들어가니, 고구려와 어떤 연관성은 없을까 하는 의구심을 갖게 되었다. 한참 후에야 1990년 환인만족자치현문물지편찬위원회가 출판한 『환인만족자치현문물지桓仁滿族自治縣文物志』를 대하고서 그 의문이 풀렸다. 그 나들목에서 나가면 동고성자촌東古城子村에 다다르며, 고대부터 동·서 2곳에 고성이 있었기에 현지 사람들은 구분하여 동고성자東古城子와 서고성자西古城子로 불렀다고 한다. 두 성의 거리는 1.3km 떨어져 있으며 그 사이에 부이강富爾江으로 흘러가는 작은 하천이 있다. 오래 전에 마을과 경지가 조성되어 지금은 고성의 흔적조차 남은 것이 없으나, 1980년과 1987년 고고조사를 통하여 기와, 도자기 조각들이 출토되었고 특히 판와板瓦 조각의 문양과 재질이 집안集安의 성터에서 발굴된 것과 동일하다고 한다. 그것이야말로 고구려 성터였음을 입증한다.

하지만 상기서에서는 터의 면적이 50×20m로 작은 점을 들어 성터가 아닌 사찰터였을 가능성을 언급한다. 고성古城이라는 지명이 대대로 전해 오는 것을 보면 성터의 유적지 일부만이 발견되었을 개연성도 충분하다. 그도 그럴 것이, 상기서에서는 동고성자만을 발굴했다고 언급할 뿐 서고성자의 터는 이미 마을로 개발이 되어 시도조차 못하였다. 고구려 시대 흘승골성으로부터 북쪽으로 불과 15km 거리의 부이강변에 자리한 평지성이었을 가능성을 포기하지 말고 더 연구가 필요하다는 생각이다.

동고성자에서 부이강을 따라 동남쪽으로 계속 가면 혼강渾江으로 유입되는 곳을 만나게 된다. 직선거리로는 약 13km 떨어져 있다. 두 강이 만나는 지점 인근에 자합고성剌哈古城이란 고구려 산성이 하나 있었다. 하지만 1958년 착공하여 1972년에 준공된 환인저수지桓仁水庫 건설로 수몰되고 말았다.

성의 존재는 청대淸代 선통宣統 6년인 1914년도에 발간된 『회인현지懷仁縣志』에 구체적으로 나타나며, 그것을 근거로 실지조사를 진행한 결과 현재의 북전자향北甸子鄕 동쪽, 원래 부이강이 혼강에 합류되는 지점에 자리했었다는 사실이 확인되었다. 수몰 이후에도 가물어서 수위가 낮아지면 고성의 석벽이 수면 위로 노출되어 보인다고 한다.

1994년 출간된 왕우랑王禹浪·왕굉북王宏北 공저의『고구려·발해고성지연구회편高句麗·渤海古城址硏究匯編』에서 해당 내용을 보면, "자합고성지는 대체로 사각형을 띠며 길이가 약 200m, 폭이 약 200m이다. 석재는 가공하여 만들어졌으며 쐐기석이 대부분이다. 고구려 고성의 건축석재와 완전하게 동일하다. 이것으로 알 수 있듯이 자합고성이 고구려가 건설했다는 것은 의심의 여지가 없다. 刺哈古城址大體呈方形, 長約200米, 寬約200米。石料經加工而成, 多爲楔形, 與高句麗古城建築石料完全相同。由此可知, 刺哈古城當系高句麗所建無疑。"고 기재되어 있다.

이렇게 흑구산성黑溝山城에서부터 부이강을 따라 하류로 가면서 만나는 성들은, 저수지 건설로 인하여 수량이 많아진 지금과는 다른 유역의 혼강渾江을 건너 이어지는 고구려의 고도, 남도南道 상의 방어선이다. 특히 부이강 하구의 자합고성刺哈古城은 혼강渾江 건너편의 패왕조산성覇王朝山城과 상응하였을 것이다. 남도南道는 혼강을 지나 또 하나의 지류인 신개하新開河를 따라서 동쪽으로 국내성을 향하여 계속 이어간다.

압록강에 가까워질수록 조선족이 사는 마을이 많아지면서 길 주변에 곧잘 논들이 눈에 띈다. 추수를 마친 논 한가운데 싸놓은 볏가리가 정겹다. 울컥 어린시절이 떠오른다.

6
장

고도古道, 북도北道 노선을 방어했던 산성들

— ¤ 영액문英額門 산성자산성山城子山城,
　　　　남산성산성南山城山城과 청원현의 작은 산성들

— ¤ 휘발하輝發河 변의 휘발고성輝發古城과 주변의 고구려 성들

— ¤ 나통산성羅通山城과 그 주변의 산성들
　　 – 북도北道를 통해 통화通化로 가는 길목

— ¤ 영과포산성英戈布山城과 그 인근에서 북도北道를 지켰던
　　 3개의 작은 평지성들

— ¤ 혼강渾江과 합니하哈尼河
　　　　　　　합류지점에 자리한 자안산성自安山城

— ¤ 남, 북도南北道에 각각 자리한
　　　　　　적백송고성赤白松古城과 건설산성建設山城

나통산성羅通山城

산성이름	위치	규모(둘레)	성벽재질	분포도
영액문산성자산성 英額門山城子山城	무순 청원현 영액문진 장춘촌	600m	토석혼축	124
남산성산성南山城山城	무순 청원현 남산성진소재지 동쪽	1,120m	토석혼축	125
소산성산성小山城山城	무순 청원현 남팔가향 소산성촌	260m	토석혼축	126
서대산산성西大山山城	무순 청원현 만전자향 첨산자촌	200m	토축	127
장가구산산성張家溝山山城	무순 청원현 토구자향 토구자촌	250m	토석혼축	128
소성자고성小城子古城	통화 휘남현 조양진 소성자촌	1,548m	토축	129
휘발고성輝發古城	통화 휘남현 휘발성진 장춘보촌 서남쪽	2,647m	토석혼축	130
휘남조어대산성輝南釣魚臺山城	통화 휘남현 판석하진소재지 남쪽	210m	토석혼축	131
나통산성羅通山城	통화 유하현소재지 동북쪽 25km	7,216m	석성	132
유하조어대산성柳河釣魚臺山城	통화 유하현소재지 조어대촌	1,100m	토석혼축	133
신안고성新安古城	통화 유하현 고산자진 신안촌	455m	평지성	134
영과포산성英戈布山城	통화현 영과포진소재지 동쪽	262m	토석혼축	135
남대고성南臺古城	통화현 삼과유수진소재지 남쪽	172m	토성	136
태평구문고성太平溝門古城	통화현 삼과유수진 삼과유수촌	188m	토성	137
의목수고성依木樹古城	통화현 삼과유수진 의목수촌	180m	토성	138

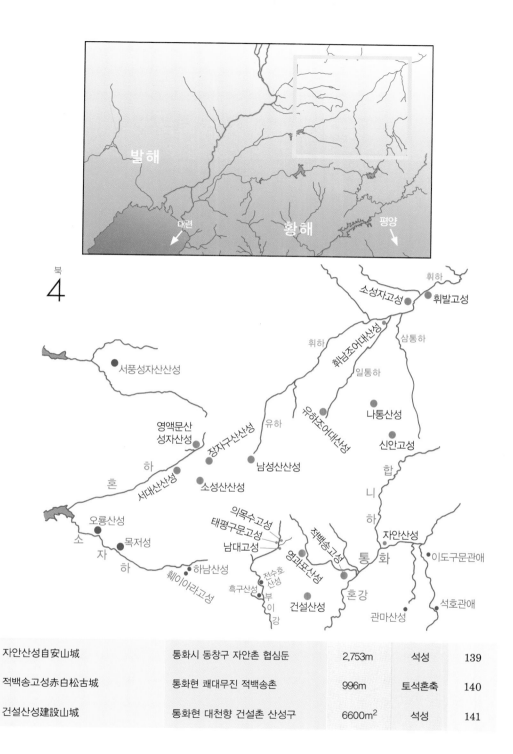

발해

대련

황해

평양

휘하

소성자고성

휘발고성

북
4

휘하

휘남조어대산성

삼통하

서풍성자산산성

일통하

유하조어대산성

나통산성

신안고성

유하

영액문산
성자산성

장자구산산성

남성산산성

혼
하

서대산산성

소성산산성

합

니

하

소

오룡산성

의목수고성

태평구문고성

남대고성

적백송고성

자안산성

통
화

자
하

목저성

영과포산성

이도구문관애

훼이이라고성

하남산성

전수호
산성

흑구산성

부
이
강

건설산성

혼강

석호관애

관마산성

자안산성自安山城	통화시 동창구 자안촌 협심둔	2,753m	석성	139
적백송고성赤白松古城	통화현 쾌대무진 적백송촌	996m	토석혼축	140
건설산성建設山城	통화현 대천향 건설촌 산성구	6600m^2	석성	141

영액문산성자산성英額門山城子山城, 남산성산성南山城山城과 청원현의 작은 산성들

산정식山頂式 형태의 **영액문산성자산성英額門山城子山城**

혼하渾河는 무순撫順의 청원만족자치현淸原滿族自治縣 곤마령滾馬嶺에서 발원하여 그 전장이 415km에 달하는 요하遼河의 최대 지류이다. 고대에는 심하沈河 또는 소요하小遼河로 불리기도 하였으며 요동성의 중·동부 지역에 광범위하게 펼쳐져 있어, 그 강 유역에 신성으로 비정되는 고이산산성高爾山山城을 비롯하여 수많은 고구려 산성들이 존재하니 고구려 역사와도 불가분의 관계를 지녔다.

학자들 사이에 여러 이견이 있지만 일부 학자들이 이야기하는 고구려 고도古道 중 북도北道 상에 자리한 산성을 답사한다는 설렘으로 청원현淸原縣으로 향한다. 밤늦게 도착해 가장 크다는 호텔을 골라 투숙하려고 하는데, 종업원이 11월 1일 지역난방이 들어오기 전이라서 방이 추울 것이라고 사전고지를 한다. 10월 중순이건만 밤공기가 싸늘하고 최저기온이 이미 영하 4℃이다. 다행히 뜨거운 물은 나오니 호텔방의 유일한 온기다. 씻고 나서 옷을 껴입고

자는 것 외에는 달리 방법이 없다.

  청원현淸原縣에는 그리 크지 않은 고구려 산성이 여럿 있다. 그 중에서도
비교적 크다 할 수 있는 산성을 찾아 나선다. 혼하를 따라 가는 G202국도를
타고 동북 방향으로 16km 정도 가다 보면 영액문진英額門鎭 장춘촌長春村에
닿는다. 추수가 끝난 옥수수밭 너머 그리 높지 않은 산이 바로 산성자산山城子
山이고, 그 정상에 고구려 산성이 있다고 한다. 심양과 길림吉林을 연결하는
심길고속도로沈吉高速道路의 영액문英額門 나들목 부근이다. 그곳에서 좀 더
가면 바로 요녕성과 길림성의 경계이다.

  옥수수밭을 지나 산에 올랐다. 딱히 길이 있는 것이 아니어서 잡목을 헤치
면서 올라야 했다. 정상 가까운 곳, 산성의 남벽 서쪽에 치우쳐 참호 하나가
파 있고 그 주변을 토축土築의 벽이 두르고 있다. 산성의 전방초소였을까?
정상에 오르니 과연 평탄한 공간에 토축의 성벽과 남문이 나타난다. 산성을
전체적으로 살펴보면 동쪽으로 돌출된 산 때문에 동·남·북 방향으로는 산
세가 험준하고 서쪽은 완만하다. 그러니 서쪽에서 올라야 했건만 길도 없는

영액문산성자산성 전체를 토벽이 둘러싸고 안쪽에는 정체불명의 참호가 있다.

남쪽에서 올랐으니 쉽지 않은 산행이 되었다. 우선 산 아래의 주변을 살펴보면 산성의 북쪽 산자락 밑에 혼하渾河 상류가 흐르고 심양에서 길림을 연결하는 철도가 지난다. 동쪽으로는 장춘촌長春村이, 좀 더 멀리에 영액문진英額門鎭이 눈에 들어오며 남쪽에는 G202국도와 고속도로가 머지않은 길림성을 향해 가는 것이 한눈에 들어온다.

동서東西로는 220m, 일정치 않지만 남북으로는 약 100m이며, 전체 둘레가 약 600m에 달하는 토축성土築城이자 산정식山頂式 산성이다. 남북의 폭은 서쪽이 넓고 동쪽은 좁은 표주박의 형태이며, 가운데에 대臺를 두고 성벽을 따라 안쪽으로 호壕가 파여있다. 너비는 약 2.5m에 깊이가 0.8m이다. 남문과 서문을 지나면 서북 각대角臺를 만나게 되는데 밖으로 돌출되어 있다. 하지만 그곳 한가운데에도 참호가 있으니 다른 산성에서 별로 접할 수 없는 시설이다. 성벽에 걸쳐 곳곳에 참호가 있는데, 그 수가 북벽에 많으며 남벽에도 더러 볼 수 있으니 과연 그 용도가 무엇이었을까? 성안 중심지의 대는 조금 서쪽에 치우쳐 있으며 상단은 넓고 평탄한 공간이다. 좁아지는 동쪽 부분에도 비교적

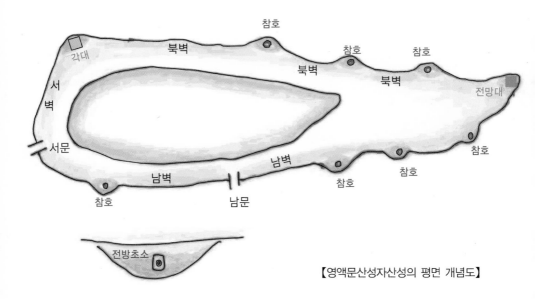

【영액문산성자산성의 평면 개념도】

넓은 공간이 있으니, 각각 건축물이 있었던 것으로 여겨진다. 성벽 밖에 남문에서 서문까지 평탄한 길이 이어지는데 현지 주민들은 마찻길馬道이라고 한다. 산성의 위치는 북위 42°9'50", 동경 125°2'56"이며 고도는 해발 395m에 자리한다.

오르기 전에 길을 물었던, 50대 중반 정도 되어 보이는 농부가 하산하는 나를 다시 보고 산성을 찾았냐고 묻는다. 처음에는 뭔 고구려 산성이 있겠냐고 그 존재 자체를 부정했던 그는 그제서야 할아버지에게 들었다면서, 국공내전 때 국민당과 공산당간에 치열한 전투를 벌였던 곳이라고 설명한다. 그 말을 듣고서야 참호의 정체를 알 것 같다. 아마도 기관총 진지를 만드느라 참호를 구축한 듯한데, 고구려 산성이 장구한 세월을 거치면서 이리 치이고 저리 치이니 안타까울 따름이다.

하산 후 영액문진英額門鎭을 떠나 G202국도를 4km 간 후, 석묘자石廟子에서 지방도 석북선石北線으로 갈아타고 동남쪽으로 가서 남산성진南山城鎭에

산 정상에 자리한 남산성산성

도달했다. 거리는 약 23km 떨어져 있다. 鎭鎭에 닿기도 전에 멀리서부터 보이는 산의 자태는 그곳에 산성이 있으리란 확신을 갖게 한다. 정상의 바위벼랑 자체가 환인의 흘승골성을 축소한 듯하다. 鎭鎭의 이름이 산성의 존재로 해서 붙여졌듯이, 산은 바

산에 오르기 전 바라본 서벽의 모습. 산의 가운데 들어간 부분이 서문이며 양쪽에 대를 세운 옹성구조이다.

로 마을 동쪽에 자리하고 있다. 옥수수밭이 끝나는 산자락에 2008년 "성급문물보호단위省級文物保護單位"로 공포되었다는 표지석이 있다. 산은 높지 않아 보여도 오르는 길은 꽤 가파르다. 얼핏 보아도 옹성구조임이 드러나는 산성의 서문에 닿았다.

서문의 양측, 북쪽은 자연암석이 대를 이루고 남쪽에는 축조된 대가 우뚝 서있다. 서문에서 우선 북쪽으로 가면 가파른 벼랑에 토벽을 쌓은 흔적이 선명하게 나타난다. 그 성벽을 따라 더 가다 보면 거의 직각의 절벽을 만나고 그 위에는 전망대가 자리한다. 그곳에 올라서니 북쪽의 마을과 넓은 들판이 한눈에 들어온다. 북벽은 동서로 폭이 좁아 아주 짧은 구간이다. 동벽을 따라 남쪽으로 가면 역시 벼랑 위에 세워진 성이니, 어디 한 곳 적의 접근을 허락할 것 같지 않다. 흔적이 분명치는 않으나 가파른 언덕을 올라 성안에 들어올 수 있도록 동문이 개설되어 있다. 다시 서문으로 돌아가니, 동·서 두 문의 위치는 거의 대칭이다. 서문의 남쪽 인공전망대를 자세히 살펴보면, 토·석 혼축混築이며 하단의 직경이 약 15m에 높이가 3~4m에 달한다. 대에 오르면 서벽과 면하고 있는 남산성진南山城鎭 마을, 유하柳河의 지류와 청원현清原縣에서 왔던 도로가 한눈에 들어온다. 서벽을 따라 다시 남쪽으로 가면 서남 모퉁이의 각대角臺를 만난다. 돌출된 벼랑 위에 만든 전망대 위에는 봉화대 자리의 흔적이 있다.

그곳에서 남벽이 시작되며 절벽이 잠시 멈춘 곳에 남문이 개설되어 있다. 남문의 안쪽으로 가다보면 산성 내 유일한 수원지인 저수지蓄水池터가 하나 있다. 그곳에서부터 산성의 가장 낮은 지대인 남문까지 배수로가 연결되어 수구문水口門이 함께 자리한다. 저수지와 남문 동쪽에 평탄한 공간이 제법 넓은데, 그곳에서 건축물터의 흔적이 발견되었다고 한다. 넓은 터를 보아 꽤 많은 병사들이 주둔했을 것이다. 마을 사람들이 등산하거나 성안에서 산책하며 들판을 내려다본다. 당시의 병사들은 개활지에서 이동하는 적군을 관찰하였지만 지금 사람들은 풍경을 감상할 뿐이다. 그들은 역사의 터전에서 과연 무슨 생각을 할까? 남벽과 동벽이 만나는 자리는 밖으로 길게 돌출된 벼랑인데, 그 위에 자연암석이 만든 전망대이자 각대角臺가 있다. 전망대에 올라서니 동북 방향에 드넓은 벌판이 바로 발아래 펼쳐져 있다.

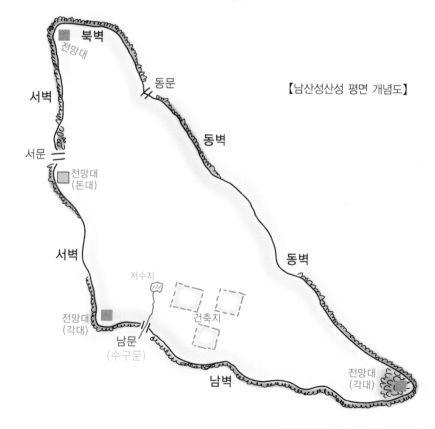

【남산성산성 평면 개념도】

오르는 입구의 표지석 설명을 보면, "남산성산성터는 전국 시대에 처음 축조되어 서한 시대까지 계속 사용되었다. 바로 요동지구 철기 시대 토착부족의 초기 성채이다. 성터는 유하 상류에 위치하니 동·서를 지나는 휘발하와 혼하를 통제하는 요충지이다. 南山城山城址始築于戰國, 連續使用到西漢時期。是遼東地區鐵器時代"土著"部族的早期城寨。城址位于柳河上游, 控扼輝發河與渾河東西往來要衝。"라고 설명하고 있다. 여기서 주목할 내용은 요동지구 철기 시대의 "토착부족"이란 말이다. 과연 토착세력은 누구였을까? 고조선의 대표적인 유물이라면 비파 동검과 고인돌을 들 수 있는데, 그동안 요녕성을 답사하면서 수없이 본 것이 고인돌이었다. 그것은 한반도의 전라도 지역까지 분포된 것과 동일하다. 여기에서 "토착부족"이라 함은 청동기 시대부터 이어지는 고조선의 토착민들이 아니었을까? 그리고 훗날 요동 지역을 다시 차지한 고구려가 그 성을 연이어 사용했을 것이다.

남산성산성南山城山城의 남벽과 동벽이 만나는 자리에 있는 자연 암석으로 이루어진 전망대. 산성 아래 펼쳐지는 가을의 벌판이 한눈에 들어오듯 당시에 적들의 이동을 조망하기 쉬운 위치에 자리하였다.

1994년 출판된 풍영겸馮永謙 저 『북방사지연구北方史地研究』「고구려성지집요高句麗城址輯要」를 보아도 남산성산성을 고구려 산성으로 보고 있다. 동달佟達 저 『박물관연구博物館研究』1993년 제3기의 「고구려남북교통도에 관하여博物館研究」에서도 남산성산성이 고구려 초기의 산성이며 북도北道에 자리한다고 설명한다. 그 외에도 발굴된 유물 중에 고구려 시대의 것도 나왔다.

하지만 2011년 무순시정협문사위원회撫順市政協文史委員會가 출간한 『무순문물撫順文物』이나, 산성 입구에 세운 설명문은 고구려 산성이었다는 언급을 쏙 빼놓았으니 어찌된 일인가? 남산성산성은 북위 42°6'9", 동경 125°16'39"에 위치하며 고도는 해발 569m에 달하며, 성둘레는 1,120m이다.

청원현에는 이외에도 남팔가향南八家鄉 소산성촌小山城村의 남쪽 산 위에 소산성산성小山城山城이 자리하는데, 평면은 불규칙한 타원형이며 성 둘레는 260m이다. 토석혼축의 성벽은 잔고가 3m이며 성안에서 화살촉 등 고구려 시대 유물이 출토되었다.

만전자향灣甸子鄉 첨산자촌尖山子村 서쪽의 서대산 위에 자리한 서대산산성西大山山城은 둘레 200m 정도의 작은 산성이다. 또한 현의 동북부인 토구자향土口子鄉 토구자촌의 서북쪽 장가구산張家溝山 위에 약 250m의 장가구산산성張家溝山山城이 자리하니, 이들 산성은 당시의 고도 북도北道를 감시하던 초소였을 것이다.

무순시撫順市 관할의 무순현撫順縣·신빈현新賓縣·청원현淸原縣은 압록강이 가까운 탓인지 유난히 조선족촌朝鮮族村이 많다. 남산성산성 아래의 마을 중에도 남산성조선족촌南山城朝鮮族村이 있다. 하산하여 지인의 소개로 그 마을 서기와 같이 식사를 할 기회가 있었다. 그는 40대 초반인데 원래 한족漢族이었다가 조선족으로 민족을 바꾼 아주 특이한 경우이다. 그의 부인은 조선족

이다. 지금 조선족촌에는 나이 많은 노인과 그들에게 맡겨 둔 아이들을 빼고
는 조선족이 거의 없다는 것이다. 다들 한국으로 돈 벌러 가서 여간해서 귀국
하지 않을 뿐더러, 귀국해도 농촌으로 돌아오기보다는 그간 번 돈으로 도시에
나가 집을 사고 다시 생활 터전을 마련한다고 한다. 이러한 현상은 이 마을만
의 문제가 아니고 동북3성의 수많은 조선족 마을이 공통으로 겪는 문제다. 결
과적으로 중국 내 조선족의 정체성마저 희미해져 가고 있다는 사실이 마음에
아프게 와 닿는다.

　고구려 산성은 말없이 자리를 지키고 있지만 우리 동포의 정체성은 급격하
게 사라지고 있다. 고구려 북도北道의 산성을 답사한다는 설렘을 안고 왔지만
돌아가는 마음은 한없이 무겁다.

남산성산성에서 내려다보는 남산성진. 그 중 반은 조선족촌이지만 실제 동포의 숫자는 아주 적다고 한다.

휘발하輝發河 변의 휘발고성輝發古城과 주변의 고구려 성들

휘발하가 휘감아 도는 휘발고성의 내성

휘발하輝發河는 그동안 다녔던 강들과는 달리 요하遼河의 지류가 아니라, 길림성과 흑룡강성을 흐르는 중국 7대 하천 중 하나인 송화강松花江의 지류이다. 청원현清源縣 용강산龍崗山에서 발원하여 길림성의 매화구시梅河口市와 휘남현輝南縣을 거쳐, 화전시樺甸市 금사향金沙鄉 허가점許家店에서 송화강으로 유입되는 전장 267.7km의 강이다. 휘발輝發은 만주어로 "남청색의 물藍青色的水"이란 의미며, 강 주변이 요~금대 "여진회발부女眞回跋部" 거주지였기에 그렇게 명명되었다고 한다. 『요사遼史』에는 "회발回跋"로, 『금사金史』에는 "회발晦發" 또는 "회파回怕"로 기록하고 있으며, 명대明代에서는 "회배灰扒"라 기록했다고 하는데, 이는 만주어 "hoifa"의 음이 시대별로 전이된 것일 뿐 결국 같은 말이다.

휘남현輝南縣은 통화시通化市 관할이며, 통화시에서 가장 서북쪽에 위치한 현縣이다. 현소재지는 조양진朝陽鎭인데, 시내 한가운데로 흐르는 휘발하輝發河를 따라 하류로 내려가다 보면 그 좌안에 소성자촌小城子村을 만난다. 실제

로 지방도로인 조경선朝慶線을 따라 동
쪽으로 약 8.2km 가다 보면 닿을 수 있
는 곳이다. 촌위원회에서 북쪽으로 철도
단림역團林站과 연결되는 길을 따라 작
은 마을을 지난 뒤 양측에 펼쳐지는 옥
수수밭의 길가에 길림성 정부가 "성급문
물보호단위省級文物保護單位"로 공포한
표지석이 서 있다. 그 표지석이 없었다면
그냥 평범한 옥수수밭으로 여기고 그냥
지나쳤을 것이다.

옥수수밭 한가운데로 난 도로변의 소성자고성小城子古城 표지석

옥수수를 심느라고 분주한 농부에게
표지석의 고성에 대하여 물어보니, 밭 자
체가 성안이며 그 범위는 지나면서 보았
던 마을과 학교까지 포함된다고 일일이

성벽이 있던 자리의 경계석. 평지성이라서 아무것도 남지 않았다.

손으로 가리킨다. 또한 밭 한가운데 약간 솟은 둔덕이 바로 성벽이었다고 한
다. 다가가니 성벽 자리 사각의 꼭지점에 "소성자고성유적지小城子古城遺址"
라고 쓴 경계석을 설치했다. 성의 둘레를 대강 머릿속에 가늠하고 돌아와 표
지석 뒷면을 보니, "조양진 동북 약 7.5km의 소성자촌에 위치하며 북쪽은 독
호로산에 의존하고 남으로는 휘발하를 건너야 한다. 고성은 장방형이며 정남
북 방향이고 둘레는 1,548m에 이른다. 동서남북 4개의 성문이 있으며, 성안
도로는 4개 성문 방위로 배열되어 십자형으로 드러난다. 성안 구획은 4등분
되었으며 채집한 표본의 성질이나 전문가의 감정에 근거하면, 소성자고성은
응당 요대의 회발성回跋城과 연관 지을 수 있다. 位于朝陽鎮東北約7.5公里的小城
子村, 北衣秃葫蘆山南涉輝發河, 古城平面呈長方形正南北方向, 周長1548米, 有東西南
北四個城門, 城內道路按四個城門方位布列, 呈十字形, 把內城劃分爲四個等分, 根據採
集標本性質和專家鑑定, 小城子古城應系遼代回跋城。"고 설명한다.

고성의 서남쪽에 휘발하의 지류인 삼통하三通河·대류하大柳河·이통하伊通河 등 세 개의 하천이 합류하며, 그 강변의 드넓은 평원 한가운데 고성이 자리하니 수로와 육로의 교통요지이다. 1987년 길림성문물지편수위원회吉林省文物志編修委員會가 출판한 『휘남현문물지輝南縣文物志』의 「고성지古城址」를 보면 "1957년 5월 길림성 문관회가 휘남현 문교과와 회동하여 영강소성자고성에 대해 조사한 바, 당시 지면에서 채집한 유물에 근거하면 고구려 시대의 성터인 듯하다. 1957年5月吉林省文管會會同輝南縣文敎科, 曾對永康小城子古城作過調査, 當時根據地面採集的遺物, 疑爲高句麗時代的城址."라고 기재했다. 물론 그 후의 조사를 통하여 요대 유물이 많이 발굴되었고, 많은 학자들이 당시의 회발성回跋城으로 비정하기도 한다. 하지만 상기서에도 "요대遼代 초初 아고지阿古只가 발해渤海를 공격하여 부여성을 돌파하고 …… 드디어 회발성回跋城을

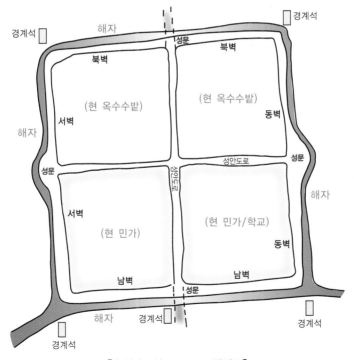

【소성자고성小城子古城 평면도】

함락했다"란 『요사遼史』의 내용이 소개되고 있다. 이는 요대 이전의 발해 시대에 이미 회발성이 있었다는 것을 의미하며, 그렇다면 고구려 시대에도 그 이름이 어떻든 고성이 존재했을 개연성은 충분하다. 고구려 시대에 평원이면서 교통의 중심지였던 이곳을 관리하기 위한 평지성을 두었으며 발해와 요대에 연이어 쓰였다고 추정할 수 있다.

고성은 동·서벽의 길이가 각 399m, 남·북벽이 각 375m로 거의 정사각형이며, 4면을 일주하면서 바깥으로 10m 떨어져서 해자가 있었다고 한다. 십자로가 성안을 4등분하는데, 그 남쪽에는 이미 마을과 학교가 들어섰고 북쪽으로는 주변의 벌판과 이어져 옥수수밭이 되었다. 성벽이나 해자의 흔적은 없어진 지 오래고 단지 근래에 세운 경계석만이 그 위치를 웅변하고 있을 뿐이다.

휘발고성輝發古城은 소성자고성小城子古城에서 휘발하를 타고 내려가다 접하는 강가의 휘발산輝發山에 자리한 성이다. 휘발하의 북안에 자리한 소성자고성의 동북쪽에 6km 떨어진 강의 우안에 자리하고 있다. 현소재지로부터 소성자고성 남쪽을 지나는 지방도 조경선朝慶線을 타고 동북 방향으로 가다가 휘발하를 건너는 교량輝發橋을 지나면 바로 휘발고성의 서문이며, 그 도로가 고성을 가로질러 동문을 통해 성 밖으로 나간다. 도로公路가 성안을 관통하는 아주 특이한 사례이다. 그곳으로 가는 길은 넓은 들판이 계속 이어진다. 그도 그럴 것이 대흥안령大興安嶺·소흥안령小興安嶺과 장백산맥 사이에 펼쳐지는 중국의 최대 평원 동북평원東北平原(송료평원松遼平原이라고도 함)의 끝자락이기 때문이다. 그리 높지 않은 해발 256m의 휘발산이지만, 강가에 우뚝 솟아 있어 그곳에 산성이 있음을 바로 알아볼 수 밖에 없다.

고성은 내·중·외성의 삼중구조로 이루어져 있다. 내성은 가장 남서쪽인 휘발산 정상에 자리하며 동쪽으로 중성이, 북쪽에서 외성이 내성을 감싸고 있는 형상이다. 성의 남서쪽인 휘발산 아래 성의 남면에는 황니하黃泥河가 흐

르고, 서쪽과 북서쪽을 휘발하
가 휘감아 돌아 흐른다. 성의
삼면을 하천이 감싸고 있으니
천연의 해자垓字이다. 지방도로
의 교량을 건너 성의 서문을 거
쳐 성안으로 진입한다. 서문으
로 진입할 때 오른쪽은 휘발산
과 접하며 왼쪽은 마을이 형성
되어 있는 외성의 구역이다. 성
문길을 따라 더 가면 외성과 중
성을 연결하는 입구가 나오고,
중성 안 그 가장자리에 내성과
연결되는 마찻길이 나있다.

외성을 동서로 관통하는 지방도로 변에 세워진 표지석. 건너편 산에 내성
이 자리한다.

먼저 내성을 향한다. 중성의
마찻길이 끝나는 지점에 내성
문內城門이 자리한다. 내성문
을 지나 산을 오르면 근래에 만
든 정자가 있는데, 그곳에선 발
아래로 휘발하가 흐르고 그 건
너편 넓은 벌판이 한눈에 들어
온다. 아마도 당시에는 전망대
가 있던 자리였을 것이다. 휘발
하에 면한 부분은 수면으로부
터 약 40m의 절벽이라 축성이
필요치 않을 듯하지만 그래도
토벽의 흔적이 남아 있다. 남쪽

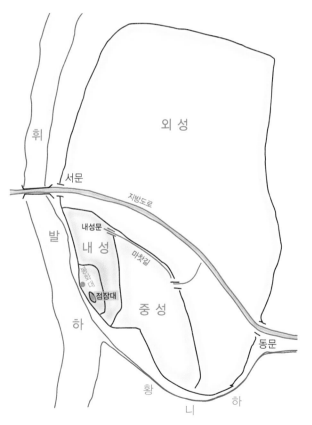

【휘발고성輝發古城 평면도】

돌출된 곳의 봉화대터를 통해 직선거리로 6km 떨어진 소성자고성과 남쪽 24km의 휘남조어대고성輝南釣魚臺古城을 경유하여, 직선거리로 남쪽 43km의 주변에서 가장 큰 성인 나통산성羅通山城까지 정보를 공유했을 것이다. 그 위에는 인공으로 쌓은 넓은 평대가 자리하니 아마도 지휘부

중성 안의 마찻길 끝자락의 내성문內城門. 문 왼쪽으로 내성과 중성을 구분하는 성벽이. 마찻길 오른쪽에는 중성과 외성을 가르는 토벽이 있다.

등의 건축물들이 자리했을 것이다. 그래서인지 제1차 고고발굴구역考古發掘區이었다는 표지석이 있다. 그 평탄한 구역 끝에 하나의 높은 대가 자리하고 있으니 점장대點將臺로 여겨진다. 가보니 그곳에 포대유지砲臺遺址라고 쓴 표지석과 함몰된 흔적이 있어 국공내전 때 포대로 사용되었던 듯하다.

내성 남벽을 따라 중성으로 내려가는데, 절벽 아래로 흐르는 황니하黃泥河는 이미 물이 말라 실개천으로 변해있다. 당시에는 그 수량도 풍부했고 두 하천이 합류하는 지점이라 이곳을 산성의 입지로 선정하였을 텐데, 세월의 무상함을 느끼며 중성의 남벽에 닿는다. 상기의 평면도에서 보듯이 중성 남벽은 말라붙은 황니하를 끼고 토벽을 쌓아 길게 이어가다가 남벽과 동벽이 만나는 지점 인근에서 외성벽과 이어진다. 외성벽이 동벽을 이루면서 가다가 지방도로 조경선朝慶線이 관통하는 지점이 고성의 동문이다. 동문으로 가서 도로건설로 드러난 절단면을 살펴보니, 달구질한 토축土築성벽임을 알 수 있다.

표지석에 따르면 내성의 성 둘레는 706m이며, 내성의 휘발산 아래 평지에 자리한 중성은 둘레가 1,313m에 달한다. 중성벽은 토석 혼축混築으로 그 하단 기초 부분은 폭 12~14m, 정상부는 폭 2~4m이다. 외성은 동서 길이가 1,000m에 남북은 약 500m인 타원형으로 전체 둘레가 2,647m이다. 상기 평면

휘발고성 내성에서 내려다보는 휘발하輝發河와 그 주변의 평원

도상의 서문 부근 내성과 외성이 만나는 지점에, 당시에는 휘발하輝發河를 이용한 조운漕運의 강나루渡口가 있었을 것으로 추정되고 있다. 당시에는 휘발하의 수량이 적지 않았을 것이며 하류에서 송화강松花江으로 유입되어 부여와도 조운으로 연결되었을 것이다. 그 길목을 지키는 중요한 요지의 산성이었음이 읽힌다.

서문에서 성을 조망하며 생각한다. 고구려 산성 중 내성·중성·외성 3중구조는 아주 드물다. 더구나 중성과 외성은 거의 평지에 있지 않은가? 산성의 축성시기를 판단하는 중요한 단서 중 하나가 출토된 유물의 시대이다. 외성에서 발굴된 도기 조각들은 거의 명대明代이다. 발견된 접시盤나 사발碗의 바닥에 "대명만력년제大明萬歷年制"란 글귀까지 나오기도 한다. 중성에서는 금대金代를 비롯한 여러 시대의 유물이 출토되었으며, 내성의 산정상 평대에서는 고구려의 기와와 도자기편이 발굴되었고, 산언덕에서는 석기 시대의 유물까지 출토되어 다양한 시대를 반영하고 있다. 즉 휘발고성의 내성은 고구려 시대의 산성이었을 가능성이 크며, 중성은 요·금 시대를 거쳐 명대에서도 연이어 사

휘남조어대산성輝南釣魚臺山城의 절벽 아래로 삼통하三通河가 흐르고 북쪽에서 휘발하와 합류한다.

용하였을 것이다. 그러나 외성은 출토된 유물이 거의 명대이며 휘발성이 명대여진족의 호륜사부扈倫四部의 도성이었다는 기록을 보더라도, 그 이전엔 없다가 명대에 이르러 건설되었을 가능성이 농후하다. 결국 지금의 휘발고성은 한시대에 완성되었다기보다는 긴 시대에 걸쳐서 외성까지 건설되었을 가능성이크다. 그렇다 하더라도 내성만큼은 고구려 시대에 휘발하輝發河 변의 벌판을제어했던 전형적인 산성임에 틀림없다.

조어대산성釣魚臺古城은 통화시通化市 관할의 휘남현輝南縣과 유하현柳河縣 내에 같은 이름으로 2개가 있다. 두 조어대고성釣魚臺古城간의 직선거리는35km에 불과하지만, 각 현의 문물지文物志는 구분 없이 같은 이름으로 부른다. 따라서 본문에서는 휘남조어대산성輝南釣魚臺山城과 유하조어대산성柳河釣魚臺山城으로 구분하여 설명하기로 한다.

휘남조어대산성은 현소재지에서 남쪽으로 불과 25km 떨어졌으며 판석하진板石河鎭으로부터 서남쪽 2km 거리의 산언덕에 자리하고 있다. 산성의 동쪽

절벽 아래로 휘발하의 지류인 삼통하三通河가 유유히 흐르고, 그 서쪽으로
는 103번 성도省道가 남쪽을 향하여 지난다. 산언덕의 동쪽, 수면으로부터 약
20m 높은 곳에 대臺가 우뚝 서 있고 현지인들은 이를 조어대釣魚臺라고 부른
다. 청대淸代 건륭乾隆황제가 동순東巡 시에 이곳에서 낚시를 했다는 전설이
전해지지만 신빙성은 없어 보인다.

성도 옆에 차를 세우고 언덕을 오르지만 온통 옥수수밭으로 개간되어, 동남
쪽 끝자락 절벽 위의 대臺로 접근하기가 쉽지 않다. 북쪽으로 길게 이어지는
토벽이 나타나는데, 밭을 개간하면서 드러난 절단면을 보니 달구질한 토축土
築의 성벽임을 알 수 있다.

휘남조어대산성 북벽의 절단면. 달구질하여 단단히 쌓은 토축의 성벽이다.

1986년 5월과 7월에 휘남현문물조사대가 실시한 조사에 따르면, 성내에서 고구려 시대의 유물이 채집되었으므로 고구려 시기의 산성으로 확인한다고 설명한다. 산성의 평면은 장방형인데 남·서·북 3면은 축성하고 동쪽은 험준한 절벽을 이용하여 천연의 성벽을 만들었다. 둘레는 210m로 규모가 작은 성이다. 서벽의 길이가 60m이며, 남·북벽은 각각 45m이며 남벽 중간에 성문이 개설되어 있다.

조어대산성은 삼통하三通河 상류에 자리한 나통산성羅通山城과 불과 15km 떨어져 있다. "고구려시기에 만약 도성에서 출발해서 북도北道를 따라가면 삼통하에 진입하고, 삼통하는 휘발하에 합류하고 최후에는 송하강으로 유입된다. 이 노선은 고구려와 북방을 연결하는 주요한 통로였다. 在高句麗時期, 如從都城出發, 沿着北道可進入三通河, 三通河滙入輝發河最後注入松花江。這條路線應是高句麗與北方聯系的重要通道。"는 설명을 뒤집어 이야기하면, 당시에 북방민족들이 고구려를 침략할 때 도읍인 국내성에 닿기 위해 반드시 통과해야 하는 루트이기도 하다. 그렇다면 오늘 돌아본 휘발하輝發河와 삼통하三通河 변의 산성들은 당시 도읍으로 가는 길목을 지키는 중요한 방어선들이다. 특히 휘남조어대산성輝南釣魚臺山城은 아무도 관심을 갖지 않는 보잘것없는 작은 성이지만, 주변에 최대 규모인 나통산성羅通山城의 전초기지일 뿐 아니라 다른 산성들과 연결고리 역할을 했던 불가결한 가치를 지닌다.

삼통하뿐 아니라 주변의 작은 하천들을 휘발하輝發河가 다 모아서 송화강松花江에 합류한다. 북방에 거대하게 펼쳐지는 송화강 유역은 고구려뿐만 아니라 그 이전에는 고조선과 부여, 그 후에는 발해의 활동무대였다. 그뿐 아니라 근대에 들어서 일제강점으로 시작된 이민의 역사와 함께 독립군의 활약이 뻗친 곳이니, 고대에서 근대에 이르기까지 선조들의 피와 땀이 서린 땅이다.

나통산성羅通山城과 그 주변의 산성들

– 북도北道를 통해 통화通化로 가는 길목

드넓게 펼쳐지는 벌판 끝 우뚝 솟은 산지에 자리한 나통산성羅通山城의 존재를 그 누가 상상할 수 있었을까?
그 산성은 벌판을 제어했던 힘이다.

송료평원松遼平原으로도 불리는 중국 최대의 동북평원東北平原, 길림성의
동남부의 평야지대는 끝이 없어 보인다. 가도 가도 산은 별로 보이지 않고 낮은
구릉과 벌판뿐이다. 휘남현輝南縣에서 유하현柳河縣으로 넘었지만 평원은 계
속된다. 그 평원 끝에 자그맣게 보이는 산지에 나통산성羅通山城이 있다. 다가
갈수록 벌판에 우뚝 솟은 산지가 엄청난 힘을 지닌 듯 보이는 것은 드넓은
벌판을 제어할 수 있는 군사력을 지닌 산성의 존재 때문일 것이다. 적들이 그
산 위에 2중의 대형 산성이 있다는 것을 어찌 상상이나 할 수 있겠는가? 산성
은 유하현柳河縣 소재지에서 동북으로 25km 떨어진 나통산羅通山 위에 자
리한다. 산성에 닿는 길이 여러 곳이지만, 동성東城과 서성西城 중 서성 안에
있는 도관인 삼청관三淸觀까지 연결되는 길은 나통산풍경구관리처羅通山風景
區管理處에서 출발한다. 그곳에서는 계단으로 된 등산로가 개설되어 있으며
차가 겨우 한 대 다닐 수 있는 좁은 길도 구불구불 사원까지 놓여 있다. 최고
봉이 해발 1,000m가 넘는 산을 도보만으로 답사하려면 하루종일 걸리고도
부족할 판이었는데 다행이다.

길의 끝은 산성의 서문에 닿는
다. 일부 보수의 흔적이 있지만
서문뿐만 아니라 서벽의 보존 상
태가 아주 양호한 편이다. 그곳
에 1981년 길림성 정부가 "성급
문물보호단위省級文物保護單位"
로 선정했고, 2001년 중국 국무
원이 "전국중점문물보호단위全
國重點文物保護單位"로 공포했다

나통산성 서문

는 표지석이 나란히 서있다. 중앙정부가 전국중점문물보호단위로 선정하였
다는 것은 그만큼 중요한 유적이면서도 보존상태가 양호하다는 것을 의미한
다. 서문의 설명문에는 "고구려~금金, 문의 평면은 개략적으로 철凸자 형을
나타내며 그 형상·구조 등 보존상태가 좋으며 이 문을 통하여 점장대點將臺
와 직접 연결된다"고 쓰여 있다. 하지만 문물편집위원회文物編輯委員會의 『문
물文物』 1985년 제2기에 실린 「고구려나통산성조사간보高句麗羅通山城調査簡
報」에는 서성은 남·북 2개의 문이 개설되어 있다고 되어 있으며 남문은 남벽
서쪽 끝에 자리한다고 되어 있는 것을 보면, 산성정비공사를 하면서 그 남문이
서문으로 둔갑된 듯한데 여기서는 일단 서문이라 부르기로 한다.

서문을 들어서서 성벽을 따
라 남쪽으로 조금 가면 서남문터
가 자리한다. 그 안쪽 넓고 평탄
한 공간에 1·2·3호 병영터와 연
병장, 저수지蓄水池, 그리고 언제
지었는지 알 수 없는 삼청관三淸
觀 도관이 자리하고 있다. 이곳
유적의 구성으로 보아 아마도 도

서성의 3호 병영터

【나통산성의 동·서성 평면도】

관은 당시에 지휘부와 관청 등 중심시설이 자리했었던 터로 여겨진다. 설명문을 보면 연병장과 저수지 주변에 자리한 1호 병영터는 3개의 집터에 각각 L자형의 온돌도 발굴되었으며, 2호 병영터는 11.3×12.1m의 정방형 반지하 움집형태에 U자형 온돌이 있었으며 약 20명이 기거했을 것으로 추정한다. 3호 병영터는 2호와 같은 형식이며 크기만 9.5×9.1m로 15명이 동시에 기거가 가능하다고 설명하고 있다. 설명문에 병영터가 금대金代의 유적이라고 되어있지만, 온돌이라고 하면 우리 선조의 유물로 오늘날에도 우리가 사용하고 있지 않은가? 저수지는 동서 50m에 남북 약 30m의 타원형이다. 상기 설명에는 "옛날에 연못의 수심이 수 미터에 달했다고 전해지나 지금은 물이 고갈되었으며 연못 안에는 길게 자란 부들蒲草만 가득하다. 相傳早年池水深達數米, 今已乾涸內中長滿蒲草."고 1980년 5월 조사 당시의 상황을 설명하고 있지만, 오늘

날에는 잘 단장된 못에 물이 가
득하다.

삼청관 서쪽 언덕 위에 점장대
點將臺가 자리하고 있다. 서문으
로부터는 320m 정도 떨어져 있
으나 그곳에선 방금 들렀던 성의
시설이 있던 분지가 바로 발아래
있고 서문 밖의 마찻길도 눈에

나통산성 안의 채석장

들어온다. 대臺는 각 변이 5m의 정방형으로 석재를 쌓고 안쪽은 흙으로 충전
하였으나 지금은 인공으로 높인 토대土臺 위에 약간의 가공석들이 흩어져 있
어 당시의 웅장했던 점장대를 상상케 할 뿐이다. 서문에서 이곳까지는 언덕이
완만하고 평탄하며 그곳에서 다량의 철갑옷 편片 등이 출토된 것으로 보아 평
상시 병사들이 훈련했던 장소가 아니었을까 생각해 본다. 평면도에서 보듯이
그 옆에는 채석장이 자리하고 있다. 나통산성의 성벽을 구성하는 석재는 다른
산성에서 주로 쓰인 화강암이 아닌 석회암으로 성안에서 채집한 암석을 가공
하여 사용한 것이다. 살펴보니 성벽과 똑같은 재질의 석회암 암벽에서 바로
일부를 떼어 낸 듯 공구 자국이 그대로 남아 있다. 마치 고구려 시대 장인의 숨
결소리가 들리는 듯하다. 성안에서 채석장이 발견된 것은 아주 드문 경우이다.

채석장과 건축지가 있는 분지를 지나 서성의 서벽으로 올랐다. 길게 이어
지는 성벽은 채석장과 같은 재질의 석회암을 잘 가공하여 한 층 한 층 정성
스럽게 쌓아 올렸다. 그 크기가 작은 것은 30×20×15cm에서 큰 것은 115×
96×25cm에 이르기까지 다양하지만, 크고 작은 돌들이 조화를 이루며 하나의
완전체가 되니 천수백 년의 세월을 견뎌낸 것이다. 벽체의 높이는 경사도에
따라 차이가 있지만 대개 2~4m 남아 있으며 거의 전 구간이 경사도를 이용
한 편축片築 방법으로 쌓았다. 서벽이 북벽과 만나는 지점에 돌출된 서북 각

서남문의 내·외 이중벽의 구조

대가 조성되어 있다. 그 크기는 길이가 10m, 폭이 8m로 당시에는 그 위에 각루角樓가 있어 서북 방향에서 이동하는 적들을 감시하였을 것이다.

각대에서 동쪽으로 좀 떨어진 곳에 정갈하게 보수된 서북문西北門터가 자리하고 있다. 『문물』의 조사보고에 따르면 서성에는 남·북 각 1곳씩 2개가 있다고 하지만, 그 후 북벽에서 추가로 문터가 발굴된 듯하다. 그리고 서문을 조사보고서에서 언급한 남문이라고 한다면, 그 동쪽 350m 떨어진 위치에 별도로 개설되어 북벽과 대칭을 이루는 새로운 문의 존재 가능성이 있다. 지금 서성 명칭을 기준으로 하면 서남문이 되는데, 지금의 서남문터에 관해 설명이 있다. 남북 이중의 벽체가 맞물렸다가 내·외벽의 사이 8m에 길이 25m를 이어가는데, 원래 그것을 문도門道로 보았으나 후에 석재를 쌓아 막은 흔적이 발견되었다고 한다. 봉쇄하기 전에는 암문이었다고 보는 학자도 있다. 그렇다면 『문물』의 조사보고와는 달리 서성西城의 성문은 4개가 된다.

서성의 북문. 왼쪽이 성 밖이다.

　북벽을 타고 서북문을 지나 　낮아지는 곳에서 북문을 만나는데, 서북 각대
로부터 295m 지점이다. 높은 곳에서 내려다보는 문도 밖에 반원형으로 돌출
된 옹성구조임이 확연하게 드러난다. 문도의 폭은 3m에 양측의 벽체 두께는
5.5m이며, 성벽은 문의 동쪽에서 다시 산을 오르니 동·서 양측 모두 높은 곳
에서 내려다보는 형세이다. 북문은 북벽 중의 가장 낮은 지역에 위치한 탓에
문도 밑으로 석축의 배수로涵洞가 지나므로 수구문水口門을 겸한다. 북문으로
부터 안쪽으로 약 120m 떨어진 곳에 병영지로 여겨지는 건축물터가 자리한
다. 인근에 옛 우물터도 있고 그곳에서부터 배수로가 시작 되어 북문 밑으로
지나는 것이다. 문밖은 험준하고 구불구불한 소로에 연결된다.

　북벽은 대개가 협축夾築의 축성으로 구성되어 있으며 동북 각대를 향하여
가파르게 오른다. 동북 모퉁이의 각대角臺는 성 전체에서 가장 높은 최고봉에
설치하였다. 해발 1,090m이며 정확한 좌표는 북위 42°23'2", 동경 126°0'1"

공동성벽 중 동성과의 유일한 통로. 반원형으로 잘 갖추어진 옹성구조이다. 문의 구조를 보면 서성을 먼저 축조한 다음에 동성을 추가로 건설하였음을 추정할 수 있다.

이다. 장방형으로 된 약 30m²면적의 대臺에 오르면 서성과 동성을 동시에 감시할 수 있으며 주변의 매화구梅河口 · 휘남輝南 · 유하柳河 3개 현縣의 드넓은 평야지대가 눈에 들어온다. 과연 나통산성은 그 명성에 걸맞은 위치에 자리한 것이다. 이곳이 서 · 동성의 북쪽 분리점이다. 『문물』에 따르면 서성은 서벽 724m · 북벽 910m · 동벽 1,288m · 남벽이 815m로, 전체 둘레는 3,737m에 달한다고 하니 서성만으로도 결코 작은 산성의 규모가 아니다.

그곳에서 동성으로 가는 별도의 표시도 없어 이어지는 성벽이 당연히 동성의 북벽으로 연결된다고 여기고 그냥 성벽 위를 걸었다. 남쪽 방향의 서성과 동성의 공동성벽이 보이질 않는 것이 이상하다고 여기면서 220m 정도 가니 하나의 문이 나온다. 그리고 문을 지나 계속 이어지던 성벽은 기암절벽이 만든 천연의 성벽을 만난다. 그 성벽은 나를 동성의 북벽이 아닌 공동성벽의 남쪽 끝에 데려다 놓은 것이다. 아뿔싸! 동성은 가보지도 못한 채 결국 352m의 공동성벽, 즉 서성의 동벽 일부만을 돌다 온 것이다. 서성 북벽 최고봉의 동북 각대角臺를 조금 지나서 만났던 문이 결국 서성의 동문東門이란 것을 나중에서야 알게 되었고, 그 문이 공동성벽 중 동성東城과의 유일한 통로라고 한다. 답사 전에 숙지했던 상기의 조사보고에는 그 성문의 언급이 전혀 없었기에 오늘의 실수가 발생했다. 아마도 그 문은 보고서가 발간된 1985년 이후에 발굴되었을지도 모른다. 어쨌든 힘이 빠진다. 이미 해는 서산에 기울어 가고 동성에는 발도 들여 놓지 못했으니 어쩌란 말인가? 상기의 평면도를 보면 서성과 동성은 중간 공동성벽을 사이에 두고 나뉘어 있는데, 그 평면도를 보면 양쪽의 성 모양이 인체의 폐를 닮기도 하다.

당시에 주성이 서성이었기 때문인지 성안에 남은 유적도 많지만, 동성에는 남쪽으로 치우쳐 건축지로 추정되는 평대 4곳이 거의 전부라고 할 수 있다. 북벽 784m · 동벽 1,181m · 남벽 768m · 서벽 746m로 전체 둘레는 3,479m에 달한다. 그 성둘레가 험준한 산등성이를 따라 만들어졌으며 중간중간 낮은 곳에만 부분적으로 축성하여 보강했을 뿐이다. 성문은 북벽에 1곳, 남벽에 2곳

서성 북문 인근의 건축물터로 면적은 약 3,000m²이며, 이러한 류의 평대가 서성에 6곳, 동성에 4곳이 발굴되었다.

으로 동성 전체로는 3개 문이 개설되어 있다. 『문물』에 따르면 북문은 반원형의 옹성구조를 띠고 있어 서성의 다른 성문과 구조가 거의 같다고 한다. 남벽에 소재한 두 곳의 문은 모두 자연적으로 갈라진 틈自然豁口를 이용하였으며 남벽의 동서 양단으로 치우쳐 300m 간격이다. 그중 서남문은 폭이 18m, 양측의 석벽 높이가 10m에 달하며 문밖에 인공으로 개설된 "십팔반十八盤"도로가 구불구불 산아래로 이어진다. 동남문은 폭이 22m, 양측 절벽 높이가 13m로 속칭 "남천문南天門"이라 불리며, 그 문을 거쳐 가파른 절벽 사이의 소로로 하산하니, 암문으로 간주된다. 결국 동성 남벽의 두 성문은 "일부당관一夫當關, 만부막개萬夫莫開"의 형국이다. 한 병사가 관문을 막고 있으면 천군만마로도 공략하지 못할 정도로 험준한 입지임을 의미한다.

일반적으로 동·서성 전체 둘레는 7.5km에 달한다고 하나, 조사보고서에 나오는 서성과 동성의 둘레를 합하면 7,216m 이며, 두 성간의 공동성벽 길이 352m가 중복되니 한번만 계산한다면 6,864m가 된다. 그렇다고 해도 이 인근에서 가장 큰 성이라고 할 수 있다.

그 동안 고구려 산성 답사를 많이 다녔지만 두 개의 성이 바로 붙어서 병존하는 경우는 아주 드문 경우이다. 신성新城으로 비정하는 무순撫順 지역의 고이산산성高爾山山城에서 본 후로 처음이다. 서·동성 두 개의 성이 하나의 통일체를 이룬 것이다. 그렇다면 이곳에서 2개의 성을 연이어 축조한 목적이 무엇이었을까? 『문물』에서는 아래와 같은 의견을 제시한다. ①서성의 남·서·북 3면 모두가 가파르고 험준하지만 유일하게 동쪽 면의 산세가 완만하니, 부속성곽을 지어 방어능력을 강화한다. ②산아래 평지성이 없으며 전시에 산성으로 모이는 인구가 급증하면 서성만으로 수용이 불가하니 추가로 축성하여 수용할 수 있게 함. 동성은 서성에 비해 상대적으로 축성이 거칠고, 유물이나 유적이 적은 점 등으로 볼 때 피난민·물자의 보관·가축의 방목 등에 사용하였을 가능성을 들고 있다.

【나통산성 인근의 고구려 산성들】

　휘남輝南을 출발, 산성을 찾아오면서 보았던 끝없이 펼쳐지는 평야지대는 고구려 당시 백성들이 생산활동을 했던 공간이다. 인근 최대 규모의 산성은 행정기관까지 동시에 겸했으며 전시에는 그들을 다 수용하여 보호하고 적에 대항해야 하는 당시의 상황을 감안하면 설명에 수긍이 간다. 또한 평시에도 도읍이었던 국내성을 오고 가는 통로로써 부여 등 북방세력과의 교류에 교두보 역할을 수행하였기에 큰 성이 필요했을 것이다.

　유하현柳河縣의 동남쪽과 서남쪽에서 발원한 삼통하三通河와 일통하一通河가 동·서 쪽에서 나통산성을 지나 북으로 흘러 휘남현 소재지에서 각각 휘발하에 합류한다. 두 하천은 송화강松花江의 지류인 휘발하의 상류를 형성하고 있다. 두 하천의 발원지는 바로 통화通化를 향한다. 통화는 송화강 유역의 북방세력과 고구려를 잇는 중간지대라 할 수 있다.

일통하一通河 변에서 바라보는 유하조어대산성

　나통산성에서 일통하一通河를 따라 상류로 거슬러 올라가면 유하현 소재지
를 만난다. 그곳에서 강을 따라 북쪽으로 가다 보면 절벽이 우뚝 솟은 산 위에
유하조어대산성이 자리한다. 일통하一通河는 절벽 동남쪽을 휘감아 돌아 나가
서 북으로 흐르니, 그곳이 바로 나통산성의 서남쪽이다. 두 성간은 직선거
리로 불과 20km 떨어져 있다. 절벽 쪽에서는 산을 오를 방법이 없고, 서쪽에
조어대촌이 있어 그곳을 지나는 영빈로迎賓路 동쪽으로 이어지는 옥수수밭
언덕으로 올라야 한다. 산은 그리 높지 않아도 평야 지대에 홀로 서있기에 누
구에게 묻지 않아도 알 수 있을 정도이다. 성의 남쪽은 강변의 마을과 면한
절벽이지만, 북쪽은 완만한 구릉이라 옥수수밭으로 변했다.

　산성은 내・외성으로 구성된 이중성二重城으로 내성은 절벽 위의 평지를
따라 타원형으로 만들어졌으며 그 성 둘레가 약 400m에 이른다. 절벽은 산성
의 남쪽에 주로 형성되어 있고 그곳이 산성의 최고봉이며, 그 북쪽인 성안의

서북쪽 끝자락에 폭 4m의 내성문이 개설되어 있다. 그 문 안으로 들어가니 토석혼축土石混築의 달구질한 성벽이 확연하게 드러난다. 토석혼축으로 동북서 3면의 벽이 남아있고, 그 안쪽에 호壕가 파져 있다. 판축의 두께는 15~20cm이며 하단 부는 7~9m, 상단 부는 4~5m로 높이는 1~2m 정도 남아 있다. 정상에 오르니 절벽 아래 남쪽으로는 유하현소재지 마을이 보이고 남동쪽으로는 일통하의 흐름이 발아래 있다. 북쪽으로 드넓은 평원을 지나 나통산성羅通山城이 자리한 나통산羅通山 산지가 멀리 희미하게 육안에 들어온다. 가까이에는 매하구梅河口에서 출발한 철도가 북동쪽에서 유하역柳河站으로 가고 있다. 결국 그 철도는 통화通化를 거쳐 국내성이 있는 집안集安까지 연결되는 것으로 보아, 유하조어대산성은 국내성으로 가는 통로를 지키는 산성임을 여실히 증명하고 있다.

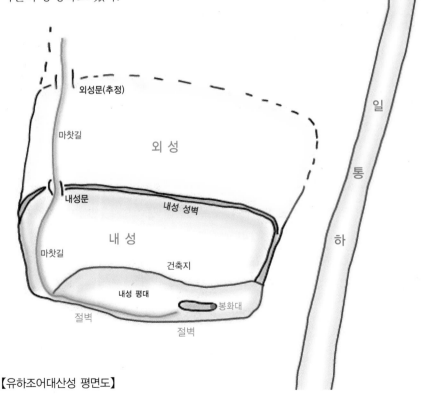

【유하조어대산성 평면도】

내성문을 통해 다시 나가 외성의 흔적을 찾아보지만 그 성 둘레가 700m이며 내성문과 대응하는 지점에 폭이 9m인 문이 있었다는 기록만 있을 뿐 남은 것이 없다. 내성 주변이 다 옥수수밭으로 개간되었으니, 2015년 유하현인민정부가 세운

북쪽 구릉 지역에서 본 모습. 내성은 산 위에 있지만 외성은 옥수수밭으로 변했다.

표지석만 덩그러니 서 있을 뿐이다. 그 뒷면에는 "조어대고성은 유하현 시내 동북 2km에 위치하며, 고성의 면적이 작으나 성내 유적·유물이 비교적 풍부하다. 내·외 이중토벽으로 달구질하여 축조하였다. 지리적 위치나 성벽의 구축으로 보아 방어용 성보에 속하며, 그 동북에 나통산성과 멀리 바라보면서 유하와 매하구 경계점의 중요한 산악지역 입구를 제어하고 동시에 통화의 산지로 진입하는 것을 굽어보는 하나의 요새이다. 한나라의 대북방통치를 강화하는 성보 중의 하나로서, 한대漢代 성보의 특징·강역지리·군사방위 및 국가의 정치·경제·문화의 발전의 연구와 심도 있는 토론에 대한 그 가치를 낮게 평가할 수 없음이 공론이다. 釣魚臺古城位于柳河縣城東北2公里, 古城面積雖小, 但城內遺蹟遺物較豐富, 由內外雙重土垣構成, 城墻夯築。從地理位置和城垣構築看, 屬于軍事防禦性質的城堡, 其東北與羅通山城遙望, 古城控制着柳河與梅河口交界處的重要山口, 同時俯瞰一代進入通化山區的一處要塞。成爲加强漢政權對北方統治的城堡之一, 對研究深討漢代城堡的構築特點、疆域地理、軍事防衛及國家的政治、經濟、文化的發展, 共有不可低估的價値。"고 적고 있어 아예 한대漢代의 유적으로 확정하고 있다.

과연 그럴까? 물론 성안에서 발굴된 유물 중에 고구려의 것이 없다는 점을 그 이유로 들고 있으나, 1987년 길림성문물지편위회吉林省文物志編委會가 발간한 『유하현문물지柳河縣文物志』의 「성지城址」편을 보면 "조어대고성의

연대와 관련하여 일찍이 다른 의견들이 있어왔다. 구『유하현지柳河縣志』에
중 '조어대고성은 나통의 서성과 유사함이 있다'는 기재를 근거로, 어떤 의견
은 여기를 고구려 시기 나통산성에 딸린 서부 방위 성보로 추정한다. 關于釣魚
臺古城的年代, 曾有過不同的意見。一種意見依據舊〈柳河縣志〉中'釣魚臺城有類似羅通
西城(即羅通砬子石城的一座城址)的記載, 推定這里爲高句麗時期羅通山城的一座西部
防衛城堡。"는 의견도 있으니 좀 더 연구가 필요하다는 생각이다. 또한 한대漢
代의 성이라고 하더라도, 그 후 이 지역을 지배했던 고구려가 나통산성까지
새로 축조하면서 이처럼 중요한 위치를 그대로 두었을 리 만무하다. 당연히
연이어 사용했으며 나통산성과 하나의 지휘계통 하에서 효율적인 방어 시스
템을 구축하였으리라고 본다.

삼통하三通河의 상류인 유하현柳河縣 고산자진孤山子鎭 신안촌新安村의 북
쪽 250m 구릉 지역에, 지금은 경작지로 변했지만 신안고성新安古城이라 불리
는 토성 흔적이 남아 있다. 현지인들은 이를 "고려성자高麗城子"라고도 칭한
다.『유하현문물지』를 보면 남·북벽은 125m, 동벽은 105m, 서벽은 100m인
장방형으로 전체 둘레 455m의 작은 성임을 알 수 있다. 성안 지세는 서고동
저西高東低의 평지성에 가깝다. 동벽 남단에 8m 폭의 문이 하나 개설되어 있
지만 훼손이 심하여 분별이 어렵다. 성의 동·남면은 삼통하三通河 유역의 평
야지대이며 동북 방향으로 흐르는 하천은 나통산성羅通山城의 동쪽에서 북으
로 계속 흘러가다 휘남현輝南縣에서 휘발하로 유입된다. 결국 휘발하의 상류
이다. 나통산성과는 직선거리로 불과 18km 떨어져 있을 뿐이다. 유하조어대
산성柳河釣魚臺山城이 일통하一通河 상류에서 나통산성의 서남 방향의 방어선
을 이루듯이 신안고성은 삼통하에서 동남 방향의 방어를 한다. 두 성은 바로
남쪽에서 통화와 이어진다. 결국 국내성을 오가는 통로인 북도北道에 자리한
방어선인 것이다.

영과포산성英戈布山城과 그 인근에서 북도北道를 지켰던 3개의 작은 평지성들

동벽 가장 높은 봉우리에서 본 영과포진

중국어로 가재를 의미하는 날고하蝲蛄河를 따라 난 G203국도 심장선沈長線을 타서, 통화현通化縣 중심에서 서북쪽으로 23km 정도 가다 보면 영과포진英戈布鎭이란 농촌을 만난다. 만주어를 한자로 표기했을 듯한 "영과포"진은 영액포진英額布鎭으로도 불린다. 마을에서 동쪽으로 약 300m 떨어진 곳, 벌판 위에 우뚝 솟아 있어 보기만 해도 산성이 있을 만한 산이다. 주민에게 확인하고 옥수수밭을 지나 그 산에 오른다.

산성 주변에는 마찻길이 나있는데, 동쪽에 길게 늘어져 있는 산등성이에 오른다. 그 남쪽 끝자락에 자리한 가장 높은 봉우리에 서니, 남서쪽의 벌판에 영과포진英戈布鎭 마을이, 동쪽으로는 날고하蝲蛄河의 흐름이 한눈에 들어온다. 봉우리 정상에는 약간의 평탄한 공간이 자리하고 봉화대의 흔적이 있다. 산성의 동벽은 좁고 가파른 절벽 때문에 별도의 성벽을 쌓지 않아도 될 정도이다. 동벽 안쪽 산자락에 성안의 부지가 형성되고 그곳에 서·남·북 3면에 석축의 성벽을 쌓았다. 산성의 남북 길이가 약 100m, 동서 폭이 30m 정도이니 비교적 작은 성이다.

산자락에 접근하여 둘러보니 성벽이 많이 훼손되었으나 북벽은 그래도 양호하게 남아 있는 편이다. 북쪽에 분명치는 않으나 성문터가 있고, 그 안으로 들어가 보면 병사들이 거주했던 건축물터로 보이는 평평한 공간을 볼 수 있다. 서쪽 성벽을 따라 가다 보면 돌로 쌓은 원형의 구덩이가 있어 우물터로 보이나, 가뭄 탓인지 물이 말라 분간하기가 쉽지 않다.

더 남쪽으로 가니 산등성이가 거의 끝나는 산자락을 따라 성벽을 쌓았으며 성벽 안으로 흩어져 있는 가공석들이 눈 속에 흩어져 있다. 적지 않은 수의 가공석들이 무슨 용도인지 또한 고구려 시대의 것인지조차 알 수 없어 궁금증만 더 할 뿐이다. 몇 개들고 가서 감정이라도 받아 보고 싶지만, 산성에서 무엇하나라도 들고 나와서 시빗거리가 되면 더 이

성안에 흩어져 있는 가공석의 정체는 무엇일까.

상 답사를 하지 못하는 사태가 발생할 수도 있어 사진에 담을 뿐이다. 남벽 바로 아래 성밖에 돌로 정연하게 쌓아 우물터가 분명해 보이는 구덩이를 만날 수 있지만, 그 역시 물은 고갈된 상태로 눈에 덮여 흔적만 드러낼 뿐이다. 산성은 수원水源이 중요한 입지조건 중 하나이다. 우물터를 거쳐 성밖으로 난 마찻길馬道을 따라 하산한다.

길림성문물지편위회吉林省文物志編委會가 1987년 발행한 『통화현문물지』에 따르면 영과포산성은 "높은 산의 산마루에 자리하며 성터의 규모 또한 비교적 작아 그것을 근거로 판단할 때 그 성은 고구려시기에 군사상의 초소시설에 속하는 것으로 여겨진다. 這座山城座落于高山之巔, 城址規模又比較小, 据此判

斷該城似爲高句麗時期的屬于軍事上的哨卡設施。"고 한다. 산성은 북위 41°44'30",
동경 125°34'26"이며 고도는 해발 651m에 위치해 있다.

영과포산성이 있는 영과포진英戈布鎮에서 G203국도를 타고 서쪽으로 약
19km 정도 가다 보면 삼과유수진三棵楡樹鎮을 만난다. 통화현의 가장 서쪽
끝이며 요녕성 신빈현新賓縣과 맞닿는다. 그 마을 주변에는 그리 크지 않지만
평지성 3개가 산재해 있다. 먼저 마을 정남쪽 0.5km 떨어진 곳에 남대고성南
臺古城을 찾아 간다. 좁은 농로를 따라가 보면, 바로 길가에 최근에 복원한 상
태의 성벽 위에서 깃발을 날리고 있다. 성문의 문루門樓·각대角臺·성벽 등을
복원하여 형태를 갖추었지만 뭔가 어색하고 조잡스럽게 보인다. 하지만 바로
건너편에 원래의 고성터가 있어 다행이다. 상기서의 설명대로 그 터에는 동남
각대 자리 바로 아래에 둘레 4.2m의 오래된 느릅나무 한 그루가 역사를 지키
고 있다. 나무 아래의 표지석에는 2013년 "전국중점문물보호단위全國重點文物
保護單位"로 선정되었고 2016년 길림성 정부에서 세웠다면서 "통화한대장성
通化漢代長城"이라고 한다. 과연 그럴까?

남대고성南臺古城. 옥수수밭 끝자락에 보이는 성벽이 북벽이며, 동벽과 남벽이 만나는 모퉁이에 느릅나무 한 그루가 서 있다.

답사 전에 공부했던 상기서에는 한대장성이라는 언급이 한마디도 없었다. "남대고성 규모는 비교적 작다. 또한 토축으로 이어지며, 성안에는 건축물이 남아 있지 않으며 성벽에는 불에 태운 흙의 흔적이 있다. 남대성터 서남면으로부터 3.5km 떨어진 곳에서 대량의 요·금 시대 유물이 발견되었다. 상술한 현상들을 분석하면 이 성은, 대략 고구려 시대에 이곳에서 방어진을 설치했다가 요·금 시대에 개축하여 연이어 사용했을 수 있다. 南臺古城規模較小, 且系土築, 城內沒有建築, 且城牆有紅燒土的痕迹, 在南臺城址的西南面3.5公里處發現了大量的遼金時期遺物。從上述現像分析, 該城大約高句麗時曾此設防, 遼金時期又經修葺沿用。"고 설명할 뿐이다. 상기서의 발간 연도가 1987년이며 중국 국무원에서 전국중점문물보호단위로 선정한 것은 26년이 지난 후의 일이다.

고성의 북쪽에서 삼과유수하三棵榆樹河가 동에서 서로 흐른다. 남대고성은 주변보다 높은 자리에 사각형의 형태로 동·서벽이 38m, 남·북벽이 48m로 전체 성 둘레 길이가 172m에 달하지만, 성안은 이미 옥수수밭으로 변했고 며칠 전 내린 눈으로 더욱 황량하다. 멀리서 보면 성의 윤곽은 또렷하게 남아 있다.

태평구문 고성의 남벽

진의 중심을 통과하는 G203국도에서, 북쪽 증승구增勝溝 방향으로 약 800m 지나면 태평구문太平溝門 마을이다. 마을은 서쪽으로 산, 동쪽으로는 의목수하依木樹河가 흐르고 있다. 그 하천은 흘러 남쪽에서 삼과유수하三棵榆樹河와 만나고 다시 서쪽으로 흘러 부이강富爾江과 합류한다. 산이 시작되는 초입의 도로 바로 옆에 태평구문고성太平溝門古城이 자리하고 있다. 산자락에 자리하고 있으나 산성이라기보다는 평지성이다. 평지성이란 것은 대부분 농토나 도시로 개발되어 그 존재조차도 찾기 어려운 경우가 많기 마련인데, 이곳도 크게 다르지 않다. 성안 동북쪽 한 곁에는 주택이 들어서 있고 그 나머지는 경작지로 변해 있다. 그 누구를 탓하랴? 그래도 접근하여 자세히 살펴보면 토벽의 성곽은 또렷하게 남아 있으니 다행이다.

집 근처에 다가가보니 동북쪽의 성벽도 온전히 남아 있다. 고성은 동벽 45m・서벽 47m・남벽 48m・북벽 48m의 길이로 거의 정사각형이며 전체 둘레는 188m로 조사되었다고 한다. 태평구문고성은 남대고성南臺古城과 직선거리로 불과 1.6km 떨어져 있어 서로 육안으로 보며 깃발이나 봉화로 연락하였을 정도의 거리이다. 상기서에서 "이 성 또한 남대고성과 마찬가지로 고구려 때 초소 또는 봉화대 종류의 군사시설이다. 此城也與로南臺城一樣, 爲高句麗時的哨卡或烽火臺一類的軍事設施。"라고 설명한다.

성 앞을 지나는 도로를 따라 북쪽으로 2.5km 정도 더 가다 보면 의목수하依木樹河 상류에 자리한 의목수촌依木樹村을 만났다. 주민은 마을 한가운데 집 한 채가 바로 의목수고성依木樹古城터였다고

마을주민은 마을 표지석 건너편 집이 옛 성터였다고 증언한다.

증언한다. 주택이 자리를 틀고 앉아 있으니 성의 흔적은 남아 있을 리가 없다.

상기서에는 "의목수성도 마찬가지로 고구려의 고도 상에 자리하며 상술한 두 개의 성터와 마찬가지로 크기·구조 또한 서로 비슷하니, 의목수성터 역시 고구려 또는 요·금시기의 봉화대 혹은 초소 종류의 군사시설이다. 依木樹城同在高句麗的古道上, 同上述兩城城址大小, 形制又相近, 故依木樹城址仍爲高句麗或遼金時期的烽火臺或哨卡等類的軍事設施。"라고 기재되어 있다.

영과포산성뿐 아니라 그로부터 더 서쪽에 자리한 3개의 평지성 또한 고구려 고도古道, 북도北道를 지켜냈던 성들이다. 이들은 통화현 소재지 인근에서 혼강에 유입되는 날고하 및 서쪽으로 흘러 부이강과 합류하는 작은 하천인 의목수하와 삼과유수하 변에 위치하지만, 오늘날에는 G203국도 변에 산재해 있는 형국이다. 크지는 않지만 성들이 집중적으로 분포해 있음은 당시 북도의 길목이었음을 알 수 있다. 그렇다면 통화현 일대를 지나는 G203국도 자체가 고구려 시대의 북도 구간을 이어서 만들어졌는지도 모른다는 생각이 든다. 고구려 시대에는 북도였지만 그 후 발해와 요·금 시대에도 계속 주요 교통로로 사용되었을 개연성이 충분하다.

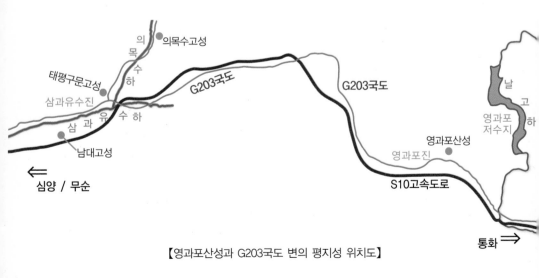

【영과포산성과 G203국도 변의 평지성 위치도】

혼강渾江과 합니하哈尼河 합류지점에 자리한 자안산성自安山城

협심둔夾心屯 마을에서 바라보는 동벽

고구려 남南·북도北道는, 장백산맥長白山脈에서 서남쪽으로 뻗어 내려와 국내성과 환도산성이 있는 집안시를 감싸는 노령老嶺을 건너는 두 줄기의 통로였다. 남도는 노령을 넘어 집안의 남부로 들어가고, 북도는 집안의 북부에서 노령을 넘는 길이었다. 역사서에 평평하고 넓다고 기록한 북도는 고구려 초기에 부여夫餘와 중원으로 통하는 길이면서 중원과 북방 이민족의 침략 루트이기도 했다. 북도에서 노령을 넘기 전 주된 지역이 오늘날의 통화시通化市와 그 북서부 지역이다.

통화시通化市는 길림성 동남부에 소재하며 그 관할에 매하구시梅河口市·집안시集安市·휘남현輝南縣·유하현柳河縣·통화현通化縣 등이 있어 옛 고구려의 수도권방어와 뗄 수 없는 연관성을 지니고 있다. 통화시내의 합니하哈尼河가 혼강渾江에 합류하는 지점에 자리한 북도상의 고구려 자안산성自安山城에 갔다. 합니하哈尼河는 합밀하哈密河로도 불리며, 유하현柳河縣의 동부 산악

지역에 있는 합니습지哈尼濕地를 발원지로 하여 137km를 흘러 자안산성 앞에서 혼강과 합류한다. 통화시의 어머니 같은 강이라 하여 모친하母親河라고도 일컫는다. 그도 그럴 것이 그 강의 2개 댐에서 통화 지역의 수돗물을 공급받으니 젖줄이 아닐 수 없다. 역사적으로 보아도 그 강변을 따라 유하현柳河縣·휘남현輝南縣 지역에 산재한 산성과 이곳이 연결되었을 터이며, 그 때문에 혼강에 합류하는 요충지에 산성이 있었을 것이다.

산성의 이름이 자안산성自安山城인 것은 통화시 동창구東昌區 자안촌自安村에 소재하는 데 기인하며 촌의 협심둔夾心屯 마을 북쪽 산 위에 자리한다. G201국도 변에 있는 협심둔 마을은 마치 전쟁으로 피난 나간 뒤의 폐가들만이 남은 듯 사람 하나 볼 수 없어 적막하다. 나중에 알았지만 통화시通化市에서 자안산성을 관광지로 조성하기 위하여 주민을 이주시키고 대대적으로 개발할 준비중이라고 한다. 텅 빈 마을을 지나 산으로 오르는 길이 나온다. 아마도 집들을 철거하고 광장과 주차장 등 자안산성으로 들어가는 입구와 매표소도 만들어 입장료도 징수할 것이다. 요즘 중국이 관광지를 조성하여 받는 입장료는 투자한 만큼 뽑아낸다는 경제논리만이 작용하는 것 같다. 베이징의 고궁故宮의 입장료는 중앙정부가 통제하여 60위안으로 고정된 지 오래건만, 지방정부에서 요즘 세우는 관광지·기념관 등은 100위안을 훌쩍 넘어 천정부지임에 놀라울 따름이다. 과연 훗날 이곳은 어떨지?

마을과 맞닿은 곳은 자안산성의 남벽이다. 남벽의 동쪽은 높은 절벽 위의 동벽과 이어지다 보니 높고, 서쪽으로 갈수록 지세가 낮아진다. 마을과 이어지는 부분에 개설된 성문이 남문이다. 남벽이 서벽과 이어지는 부분이 성에서 가장 낮은 지대이며 그곳에 정문(서문1호)이 개설되어 있고 수구문水口門이 함께 있다. 현지인의 증언에 따르면 성문 밖에 토축土築으로 만두 모양의 도크형 성벽이 있었다고 하는데, 옹문甕門이었을 것이다. 남벽은 약 353m로 4면 중에 가장 짧지만, 합니하哈尼河가 혼강渾江과 합류하는 지점과 면하고 있기에 정문(서문1호)과 남문은 두 강을 통한 조운漕運의 출입구 역할도 하였을 것이다.

일단 남문을 통하여 소로를 따라 진입하면, 서벽으로 치우쳐 이어지는 계곡에 물이 흐르며 그 상류 끝에 샘이, 동시에 인근의 옛 우물터도 만날 수 있다. 서벽 쪽에 다가가니 2호문(서문)과 성벽을 대대적으로 보수공사하고 있다. 하단부만 조금 남아있던 성벽을 상단부까지 완전하게 복원하는 것이다. 하단부에 반듯한 가공석을 쌓고 그 상단부의 안쪽에는 조각돌을 무작위 들어쌓기로 채우는 형태는, 집안의 환도산성丸都山城의 복원된 남벽과 유사한 면이 있으나 과연 얼마나 완벽한 고증인지 궁금하다. 서벽은 북쪽으로 계속 올라가는데, 성밖을 보면 합니하가 그리 멀지 않은 위치에서 성벽을 감아 돌고 성의 남쪽에서 혼강에 유입되는 것이 눈에 들어온다. 전체 길이가 802m인 서벽의 2/3 지점 즈음에 성벽 안쪽으로 넓고 평탄한 건축물터가 펼쳐진다. 그간 고구려 산성을 다니면서 본 건축지 중에서 면적이 가장 넓을지도 모르겠다. 터의

자안산성의 서북쪽에서 남쪽을 감아 돌아 혼강과 합류하는 **합니하**哈尼河. 서간도 신흥무관학교도 이 근방에 있었다.

주변에 잘 만들어진 배수로가 서벽으로 이어져 성벽 밑을 지나는 것을 보니 당시에도 밖으로 생활오수를 내보냈던 것으로 보인다. 좀 더 성벽을 타고 오르면 서벽의 3호문을 만나니, 서벽에 성문이 세 개나 개설되어 있다. 동벽은 높은 절벽이다 보니 주로 서쪽을 통해 성안으로 출입을 했던 탓일 게다.

성은 동·북면이 높고 서·남면이 낮다 보니, 서벽과 북벽이 만나는 지점은 이미 꽤 높은 곳이다. 그곳에 각대터가 남아있으며 북벽의 시작점이다. 그 지점에서 일정 구간은 원래의 벽이 보존되어 있는데, 아마도 그것을 참고하여 나머지 성벽을 복원하는 듯하다. 북벽 구간을 가다 보면 복원 이전과 이후의 구간이 확연히 구분되는 곳이 있다. 그 지점 인근에 성안의 저수지蓄水池로부터 성벽 아래를 지나는 배수구가 설치되어 있다. 배

자안산성 북벽 아래에 설치된 배수구涵洞

수구涵洞는 성벽 아래에서 길이 1.2m인 큰 사각의 돌이 덮개 역할을 하고, 바닥은 평평한 판석板石을 깐 사각형이다. 천수백 년의 장구한 세월을 지냈음에도 불구하고 완벽하게 남아 있으니 당시의 축성술이 얼마나 우수했는지를 전해준다.

북벽의 동쪽을 향하여 각대에 다가가면 북문을 만난다. 성문의 형태는 성안으로 연결되는 굽어진 문도門道 양 측면에 대臺를 높이 쌓아 적의 접근을 차단하니 옹성구조임을 알 수 있다. 문을 지나면 북벽과 동벽이 만나는 모퉁이로 각루角樓가 있었을 만큼의 공간이 있고 그곳에서 동벽이 시작된다. 북벽의 길이는 약 442m이다.

동벽은 혼강渾江과 면하여 강변에서의 이동을 감시하는 역할을 하였다. 절벽이 높고 험하게 이어지는 동벽은 별도의 축성이 필요 없었다. 따라서 자안

자안산성의 북벽은 원형 그대로의 구간과 복원된 구간이 또렷하게 구분이 된다. 석벽 색상의 차이를 보면 알 수 있다.

산성은 비교적 완만한 남·북·서 3면에만 축성했다. 동벽은 전체에서 긴 1,156.47m에 달한다. 따라서 전체 둘레가 2,753m로서 국내성의 북부 방어선 인 통화 지역에서는 비교적 큰 성이다.

배수구에서 보다 안쪽으로 들어가면 약 70m 정도 지점에 말라 붙은 저수지 터를 만난다. 그 규모가 작지 않음은 주둔했던 군사의 수가 많았음을 의미한 다. 그 외에도 다음 쪽의 【자안산성 평면도】에서 보듯이 성안에는 우물터 2개 와 샘 한 곳이 더 있다. 저수지에서 남쪽으로 더 가다 보면 북측 건축물터 동 쪽에 점장대點將臺터가 자리하고 있으니, 그주변이 평탄하고 꽤 넓은 것으로 보아 전투지휘는 물론이고 평상시에 병사들을 훈련시켰던 장소로 보인다. 좀 더 남쪽에는 북측 건축물터보다는 작지만 또 하나의 건축물터를 만난다. 성 안에 많은 건축물터는 많은 병사들이 주둔했던 산성이었음을 말해주고 있 다. 자안산성은 비교적 성안 시설들의 보존상태가 양호한 편이다. 그것은 고 구려 시대의 산성의 방어체계와 산성 건축이념과 구조 등을 밝혀주며, 더불어 산성에서 발굴된 유물 또한 적지 않아 그 시대상을 말해주고 있다.

학자에 따라서는 자안산성에서 출토된 일부의 한나라 양식의 도자기조각을 근거로 한대漢代의 산성이며 한사군漢四郡과 관련이 있다고 주장하기도 한다. 하지만『박물관연구博物館研究』2012년 제1기(통권 제117기)에서 서곤徐坤·섭용聶勇·장적張迪 공저의 「길림성통화자안산성 연대 재론再論吉林省通化自安山城的年代」을 보면, "자안산성의 건축특징과 인근의 3개 산성을 비교했을 때 자안산성 성벽은 오녀산성보다 늦으나 환도산성의 건축연대와 비교적 접근해 있음을 알 수 있다. 通過將自安山城建築特征與隣近的三座山城進行比較, 可以認爲自安山城石質城垣的始建年代應晚于五女山城, 與丸都山城城垣的建築年代較爲接近."고 말한다.

또한 출토유물을 대비하면 자안산성 내 주요 출토유물과 오녀산성 제4기 및 국내성의 고구려중기 유물 중에서 같은 종류의 기물器物과 형태가 접근함을 언급하고 있다. 그리하여 "자안산성의 석재 성벽의 건축과 사용시기는 전체적으로 고구려 시대이며,

배수구
북 벽
북문
각대
각대
저수지
우물터
서문3호
건축지(북)
점장대
배수구
동 벽
서 벽
건축지(남)
서문2호
옛 샘터
우물터
서문1호 (정문)
남문
남 벽

【자안산성 평면도】
현장에서 본 복구공사현황도를 기준하여 작성

건축 시작 연대는 환도산성과 국내성보다 빠르지 않으며 사용 연대는 응당 오녀산성의 제4기 및 국내성의 사용 연대와 대체로 해당된다. 自安山城石質城 垣的建造和使用時間均爲高句麗時期, 始建年代不早于丸都山城和國內城, 使用年代應 五女山城第四期, 國內城的使用年代大體相當。"고 결론짓는다. 여기에서 오녀산성 제4기라고 함은, 전체적으로 5개의 문화층으로 나누어 제4기가 고구려 중기 로서 그 연대는 대개 4세기 말에서 5세기 초로 여겨진다. 이 논문뿐만 아니라 대부분의 학자들은 고구려 시대의 산성이었음을 부정하지 않는다. 다만 한대 에 있던 일부 성을 고구려 시대에 석성石城으로 대대적으로 다시 축조하였으 며, 고구려 이후에 발해·요·금나라가 연이어 사용했을 가능성에는 별 이견 이 없다.

산성의 동북 각대角臺터에서 혼강변으로 펼쳐지는 도로를 보면서, 고구려의 고도古道였던 남도와 북도에 대한 역사서의 언급인 "북도평활, 남도험협北道 平闊, 南道嶮狹"을 다시 떠올린다. 북도상에 자리한 자안산성은 혼강渾江 강변 에 자리하다 보니 비교적 평탄한 평원에 솟은 산 위에 선 산성이 아닌가? 이 곳은 계속 이어지는 북도를 따라 노령을 넘어 집안으로 가는 길목이다. 관마 산성關馬山城을 지나거나, 위사하葦沙河를 따라가거나 또는 대라권하大羅圈河 변을 따라가다가 석호관애石湖關隘를 지나 험준한 노령老嶺을 넘어 국내성으 로 들어갔다. 반대로 국내성에서 그 길들을 통해 나와서, 이곳을 거쳐 유하 柳河로 진입하여 북쪽 부여로 나가는 경로이기도 하였다. 결국 자안산성은 국 내성으로 들어가거나 그곳에서 나오면서 필히 지나쳐야 했던 길목에 축조한, 군사적 가치가 지대한 산성이었다.

적백송고성赤白松古城과 건설산성建設山城
남南·북도北道에 각각 위치한 산성

적백송고성 서벽의 성문 입구

길림성吉林省의 남부 통화현通化縣 시내로부터 남서쪽으로 2.5km 정도 가
다보면 쾌대무진快大茂鎭 적백송촌赤白松村에 이르고, G201국도 변의 마을 동
북쪽 야트막한 산 위에 적백송고성赤白松古城이 자리하고 있다. 산세는 산성
이 있을 만한 곳이 아니다 보니 그냥 지나쳤다가 마을사람에게 묻고 되돌아
와야 했다. 마을입구 가까이 오른쪽으로 오르는 골목길을 따라가면 고성의 입
구와 입간판을 만났다. 놀랍게도 2013년 중국 중앙정부 국무원國務院에서 "전
국중점문물보호단위全國重點文物保護單位"로 공포했다는 내용이다.

서벽에 난 성문을 지나 성안에 들어서면, 넓고 평탄하게 펼쳐진 언덕 전체
가 이미 경작지로 변해 있다. 점장대點將臺였을 만한, 북동쪽에 성에서 가장
높은 작은 산봉우리를 중심으로 한 부정형의 모양이다. 북벽은 산지와 이어지
며 동벽은 통화현通化縣 시내를 바라본다. 성의 정동 방향 약 8km 떨어진 지
점에서 시내를 휘감아 돌아온 날고하蜊蛄河가 혼강渾江에 합류하여 북에서

남벽에 두 개의 성문이 있으나, 옹벽을 설치해야 할 정도로 훼손이 심하다. 문의 형태가 거의 남아 있지 않다.

남쪽으로 유유히 흐른다. 남벽의 절벽 아래 평지에 대도령하大都嶺河란 작은 하천이 남에서 북으로 흘러 날고하에 합쳐진다고는 하지만, 겨울 가뭄에 다 말라붙었는지 국도와 철도만이 눈에 들어올 뿐이다. 성의 남서쪽 언덕 아래에 적백송촌 마을이 면해 있어 이른 아침 농가의 풍경이 눈에 들어온다.

마을을 면한 언덕 위에 성벽의 흔적이 보인다. 서벽이 남벽과 만나는 지점에 원형의 각대터가 어렴풋이 나타나고, 그곳에서 이어지는 남벽도 절벽 위에 성벽의 흔적을 보이면서 동쪽으로 향하여 간다. 좀 가다 보면 성문터이면서 비교적 낮은 지대여서 수구문도 겸했을 지점을 만난다.

하지만 성벽의 훼손이 워낙 심하다 보니 옹벽을 쌓고 그 사이로 배수 구조물을 설치하여 성문으로 보기 힘들게 되었다. 천만 다행인 것은 문터 양쪽에 대臺의 흔적은 또렷하게 남아 있다. 성벽을 따라 동쪽으로 좀 더 가다보면 또 하나의 문터가 나오지만 그곳의 사정도 별반 다를 것이 없어, 허물어진 절벽에 옹벽 공사를 하여 더 이상의 훼손을 막고 있다. 그곳도 문터 양쪽에는 높은 대臺가 남아 있다. 그곳에서 동벽을 향해 약 50m 더 가면 직경 10m 정도의 원형 각대角臺를 만난다. 그곳에 오르면 통화현 시내로부터 성 아래를 지나는 G201국도를 굽어볼 수 있다. 성은 그리 높지 않은 산언덕에 자리하지만, 언덕 아래평야지대가 펼쳐지니 적을 조망하기에 적합하다. 당시에 동쪽 혼강의 합류지점과 그 주변의 상황을 한눈에 내려다보았을 것이다.

동벽은 실제로는 동북쪽이며, 성벽은 방향을 틀어 북쪽을 향하여 간다. 남벽과 마찬가지로 달구질하여 판축기법으로 축성한 토벽이며, 잔고가 2~4.5m로 보존상태가 양호한 편이다. 중간에서 약간 북쪽으로 치우쳐 성문이 하나

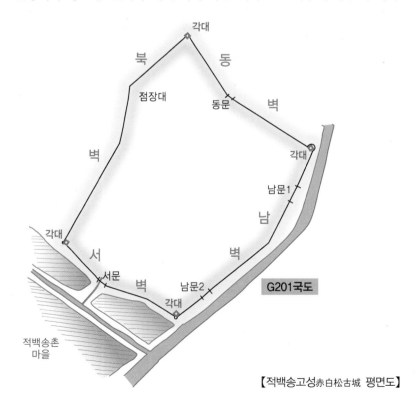

【적백송고성赤白松古城 평면도】

있는 게 동문이다. 동・북벽이 만나는 지점에 마른 수풀에 가려 그리 선명하게 나타나 보이진 않으나 원형의 각대 흔적이 있다. 성 전체의 지형은 고저 차이가 그리 심한 편은 아니지만, 그래도 북벽이 가장 높은 지역이다. 동쪽으로 치우쳐 작은 봉우리가 있는데 그곳은 점장대의 역할을 하였던 것으로 보인다. 산자락에 이어지던 북벽이 서벽에 닿기 전, 성안 언덕배기에 돌무더기가 쌓여 있어 건축물터였던 것으로 보이나 경작지가 되어 파헤쳐 놓았으니 확신할 수 없다.

왕우랑王禹浪・왕굉북王宏北 편의 『고구려발해고성지연구회편高句麗渤海古城址研究滙編』에 따르면, 동벽의 길이는 220m, 남벽은 286m, 서벽은 172m에 북벽이 318m로 가장 길고, 전체 둘레는 996m에 달한다. 또한 서남 각대 인근에 옛 우물터가 하나 있었다고 하나 지금은 그 흔적마저 사라졌다.

성안에서는 도자기・기와조각들이 많이 발굴되었는데 특히 고구려 문양의 기와뿐 아니라 한대漢代의 판와板瓦도 발굴되어, 상기서에서는 "성안에 묻힌 판와가 한대 유물에 속하고 게다가 성벽이 흙을 달구질하여 판축기법으로 쌓은 것을 더하면, 이 성을 쌓기 시작한 연대가 필시 한대이며 후에 고구려가 연이어서 사용했을 것이다. 城內遺存的板瓦屬于漢代遺物，加之城墻爲夯土板築。因此，此城始築年代應是漢代，後爲高句麗所沿用。"라고 주장한다. 과연 그럴까? 한대 문양의 판와는 몰라도, 달구질하여 쌓은 토축성土築城은 고구려 시대의 산성에서도 얼마든지 볼 수 있다. 그것은 성의 주변 환경에 따른 재질의 선택일 뿐이다.

어제 집안集安에 소재한 패왕조산성覇王朝山城과 북둔北屯 평지성을 찾아보고 혼강渾江을 건너 통화현通化縣으로 왔다. 북둔에 혼강을 건너는 강나루渡口가 있고 페리보트(?)를 타고 건넜다. 엔진이 두 개 달린 바지선에 사람이나 차를 싣고 건너는 것이 전부이다. 사람의 경우는 5위안을 받고 승용차의 경우는

북둔나루北屯渡口에 혼강을 건너 주는 바지선. 강을 건너면 집안集安에서 통화通化에 닿는 것이다.

10위안을 받으며, 차에 승차한 인원에 대해서는 별도로 요금을 징수하지는 않는다.

　강 건너 통화通化에 들어서니 비포장도로변에 농촌이 이어지고, 조선족이 많이 사는 마을이기 때문인지 주변에는 논들이 펼쳐진다. 일제강점기 핍박과 배고픔에 못 견뎌 압록강을 건너 정착한 선조의 자손들이 살던 마을일 것이다. 그도 그럴 것이 통화현에는 조선족이 비교적 많이 사는 "대천원만족조선족향大泉源滿族朝鮮族鄉"과 "금두조선족만족향金斗朝鮮族滿族鄉"이 있다. 중국의 여러 곳에 소수민족 자치행정구역이 있지만, 두 개의 소수민족이 함께 자치단위를 구성하는 것은 이곳에서 처음 대한다.

　통화현의 서남부에 자리한 대천원만족조선족향 중심지에서 서쪽으로 약 7km정도 더 가다보면 대천향大川鄉을 만난다. 그곳에서 남쪽으로 좀 더 가다보면 건설촌建設村이라는 작은 농촌 마을이 나온다. 해는 이미 서산에 가까워

오니 산을 찾는다고 시간을 지체할 수 없다는 중압감에 조그만 구멍가게를 찾아, 주인에게 건설산성建設山城을 함께 가자고 졸라댔다.

산성이 있는 산은 마을로부터 동북 방향으로 2km 정도 떨어진 산 위에 있다. 산성구山城溝라 불린다는 계곡 입구에 닿았지만, 50대 초반의 그도 산성의 위치를 정확하게 몰라서 집에 누워있는 80대 부친에게 전화로 물어보면서 가야만 했다. 서남쪽에서 들어가는 계곡 입구를 한참 지나자 관애關隘의 성벽이 나타난다. 산성에 닿기 전에 적들을 봉쇄하여 접근을 막던 일종의 차단성인 관애는 6m 간격에 전후 두 줄로 구성되어 있다.

두 성벽 모두 그 길이가 약 42m라고는 하지만 곳곳이 무너져 내려 그 길이를 가늠하기가 쉽지 않다. 앞의 성벽은 하단부가 8m이며 잔고는 1.2m 정도, 뒤의 성벽은 하단부가 8.5m, 잔고가 1.5m 정도 남아 있다. 성벽을 쌓은 석재는 거의 가공하지 않은 채이며 그 안쪽에 사각형으로 건축물의 기초석이 남아 있는 것을 볼 수 있다. 아마도 당시에 성문을 지키던 초소나 병사들이 거주하던 건물터로 보인다.

산성은 더 올라야 했다. 그는 부친이 전화로 말한 대로 산성에 대해 열심히 설명하고 나서 금방 날이 저무니 하산하자고 재촉한다. 서둘러 내려와 계곡 입구의 넓은 공간에 닿자, 그는 어렸을 적에 학교에서 소풍을 오던 장소인데 어른들이 들려줬던 이야기로는 이곳에서 고구려와 당나라 군대가 대규모 전투를 벌였던 곳이었다고 설명한다. 그래서인지 비가 오거나 땅을 파다 보면 가끔 화살촉 등 철제유물들이 출토되었다고 한다.

1987년 길림성문물지편집위회회吉林省文物志編輯委會 간의 『통화현문물지通化縣文物志』와 상기 『고구려발해고성지연구회편高句麗渤海古城址研究滙編』을 종합해 보면, 비교적 평탄한 산 정상에 위치한 건설산성은 그 면적이 약 6,600m²에 달하며 동·남·서 3면은 절벽으로 천연의 병풍을 이루어 축성이 필요 없고, 북쪽의 완만한 산등성이에만 길이 약 30m, 폭이 2m, 잔고가 0.8~1m인 석축 성벽이 있다.

그리고 성안에 수심 0.6m에 직경 0.8m의 옛 우물이 남아 있다고 한다. 상기서에서 건설산성建設山城을 가리켜 "이 산성이 소재한 위치는 당시 고구려 남도상의 한 줄기 중요통로로 높은 곳에서 굽어 내려보고, 수비는 용이하고 공격은 어려우며, 교통요지를 제압하는 이른바 고구려 군사방어체계를 구성하는 부분이다. 此山城所處的位置是當年高句麗南道上的一條重要通道, 居高臨下, 易守難攻, 扼守着交通隘口, 是高句麗軍事防禦體系的組成部分。"라고 평가하고 있다.

두 개의 산성은 같은 통화현通化縣 관내에 불과 25km 떨어져 있지만, 적백송고성赤白松古城은 고구려 고도古道 중 북도北道 상의 성이며 건설산성建設山城은 남도南道 상의 산성이다. 남도와 북도는 평상시에 도읍으로 가는 도로이지만, 전시를 대비하여 산성이나 관애關隘를 설치하여 적의 침입을 차단하는 역할을 하였다. 그것이 고구려를 지켜낸 것이다.

마을주민은 건설산성 아래 산자락의 넓은 공간이 고구려와 당唐의 군사들이 혈전을 벌였던 전쟁터였다고 증언한다.

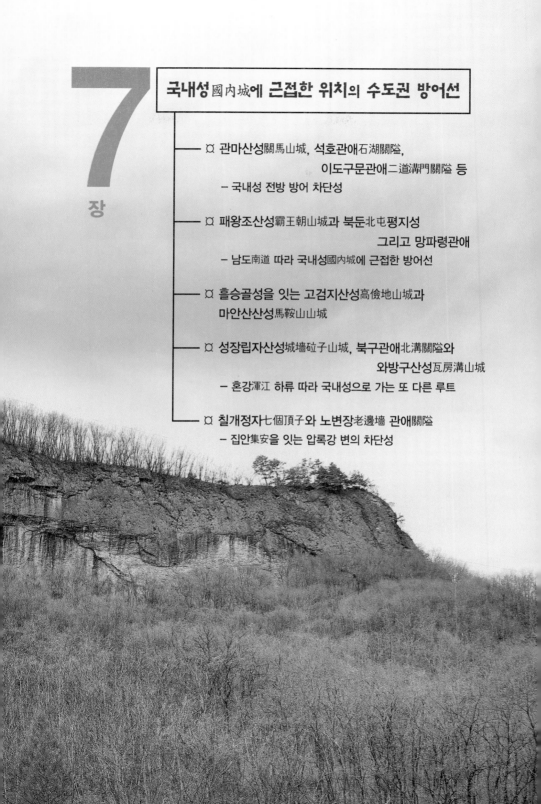

7장

국내성國內城에 근접한 위치의 수도권 방어선

성장립자산성城墻砬子山城

산성이름	위치	규모(둘레)	성벽재질	분포도
석호관애石湖關隘	통화현 석호진 고려성자촌 동쪽	291m	토석혼축	142
이도구문관애二道溝門關隘	통화현 압원진 압원촌 이도구문	미상	토석혼축	143
관마산성關馬山城	집안 청하현 상위촌	3/395m	토석혼축	144
대천초소大川哨卡	집안 청하현 대천촌	120m	석성	145
이도외자평지고성二道崴子平地古城	집안 청하현 이도외자	미상	평지성	146
패왕조산성覇王朝山城	집안시 재원진 패왕조촌 동북쪽	1,260m	석성	147
북둔평지고성北屯平地古城	집안시 재원진 북둔	미상	평지성	148
망파령관애望坡嶺關隘	집안시 대상진 삼가자촌	750m	토석혼축	149
고검지산성高儉地山城	환인현 목우자진 고검지촌	1,466m	석성	150
마안산산성馬鞍山山城	환인현 사도하향 사도하촌	1,200m	석성	151
성장립자산성城墻砬子山城	환인현 사첨자진 하전자촌 성장립자구	1,400m	석성	152
북구관애北溝關隘	환인현 사첨자진 북구촌 남쪽	259m	석성	153
와방구산성瓦房溝山城	환인현 오리전자진 두도하촌 와방구	길이 300m 폭 200m	석성	154

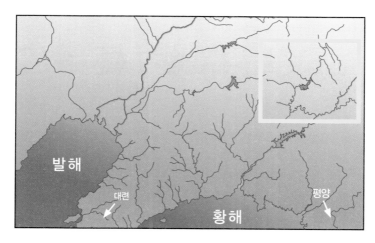

| 칠개정자관애七個頂子關隘 | 집안시 양수조선족향 외차구촌 | 동벽 60m
서벽 75m | 석성 | 155 |
| 노변장관애老邊墻關隘 | 집안시 양수조선족향 해관촌 만구 | 200m | 토석혼축 | 156 |

관마산성關馬山城, 석호관애石湖關隘, 이도구문관애二道溝門關隘 등 국내성 전방 방어 차단성

국내성 가는 교통로를 차단했던 관애關隘 중 가장 완벽하게 남는 석호관애石湖關隘

　고구려의 두 번째 수도였던 집안集安시내의 국내성國內城으로 진입하는 루트는 과연 몇 개였을까? 역사서에서 언급되는, 342년 전연의 모용황慕容皝이 침략할 당시의 노선이었던 남도南道·북도北道를 두고도 학자들간에 통일된 의견이 없다. 학자들의 논란은 접어두더라도 당시에 과연 남·북도 두 노선만이 국내성으로 향하는 교통로였을까? 장백산맥長白山脈의 서남부지맥으로서 집안集安을 둘러싸는 노령老嶺이라는 천연병풍에도 불구하고 여러 곳에 루트가 있었던 것으로 추정된다. 그 흔적이 바로 관애關隘의 존재다. 관애關隘는 좁은 협곡의 위치에서 성벽을 쌓아 진입을 차단하는 성벽으로, 우리말로는 차단성遮斷城이라 함이 옳을 듯하다. 2,000년 가까운 세월이 흐른 후에 당시의 고도를 추적한다는 것은 어려운 일이지만, 국내성 전방에 있던 차단성은 암시하는 바가 크다.

성벽 밖으로 해자垓字를 만들어 적의 접근이 쉽지 않게 방어력을 보강하였다.
지금은 경작지로 변했으나 그 흔적만큼은 또렷하다.

통화현通化縣의 동남부 석호진石湖鎭에서 서남 방향으로 3km 정도 떨어진 곳에 고려성자촌高麗城子村이란 마을이 있다. 작은 농촌마을의 이름이 그러한 것은 마을의 남쪽 약 300m에 자리한 석호관애關隘 때문이다. 관애는 대개 남·북을 차단하며, 서쪽에 강을 낀 산줄기와 동쪽의 산줄기가 이루는 계곡 사이를 연결하는 성벽이다. 마을 앞을 지나는 향촌도로인 동로선東老線이 관통하며, 집안集安으로 가는 철로도 관애를 절단하고 부설되었다. 토석 혼축混築의 성벽은 전체의 길이가 291m이며 하단부 폭은 12m, 상단부는 1.5~3m에 이르며 안쪽의 높이는 3m, 외부의 높이는 5m에 달한다. 북쪽인 성 바깥쪽에 6개 반원형의 치雉가 설치되어 있는데 치는 반경 5~6m로 성벽보다 0.5m 정도 높게 남아 있다. 또한 성밖 6m 떨어진 곳에, 상부의 폭이 8m, 바닥 폭이 6m인 해자垓字를 파놓아 방어력을 강화하였다. 그 해자의 수심은 약 2m이었

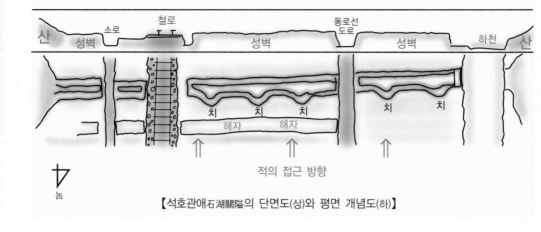

산 | 성벽 | 소로 | 철로 | | 성벽 | | 동로선 도로 | | 성벽 | | 하천 | 산

치 치 치 치 치

해자 해자

적의 접근 방향

놉

【석호관애石湖關隘의 단면도(상)와 평면 개념도(하)】

다고 하나 지금은 얕아지고 물도 마른 채 경작지로 변했지만, 그 흔적만큼은 또렷하게 남아 있다. 특히 도로에서 동쪽으로 철로까지 확실하게 남아 있으며, 해자의 존재를 증명이라도 하듯이 철로 밑에는 배수로가 설치되어 있다.

성벽과 해자를 따라 동쪽으로 가다 만나는 철로는 통화에서 노령을 넘어 집안을 연결한다. 매하구梅河口에서 출발하여 통화를 지나 집안까지 251km를 잇는 매집철로梅集鐵路인데, 집안에서 다시 압록강을 건너 북한의 만포滿浦까지 연결된다. 일제강점기에 만주침략과 더불어 1939년에 완공된 것이다. 집안으로 향하는 철도가 달리 우회할 방법을 찾지 못하고 성벽을 절단해야만 했던 것은, 고구려 당시 관애關隘가 이곳에 소재했던 이유를 역설적으로 설명하고 있다. 철로를 건너면 다시 소로가 나있고 그곳에서 동쪽의 산과 연결된다. 그곳이 바로 소팔도구小八道溝와

철도와 도로 때문에 생긴 석호관애 절단면

이어지는 산줄기이다. 도로를 개설하느라고 절단된 단면은 성벽이 토석혼축 土石混築임을 보여주고 있다. 다시 되돌아와서 성안 남쪽을 보니, 옥수수밭과 이어진 성벽 위에는 잡목이 무성해도 그 흔적은 또렷하다. 성안 깊숙한 곳에 군사들의 주둔지가 있었을 테지만 지금은 눈이 쌓인 벌판 사이로 철로와 도로만 보일 뿐이다. 단지 서쪽 성벽 안으로 사람이 살지 않는 민가 한 채와 고구려 당시의 적석묘로 추정할 만한 돌무지 한 개가 덩그러니 있을 뿐이다.

성벽의 중간, 도로가 통과하는 지점 옆 표지석 후면에는 다음과 같은 설명이 있다. "석호진 소재지에서 3.5km, 고려성촌 동쪽 300m 산 계곡 사이에 위치하며 분포 면적은 5,384.9m²이다. 관애 소재지는 바로 소팔도구와 대라권하가 만나는 지점이다. 석호관애는 고구려 북도의 북측에 자리 잡고 있어 고구려 북도의 부속 군사시설에 속한다. 북쪽에서 오는 적을 방비하며 국내성의 안전을 보위하는 확실한 전략적 의의를 지닌다. 位于石湖鎭所在地3.5公里高麗城村東300米山谷間, 分布面積5384.9平方米, 關隘所在地正處在小八道溝和大羅圈河匯合口處, 石湖關隘坐落在高句麗北道北側, 是屬于高句麗北道的附屬軍事設施, 對防範北來之敵, 保衛國內城的安全具有一定的戰略意義." 이 내용은 고도, 북도의 북측에서 국내성 방어의 한 축을 담당하고 있음을 설명하고 있다. 철로는 석호관애를 지나면 터널을 통해 노령老嶺을 지나고 집안과 연결된다. 동로선 향촌도로는 노령 중턱의 노령촌老嶺村까지이고 그 뒤는 좁은 소로를 따라 노령을 넘는다. 고구려 당시에는 노령을 넘어 국내성에 닿는 또 하나의 루트였음을 암시한다. 교통로는 전혀 새롭게 만들어지지 않는다. 시대를 이어가며 사용했던 길을 기초로 하여 도로와 철로가 생기는 것이다.

성벽을 관통하는 동로선 도로 너머 서쪽으로 이어지는 성벽은 하천을 지나 서쪽 산기슭과 연결된다. 관애關隘가 하천을 끼고 있다고 함은, 옛 교통로가 강이나 하천을 따라 형성되어 있음을 말해주고 있다. 하천은 혼강渾江 상류의 한 지류인 대라권하大羅圈河이며, 동북 방향으로 흘러 통화시내의 동쪽인

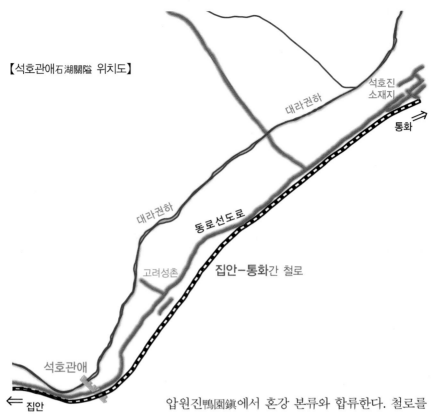

【석호관애石湖關隘 위치도】

대라권하

석호진
소재지

통화

대라권하

동로선도로

고려성촌

집안-통화간 철로

석호관애

← 집안

압원진鴨園鎭에서 혼강 본류와 합류한다. 철로를 타고 통화 방향으로 가면 압원역鴨園站을 만나는데 그곳이 통화시通化市 압원진鴨園鎭이다. 석호관애를 관통하던 철로는 여기까지 대라권하大羅圈河를 따라왔다. 철로 역시 강을 따라 통화와 백산白山을 잇는 철도와 연결된다. 압원진 소재지로부터 동남쪽 멀지 않은 곳에서 압원촌鴨園村 이도구문二道溝門 마을을 만날 수 있으며, 그곳에도 관애關隘가 하나 있었다. 현지인의 증언에 따르면 고구려 시대의 관애로 알려졌는데 도로공사로 인하여 지금은 남아 있지 않다고 한다. 1987년 길림성문물지편집위회吉林省文物志編輯委會 출간의 『통화현문물지通化縣文物志』에서도 그 존재를 알 수 있다. 기록에 따르면 관애는 "이도구문관애二道溝門關隘"로 불리며 토석축성土石築成의 성벽인데, 서북에 자안산성自安山城이 24km 떨어져 있고 남쪽 34km 거리에 석호관애石湖關隘가 자리한다. 이들은 고구려 북도北道와 관련이 있다고 설명한다. 이들은 대라권하大羅圈河와 합류하는 혼강 변에 연이어 자리한다.

집안에서 G303국도를 타고 통화 쪽으로 가면 산악지역을 통과한다. 집안을 감싸고 있는 노령산맥老嶺山脈의 줄기를 지나기 때문인데, 집안시내를 약 20km 남긴 지점에서 옥녀봉국가산림공원玉女峰國家森林公園을 만난다. 거대한 산봉우리 26개로 구성되어 있는데 해발 1,000m를 넘는 산봉우리만도 17개나 될 정도로 험준하다. 그 중 관봉대觀峰臺는 고구려 시대의 채석장採石場이 있던 곳이니 우리에게는 아주 중요한 유적지이다. 그곳에서 채취한 석재가 당시 국내성國內城과 환도산성丸都山城 내의 궁궐·성벽 등에 쓰였다.

그곳에서 다시 국도를 타고 25km 정도 가면 집안시集安市 청하현淸河縣 상위촌上圍村에 닿는다. 그곳까지는 거의 전 구간이 협곡 사이로 난 길인데, 마을에 닿기 전 계곡 사이를 잇는 성벽을 만난다. G303국도 구간에서 남북 약 960m의 간격으로 2개, 그 중간지점의 동쪽 협곡에 또 하나의 성벽이 삼각점을 이루고 있다. 이것이 바로 관마산성關馬山城이며, 현지인들은 관마장關馬墻 또는 관목장關目墻이라 부른다.

통화 방향으로 난 북벽은 도로 맨 앞에 있다고 하여 두도관마장頭道關馬墻 이라고도 한다. 원래 길이가 150m이었으나 현재는 약 77.6m 남아 있다. 북벽의 서쪽 부분은 산과 연결되어 있으며, 그 하단부 폭은 10m, 잔고는 2.5m에 달하며 성벽으로부터 1~4.6m 외곽에 참호塹壕의 흔적이 있다. 북벽의 가운데로 국도가 지나며 그 양쪽에 끊긴 성벽과 참호, 참호를 따라 난 토벽의 흔적이 역력하다. 도로의 동쪽 성벽은 위사하葦沙河의 상류인 청하淸河를 끼고 동쪽

관마산성關馬山城의 북벽. 두도관마장頭道關馬墻의 표지석

산으로 연결된다. 성문터는 서쪽에 치우쳐 있었던 것으로 판단된다.

남벽은 속칭 이도관마장二道關馬墻이라고도 한다. 그 원래 길이는 120m이었지만 지금은 60m만 남아 있다. 하단부의 폭은 7.5m이며, 잔고는 1.5~2.1m이다. 남벽 역시 북벽과 마찬가지로 그 가운데에 도로가 관통하며, 성문터는 아마도 도로 개설로 인하여 사라진 듯하다. 남·북벽 사이 중간쯤 동쪽으로 난 계곡을 가로막은 성벽이 동벽이다. 이 성벽은 삼도관마장三道關馬墻이라 불리기도 한다. 그 계곡 사이에 작은 하천인 목흔두자구하木掀頭子溝河가 청하로 흘러든다. 원래 길이가 125m였으나 70m 정도 남아 있고, 하단부 폭은 7m에 잔고는 0.7~1.4m 정도이다. 북쪽의 산과 연결된 지점에서 23m 떨어진 곳에 문터가 있으며, 그 양쪽에 길이 9m, 폭 3m의 장방형 대臺가 있다. 이 지역은 G303국도가 관통하고 있으나 특수지역으로 하차조차도 못하고 답사가 불가능하니, 지나는 차안에서 창문을 내리고 표지석만 촬영할 수밖에 없었다. 상기의 내용은 1984년 길림성문물지편위회 출판『집안현문물지集安縣文物志』「성지관애城址關隘」중 "관마산성關馬山城"편을 바탕으로 했다.

상기서에서 일부 학자는 "석재로 쌓은 세 갈래의 성벽이 절벽과 연이어 이루니, 자연 산세와 인공축성의 성벽이 교묘한 조합으로 형성된 삼각형의 산성石壘三道城墻, 延接山崖而成, 利用自然山勢與人工修築城墻巧妙組合, 形成了一座三角形的山城"이라 하여 남북의 길이가 960m에 동서 폭이 120~340m인 산성山城으로 보았다. 북·남·동벽 사이의 산등성이를 천연의 성벽으로 본 것이다. 하지만 산성山城이라기보다는 북·남의 이중 관애關隘로 보는 견해가 많다. 그렇다면 동벽은 무엇일까? 동벽 안쪽에 군사가 주둔하다가 북·남쪽 관애로 진격하는 적에 대응하지 않았을까? 고구려 고도古道 중 북도北道 상의 차단성이었기에 1차 저지선인 북벽에는 성밖에 참호와 그를 잇는 토벽의 시설이 있으나 남벽은 북벽을 거쳐야 닿는 2차 저지선이기에 그러한 시설이 없었던 것으로 보인다. 지금의 G303국도의 노선이 그 두 성벽을 지나는 것을 보면,

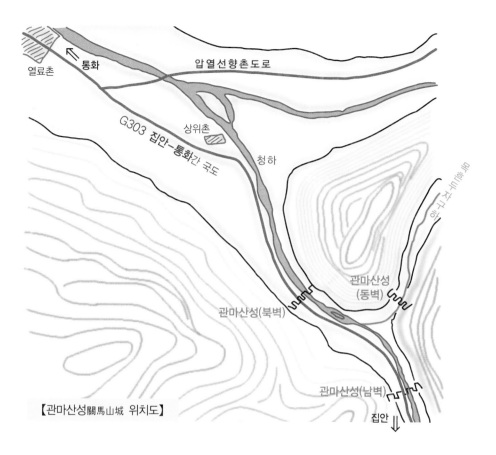

당시의 북도北道를 기초로 하여 훗날에도 사람이 주로 다니던 교통로였으며 그것과 정확히 일치하지 않더라도 다시 국도가 되었을 것이란 개연성이 충분하다. 성벽이 자리한 협곡의 폭이 불과 120~150m이니, 고도가 아니고서야 어디로 돌아갈 수가 있었을까? 그리고 "고도古道는 주로 하천을 끼고 간다"는 가설을 입증이라도 하듯이 이곳에서도 청하淸河(대위사하大葦沙河라고도 함)와 함께 가고 있다. 그동안 이 지역에서 보았던 관애는 거의 하천을 낀 도로 상에 건설되었다. 환인에서 보았던 북구관애北溝關隘뿐 아니라 칠개정자관애七個頂子關隘, 만구노변장관애灣溝老邊墻關隘 모두 소하천을 끼고 있었다. 신개하新開河 변의 도로상에 놓인 망파령관애望波嶺關隘나 대라권하大羅圈河 변의 석호관애石湖關隘도 마찬가지다. 여러 가지 정황을 보았을 때, 관마산성은 산성山城이라기보다는 당시의 고도였던 북도北道상의 관애關隘로 봄이 타당하다.

G303국도 변에서 바라보는 대천초소大川哨卡의 모습. 국도가 그 아래를 지났었다고 하니 고대의 교통로 상에 있었을 가능성이 더욱 크다.

관마산성은 적들의 진입 방향이 북쪽이기에 북벽의 밖에 참호 등 방어시설이 보강하여 놓았다. 북벽을 지나 통화 방향으로 더 가다 보면 청하진淸河鎭 소재지인데, 그곳으로부터 동쪽으로 2km 떨어진 곳에 대천촌大川村 마을이 있다. 마을 북쪽 절벽 위에 하나의 초소가 있는데, 중국학자들은 이를 "초잡哨卡"(중국어 발음으로는 shao qia임)이라 부르며 "변경이나 요도에 설치된 초소"를 의미한다. 높이 약 20m의 절벽 위의 초소 평면은 거의 반원형이며 둘레가 120m, 성벽 하단의 폭이 4m, 잔고가 약 1m이다. 원래는 집안―통화간 G303국도가 그 절벽 아래를 통과하였으나 지금은 직선화공사로 인하여 좀 더 멀어졌다. 그곳에서 도로를 타고 7.5km 남쪽으로 가면 관마산성關馬山城이니, 관마산성의 서북쪽 7.5km 전방에서 적의 접근을 감시했던 초소였음을 말해주고 있다. 대천초소 인근에 많은 고구려 시대의 묘군墓群이 발견되는 것을 보면, 북도北道 주변에 군사들은 물론 백성들이 거주했었음을 말하고 있다.

2010년의 집안시지방지편찬위원회의 『집안백과전서集安百科全書』를 보면,

"재원 북둔·청하 이도외자에 각각 평원고성 하나씩 존재한다.財源北屯, 淸河 二道崴子各存平原古城一座。"고 기술한다. 재원진財源鎭 북둔北屯의 평지성은 지 난번 패왕조산성 답사 때 찾아갔으나 마을 앞 혼강渾江 변에는 강나루가 있을 뿐 남은 것이 없었다. 청하진淸河鎭 소재지에서 G303국도를 타고 북쪽인 통화 방향으로 약 8km 가면 위사하葦沙河 변의 이도외자二道崴子 마을을 만난다. 상기서에는 평지성이 있었다고는 하지만 지금은 아무것도 남아 있지 않다. 산 성도 훼손이 심할진대 평지성이 아직까지 남아 있다는 것은 애당초 기대하기 어렵다. 하지만 그곳은 혼강渾江과 위사하葦沙河의 합류지점이 멀지 않은 요 충지이이고 북도北道 인근의 성으로서 가치를 지녔을 것이다.

인근의 관애·초소·평지성 등을 돌아보고 서로의 연관성을 생각해 본다. 석호관애石湖關隘와 관마산성은 고구려 북도 주변에 있지만 같은 노선 상에 자리했던 것은 아니다. 석호관애는 자안산성自安山城과 이도구문관애二道溝門 關隘를 잇는 북도 인근 별도의 노선으로 국내성에 접근하는 적들을 차단했던 성으로 보이고, 이도외자평지성二道崴子平地城·대천초소大川哨卡·관마산성 은 북도의 본 노선을 지키는 군사시설이었을 것으로 여겨진다. 이와같이 보 면 수도 국내성에 닿는 고구려 고도가 단지 남·북도만이 아니라 여러 지선이 있었던 것으로 추정할 수 있다.

패왕조산성霸王朝山城과 북둔北屯평지성 그리고 망파령관애

– 남도南道 따라 국내성國內城에 근접한 방어선

신빈현

북둔평지성

혼강

부이강

혼강

패왕조산성

북전자향

자합고성(수몰)

환인댐
상류(혼강)

신개하

집안

【패왕조산성霸王朝山城 주변 위치도】

　혼강의 환인댐 호수에는 좌안에 신개하, 우안에서 부이강富爾江이 대칭을 이루듯이 유입된다. 신빈현新賓縣의 북쪽 끝자락인 금광령金廣嶺에서 발원하여 남쪽으로 흘러 왕청문旺淸門을 지나고 향수하響水河를 거친 부이강은 환인桓仁 북전자北甸子에서 혼강渾江과 합류하는 또 하나의 지류이다. 부이강을 따라 고구려 고도古道인 남도南道가 이어지며, 그 강변에서 남도를 지켜냈던 전수호산성轉水湖山城과 흑구산성黑溝山城, 그리고 지금은 환인댐으로 수몰되었지만 혼강과 합류지점에 자합고성刺哈古城이 자리했었다. 남도는 그곳에서 혼강을 건너 신개하를 따라 계속 동쪽으로 이어지는데, 혼강의 좌안에서 신개하가

산성에서 가장 높은 서벽 정상에서 바라본 혼강渾江과 신개하新開河

합류하는 지점 부근에 패왕조산성이 있다. 그곳과 환도산성·국내성간은 불과 97km의 거리이기에 중요한 방어선이다. 효과적으로 적을 차단하기 위해서는 혼강 건너편의 자합고성剌哈古城과 더불어 혼강 좌·우안의 상황을 공유하는 것이 중요했으며, 혼강을 따라 하류 쪽으로 약 30km 떨어진 이전의 수도 흘승골성紇升骨城과의 연계도 중요했다.

패왕조산성은 집안시集安市 재원진財源鎭 패왕조촌霸王朝村 동북 산상에 자리한다. 촌마을로부터 산길을 따라가면 마을 끝자락에 최근에 세운 것으로 보이는 표지석이 나타난다. 표지석에는 "길림성문물보호단위吉林省文物保護單位"로 1961년 4월 13일 공포되었는데 2018년 10월 10일에 세웠다고 적혀 있다. 공포된지 50년이 넘어 표지석을 세웠다니 믿어지지 않는다. 어딘가에 그 이전에 세웠던 표지석이 있었겠지만 눈 속에서 찾을 길이 없다. 눈이 채 녹지 않아 산길이 분명치는 않지만 발자국을 따라 북쪽으로 걸었다. 멀리 떨어진 산 중턱에서 개 짖는 소리와 함께 인삼밭을 지키는 한 채의 민가가 보인다. 발자국은 그 집을 드나들기 위한 걸음에서 생긴 것이다. 인삼밭 울타리 밖으로 가로질러 급한 경사를 한참 오르다 보니 절벽 사이에 인공성벽이 어렴풋이 보인다. 산성이 가까워진 것은 분명하지만 그 벼랑을 직접 오를 방법은 없고 우회해야만 한다.

숨이 턱까지 올라 차고 체력이 거의 다 소진되었을 즈음에 산등성이에 길게 늘어진 눈 덮인 성벽이 보였다. 서벽의 북쪽으로 치우친 부분, 패왕조산성 전체에서 가장 높은 봉우리에 닿은 것이다. 먼저 그 봉우리에 올라서니 멀리 환인댐이 만들어놓은 호수의 혼강渾江 줄기와 동쪽에서 유입되는 신개하가 한눈에 들어왔다. 봉우리 한가운데에는 봉화대 흔적이 있고 서벽이 남쪽으로는 그곳에서 하산하면서 계속 이어지는 것도 보인다. 반대편 북쪽으로는 이어지는 산마루를 타고 가다가 북벽과 만나는 모퉁이 지점에 성밖으로 돌출하여 인공의 각대角臺를 만들어놓았다. 훼손 정도가 심하여 상단부는 허물어져 내렸지만 하단부를 보면 화강암으로 가공한 직사각형의 석재를 정연하게 쌓았던 것이 분명하다. 지금은 2~4단 남아 있지만 그 상태를 자세히 살펴보면 다른 고구려 산성에서도 흔히 보아 왔던 굽돌이 들여쌓기 방식의 축성 흔적이 엿보인다. 각대 안쪽으로는 넓은 공간이 있는데 가운데에 그 내부를 가공석으로 잘 쌓은 원형의 작은 구덩이坑가 있으나, 그 용도가 화덕이었는지 아니면 작은 샘물터였는지 알 수 없다. 그 주변의 공간 면적을 감안하면 각루角樓나 병영이 있었던 것이 확실하다.

각대에서 성벽은 방향을 틀어 동쪽으로 가면서 북벽이 시작되며 내리막을 타고 하산한다. 자연의 지형을 그대로 이용하여 산성을 축조한 덕에 바위도 그대로 활용해 성벽을 쌓았다. 북벽의 중간에 약간 동쪽으로 치우친 지점에서 내리막이 일단 멈추고 북문이 개설되어 있다. 문은 폭 4.8m이며 동·서 대칭으로 대臺를 쌓아 적의 접근이 쉽지 않게 했다. 특히 서쪽 대는 성 밖의 천연 바위까지 방어에 활용되도록 했다. 또한 성밖 8m 떨어진 곳에서 성벽의 하단 기초가 발견되고 문의 동쪽 끝과 반원으로 연결되었던 흔적이 남아 있어 옹성구조였음을 추정케 한다. 북문에서 동쪽으로 이어지는 성벽 위에는 여장女墻이 설치되어 있고 그 안쪽 바로 아래에는 주동柱洞이 있다. 북벽에만도 18개

패왕조산성 북벽의 북문터

의 주동이 집중적으로 발견되었으며, 크기는 27cm×30cm의 사각형에 깊이는
약 50~60cm 정도이다. 주동의 간격은 1.5m 전후로 거의 일정한 것으로 보아,
그 용도가 비교적 완만한 경사지에 접근하는 적을 차단하기 위하여 굴리는
통나무를 매달았던 기둥의 기초가 아닐까 생각해 본다. 하지만 여장과 함께
설치했다는 것을 고려하면 쇠뇌를 고정하는 기둥의 기초였을 가능성도 있다.
여장女墻은 원래 성벽·치雉 등의 상단부에 설치하여 적을 향하여 활을 쏘고
몸을 숨기는 역할이기 때문이다. 북벽의 동쪽 끝자락에 커다란 바위가 솟아
있어 그 자체가 북동 각대角臺 역할을 한다. 천연의 바위지만 취약한 부분을
석축으로 보강한 것을 볼 수가 있다. 북벽은 여기까지 295m를 이어왔다.

다시 시작되는 동벽은 하산하면서 남쪽을 향한다. 인공성벽 중간중간에 자
연을 활용하여 대臺를 만드니 치雉와 전망대 역할을 동시에 한다. 인공성벽

패왕조산성 남벽에서 본 동남 각대의 돌출된 모습

위 곳곳에는 여장女墻과 주동을 만들어 놓았다. 중간지점 성안에는 건축물터 였을 것으로 보이는 평지도 눈에 띄는데 병사들의 주거지터로 여겨진다. 그렇 게 산줄기를 타고 내려오던 동벽은 298m 이어오다가 남벽과 만나는 지점에 서 멈춘다. 그곳의 각대角臺 또한 다른 곳과 마찬가지로 성 밖으로 돌출되어 5.5m×6m 정도 크기의 사각형의 평대를 만들어놓았다. 각대 위에 오르니 남 벽과 남문이 발아래 있고 성안도 한눈에 들어온다. 각대 위에서도 4개의 주동 을 볼 수 있으니, 여기에서의 용도는 과연 무엇이었을까?

각대에서 이어지는 남벽은 급격하게 하산을 하면서 경사도 때문에 성밖으 로 비교적 높게 인공성벽을 쌓았으며 그 위에 여장과 주동이 드러난다. 주동 의 크기나 주동 간의 간격은 북벽이나 동벽에서 본 것과 별 차이가 없다. 남 벽은 길이가 247m로 전체 4면 중에서 가장 짧고 낮은 곳이다. 성의 정문인 남

문이 그 중에서도 가장 낮고 마을로 이어지는 길이 있으니, 적들은 일차적으로 그 길로 접근하였을 것이다. 그래서 남문 또한 복잡한 옹성구조를 만들었으며, 문 양쪽의 남벽 상단에 여장과 주동이 갖춰졌다. 병사들은 높은 성벽의 여장에 몸을 숨기며 주동에 세워 놓은 쇠뇌를 수없이 쏘아댔을 것이다. 성문 약 15m 전방에 차단벽을 설치하여 방어력을 보강하였다. 고구려산성에서 성문의 차단벽은 여러 곳에서 보았지만, 이곳처럼 완벽하게 남아 있는 예는 거의 없었다. 중국학자들은 그러한 차단벽을 "란마장攔馬墻"이라고 부른다. 남문은 양측의 높은 대臺와 차단벽이 있는 옹성구조가 틀림없어 보이건만, 보수공사를 한다고 굴착작업을 해놓아 정확한 그림을 그릴 수가 없다. 이후에 다시 오면 어떤 모습으로 변해 있을지 걱정이 앞서는 것은 왜일까?

남문에 닿기 전에 성안을 보니 성안도 발굴과 보수 명목으로 여기저기 파헤처 놓았다. 성문에 들어서면 동쪽 언덕 위에서 우물터를 발굴한다고 파놓은 곳에 물이 차있다. 겨울인데도 불구하고 물이 가득한 것은 사시사철 수량이 풍부한 샘이었음을 말해주고 있다. 그곳에서 배수로가 남문 쪽으로 연결되어 남문인근에 수구문水口門이 함께 있다. 우물터 가까운 언덕 이곳저곳에서 성의 시설이 자리했을 만한 건물터의 발굴 작업을 한창 벌이다가 눈 때문에 일시 중단된 듯하다. 하지만 어디선가 작업을 하던 인부들이 나타날 것만 같고 괜한 시비로 하루종일 찍은 사진을 다 뺏기고 쫓겨날지도 모른다는 노파심에, 카메라를 얼른 집어넣고 스마트폰에 의존하여 조심조심 사진을 찍었다. 이국땅에서의 고구려산성 답사는 불안이 상존한다는 사실을 항상 마음속에 간직하고 다닌다.

【패왕조산성 평면 개념도】

각대

각대

여장+주동

북문

최고봉

건축물터

건축물터

우물터
#

여장+주동

각대

여장+주동

남문

차단성

각대

남문에 서서 성안 전체를 조망하니 북고남저北高南低의 전형적인 포곡식 산성包谷式山城이다. 성에서 가장 높은 곳은 오늘 처음 닿았던 서벽의 북쪽에 치우친 봉우리인데, 해발 862.8m이며 그 위치는 북위 41°23'46", 동경 125° 43'12"이다. 서벽은 그곳을 정점으로 해서 산줄기를 따라 하산하면서 남쪽으로 이어지고 남벽과 맞닿는 지점에서 다시 각대角臺를 만들어 놓는다. 그렇게 만들어진 서벽의 길이는 전체성에서 가장 긴 420m에 달한다. 전체 둘레는 1,260m로 그리 큰 산성은 아니다. 패왕조산성은 남도南道상 두 강의 합류지점을 지켜냈던 요충지이기 때문에 산성의 중요도는 꼭 규모와 비례하는 것은 아니다.

산성 전체를 둘러보고 나니 패왕조산성은 고구려 초기의 산성으로 일컫는 환도산성丸都山城 · 흑구산성黑溝山城 · 고검지산성高儉地山城 등과 유사성을 지니고 있다. 석재의 축조 방식이나 여장女墻과 그 안쪽에 설치한 주동柱洞 등을 보았을 때 거의 동시대에 축조했을 것으로 추정된다. 이들 산성들은 고구려 초기의 도읍이었던 졸본성과 국내성의 인근에서 그들을 지켜냈던 방어선에 위치함을 알 수 있다.

패왕조산성의 북쪽 혼강渾江 변에 북둔北屯이라는 작은 마을이 있는데, 고구려 당시에는 평지성이 있었다고 한다. 1999년 학연문화사 출간의 『고구려산성연구』에서 중국학자 위존성魏存成의 논문 「길림성내 고구려산성의 현황과 특징吉林城內高句麗山城的現況和特征」에 의하면, "광서 32년(1906년)에 발간된 『집안향토지』의 기록을 보면 원래 산성 부근 강가에도 석성(평지성)이 있었는데 홍수에 쓸려가고 모래에 파묻혀 큰 돌 몇 개만 드러나 있다고 하였지만, 지금은 어느 곳에서도 아무런 흔적을 찾아볼 수가 없다. 이 기록에 근거하여 이곳이 고구려 초중기의 도성 중 하나였다고 추측하는 사람도 있다. 그러나 실제로 패왕조산성의 건축규모, 지리조건 등과 주변에 무덤의 분포가 적다는 점 등의 상황으로 보아 도성이라 할 수 없으며 교통로상의 두 강이 합

혼강渾江에서 바라보는 북둔北屯 마을과 강나루

류하는 지역을 굳게 지키기 위한 군사요새로 볼 수밖에 없다. 據光緖三十二年 (1906年)修的〈輯安鄕土志〉, 在山城附近的江沿, 原還有石城(平原城), 被水衝倒, 埋沒 沙中尙露大石數枚, 而今天下不見任何迹象, 據此記載, 有人推測此地曾是高句麗初, 中 期的都城之一, 實際上據霸王朝山城的建築規模。地理形勢和附近分布墓葬較少等情況。 尙構不成都城, 還應是扼守交通道上兩水滙合處的軍事城堡。"고 설명한다.

2010년 집안시지방지편찬위원회 편『집안백과전서集安百科全書』에서도 "재 원 북둔, 청하 이도외자에 각각 평원고성 하나씩 존재한다. 財源北屯, 淸河二道 崴子各存平原古城一座。"며 평지성의 존재를 뒷받침하고 있다. 이들 자료를 근거 로 북둔北屯에 가보았지만 작은 마을 앞에 혼강을 건너 통화通化로 가는 강나 루渡口만 있을 뿐, 강변엔 아무것도 남아 있지 않다는 사실만 확인할 뿐이다.

패왕조산성의 국내성과의 지리적 연관성을 좀 더 살펴보자. 산성 이름의 유 래가 된 패왕조촌霸王朝村의 신개하新開河는 상류로 거슬러 가면 재원진財源 鎭 한가운데를 지나고, 동남쪽으로 계속 진행하면 산악지대인 팔보구八寶溝에 닿는다. 그곳이 신개하의 발원지이며 70km를 흘러 혼강渾江으로 유입된다.

그곳에서 다시 험준한 노령老嶺을 넘어야만 국내성과 환도산성이 있는 집안集安시에 닿는다. 노령老嶺은 장백산맥長白山脈의 서남부 지맥支脈으로 집안을 둘러싸고 있어, 압록강을 제외하면 어느 방향이든 노령을 넘어야 국내성에 도달할 수 있다. 그러한 지리조건 때문에 고구려의 두 번째 수도로 정해졌는지도 모른다. 그러나 노령이라는 천연의 장애물에도 불구하고 길목마다 곳곳에 산성과 관애關隘를 설치하여 철저하게 방어선을 형성하고 있다.

패왕조산성으로부터 신개하 상류 쪽에 또 하나의 저지선인 망파령관애望波嶺關隘가 있다. 신개하와 강변의 좁은 고도古道가 지나는 협곡을 막는 차단성으로서 그곳에서 집안까지의 거리는 불과 28km이다. 노령老嶺을 지나기 전 마지막 관문이다. 새벽에 찾은 망파령관애는, 1976년에 신개하를 막고 건설

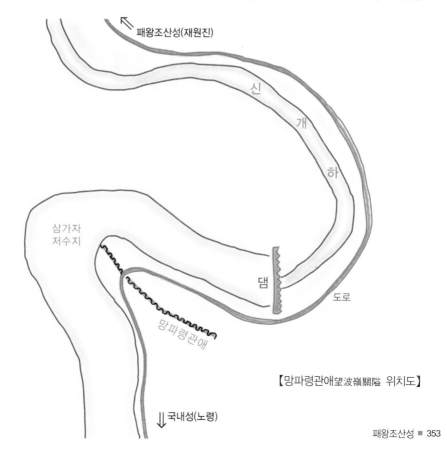

【망파령관애望波嶺關隘 위치도】

한 삼가자발전소三家子電站댐이 형성한 저수지 옆의 길가에 자리한다. "대상臺上"과 "쌍차雙岔"를 잇는 가장 험준하다는 노령의 산기슭이라선지, 11월 중순이지만 이미 수은주가 영하 13°C까지 내려갔다. 해발 484m에 밤새 내린 눈과 호수에서 불어오는 찬바람 탓인지 체감온도는 훨씬 더 낮은 듯하다. 망파령望坡嶺 능선 위에 축조하여 하천이 지나는 협곡 사이를 차단하는 구조로 원래의 길이는 약 750m이었지만, 댐건설 이후 능선 아랫부분은 수몰되고 말았다. 이곳에서 남쪽으로 가서 판차령板岔嶺을 지나면 바로 환도산성과 국내성에 닿으니 적을 필사적으로 차단해야 했다. 지금은 수몰되고 말았지만 남쪽 산언덕에서는 고구려 적석총 10여 기가 발견되기도 하고 주변에서 화살촉·마등馬蹬 등 유물이 출토되었다.

수도를 침략하는 험난한 길에서 부이강변의 산성들을 지나고 혼강을 건넜다 해도, 신개하로 들어서는 길목에서 먼저 마주치는 산성이 패왕조산성霸王朝山城이다. 그곳을 겨우 지났다 해도 망파령관애望波嶺關隘가 기다리고 있다. 이러한 여러 관문에서 필사적으로 방어해야만 도읍의 안전을 보장할 수 있다. 동서고금을 막론하고 도읍을 사수하는 것이 바로 국가를 지켜내는 것이다.

도로건설로 드러난 망파령관애의 단면. 도로에 망가지고 댐에 수몰되어 일부만이 남아 애처롭게 서 있다.

흘승골성을 잇는 고검지산성高儉地山城과 마안산산성馬鞍山山城

고검지산성의 동벽. 보존 상태가 비교적 양호한 성벽 위에 여장女墻이 선명하게 남아 있다. 여장은 여러 형태로 나타나지만 고구려 초기의 산성을 보면 성벽 상단의 바깥쪽을 높여 길게 이어간다. 그것은 환도산성, 패왕조산성 등에서 그 전형을 볼 수 있다.

환인桓仁은 주몽이 최초로 수도를 정했던 졸본성卒本城이 자리했던 곳이다. 시내의 서남쪽을 굽이져 흐르는 혼강渾江은 그 당시에도 젓줄이면서 군사적 방어선의 역할을 하였다. 그것은 졸본성 도시를 구성했던 흘승골성이며 하고성자 등, 산성과 평지성이 그 강변에 자리하고 있음에서도 알 수 있다. 환인 수원지 댐을 건설하면서 지금은 수몰되었지만 흘승골성이 소재한 산 아래 들판에 산재했던 적석총군積石塚群이나 상고성자上古城子 등 강 유역의 이곳 저곳에 흩어져 있는 묘군墓群들도 강 유역이 당시 그들의 생활의 터전이었음을 말해주고 있다. 그러한 유적들은 지배계층 뿐만 아니라 하부계층이 함께 어울려 살면서 한 국가의 중심지인 수도를 형성하고 있었음을 보여주는 것이기도 하다.

환인 시내를 감아 도는 혼강渾江엔 고구려의 애환이 서려있다.

수도를 지켜내는 것은 동서고금을 막론하고 국가존립과 직결되는 문제이
다. 환인과 그 주변에도 산성이나 관애關隘(차단성) 등 외부의 적 침입으로부
터 방어하는 시설이 많이 남아 있다. 그 중 흘승골성의 서쪽에서 적들이 진입
할 수 있는 루트를 차단하던 성 중에 하나가 바로 고검지산성高儉地山城이다.
산성의 소재지는 환인만족자치현桓仁滿族自治縣 목우자진木盂子鎭 고검지촌高
儉地村으로 신빈현新賓縣과 경계를 이루는 지점이다. 서쪽으로 태자하의 북쪽
발원지인 평정산진平頂山鎭이 불과 9km 떨어져 있으며 산성 인근에서 발원한
육도하六道河가 동쪽으로 흘러 그 본류인 혼강渾江에 유입된다. 또 하나의 혼
강 지류인 아하雅河는 산성 남쪽에서 흐른다. 결국 요하遼河에서 시작하여 동
진해 온 태자하의 상류와 혼강을 잇는 위치에 소재해 있으니 당시에 중요한
길목을 지키는 요충지였다.

10월 하순의 만추晩秋, 북국에서는 이미 겨울로 들어섰는지도 모른다. 환인
桓仁에 도착해 보니 왠지 고구려의 정기가 서려 있는 듯하다. 고속도로 멀리
서부터 드러나 보이는 흘승골성紇升骨城의 장엄한 모습이 그리 만드는지도 모
른다. 고구려의 첫 도읍지에 왔다는 생각에 마음부터 설렌다. 이미 늦은 시간

요단둔腰段屯 마을 끝자락에서 바라보는 고검지산성이 자리한 산의 전경

이라서 환인 고속도로 출구를 빠져나와 곧 바로 시내와 반대방향인 서쪽으로 난 S201성도省道를 타고 갔다. 약 42km를 몇 개 지방도로를 갈아타고 가다 보면 고검지촌高儉地村을 만난다. 정갈하게 정리된 촌마을을 잇는 길을 따라 북서쪽에 요단둔腰段屯이란 작은 마을이 나오고 마을 끝자락에서 북동쪽으로 보이는 산 위에 산성이 자리한다. 멀리 보아도 산성이 자리할 만한 산세임을 알 수 있다.

좁은 농촌 길을 계속 따라 가다 산자락에서 동쪽으로 난 산길을 따라 걷다 보면 산성 동벽의 일부에 보강공사를 한다는 내용의 현수막이 나부낀다. 길 옆에 세운 산성에 대한 설명문은 고검지산성에 대하여 비교적 상세한 정보를 제공한다. "성급중점문물보호단위, 고검지산성. 고검지산성은 고구려 초기 산성으로, 고구려 역사상 중요한 지위를 점유하고 있다. 산성은 형세가 험요한 고검지에 건설되었다. 성벽은 가공하여 만든 쐐기형의 석재를 주로 이용하여 층층이 이어 쌓는 방법으로 겹쳐 축조하여 바깥 표면이 정연하게 나타나는 바, 바로 고구려 산성의 전형이다. 산성은 목우자진 고검지촌에 위치하며, 목우자진이 동남쪽으로 7km 떨어져 있으며, 고검지촌은 남으로 2.2km 거리에 있다. 서쪽 산 아래는 이도구이며 동쪽으로는 산들이 무리지어 연이어 간다. 본계에서 환인에 닿는 도로가 산성의 남쪽 약 3.3km에서 통과한다. 산을 올라 성으로 들어가는 길이 주로 2개가 있는데, 둘 다 성의 남쪽에 자리한다. 산성의 평면은 타원형을 나타내며 동서로 넓고 남북으로 좁다. 성안의 지세는 북고남저이며 성벽은 대부분이 산 능선을 타고 연이어 간다. 인공성벽이 비교적 길지만 일부 단락은 험준하고 가파른 바위를 이용하였다. 산성의 전체 길이는 1,466m이다. 2013년 5월에 국무원으로부터 제7차 전국중점문문보호단위로 인준, 공포되었다. 省級重點文物保護單位高儉地山城。高儉地山城, 是高句麗早期山城, 在高句麗歷史上占有重要地位。山城建設于形勢險要的高儉地, 城墻多用加工成楔形的塊石, 以層層壓縫的砌法疊築, 外表規整, 是高句麗山城的典型。山城位于木盂子鎮高儉地村, 東南距木盂子鎮7公里, 南距高儉地村2.2公里, 西側山下卽二道溝, 東部群山連綿。本溪至桓仁公路在山城南約3.3公里處通過, 上山入城的道路主要有兩條, 都在城南處。山城平面呈橢圓形, 東西寬, 南北窄, 城內地勢北高南低, 城墻大多沿着山脊行走, 人工築墻較長, 僅在局部段落利用了險峻的峭岩, 山城全長1466m, 2013年5月被國務院核定公布第七批全國重點文物保護單位。" 성급, 전국중점문물보호단위면 당연히 산성 입구에 근사한 표지석이 있을 법 하건만 눈에 띄지 않는다. 서문에 다가 온 것으로 그 위치는 북위 41°24'23", 동경 124°52'20"이며 고도가 이미 해발 600m에 가깝다.

길을 따라 좀 더 오르면 산성의 서문西門을 만난다. 서벽의 남쪽에 치우쳐 난 성문으로 성 전체에서 가장 낮은 지역에 개설되어 마을을 연결하는 주 출입문이며 성안의 물을 밖으로 내보내는 수구문水口門도 그곳에 위치했었다. 문 옆 낮은 위치에 지금은 말

고검지산성의 서문. 지금은 마을을 연결하는 주 출입로이며 산성 전체에서 가장 낮은 곳에 위치하여 수구문도 같이 위치해 있었다.

라 없지만 물을 모아 두었던 웅덩이 흔적이 남아 있으니 그를 증명하고 있다. 서문 양 옆으로 대臺가 세월을 건디지 못하고 그 높이를 낮춘 채로 문을 보호하고 있다.

서문에서 동벽 쪽으로 언덕 위에 길게 양옆으로 돌들이 가지런히 놓인 마찻길이 나있다. 길 옆쪽으로는 크고 작은 토갱土坑들이 눈에 띈다. 토갱, 큰 것은 직경 10m 전후, 작은 것은 직경 5m 전후의 구덩이 형태로 남아 있지만 아마도 당시에는 건축물이 있었거나 병사들의 막사였을 것으로 여겨진다. 서풍성자산

산성에서도 보듯이 이 지역의 겨울 큰 추위를 피하기 위한 반지하의 거주 시설이 아니었을까? 성안 중앙과 북쪽뿐 아니라 남동쪽에 치우쳐 작은 토갱이 여럿 발견되었다. 그 뿐 아니라 여러 곳에서 건축물 기초로 보이는 사각형의 평탄하게 정지된 터가 보인다.

성안 중앙에 있는 토갱土坑. 성안에는 크고 작은 토갱이 여러 곳에 위치해 있다. 아마도 병사들이 거주했던 시설이었을 것이다.

서문과 동문을 관통하는 길을 따라 가다 보면 주변에 흩어져 있는 토갱과 건축물터가 성안에 유적들이 비교적 많이 남아 있음을 보여준다. 발길은 어느새 높고 길게 늘어진 성벽에 닿으니 그것이 동벽임을 알게 된다. 북쪽에서 길게 이어 온 성벽은 고차가 뚝 떨어지는 낮은 지역에 문을 하나 개설해 놓고 다시 높은 바위로 이어 올랐다. 바로 동문이다. 성 밖에서 동문을 오르다 보면 들어서자마자 둔덕을 만나게 된다. 문에 진입한 적들은 둔덕 위에 배치된 군사들을 보고 기겁을 했을 것이다. 남쪽으로 솟은 높은 바위에서 공격을 하고 북쪽에서 성벽은 'ㄱ'자로 돌출되어 방향을 틀고 있으니 이 또한 옹성구조가 아닌가?

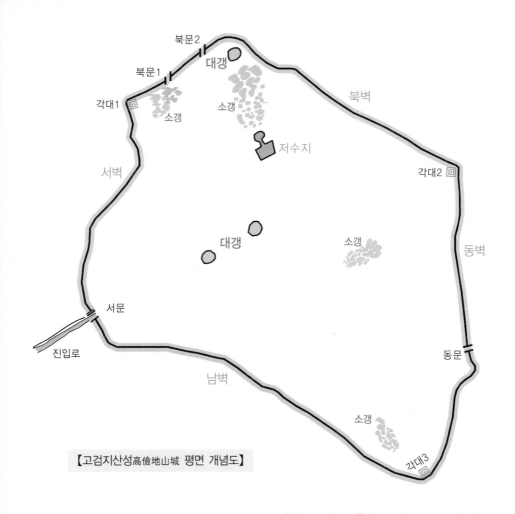

【고검지산성高儉地山城 평면 개념도】

　　고검지산성高儉地山城의 동벽은 상기【평면 개념도】에서 각대2에서 각대3
까지 약 332m 이어간다. 각대2, 각대3은 각각 봉우리이면서 동북·동남의 꼭
지점으로 각대角臺를 이루며 전망대 역할을 한다. 동벽이 시작되는 각대2 지
점의 봉우리가 산성에서 최고 높은 지점으로 해발 837.9m에 달한다. 동벽은
일부 구간을 제외하고는 성벽 위에 여장女墻이 설치되어 있다. 성벽의 하단
부의 폭이 3.5m, 상부의 폭 2.7m 외벽의 높이는 경사도에 따라 차이가 있지만
3~4m, 내벽의 높이는 1.5~2m 정도이다. 여장은 그 폭이 90~100cm, 높이는
30cm 정도 남아 있다. 고검지산성의 여장은 환도산성丸都山城이나 패왕조산
성覇王朝山城 등 고구려 초기의 산성에서 본 것과 같은 형태를 지니고 있다.

동문 북쪽 인근의
돌출되어 있는 대臺.
그 훼손 상태가 심하지만
동문에 접근하는 적을
차단하는 역할을 한다.

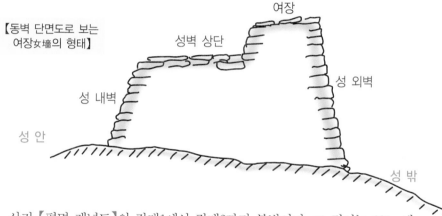

【동벽 단면도로 보는
여장女墻의 형태】

여장

성벽 상단

성 내벽

성 외벽

성 안

성 밖

상기 【평면 개념도】의 각대1에서 각대2까지 북벽이며, 그 길이는 391m에 이른다. 북벽 서쪽에 치우쳐 두 개의 문이 개설되어 있다. 그 하나는 각대1에서 48m 떨어진 지점에, 다른 하나는 92m 떨어진 곳에 자리한다. 가까운 곳에 연이어 두 개의 문을 개설한 것은 북벽에서 가까운 성안에 성의 중심시설이 자리한 탓이었을까? 북벽은 비교적 그 보존 상태가 양호한 편이며 일부 구간에서는 자연을 최대한 이용하여 석축의 인공성벽은 낮게 쌓았지만 그 방어효과를 극대화하였음을 알 수 있다.

서벽은 서문의 남쪽 20m 정도 떨어진 지점에서 시작되며 서문에서 북쪽으로 산 능선을 타고 오르며 성벽을 이루고 있다. 일부 구간은 바위 밖으로 석재로 성벽을 쌓았으며 그 상단에서 주동柱洞을 볼 수 있다. 주동은 9개가 있으며 그 간격은 2m 정도 떨어져 있다. 자연 조건을 이용한 성벽은 그리 높지 않으나 적의 접근을 절대 허락지 않을 것이다. 북벽과 만나는 모퉁이인 상기【고검지산성 평면 개념도】의 각대1까지 서벽의 길이는 약 270m에 달한다.

각대3, 봉우리의 각대角臺에서 시작하는 남벽은 서쪽을 향하여 능선을 타고 간다. 동쪽에 가까운 구간은 그 보존 상태가 양호하며 여장女墻도 선명하게 나타난다. 성벽 하단부의 폭은 3.3m, 상단의 폭은 2.4m 전후이며, 경사도에 따라 차이가 있으나 외벽의 높이는 2.7m, 내벽의 잔고는 1.2m 정도이다. 여장女墻의 폭은 80~100cm, 높이는 50~60cm이다. 서쪽으로 갈수록 자연을 이용하여 쌓은 인공성벽은 그 훼손 상태가 심하여 그 흔적만 남아 있다.

고검지산성 남벽의 동쪽은 그 보존상태가 양호하지만 서쪽으로 갈수록 훼손이 심하다. 더러는 자연을 이용한 인공성벽을 쌓았다.

성안 북쪽에 치우쳐 저수지蓄水池 2개가 아래위로 자리한다. 각각 타원형과 장방형을 띠며 위 저수지에 물이 차면 아래 저수지에 물을 보내는 형태이다. 아마도 사람과 말이나 가축의 먹이용 저수지로 구분하여 사용하였는지도 모르겠다. 서문에서 동벽을 가면서도 일부 보았지만 성안 곳곳에 크고 작은 토갱土坑, 흙 웅덩이가 골고루 분포되어 있다.【고검지산성 평면 개념도】에서 보듯이 북문2와 저수지 사이에 집중적으로 있는 것을 보면 그 용도가 병사들의 거주시설 또는 건축물터였던 것으로 판단된다. 고구려 산성에서 많이 보아왔듯이 저수지 주변에 산성의 중심시설 또는 거주시설이 자리하게 마련이다. 고검지산성은 성안에 여러 시설의 흔적들이 많이 남아 있는 편이다.

일부 학자는 고검지산성을 역사서에 나오는 창암성으로 비정하기도 한다. 『동북사지東北史地』 2011년 1월호에 게재된 양지룡梁志龍·왕준휘王俊輝 저 「요녕성환인현고검지고구려산성조사遼寧省桓仁縣高儉地高句麗山城調査」를 보면 "환인은 고구려 초기 활동의 주요지대로 그곳에 서한 건소建昭 2년(BC 37년), 고구려가 건국되었다. 최초 왕도는 오늘날의 오녀산성으로, 사료에 '흘승골성'으로 칭한다. 고검지산성은 동쪽으로 오녀산성이 44km 거리에 있어 양자는 당연히 일정한 관계가 있다. 고검지산성은 오녀산성과 비교적 가까운 거리일 뿐아니라 북쪽으로 한의 현도군(오늘날 신빈현 영릉 이도하자 고성)이 30km 거리에 있다. 이로써 고검지산성이 고구려 최초 수도의 서부 위성이었을 가능성이 있다. 고구려 세력이 점차 서쪽으로 뻗어가면서 고검지산성은 더불어 고구려의 교통도 상의 중요한 성터가 되었다. 『구당서』 등 사적에 기재된 창암이 고검지산성일 가능성이 있다. 桓仁是高句麗早期活動的主要地帶, 西漢建昭二年(公元前 37年), 高句麗建國。第一個王都卽今五女山山城, 史稱'紇升骨城。' 高儉地山城東距五女山山城44公里, 兩者當有一定關係, 高儉地山城不僅距離五女山山城較近, 而且北距漢玄菟郡(今新賓縣永陵二道河子古城)僅有30公里, 因此, 高儉地山城最初可能是是高句麗第一王都的西部衛城。隨着高句麗勢力西漸, 高儉地山城又成爲高句麗交通道上的主要城址, 『舊唐書』等史籍記載的蒼岩, 可能就是高儉地山城。"고 기재하고 있다.

그 동안 여러 산성을 다니면서 학자들의 의견을 종합해 보았을 때 과연 고검지산성이 창암성蒼巖城이라는 의견이 맞을까? 상기의 저자는 고검지산성을 창암성으로, 일반적으로 후금後金 시대의 "구노성舊老城"으로 불리는 신빈현이도하자 "훼이아라성"을 현도군玄菟郡으로 비정하고 있다. 하지만 그 고성을 창암성으로 이야기하고 있는 학자도 많다. 사실 고구려 관련 역사서에 산성에 대한 기록이 그리 많지 않다. 더구나 역사서에서 언급된 산성이 구체적으로 지금의 어느 산성이라고 단정할 만한 근거도 거의 없다. 학자에 따라 나름대로 비정하고 저마다의 추론을 제시할 뿐이다. 특히 당唐의 고구려 침공 루트의 하나였던 신성도新城道에서 언급되는 남소南蘇·목저木氐·창암蒼巖 등 3성城에 대해서 각각 오늘날의 어느 성이라는 저마다의 추론을 놓고 논란이 끊이질 않는다.

오늘 고검지산성을 들러보았다고 해서 그 산성이 창암성인지 여부를 판단할 근거는 어디에도 없다. 하지만 분명한 것은 고구려 초기의 산성으로 주몽

고검지산성의 서북쪽에 있는 홍석립자紅石砬子 산. 주민의 말에 의하면 농지를 개간하다가 산자락에서 고구려 시대 항아리가 여럿 발굴되어 박물관에서 가져갔다고 한다. 그들은 산 이름을 대홍립자大紅砬子라고 부른다.

이 최초로 도읍으로 정했던 졸본卒本, 흘승골성紇升骨城의 서부 방어선으로 구축했던 산성이었음은 확실하다. 국내성으로 천도를 한 후에도 흘승골성과 함께 새로운 수도로 향하는 길목을 지켰던 산성으로 고구려 초기 수도 방어선의 한 축을 담당했다. 산성 입구에서 볼 수

고검지산성이 2013년 전국중점문물보호단위로 선정, 공포되었다는 표지석 등이 마을 입구에 서 있다.

없었던 표지석은 산성 아랫마을인 요단둔腰段屯 마을 입구에 서 있는 것을 돌아오는 길에서 만날 수 있었다.

고검지산성에서 육도하六道河 하천을 따라 동쪽으로 가다 보면 직선거리로 약 28km 떨어진 거리에서 사도하자향四道河子鄕 마을을 만나고 그 앞을 지나는

마안산산성 동벽 끝 대臺에 오르면 산성의 남서쪽에서 육도하六道河가 고속도로와 함께 지나는 것이 눈에 들어온다.

G506도로 남쪽에 마안산馬鞍山이 자리한다. 마을에서 바라다보면 산의 모양이 가운데가 움푹 들어가고 양 끝이 솟은 양상을 띠고 있어 마치 말안장과 같다 하여 그리 명명되었다고 한다. 그 산에 바로 고구려 산성인 마안산산성馬鞍山山城이 자리하니 그곳에서 다시 동쪽으로 가면 흘승골성까지는 직선거리로 불과 약 19km 정도 남았을 뿐이다.

남·동쪽은 약 500m의 산 능선을 이용하였으며 서벽은 150m, 북벽은 250m를 석재로 쌓았으나 그 가운데가 좀 굽은 상태로 한줄기로 이어져 확실한 구분이 없다. 다만 서벽 끝에 크지 않은 산봉우리가 자리하니 남서 벽의 모퉁이로 전망대를 형성하고 있다. 석벽은 그 훼손 정도가 심하여 지금은 곳곳에 흔적만이 약간 남아 있다고 하지만 성안에 얼마 전 시작한 조림사업으로 키 작은 나무 안에 감추어져 있으니 찾아보기조차 쉽지 않다. 먼저 동쪽의 산봉우리를 향하여 능선을 올랐다. 그 능선이 성의 남벽이다. 성 밖은 가파른 산세로 별도의 인공성벽이 필요치 않다. 남·동벽이 만나는 봉우리에는 인공으로 높인 토대土臺가 자리하고 바로 옆에는 봉화대터가 눈에 띤다. 대 위에 오르니 그 산성의 서쪽에서 신빈현新賓縣의 영릉永陵에서 환인桓仁을 잇는 S13영환고속도로永桓高速道路가 육도하六道河를 끼고 지나는 것이 눈에 들어온다. 육도하는 동으로 흘러 환인 시내 가까운 지점에서 혼하와 연결되니 흘승골성과 잇는 서부 지역의 중요한 군사 요충지였다.

성안에서 바라본 고검지산성의 동벽. 산성은 고구려 초기에 축조된 것으로 판단되지만 전체적으로 성벽의 보존상태가 양호한 편이다.

성장립자산성城墙砬子山城, 북구관애北溝關隘와 와방구산성瓦房溝山城

– 혼강渾江 하류 따라 국내성으로 가는 또 다른 루트

성장립자산성城墙砬子山城의 웅장한 모습. 산성의 존재로 인하여 산의 이름이 성장립자산이다. 혼강과 누하漏河가 합류하는 지점에서 적들을 지켰던 산성으로 국내성 가는 또 하나의 길목을 지켰던 산성이다.

지난해 10월 하순에 산성을 찾았었지만, 성장립자구城墙砬子溝로 가면 산성에 닿을 수 있다는 자료만을 보고 갔으나 그날 새벽부터 내린 때 이른 눈으로 산행을 포기해야만 했다. 그날 마을 노인 한 분과 다음 해 4월 청명 이후에나 눈이 녹으니 그때 동행하기로 약속하고 되돌아갔다. 4월 초에 다시 찾아 갔으나 아직도 그늘에는 눈이 녹지 않은 상태이다. 그래도 노인은 잊지 않고 산행이 가능하다면서 반갑게 맞이하면서 앞장선다.

성장립자산성은 환인현桓仁縣 사첨자진沙尖子鎭 소재지 남쪽에서 누하漏河를 건너 동쪽의 산 위에 자리한다. 산자락의 산성 입구까지 계단식으로 과수원이 생겼고 "탕후루糖葫蘆" 등에 쓰이는 산사山楂나무를 심었다. 계단을 축조하는 데 사용된 수많은 돌들에 의심의 눈초리를 보내면서 어느 시기에 밭이 조성되었냐고 물으니, 인민공사의 생산대대 시절에 인력동원이 되어 만들어진 것이라고 한다.

계단식 밭 한쪽으로 난 산길을 통해 성의 동·남벽이 만나는 모퉁이 부근으로 접근한다. 석축의 남벽이 드러나기 시작하는데 노인은 남벽 밖을 먼저 안내한다. 몇 년 전에 그곳에서 심양 모대학 고고연구팀이 와서 발굴조사를 했는데 고구려 시대 적석분묘가 발견되었다고 한다. 그 당시에도 자기가 안내했기에 그들로부터 들었다며 크지 않은 돌무더기들을 가리킨다. 분묘의 규모로 보아서는 높은 신분의 사람보다는 성을 지켰던 병사들의 묘로 여겨진다. 산성이나 관애關隘 부근에서 그러한 분묘가 발견되는 예가 더러 있었던 것을 보면, 여러 산성에서 적극적인 발굴 작업이 필요하다. 남벽은 그 훼손 정도가 아주 심하지만 그래도 석벽이 서·남 모퉁이의 각대角臺를 향하여 오른다. 흘러내린 석재들을 보고 있자니 좀 전 과수원의 계단이 자꾸 떠오르지만, 노인에게 차마 묻지 못했다. 각대에 다가갈수록 경사도가 가파르니 숨이 목까지 차

성장립자산성의 남벽

올랐다. 다 오르고 나면 서쪽에서 누하漏河를 품고 흐르는 혼강渾江이 보일 것만 같다.

각대는 그 하단부가 8m에 상단부가 4~5m로 석재를 쌓아 올린 원추형의 대臺였으나, 지금은 주변에 가공석들이 흩어지고 흔적만 남아 있을 뿐이다. 대에 오르니 나뭇가지 사이로 과연 서쪽 산 아래에서 유유히 흐르는 혼강渾江 이 눈에 들어온다. 전에 보았던 그 강물이다.

각대에서 이어지는 서벽은 폭 2~4m의 좁은 능선을 따라 2m 전후의 높이 로 토벽을 쌓았다. 1990년 환인만족자치현 문물지편찬위원회가 출판한 『환 인만족자치현문물지桓仁滿族自治縣文物志』「성지·관애城址·關隘」편을 보면,

능선 위에 길게 이어가는 성장립자산성 서벽

"성 밖 서산 언덕 위에 3줄의 성벽이 있다. 단 이미 무너져 내려 원래 모습이 선명치 않다. 잔고는 0.5~1m이다. 성벽의 석재는 대부분 판석이며 원래 엉성하게 축조하였을 가능성이 있기에 보존에 있어 비교적 차이가 있다. 세 줄의 석벽 모두 산비탈에 횡으로 축조하였으며 응당 서부의 3단계 방어선을 만든 것이다. 在城外的西山坡上亦有三道城墻, 但已全部倒塌, 原貌不清, 殘高0.5~1米, 城垣石料大部爲板石, 原來可能建築得比較草率, 故保存較差。三道石墻, 均橫築于山坡, 應爲西部的三道防線。"고 설명한다. 그렇다면 그것은 중국학자들이 이야기하는 "란마장欄馬墻"이요, 일종의 차단벽인 "관애關隘"가 아니던가? 3중의 차단벽은 고구려 산성 중에서 아주 특이한 구조이지만 그 흔적을 찾기가 쉽지 않으니 안타깝다. 서벽 밖에 3중의 차단벽이 있다는 것은, 혼강에 면하는 서쪽이 적의 주요 침투로였기 때문일 것이다.

서벽을 따라가다 보면 산 아래에서 보았던 성장립자산의 긴 절벽의 끝자락이 북벽과 이어진다. 그곳에서 하산하여 성안으로 진입을 하면, 곳곳에 건축지였을 만한 평탄한 공간이 눈에 띈다. 그리고 서북쪽에 치우쳐 우물터가 남아 있는데 한겨울을 제외하면 항상 물이 가득하여 아직도 그 물을 사용한다고 노인은 증언한다. 계곡을 따라 동벽에 다가가면 성장립자산 절벽과 만나는 지점에 문이 개설되어 있다. 길이 지나는 계곡의 좁은 공간을 두고 양측에 가파른 바위가 우뚝 서서 천연의 문을 형성해 놓았다. 결국 그 길이 처음 올랐던 계단식 밭과 연결되는 것이다. 문으로부터 남쪽으로 연결되는 동벽은 높은 바위들이 연이으며 장벽을 이루고 있으니 인공성벽을 거의 볼 수가 없다. 상기서에 따르면 1980년 문물조사 시 성장립자산성城墻砬

성장립자산성 성안의 옛 우물터

子山城의 조사도 진행되었는데, 당시에 남·북 길이가 약 400m에 동·서 폭이 약 300m로 성둘레가 1,400m에 달하며, 서북이 높고 동남이 낮은 지세였다고 기록하고 있다. 서남 각대의 고도는 해발 549m이며, 북위 40°59'45", 동경 125°28'18"에 위치해 있다.

성장립자산성이 자리한 마을로 들어서려면 출렁다리를 통해 누하漏河를 건너야만 한다. 사첨자진沙尖子鎭 소재지를 관통하는 하천은 남쪽에서 혼강과 합류하지만, 상류를 따라 북쪽으로 가면 간구자干溝子에서 또 하나의 작은 하천인 간구자하干溝子河가 합류한다. 그 하천을 따라 상류로 가면 북구촌北溝村이라는 마을을 만나며, 그 마을로부터 1.5km 서남쪽에서 하천을 낀 협곡에 놓인 차단성벽이 북구관애北溝關隘이다. 성장립자산성과는 직선거리로 불과 9km 떨어져 있고 관애 남쪽에서 집안을 연결하는 G506도로가 지난다. 지금의 도로 부근에 당시의 교통로가 자리했을 개연성을 감안하면, 국내성으로 향하는 적이 그 교통로를 이용하는 것을 차단하는 목적으로 보인다.

관애는 하천을 낀 도로의 양쪽 산허리에 우뚝 솟은 암벽을 잇고 있다. 길가에 차를 세워 놓고 먼저 하천을 건너 남쪽 성벽에 다가가니, 산과 연결된 성벽이 주변의 밭을 개간하면서 심하게 훼손되었지만 흔적만큼은 분명하게 남아 있다. 상기서를 보면 "양단 암벽 사이에 인공으로 쌓은 한 가닥의 긴 벽이다. 그 벽은 대개 남북 방향으로 뻗어 가는데 방향은 345°이다. 벽은 이미 무너진 지 오래이고, 현재는 한 줄의 돌두둑이 되었지만 흔적은 아직 분명하다. 남단 벽은 현재 88m 남았고, 북단 벽은 134m 정도 현존한다. 중간은 하천과 향촌도로가 점하고 있으며 이미 벽은 없는데 37m의 구간이다. 벽 전체 길이는 259m이다. 벽의 훼손은 심한 편이며 벽 외부의 큰 돌은 몇 개 남지 않았고 남아서 내려오는 것은 쇄석이 대부분이다. 兩端石崖之間卽爲人工修築的一道長墻該墻大致呈南北走向, 方向345°。墻已坍頹多年, 現已爲一條石塄, 遺跡尙明顯。南端墻垣現存88米, 北端墻垣現存134米, 中段爲河流和鄕路所占段落, 墻垣已無, 長37米, 該長總長

259米。墙垣殘毀較重，壁外大石所剩無幾，遺留下來的多碎石。"고 1990년 당시를 설명한다. 오늘 눈 속에서 보는 북구관애의 훼손 상태는 그보다도 더 심각하다.

다시 하천을 건너 길가에서 북단을 바라보니 산허리의 낮은 암벽에 이어지는 벽은 옥수수밭을 개간하면서 거의 남은 것이 없다. 그곳에서 병사들이 기거했던 것으로 여겨지는 석축의 건축물터가 발견되었다고 하지만 지금은 흔적조차 사라졌다. 건너며 오갔던 하천은 그 당시에도 그 자리였고 천변의 향촌도로 역시 당시의 교통로였을 것이다. 그곳에는 통과하는 인마를 통제하는 성문이 개설되어 병사가 배치되어 있었을 것이다. 다른 지역에서 발견되는 관애關隘 역시 하천과 교통로가 통과하는 것을 보면, 하천변의 교통로를 차단하는 성벽이었음을 알 수 있다.

10월 하순인데도 불구하고 고구려의 옛 터전에는 벌써 눈이 내린다. 북구관애는 사진의 왼쪽 산자락의 큰 바위에서 시작된다.

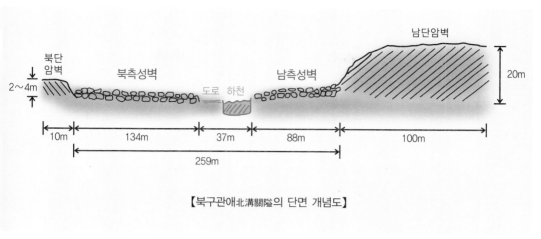

【북구관애北溝關隘의 단면 개념도】

북구관애에서 구불구불 산길을 타고 가면 얼마 안 되어 집안관내에 들어선다. 혼강을 따라오다 그 지류인 누하를 타고 별도의 노선으로 집안, 즉 국내성으로 들어가는 적들을 차단하기 위한 방어선이었을 가능성이 크다. 아니면 북쪽 육로를 통해 오던 적들이 혼강변을 따라 국내성으로 진격하는 적들과 합류하기 위하여 누하의 혼강 합류지점을 가는 것을 막기 위한 성벽은 아니었을까 생각해 본다. 성벽의 보존 상태가 양호하면 적의 공격 방향을 알 수 있지만, 잔존하는 흔적만으로는 판단이 어렵다.

성장립자산성의 주변, 누하가 합류하는 지점인 혼강에서 하류 쪽으로 더 가면 강변에 자리한 오리전자진五里甸子鎭 두도하촌頭道河村 와방구瓦房溝란 작은 농촌에 닿는다. 마을에서 500m 떨어진 북쪽 산 위에 와방구산성瓦房溝山城이 자리하고 있다. 성장립자산성과는 직선거리로 5km 남짓 떨어져 있으며, 이곳에서 혼강을 따라가면 압록강에 합류하는 지점까지는 약 33km의 거리다. 인근을 지나는 G506도로를 타고 가면, 집안集安의 초입인 양수조선족자치향凉水朝鮮族自治鄕까지는 46km 정도 더 가야한다. 아무튼 이미 국내성에 가까워진 것이다.

와방구산성의 동서 길이는 약 300m이고 남북 폭이 약 200m이며, 동북이 높고 서남이 낮은 동북고남서저東北高南西低 지세에 형성되어 있다. 남부에 약 150m 길이의 석축 성벽이 있다는 주민의 설명을 듣고 산을 올라 찾아봤지만 이미 남은 것이 없다. 예전 곤궁했던 시절에 인근 주민들이 성벽을 헐어내어 집을 짓고 담장을 쌓는 데 활용했다는 것이다. 이곳만의 사정은 아니지만 참으로 안타까운 일이다. 산성 전체를 돌아보아도 동·북쪽 능선에 토벽의 흔적

와방구산성瓦房溝山城 동·북벽은 토벽으로 이어진다.

만이 남아 있을 뿐이다. 잔존한 토석 혼축의 동·북벽과 성안에서 밭을 개간하면서 고구려 시대의 화살촉이 출토되었다는 사실만이 고구려 산성의 존재를 말해 주고 있다. 하지만 와방구산성瓦房溝山城은 혼강渾江 변에 우뚝 서서 국내성으로 가는 루트를 지키는 하나의 방어선으로서 가치가 상당하다. 아래의 위치도에서 보듯이, 상기 3개의 산성과 관애關隘 등은 혼강 하류 강변을 지켰다. 집안으로 가는 길목인 압록강변의 칠개정자관애七個頂子關隘 및 노변장관애老邊墻關隘와 연결되었다.

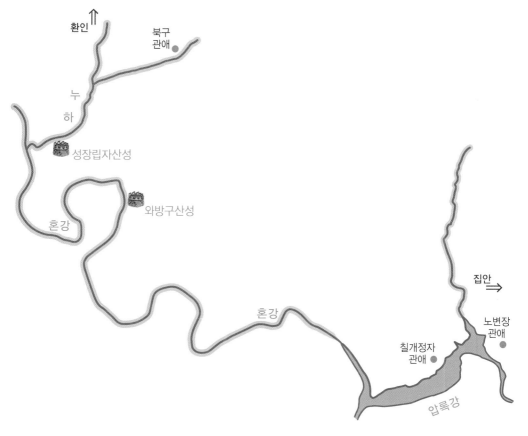

【성장립자산성 주변 산성과 관애 위치】

칠개정자관애七個頂子關隘와 노변장관애老邊墻關隘

― 집안集安을 잇는 길과 압록강 변의 차단성

칠개정자관애七個頂子關隘는 접경지역이라서 철조망으로 막혀 있다. 철조망 너머 보이는 강이 압록강이며 강 건너편의 산이 바로 북한땅이다.

이제 남은 답사는 주로 북쪽 지역이니 북국北國의 강추위뿐 아니라 눈이 내려 산행이 어려워진다. 한번 내린 눈은 녹지 않고 이듬해 4월 중순까지 가니, 아무래도 이번 답사를 마치면 겨울잠을 청해야 할 듯하다. 대련大連에서 집안集安까지 내비게이션 기준으로 무려 572km에 7시간 40분이 걸린다. 학대고속도로鶴大高速道路를 타고 단동丹東을 거쳐 관전寬甸의 우모오진牛毛塢鎭 나들목을 나서면 혼강渾江의 지류인 북복하北服河를 만나고, 그 강을 따라가는 애태선愛太線 지방도로를 타고 가다가 단동과 집안集安을 잇는 S319성도省道와 이어진다. 드디어 집안을 향하는 도로를 탄 것이다.

관전寬甸의 북동쪽 끝자락에 제법 큰 마을이 나타나는데, 도로변에 반가운 한글 간판이 드문드문 보이는 하로하조선족자치향下露河朝鮮族自治鄉이다.

계곡에서 산을 향하는 방향에서 본 칠개정자관애七個頂子關隘

혼강이 하로하조선족마을 북부를 감아 돌아가며 압록강으로 흘러가는데, 이
곳 어귀에 혼강구대교渾江口大橋라는 교량이 있어 그 다리를 건너면 길림성
집안集安에 발을 들여놓게 된다.

다리를 건너 집안集安으로 향하는 길은 압록강을 따라 산악지대가 이어지
니, 집안의 국내성은 결코 접근하기 쉽지 않았음을 의미한다. 행정구역상 이
미 집안시集安市 양수조선족자치향凉水朝鮮族自治鄉에 들어섰는데, 양수凉水
마을에 닿기 전 고마령 남쪽에 현지인들은 기간정자旗竿頂子라고도 부르는 칠
개정자七個頂子산이 있다. 그 산자락이 압록강의 북안에 접하는 좁은 계곡에
고구려 시대의 관애關隘가 자리하고 있다. "칠개정자관애七個頂子關隘"로 불
리며, 압록강으로 유입되는 계곡의 작은 하천을 횡단하여 석재로 쌓았다. 성의

방향을 보면 압록강 하구에서부터 올라오는 적을 차단하였을 것이다. 관애는 단동과 집안을 연결하는 도로에서 대로하大路河를 횡단하는 외차구대교外岔溝大橋를 건너기 전에 외차구촌으로 빠져서 들어간다.

계곡의 끝자락 충적토 위에 계곡 사이를 차단하는 벽을 쌓았다. 벽으로 잇던 동서의 양쪽 산기슭은 근래에 절개되어 도로가 생겼고, 그 도로 아래를 자세히 살피면 석축의 성벽이 이어짐을 볼 수 있다. 동쪽 벽의 길이는 약 45m 정도인데 그 하단의 폭은 9~11m이며 잔고는 최대 2.4m에 달한다. 평지는 옥수수밭과 하천이다. 아마 평지에도 벽이 있었을 터이니 그것을 감안하면 동벽의 길이는 60m 정도였을 것이다.

지금은 물이 말라 그 흐름이 좁지만, 원래 서벽은 하천과 바로 연결되어 시작되었다. 풀로 뒤덮여 있지만 그 아래 석재가 쌓여 있으며 산까지 연결되어 그 길이가 약 70m에 달한다. 그 하단의 폭은 8.5~10m에 잔고는 0.6~2.2m이며, 서벽의 동단 내측으로 문이 있었다고 하나 지금은 그 흔적이 분명치 않다. 동벽 남쪽 8m 떨어진 곳에는 분명치 않으나 길이 20m 정도의 보조 벽이 있어 성밖에서 참호역할을 하였던 것으로 보인다. 성밖 200m 정도 떨어진 곳에서 여러 기의 적석총積石塚이 발견되었으니, 관애關隘가 강으로부터의 방어를 위한 고구려 시대 군사시설이었음을 증명한다.

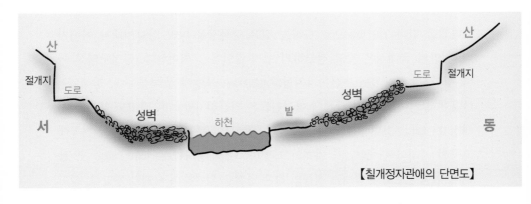

【칠개정자관애의 단면도】

성벽이 있는 충적토 지대는 북한과의 접경지역이라서 철조망을 치고 출입이 제한되지만, 당시에 혼강渾江의 압록강 어귀 인근이며 북으로 환인桓仁, 동으로 양수凉水를 거쳐 집안集安을 연결하는 압록강 수로의 요지였다. 청대 봉금封禁해제 이후에 이곳은 압록강의 번화한 부두마을로서 집안集安에 못지않았다고 한다. 하지만 하류에서 1943년에 완공된 수풍댐으로 인해 주변이 수몰되면서 그 기능이 상실되고 지금은 몇 가구의 접경지 산골마을일 뿐이다.

외차구촌外岔溝村을 떠나 다시 집안集安 가는 도로를 타고 가면 통천령通天嶺을 넘어서 해관海關 마을에 닿는다. 그곳에서 북쪽으로 난 농촌길을 따라 약 300m 정도 가면, 작은 하천을 따라 난 좁은 길을 동서 방향으로 가로막은 관애關隘가 나타난다. 그곳의 지명은 만구灣溝인데 통천령의 동쪽 기슭이며, 산에서 흘러 내려오는 하천은 관애를 거쳐 동남쪽에서 양수하凉水河와 만나 압록강으로 유입된다.

관애는 동쪽 끝부분이 하천의 좌안 산자락에 조금 남아 있다. 그 길이는 약 30m 정도, 하단의 폭이 약 8m에 상단의 폭은 약 1~1.8m이며 잔고는 1~2m로 일정치 않다. 평지 부분은 이미 밭으로 개간되어 원래 있던 벽을 볼 수 없으며, 중간을 지나는 하천과 그 옆의 도로를 지나 서쪽 산기슭까지 벽의 서쪽이 이어졌을 것이다. 훼손이 워낙 심하지만 전체 길이는 200m 정도였을 것으로 추정된다. 동쪽 끝에 남아 있는 벽을 자세히 살펴보면, 산에서 채취한 돌들을 쌓고 흙으로 외면을 다시 다져 쌓은 토석혼축混築의 벽임을 알 수 있다.

관애 남쪽 약 300m 떨어진 지점에 고구려 적석묘군積石墓群이 있었는데 아직도 3기가 남아 있다. 칠개정자관애七個頂子關隘와 마찬가지로 인근에 존재하는 고구려 적석묘를 분석하여 이곳 역시 고구려의 군사시설로 판단되었다. 현지인들은 이곳의 관애를 노변장老邊墻이라고 부르는데 중국학자들은 "만구노변장관애灣溝老邊墻關隘"라고 칭한다. 압록강으로 흘러 들어가는 작은 지류

노변장관애는 밭으로 개간되면서 그 흔적도 찾기 어려울 정도로 훼손되어 있다.

를 가로막아 성벽을 쌓은 것은, 압록강을 거슬러 배를 타고 올라오던 적들이 상륙하는 지점에서 차단하기 위함이 아니겠는가?

1984년 출간된 『집안현문물지集安縣文物志』「성지관애城址關隘」 중 만구노변장관애灣溝老邊墻關隘 편을 보면, "옛날에 강을 거슬러 올라온 선박들이 주로 외차구하에서 양수천자하凉水泉子河에 이르는 일대에 정박하여 육로를 통해 집안현성으로 갔다. '노변장'관애와 외차구관애는 그곳에서 상륙하는 것을 봉쇄하기 적합한 요충지로써 압록강을 거슬러 국내성으로 진공하는 수상통로를 제압하였다. 남북의 2개 루트에 차단성의 관문을 더하여 고구려 도성 외곽의 유효한 방어시설을 구성하였다. 노변장관애와 외차구관애의 발견은 고구려 정권의 교통방어 시설 등 많은 문제의 연구에 유익한 자료를 제공하였다. 故早年逆江而上的船旅多在外岔河至凉水泉子河一帶停泊, 改陸路往集安縣城.'老邊墻'關隘與外岔溝關隘恰好封鎖了由此登路的要衝, 控制了鴨綠江逆流而上進攻國內城的水上通路, 加之南北二道上的城隘關卡, 構成了高句麗都城外圍有效的防禦設施.'老邊

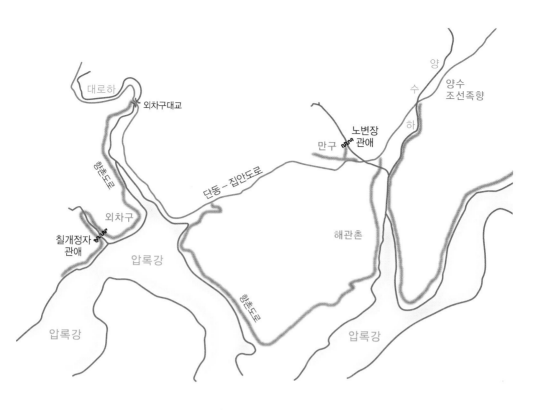

【칠개정자관애·노변장관애 위치도】

墙'關隘與外岔溝關隘的發現, 對探討高句麗政權的交通, 設防等許多問題提供了有益的
資料."고 관애關隘에 대한 성격을 설명하고 있다.

　이 기록은 고구려 당시 중원의 수군들이 황해를 거쳐 압록강으로 진입하여
이곳까지 진격해올 것에 대비하였음을 의미한다. 이미 대행성大行城·박작성
泊灼城·서안평현성西安平縣城·구련성九連城 등 압록강 하류를 지키는 성들을
답사했고, 오늘 이곳에서 다시 관애關隘를 보니 중원 세력의 침입을 막기 위
하여 그 얼마나 치열한 준비를 했던가를 알 수 있다. 길림성吉林省 집안시集
安市 양수조선족자치향涼水朝鮮族自治鄕 내 압록강 우안에 자리한 두 관애關
隘에서 건너편 북한땅을 바라본다. 과연 분단된 우리 민족에게 고구려 역사는
무엇을 전달하고 있을까?

8
장

압록강 변의 고구려 옛 도읍지에 가다

— ¤ 고구려의 심장부였던 천연의 요새,
　　　　　환도산성丸都山城에 가다.

— ¤ 압록강 변의 황도皇都, 국내성國內城에 가다.

— ¤ 단재 신채호 선생님을 흠모하며 우리의 역사를 생각하다.

환도산성의 북벽 가장 높은 봉우리에서 바라본
산성하귀족묘지山城下貴族墓地와 국내성國內城

산성이름	위치	규모(둘레)	성벽재질	분포도
환도산성丸都山城	집안시 산성로 환도산성풍경구	6,951m	석성	157
국내성國內城	집안시 승리로−동성가 교차점 사방	2,741m	석성	158

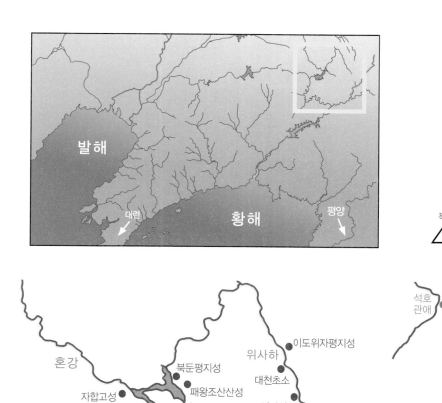

발해

황해

대련

평양

북
4

석호
관애

혼강

이도위자평지성

위사하

북둔평지성

대천초소

패왕조산산성

자합고성

관마산성

신개하

망파령
관애

환도산성

국내성

북구
관애

성장립자산성

와방구산성

노변장
관애

칠개정자
관애

혼강

압록강

고구려의 심장부였던 천연의 요새,
환도산성丸都山城에 가다

통구하通溝河 다리 건너에서 바라본 환도산성 전경

저녁 늦게 집안 시내에 도착하여 국내성國內城 담 아래 호텔에서 잠을 청했다. 호텔 창문 너머 국내성 북쪽으로 아득히 보이는 산봉우리는 환도산성丸都山城의 북벽을 이루는 산등성이다. 환도산성과 국내성은 불과 2.5km 떨어진 배후산성과 평지성의 관계다. 11월 하순이지만 아침공기가 매서울 정도로 차다. 국내성 남벽 아래 선 새벽 장에서 옷을 두껍게 껴입은 상인들이 손님들을 불러 모으고 주민들은 더 늦기 전에 겨울 채비를 하느라 이곳저곳 기웃댄다.

아침 일찍 환도산성으로 향했다. 천연의 해자垓字 역할을 하는 통구하通溝河(또는 동구하洞溝河로도 불린다) 다리를 건너 정문에 이른다. 다리를 건너면 오른쪽으로 강과 산성의 남벽 동쪽 사이에 적석묘와 봉분묘가 넓게 펼쳐진다. "산성하귀족묘지山城下貴族墓地"라고 불리는데, 1966년 발견 당시에는 11,300여 기였으나 현재는 7,160기가 남아있다는 동구고묘군洞溝古墓群의 일부이다. 이곳의 묘군墓群은 아마도 초기의 국가공신이나 전사한 장군들을 사후에도 도읍을 지킨다는 의미로 산성 아래에 묻었던 것 같다.

산성하귀족묘군山城下貴族墓群 앞으로 통구하通溝河가 흐른다.

성의 남벽 한가운데 개설된 정문인 남문은 멀리서 보아도 옹성 구조임이 확연하다. 성문 양쪽으로 대臺가 우뚝 섰고 남벽 안쪽으로 들어온 문도門道를 따라 "┌┐" 모양으로 쌓은 성벽은 진입하는

남벽의 동쪽 대臺에서 바라본 환도산성丸都山城의 남문(정문)

적들을 전면과 측면에서 동시에 공격 할 수 있는 전형적인 옹성甕城이다. 정문은 성 전체에서 가장 낮은 곳이며 성문 한가운데서 계곡물이 통구하通溝河로 흐르고, 그 외에도 남벽에 3곳의 배수구가 더 있다. 정문에서 조망하면 산성은 북쪽 산등성이가 높고 동·서의 산줄기가 내려오면서 남벽과 이어지니 삼면이 성안을 둘러싼 북고남저北高南低의 전형적인 포곡식包谷式 산성이다.

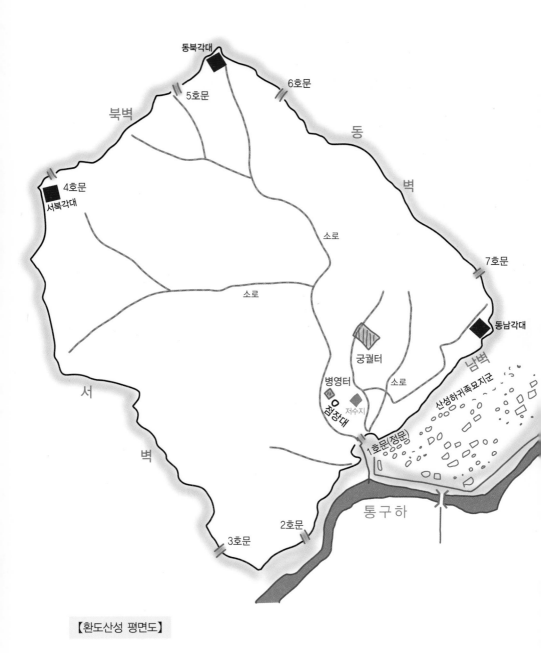

동북각대

5호문

6호문

북벽

동

벽

4호문

서북각대

7호문

소로

소로

동남각대

궁궐터

병영터

산성하귀족묘지군

점장대

남벽

저수지

1호문(정문)

통구하

2호문

3호문

【환도산성 평면도】

정문(1호문)의 위용을 뒤로하고 남벽의 동쪽을 오른다. 성 밖으로 산성하귀
족묘지군山城下貴族墓群과 통구하通溝河를 끼고 있는 산언덕에 이어지는 성벽
에선 성문과 성안이 함께 보인다. 남벽은 성문을 가운데 두고 동서로 나뉘어
지세에 따라 풀어놓은 넥타이처럼 구불구불 이어진다. 이전의 사진들을 보면
성벽은 조금씩 일부 남았었는데, 2004년 집안集安 일대의 고구려유적을 세
계문화유산에 등재하기 위하여 전면적으로 보수한 것이 오늘날 우리가 볼
수 있는 산성의 모습이다.

이런저런 생각을 하면서 오르다 보니 동벽과 맞닿는 각대角臺를 만났다.
각대에 이어지는 동벽은 산세를 따라 길게 북쪽을 향하여 올라간다. 성벽 위 곳
곳에 높이 1m 남짓의 여장女墻을 높여 놓았다. 그리고 그 아래 약 2m 간격으
로 가공석을 정연하게 쌓아 만든 주동柱洞이 약 25cm의 정방형에 40~80cm

동벽 남쪽의 성벽 위에 설치한 여장. 그 아래 주동이 있다.

깊이로 설치되어 있다. 여장 아래 설치한 것으로 보아 병사들이 여장에 몸을 숨기며 쇠뇌를 쏘아댔던 발사대 기둥의 기초가 아니었을까 판단된다.

동벽 밖은 온통 산지이며 다만 통구하通溝河를 따라 궁벽한 평지가 좁다랗게 형성되어 있다. 당시 적들은 그 하천을 따라 난 교통로를 거쳐 산성에 접근하였을 것이고, 그래서 동벽의 남단에 집중적으로 여장과 주동이 있는가 보다. 성벽 위의 여장과 그 아래의 주동은 고구려 초기 산성에서 볼 수 있는 특징 중 하나이다. 계속 동벽을 따라갈수록 산세는 험준해지고 외벽은 지세에 따라 그 높이가 다르다.

동벽에는 2개의 문이 개설되어 있는데, 하나는 동남 각대角臺에서 214m 떨어져 있고(7호문), 다른 하나는 동북 각대에서 522m 떨어져 있다(6호문). 두

동벽에서 바라본 성문을 중심으로 한 남벽. 성안에는 멀리 점장대와 저수지 등의 자리가 눈에 띈다.

문의 간격은 980m에 달하며 문의 폭은 약 3m에 비교적 완만한 곳에 개설되었다. 1984년 길림성문물지편위회 출판 『집안현문물지集安縣文物志』 「성지관애城址關隘」에 따르면 동벽의 전체 길이는 1,716m이고 성벽을 쌓은 산은 해발 367~627m에 걸쳐 있다. 이제 겨우 동벽을 돌았건만 숨이 턱까지 차올랐다. 천연암석의 동북 각대가 이미 해발 627m에 달하니 그럴 만하다.

성벽은 다시 방향을 틀어 서쪽을 향하니, 성 중에서 가장 높은 지대인 북벽이다. 산등성이에 서서 성 안팎을 내려다보면 산세가 더욱 가파르다. 동북 각대에서 293m 가다보면 폭이 2m에 바깥으로 8개 계단을 쌓은 첫 번째 북문을 만난다(5호문). 남벽의 중앙의 정문과 서로 대칭되는 위치이다.

또 하나의 북문은 서북쪽 모퉁이의 작은 봉우리에서 175m 떨어져 있다(4호문). 먼저 가장 높은 676m의 봉우리에 올라 성 안팎을 내려다본다. 성안은 물론 성문 앞을 지나는 통구하通溝河가 집안시내와 국내성을 끼고 S자로 흐르다 압록강에 유입되는 모습이 한눈에 들어온다. 강 건너 북한의 산하도 눈에 들어오는데, 가슴이 뭉클하면서도 마음이 아프다. 당시에는 하나의 강역疆域이었건만 이제는 압록강 아래 한반도마저 둘로 갈라선 지 70년이 넘었다고 생각하면 더욱 그렇다.

환도산성의 북벽 가장 높은 봉우리에서 본 성 밖의 모습.

고구려 당시 그대로의 환도산성 북벽 서쪽 구간

아린 가슴을 안고 걷다보면 또 하나의 북문을 만나는데, 그곳에서 서북 모퉁이까지의 구간이 성의 전 구간 중 보존상태가 가장 온전하여 당시에 쌓은 그대로다. 성 밖으로 나가 올려다보면, 성벽을 쌓아 올린 가공석 하나하나에 옛 여인네가 한 땀 한 땀 수를 놓은 듯한 정성이 묻어난다. 어찌 2,000여 년의 장구한 세월을 무탈하게 견딜 수가 있었을까? 그 높이가 4~5m에 이른다. 북벽은 해발 627~652m의 고저 차이가 비슷한 산둥성이 위에 쌓았다. 이렇게 1,009m를 이어온 북벽은 서북 모퉁이의 각대角臺에 연결된다.

각대는 작은 봉우리에 직경이 약 8m의 원형 대臺를 이루고 그 외곽을 성벽이 둘러싸고 돈다. 돌아 나온 성벽은 바로 서벽과 이어지면서 하산한다. 서벽은 그 연장이 2,440m로 전 구간 중 가장 길며, 해발 296~652m의 산줄기를 타고 남쪽으로 향한다. 동벽과 마찬가지로 곳곳 성벽 위에 여장女墻과 주동柱洞을 만들어 방어력을 보강했다. 중간중간 자연암석을 활용하여 대臺를 만들기도 했다.

산 아래 남쪽을 향해 가는 환도산성 서벽은 더욱 단단하게 쌓았다.

환도산성 성 밖 서쪽에는 소판차령小板岔嶺의 험준한 산악이 이어져 자연 병풍의 역할을 하고 있다. 그 산세가 얼마나 험하고 가파르면, 고구려 동천왕 때 위魏나라의 유주자사幽州刺史 관구검毌丘儉이 환도丸都성의 서벽을 공격하면서 "속마현거束馬懸車"를 말하지 않았던가? 속마현거束馬懸車,『관자管子』「봉선封禪」에 나오는 성어인데 "말발굽을 싸매 미끄러지지 않게 하고 수레를 서로 매달아 뒤떨어지지 않게 한다"는 의미로 위험을 무릅쓰고 험한 산길을 행군함을 묘사하는 말이다.

당시에 관구검毌丘儉도 그렇고 훗날 모용황慕容皝의 군사들도 왜 험준한 산을 넘고 넘어 서벽을 공략하였을까? 가장 가파른 산세에도 불구하고 이곳을 공격했던 것은 상식의 허를 찌른 그들의 책략이었을 것이다. 모용황의 고구려 침공 시 평탄한 북도北道보다 험준한 남도南道를 주공격루트로 삼은 것도 바로 그러한 계략이 아니었던가? 구불구불 산을 타고 내려오던 서벽은 거의 하산할 즈음, 서남 모퉁이로부터 약 245m 떨어진 지점에 서벽의 유일한 성문이 개설되어 있다(3호문). 이미 고도가 낮아졌으며 비교적 완만한 구간이어서 그런지 여장女墻과 주동柱洞이 더욱 자주 나타난다.

통구하 변의 평탄한 지대에서 남벽과 만나는데, 조금 지나면 또 하나의 남문을 만난다. 남벽 서쪽에 치우친 위치에서 강변과 연결된다. 평지에 세운 문이다 보니 적의 접근을 차단하기 쉽도록 옹성문甕城門을 만들었다. 문도를 굽게 만들고 동·서 양쪽을 높여 대를 쌓았다. 이전 자료에서는 환도산성의 성문을 5개로 언급하여 남벽 중앙의 정문·동벽의 2개·북벽에 2개 등이지만, 2001~2003년에 걸친 세 차례의 발굴을 통해 서문 및 남벽 서측의 문을 새로 발견했다. 당시에 문터에서 다량의 수면문와당獸面紋瓦當 등이 출토되어 문루門樓 등 건축물이 있었음을 시사하고 있다.

남벽의 서측은 강변의 평지에 축조하다 보니, 성벽을 곧게 쌓기보다는 굽어

환도산성 남벽 서측의 성문(2호문)

지게 축조하여 치雉의 역할을 하면서 성문은 옹성 구조로 만들었고, 통구하가 바로 아래서 천연의 해자垓字이니, 아무리 평지인들 쉽사리 넘볼 수 있겠는가? 성벽을 따라 걷다 보면 배수구도 만난다.

남벽의 정문에 다시 닿았다. 남벽의 길이는 1,786m이고 성 전체의 둘레는 6,951m에 달하니, 과연 도읍을 이루던 황성皇城답다. 성안으로 들어서면 약 200m 정도 떨어진 언덕 위에 석축의 점장대點將臺가 있다.

환도산성 점장대의 남측 벽면

그 위에 오르면 멀리 국내성國內城이 보이니, 국내성과 상황을 서로 주고받으면서 정문과 남벽에 접근하는 적을 방어함은 물론 평상시 병사들의 훈련도 지휘했을 것이다. 동서의 폭이 16.7m에 남북으로 11.4m이며, 높이는 4.5~5.5m 남아 있다.

구불구불 축조하여 치雉를 형성한 남벽의 서측

점장대의 북벽 양쪽으로 돌계단이 남아 있으나 상단은 훼손이 심한 편이다. 하지만 주변과 상단에서 각종의 기와편을 비롯하여 못·화살촉 등 철기유물이 발견되어 점장대 위에 누각樓閣 같은 건축물이 있었음을 알 수 있다. 점장대의 북쪽으로 22.6m 떨어져서 경비병사(수졸戍卒)들이 거주했을 숙영지터가 있다. 대략 남북 길이가 16m에 동서 폭이 9m의 사각형의 터이며 기초석이 18개 발굴되었다.

점장대에서 동남쪽으로 30m, 정문에서 북쪽으로 100m 거리에 "연화지蓮花池"또는 "음마만飮馬灣"으로 불리는 저수지가 있다. 성안 서북 모퉁이와 동쪽 산기슭 2곳의 샘에서 계곡을 타고 흘러 정문에서 합쳐져 수구문을 통하여 통구하에 유입될 정도로 수량이 풍부한 편이지만, 그 외에 성안 평지 한가운데 저수지가 환도산성의 생명수 역할을 하였다. 1930년대에 처음 발견되었으나 2003년 4월~7월에 걸쳐 본격으로 발굴조사를 하였다. 그 결과 거의 정방형에 석축의 네 변과 바닥면이 드러났다. 각 변의 석축은 많이 훼손되었으나 동변은 35m·서변 36.7m·남변 37.5m·북변 37m로 전체 둘레가 146.3m이며

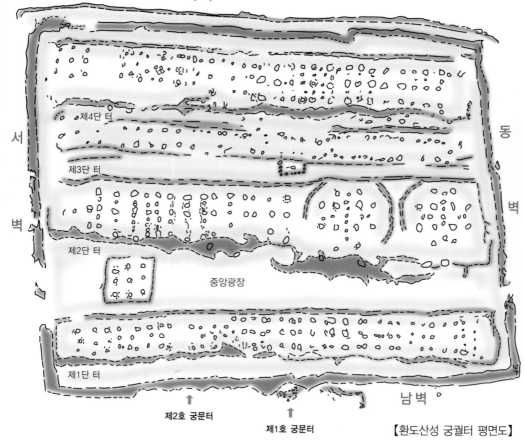

【환도산성 궁궐터 평면도】

벽면의 높이는 1.8m 남아 있었다.

　성안에서 가장 중요한 유적지는 궁궐터이다. 정문에서 460m 떨어진 위치인 동벽의 산기슭, 해발 254m의 평탄한 언덕 위에서 그 터가 발굴되어 옛날의 영화를 말하고 있는 듯하다. 1962년 길림성박물관집안고고대吉林省博物館集安考古隊의 전면조사에서 궁궐터는 길이 95.5m에 폭 76m이며 3계단식으로 되어 있다고 하였으나, 2001~2003년에 걸쳐 다시 대대적인 조사가 이루어졌다. 그 결과 궁궐의 동벽 91m·서벽 96m·북벽 75m·남벽 70m로 둘레가 332m에 달한다. 궁궐터와 부속시설 전체로 보면 남북 길이는 95.5m에 동서 폭이

86.5m이며, 동고서저東高西低의 낙차가 13m인 부지 내에서 4계단식 터에 배치되어 있음을 알게 되었다.【환도산성 궁궐터 평면도】에서 보듯이 각 계단마다 기초석이 수십 개씩 발견되어 건축물이 있었음을 말해 주고 있을 뿐 아니라, 수면문와당獸面紋瓦當・연화문와당蓮花紋瓦當・인동문와당忍冬紋瓦當 등 기와편과 쇠못을 비롯한 각종의 철기 유물이 함께 출토되었다. 그리고 남쪽에서 중간 및 서쪽에 치우친 지점에 출입문터가 2곳 발견되었다.

환도산성丸都山城은 위나암성尉那巖城 또는 산성자산성山城子山城으로도 불린다.『삼국사기』「고구려본기」제1 유리명왕 22년(서기3년)에 "겨울 10월 왕이 국내國內로 도읍을 옮기고 위나암성尉那巖城을 쌓았다"란 대목이 처음으로 나온다. 상기서「고구려본기」제2 대무신왕 11년(서기28년)에는, 한漢의 요동태수가 쳐들어오니 좌보左補 을두지乙豆智의 건의를 받아들여 위나암성에 들어가 굳게 지키기를 수십 일 동안이나 했는데, 산 위에 있으니 물이 없어 오래 견디지 못할 것이라고 생각하며 한나라 군사들은 계속 포위를 풀지 않았다. 그러자 을두지는 다시 건의하여 양어지養魚池에서 잉어를 잡아 술을 곁들여 요동태수에게 보내게 하여 생각을 바꾸고 철군하도록 했다. 그 양어지가 오늘 보았던 연화지蓮花池였을까? 또한 상기서「고구려본기」제4 산상왕조를 보면 "왕 2년(서기198년) 봄 2월에 환도성丸都城을 쌓았다"고 나온다.

학자에 따라서는 위나암성과 환도산성을 별개로 본다. 역사서에 언급되는 고구려 수도의 변천사는 워낙 논란이 많고 통일된 이론이 없으며, 단재 신채호 선생은 그의 저서『조선상고사朝鮮上古史』에서 제1・제2・제3 환도성으로 구분하여 설명하기도 한다. 하지만『삼국사기』본기 제1뿐 아니라 권37「잡지雜志」제6의 지리地理4 고구려조를 보아도, "제2대 유류왕孺留王(琉璃王) 22년에 도읍을 국내성國內城(혹은 尉那巖城 또 혹은 不耐城이라고도 함)으로 옮겼다"고 하여, 현재 집안시내의 국내성임을 암시하고 있다. 중국학자들은 환도산성의 '환丸'이나 위나암성의 "위나암尉那巖"은 모두 당시 같은 고구려말을 한자로 음차한 것이며, 급하게 발음하면 "환丸"으로 느리게 발음하면 "위나암尉那巖"이 된다고 설명하면서 결국 하나의 성城을 이른다고 한다.

오늘 돌아본 환도산성이 초기의 위나암성尉那巖城이며, 동천왕 때(관구검의 침략) 천도했던 평양성, 그리고 고국원왕 때(모용황의 침략) 잠시 옮겼던 평양 동황성東黃城은 지금 북한의 평양이 아닌 집안 인근 지역이었던 것으로 보인다. 멀리 떨어진 곳에 오랜 기간 천도하였다면, 그곳에서도 성과 더불어 궁궐터가 있고 주변에 대규모의 고묘군古墓群이 발견되어야 하건만 그런 곳이 없기 때문이다. 결국 국내성과 환도산성을 오가며 황궁으로 사용했던 것은 아니었을까?

동천왕 당시 관구검의 공격에 환도성은 병난을 겪었으니 다시 도읍으로 할수 없다며 평양성을 쌓고 백성과 종묘사직을 옮겼다는 내용을 두고, 중국학자 위존성魏存成은 1999년 그의 논문 「길림성 내의 고구려 산성의 현황과 특성」에서 "당시 고구려는 낙랑군이 있던 평양을 점령하지 못하고 있었으므로 여기서의 평양성은 산 아래의 평지성 즉, 국내성을 가리키는 것이다. 고구려가 국내성을 축성한 것은 이것이 처음이었고 현재 보이는 국내성의 석벽이다. 當時高句麗并未攻占樂浪郡所在的平壤, 所以此處的"平壤城", 應是山下平原城國內城, 高句麗對國內城的修建, 這是一次, 我們今天看到的國內城石墻, 應始建于此。"라고 설명한다. 광개토대왕을 비롯한 역대 왕의 능도 그 주변에 자리하고 있음을 보아도 그렇다. 『삼국사기』 「잡지雜志」 제6의 지리地理4 고구려조에 "유리왕 때 국내성으로 도읍한 지 425년을 지나 장수왕 15년에 평양으로 도읍을 옮겼다"고 기재하고 있음은 무엇을 시사하는가?

우리가 알 수 있는 단 하나의 사실은 고구려의 심장부였던 환도산성丸都山城과 산성하귀족묘지군山城下貴族墓群은 묵묵히 당시의 그 자리를 지키고 있다는 것뿐이다.

압록강 변의 황도皇都, 국내성國內城에 가다

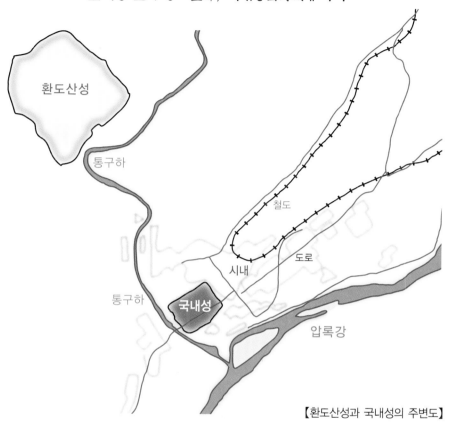

【환도산성과 국내성의 주변도】

집안에 사는 지인으로부터 압록강 변에 아주 가까운 집안시集安市 마선향麻
線鄕 강구촌江口村에 두곡이궁豆谷離宮호텔이 생겼다는 소식을 접하여 호기심
에 가보기로 했다. 유리왕 때의 두곡이궁 자리는 아니었지만, 가서 보니 호기
심은 이내 놀라움으로 바뀌었다. 두곡이궁에 대한 설명은 물론, 강변에는 석판
위에 고구려 제1~28대 왕에 대하여 삼국사기를 근거로 각각 설명하고 있으니
참으로 의외였다. 호텔 건물도 전통의 풍모를 지녔지만 종업원들도 고구려 고
분벽화에서 봤을 법한 옷을 입고 있었다. 호텔을 지은 주인이 한국인도 조선
족도 아니라고 하는데 그는 무슨 연유에서 고구려에 푹 빠져 있는 것일까?

국내성은 압록강 우안의 통구분지通溝盆地의 서부에 자리하며, 동쪽으로는 6km 떨어져 용산龍山, 북으로는 1km 거리에 우산禹山, 서쪽으로 1.5km 사이에는 칠성산七星山이 자리한다. 그뿐 아니라 노령산맥이 집안 시내를 둘러싸고 있어 천연의 병풍역할을 한다.

통구하通溝河가 북쪽에서 남쪽으로 흐르면서 국내성의 서벽 밖을 지나 서남 모퉁이를 감아 돌아 압록강으로 유입된다. 압록강은 성의 남쪽을 동북쪽에서 서남쪽으로 흐른다. 지금은 그 흔적을 찾기 어려우나 성 남쪽에 작은 하천이 흘러 통구하로 들어가니, 1차 저지선인 압록강에 이어 2차 저지선으로 이중의 천연 해자垓字를 이루었다. 지금은 주택지로 변하여 그 흔적조차 찾기 어렵지만, 국내성의 동·북벽에 연이어 폭 10m 정도의 인공 해자垓字가 있어 방어력을 보강하였다. 게다가 북쪽 2.5km 배후에 환도산성丸都山城까지 있으니 어찌 평지성이라서 방어가 어렵다고 할 수 있을까?

돌출된 동남 각대로부터 남벽은 길게 서쪽을 향해 간다. 국내성 성안엔 도시개발이 이루어져 아파트 단지가 보인다.

시내 한복판의 국내성 답사는 호텔에서 나서서 바로 만나는 동남 각대터에서 시작한다. 그곳부터 남벽은 길게 서쪽을 향하여 이어지고 성벽 아래에는 새벽장이 섰다. 각종 농산품과 생활용품 등 겨울채비를 하려는 서민들로 분주하다. 그 뒤로 펼쳐지는 남벽은 2,000년의 세월을 지내 온 것이다. 이른 추위에 두꺼운 옷을 껴입고 물건을 사고파는 사람들이 마치 고구려 시대의 백성인 양 착각이 든다. 남벽의 중간지점에 조금 못 미쳐 성안의 동성가東盛街에 이어지는 고구려 당시의 남문터가 자리한다. 현장에 설치한 입간판의 설명문에는 한글로도 되어 있다.

남문터는 국내성의 고구려 당시 성문으로는 유일하게 남아 있는데 성문의 폭은 성벽의 두께와 같은 4m이며 성문 변두리는 잘 다듬은 대형 석재로 쌓았다. 문의 동서 양쪽에 돈대墩臺를 쌓아 적의 접근을 방어하게 했는데 그 간격은 12m이다. 하지만 남은 것은 그 기초석뿐이니 아쉽다. 남문에서 서쪽으로

국내성 남벽 가운데의 남문터. 돈대터가 돌출되어 있다.

약 100m 떨어져 성안의 조양가朝陽街와 만나는 지점에 민국民國 10년(1921)에 세운 금강문襟江門터가 남아 있다. 그 문은 고구려 당시에는 없었고 민국 시대에 서민들이 출입할 수 있게 건설한 문인데, 그 문마저 지금은 남아 있지 않으나 그 문도門道가 성안 남쪽에서 성밖을 잇는 주요 통로이다.

1984년 길림성문물지편위회 출판 『집안현문물지集安縣文物志』「성지관애城址關隘」 국내성 항목을 보면, "원래 성문이 6곳에 있어 남북에 각 한 곳, 동서로 각 2곳이며 다 같이 옹문이다. 『집안현지』기재에 근거하여 민국 10년(서기 1921년) 3개의 문을 새로 건축하였는 바, 동은 집문문輯文門, 서는 안무문安武門, 남은 금강문襟江門이라 일컫는다. 이후부터 나머지 3개의 문은 다 폐쇄했다. 집문문·안무문·금강문, 그리고 성벽 전부가 1947년에 이르기까지 보존되었으나 해방전쟁중에 철거되었다. 성안에 지금 있는 가로는, 동문 집문문과 서문 안무문을 잇는 동서 방향의 길이 승리로勝利路이다. 승리로 북쪽의 단결로團結路 동서 양단, 각기 동벽과 서벽의 북쪽에 치우친 두 지점은 문터였을 가능성이 농후하다. 승리로와 단결로는 고구려 시대 국내성 안의 주요 도로였을 가능성이 있다. 남북 방향으로 가는 조양가朝陽街 양단이 원래 국내성의 남문과 북문이다. 북문은 해방 후에 다시 개통된 것이며 그 이전에는 하나의 갈라진 틈만 있어 주민들은 습관상 '츠엉치앙후어쯔城墙豁子'라고 칭했다. 城門原有六處, 南北各一處, 東西各兩處, 均有雍門。据〈輯安縣志〉記載:民國十年(公元一九二一年)重新修築門三座, 東曰'輯文門', 西曰'安武門', 南曰'襟江門'。自此之後, 其余三門全被堵死。輯文門, 安武門, 襟江門, 以及城墻全部, 一直保存到一九四七年, 解放戰爭中被折除。城內現有的街道, 東西走向的勝利路, 是東接'輯文門', 西接'安武門'的街道。勝利路北面的團結路, 其東西兩端可能正是東墻和西墻偏北側的兩處門址。勝利路和團結路可能是高句麗時國內城中主要街道。南北走向的朝陽街兩端是原國內城的南門和北門, 北門是解放後重新開通的, 以前只有一豁口, 群衆習稱'城墻豁子'。"고 한다.

하지만 "남북 방향으로 가는 조양가朝陽街 양단이 원래 국내성의 남문과

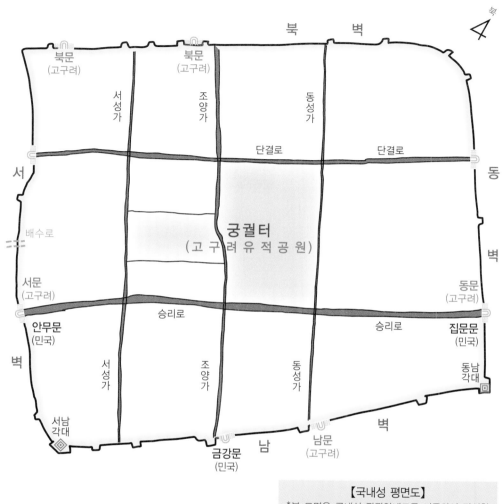

북

북 벽

북문
(고구려)

북문
(고구려)

서
성
가

조
양
가

동
성
가

단결로

단결로

서

동

궁궐터
(고구려유적공원)

배수로

벽

서문
(고구려)

동문
(고구려)

안무문
(민국)

승리로

승리로

집문문
(민국)

벽

서
성
가

조
양
가

동
성
가

동남
각대

서남
각대

남

남문
(고구려)

벽

금강문
(민국)

【국내성 평면도】
*본 도면은 국내성 관광안내도를 기준하여 작성함

북문이다"란 내용은 직접 와서 답사를 하고 보니 차이가 있다. 위에서 이미
언급했고 상기의 국내성 평면도에서 보듯이, 원래의 남문터는 동성가東盛街의
남단이며 조양가의 남단에는 민국 시대의 금강문欼江門이 있었음을 알 수 있다.
아마도 『집안현문물지』가 발간된 1984년 이후의 발굴을 통해 수정된 듯하다.

좀 더 서쪽으로 남벽 성안을 걷다 보면 성벽이 좀 더 높아지고 방향이 틀어지면서 서벽과 만나는 지점에 각대角臺의 흔적이 보인다. 돌출된 공간이 꽤 넓은 것으로 보아 당시에는 각루角樓를 세우고 성 밖 통구하와 압록강이 만나는 지점까지 조망하였을 것이다. 서남 각대로부터 서벽

남벽이 서벽과 가까워지는 지점 국내성 성안의 모습

이 시작되어 약 30m 정도 지나면 외곽으로 돌출된 대臺의 흔적이 있는데, 접근하는 적의 측면을 공격하는 치雉다. 그 대는 약 5.5m 돌출되었으며 서변의 길이는 약 9.3m이다.

설명문에 따르면 성 전체에 이러한 대臺가 20개나 있어 방어력을 보강하였다. 서벽은 성 밖에서 북으로부터 남으로 흐르는 통구하와 나란히 간다. 성안의 중심도로였던 승리로勝利路가 서벽과 만나는 지점에 고구려 당시에 서문이 있었고, 민국 시대에 그 자리에 건설했던 문이

서문을 통해 연결되는 승리로勝利路 상의 교량이 보인다. 이 다리를 지나면 국도 G331과 연결된다.

이른바 안무문安武門이다. 그 도로는 오늘날 성 밖에서 통구하 위를 지나는 교량과 연결되지만, 당시엔 압록강과 통구하의 조운漕運을 통해 사람과 물자가 출입하던 주요통로였을 것이다.

서문을 지나 북쪽으로 좀 더 가면 배수구유적지排水涵洞遺址를 만난다. 서벽

밑을 관통하여 성 밖으로 난 배수로인데, 지금 남아 있는 길이는 16.25m, 폭은 0.8m이며 그 깊이는 0.95m이다. 배수로 바닥면은 석판을 깔아 평평하게 만들었고 그 측면은 가공석으로 정연하게 2층을 쌓았으며 입구의 윗부분은 8개의 큰 돌로 덮었다. 그 동안 산성을 답사하

서벽 밑의 배수로

면서 많은 곳에서 배수로를 보았지만 이처럼 보존상태가 완벽한 것은 처음이다. 성의 규모로 보아서 여러 곳에 이러한 배수시설이 있었겠지만 유일하게 남아 있으니 얼마나 소중한 유적인가? 북쪽으로 좀 떨어져 단결로團結路 서쪽 끝 지점에 그 흔적이 선명하지 않지만 작은 성문터가 자리한다. 배수로와 작은 성문 거의 중간 지점에도 돌출한 대臺의 흔적이 있다. 서벽은 그렇게 중간 중간에 유적들을 남긴 채 북벽과 만나는 지점을 향하여 간다.

서북 지점은 동남·동서 모퉁이와는 달리 돌출된 각대는 없지만, 북벽이 시작되어 얼마 되지 않아 대臺와 함께 성문터가 나온다. 성안에는 이미 오래 전에 아파트단지를 조성하여 성문이 단지 출입구로 변했지만, 문의 기초를 보면 가공석으로 굽돌이들여쌓기한 것을 보아 고구려 시대의 축성방법임을 알 수 있게 한다.

그리고 【국내성 평면도】에서 보듯이, 돌출된 여러 개의 대

굽돌이 들여쌓기 방식으로 축성한 북문터의 기초석

사이에 조양가朝陽街 인근 성문터가 나타난다. 결국 상기의 『집안현문물지集安縣文物志』의 내용과 달리 북벽에는 고구려 시대의 성문이 하나 더 발굴된 것이다. 북벽에서 서쪽으로 치우쳐 개설된 2개의 문은 환도산성과 연관성이 있는 것으로 보인다. 동쪽으로 이어지는 북벽은 아파트단지의 울타리가 되어 풀숲이 뒤덮고 있지만 그 형체만은 완벽하다. 【국내성 평면도】에서도 보듯이 가다가다 돌출된 대의 기초석도 발견할 수 있다. 동벽과 만나는 동북 모퉁이에는 큰 각대는 없지만, 북벽 쪽에 하나, 동벽 쪽에 하나의 대臺가 있어 각대角臺를 대신하고 있다.

동벽은 가운데 부분인 단결로와 승리로 사이 약 250m의 구간을 아직 발굴하지 못한 상태라고 설명하고 있지만, 실제로 가보니 그곳은 이미 성벽을 깡그리 뭉개고 건물을 지은 상태이니 발굴하려해도 할 수 없는 상황이다(상기 【국내성 평면도】의 동벽 중 노란색 표시가 없는 구간임). 성안으로 들어가면 중앙에 고구려유적지공원高句麗遺址公園이 자리하고 있다. 아침 이른 시간 추위에도 불구하고 많은 사람들이 나와 체력단련을 하고 있다. 고구려 당시의 궁궐터이니, 그곳에서 고구려의 많은 국사가 논의되었다고 생각하니 감개무량할 뿐이다. 지금은 궁궐터 남쪽으로 건물이 가득하지만 당시에는 관공서터였다. 국내성의 규모는 1984년 실측에 의하면 둘레가 2,686m로 알려졌으나 2003년 재조사를 거쳐 동벽 558m・서벽 699m・남벽 749m・북벽 735m로 그 전체는 2,741m로 수정되었다.

국내성의 역사적 의미를 되새기기 위하여 삼국사기에 언급된 내용을 중심으로 살펴본다. 『삼국사기』 「고구려본기」 제1 유리명왕 22년(서기 3년)에 "겨울 10월 왕이 국내國內로 도읍을 옮기고 위나암성尉那巖城을 쌓았다"는 내용을 다시 한 번 음미해보면, 도읍을 옮기고 위나암성을 새로 쌓았지만 국내성을 쌓았다는 내용은 없다. 즉 국내성은 이미 성곽이 있었다는 의미를 내포하고 있다. 국내성을 발굴하다 일부 구간에서 토성土城 위에 석성을 쌓은 혼적을 발견하였다고 하니 이를 암시하고 있음이다. 또한 상기서 권37「잡지雜志」제6 지리4 고구려편에서는 "주몽이 흘승골성紇升骨城에 도읍한 후로 40년을 지나 유류왕 22년에는 도읍을 국내성國內城(혹은 위나암성尉那巖城 혹은 불내성不耐城이라고 한다)으로 옮겼다"고 기록하고 있다.

그리고 "유리왕 29년 7월 두곡豆谷에 이궁離宮을 지었으며, 왕 37년(서기 18년) 10월에 왕이 두곡에서 죽었고, 두곡의 동원東原에 장사 지내고 시호를 유리명왕이라고 하였다"는 기사가 있다. 과연 여기서 언급하는 두곡豆谷의 이궁離宮은 어디였을까? 이건도 존재하지만 여러 중국학자들은 국내성에서 멀지않은 동북쪽 우산禹山 아래 언덕 위에 자리한 고구려유적지 중의 하나인 이수원자남유적지梨樹園子南遺址를 이궁터로 말하고 있으며, 그 기슭에 있는 "집안우산JYMO호묘集安禹山JYMO號墓"를 상기 동원東原의 유리명왕의 능으로 보고 있다.

상기서 대무신왕편을 보면, 왕이 을두지의 제안을 받아들여 위나암성으로 들어가 성문을 닫고 지켰다는 내용이 있다. 물론 국내성에 대한 언급은 없지만, 평지성인 그곳에 거처하다가 요동태수가 쳐들어오자 방어를 위하여 산성인 위나암성으로 들어갔다는 추정을 가능케 하는 대목이다. 『삼국지三國志』「위서魏書」제30 고구려전高句麗傳을 보면 "건안 연간에 공손강의 군대가 출격하여 그 나라를 처부수고 마을을 불태웠다.建安中, 公孫康出軍擊之, 破其國, 焚燒邑落。"란 내용을 볼 수 있다. 물론 삼국사기에는 없는 내용이지만, 산상왕 2년(198년) 봄 2월에 환도성을 쌓았으며 왕 13년 겨울 10월에 도읍을 환도로 옮겼다고 기록하고 있는 것을 보아서 가능성이 충분하다. 그렇다면 이는 공손강의 공격으로 거처인 국내성이 불에 타서 환도성에 궁궐을 짓고 천도하였음을 암시하는 내용이다.

그 후 동천왕 20년(246년) 8월에 위나라 유주자사 관구검毌丘儉이 쳐들어와 그 해 10월에 환도성이 함락된다는 내용이 있다. 21년 2월에 왕이 환도성은 병란을 겪어 다시 도읍할 수 없다면서 평양성을 쌓고 백성과 종묘사직을 옮겼다고 언급한다. 많은 중국학자들은 이곳의 평양성은 국내성을 지칭하며 이때 다시 국내성으로 궁궐을 옮겼다고 본다. 이는 전편 「고구려의 심장부였던 천연의 요새, 환도산성丸都山城에 가다」에서 인용한, 중국학자 위존성魏存成의 1999년 논문 「길림성내의 고구려 산성의 현황과 특성」에서 주장한 내용을 보아도 알 수 있다. 하지만 관구검이 침략했을 때 불과 2.5km 떨어진 국내성이 무사했다는 것도 이해하기 어렵다.

그 후 고국원왕 4년 8월에 평양성을 증축하였다고 기록하고 있으며, 12년 (342년) 2월에 환도성을 수리하고 다시 국내성을 쌓았으며 8월에 환도성으로 거처를 옮겼다. 불과 3개월 후에 모용황의 대군이 쳐들어와 궁실을 불사르고 환도성을 허물어뜨리고 돌아갔다. 왕 13년 7월에 평양의 동황성東黃城으로 옮겼다고 기록하고 있다. 고국원왕 시대의 역사기록에 평양성·환도성·국내성이 같이 언급되니, 평양성과 국내성이 동일한 성이란 주장에 무리가 있어 보인다. 하지만 342년 평양 동황성으로 천도한 후 84년간 도읍이었다면, 장수왕 15년인 서기 427년에 평양으로 천도했다는 기록, 그리고 집안集安에 자리한 광개토대왕비와 여러 왕릉들은 어찌 설명을 해야 할지 답답하다.

그래서인지 어느 학자는 평양성을 요동성遼東城이 있던 지금의 요양遼陽으로, 집안의 국내성을 그 동쪽에 있는 황성黃城으로 비정하기도 한다. 아무튼 고구려의 천도 기록은 복잡하기 짝이 없다. 삼국사기에 근거하여 주몽이 홀승골성에 처음 도읍한 이래 7차례 천도를 하지만, 그 기록이 부실하여 명쾌한 해석이 쉽지 않다. 상기서 「잡지雜志」제6 지리地理4 고구려조에 "유리왕 때 국내성으로 도읍한 지 425년을 지나 장수왕 15년에 평양으로 도읍을 옮겼다"고 기재하고 있어 그 혼란을 더하고 있다. 그리고 일제강점기의 식민사관이 작용하여 우리 사학계가 사실을 규명할 노력을 게을리했음을 부정할 수 없다.

단재 신채호 선생님을 기리며 우리의 역사를 다시 생각하다

원형 그대로의 성벽이 잘 남아 있는 고구려 석성石城으로 비정되는 장하의 성산산성城山山城 북벽

우리에게 고구려는 역사 시간에 잠깐 배운 것이 고작이라고 할 만큼 너무 멀리 있다. 경주나 부여, 공주 등은 중·고등학교 때 수학여행을 가기도 했고 언제라도 원하면 찾아가서 신라·백제에 대한 향수를 어렴풋이나마 느낄 수 있지만, 고구려는 그러한 기회가 주어지지 않는다. 특별히 개인적인 관심이 아니고서야 고구려유적지를 찾아갈 기회는 드물다. 그래서인지 관심은 있더라도 가까이하기에는 너무 멀다고 할 수 있다. 보통 고구려 하면 고작 수년 전 인기리에 방영되었던 드라마『주몽』이나 얼마 전 화제가 된 영화『안시성』 정도를 떠올리는지도 모른다. 그만큼 우리는 고구려에 대해서 무지하다고 할 만하다. 세월이 더 지나면 전문가를 제외하고는 자칫 상실의 역사로 치부될 수도 있다. 서글픈 일이다.

중국은 정부가 나서서 2002년부터 5개년 계획으로 동북공정東北工程을 추진한 결과, 고구려를 "중국 내 소수민족의 지방정부"로 보고 고구려사를 중국사 일부로 귀속시키려고 시도했다. 동북공정은 "동북변강역사와 현상계열 연구공정東北邊疆歷史與現狀系列硏究工程"의 약자로서 중국국무원 산하의 중국사회과학원이 중심이 되어 동북 3성과 연합해서 조직한 학술작업이다. 고구려 관련 부분 연구의 결론은 "고구려는 중국 고대 지방민족정권으로 고구려와 고려 정권간에는 필연적 관계가 없으며, 고구려와 조선 정권과는 필연적인 관계가 없으며, 고구려와 현재 한국 정권간에는 필연적인 관계가 없다. 高句麗屬于中國古代地方民族政權; 高句麗與高麗政權之間沒有必然的關係; 高句麗與當前朝鮮政權之間沒有必然的關係; 高句麗與當前韓國政權之間沒有必然的關係。"이다. 작은 손바닥으로 하늘을 가리겠다고 하니 어처구니가 없다. 이 얼마나 정치적인 결론인가?

역설적으로 중국정부의 그러한 극성이 우리에게 고구려에 대한 무관심을 일깨우는 각성의 계기가 되었다. 정부도 그에 대처한다고 동북아역사재단을 설립하는 등 호들갑을 떨었지만 중국 정부의 적극적인 실행에 비하면 턱없이 부족하다는 느낌이다. 2004년에 설립한 고구려역사재단을 확대 개편하면서 2006년에 독도문제 등을 주요 과제로 추가하는 등 변질되었음에 주목한다. 그것은 중국 정부를 의식한 외교적인 고려도 한몫했을 것이다. 개편하면서 당시의 교육인적자원부 산하 연구재단이었던 것을 외교통상부 산하로 만든 것을 봐도 알 수 있다. 아무튼 정부가 주도하여 재단의 설립과 운영을 한다는 자체만으로도 태생적인 한계를 지니고 있다. 전문가 그룹이나 학교 등 민간 연구기관이 주관하여 역사적 사실을 규명하고 그를 기초로 하여 해석해 나가야 순수성을 유지할 수 있다고 본다.

사실 고구려역사는 그 유적의 분포로 보았을 때 공간적·시간적 제약으로 인하여 한국에서는 역사학자들마저 유적지를 찾아가서 연구한다는 것은 쉬운 일이 아니다. 역사서에만 의존한 연구는 틀림없이 한계가 있기 마련이고, 특히 고구려 관련 역사기록이 극히 적을 뿐 아니라 중국의 역사서는 자기 입장에 치우쳐 기록하다 보니 단순한 해석의 문제가 아니라 사실을 그르친 부분이 많다. 『삼국사기』만 보아도 저자의 출신에 기인한 문제도 있겠지만, 특히 고구려 부분은 그러한 중국 역사서를 거의 그대로 베껴 놓았다는 인상을 지울 수 없다. 그동안 기회 있을 때마다 중국학자들의 연구논문을 구해 보고 유적지를 답사하면서 느끼는 것은, 그들의 연구 성과가 우리보다 훨씬 많다는 것이다. 특히 동북공정기간에 사회과학원에서 막대한 연구자금을 풀어 학자들에게 고구려를 연구하게 했다. 그렇다면 우리는 그동안 무엇을 했나? 정부 주도의 재단을 세워서 얻어 낸 성과는 무엇인가? 그렇다고 민간 연구기관이나 학자들의 연구는 어떠했는가?

집안은 고구려 도읍지였기에 그 어느 곳보다 유적도 많을 뿐 아니라 풍부한 유물이 출토된 곳이다. 그래서인지 도시 어느 곳에 가도 고구려의 향기가 물씬 풍긴다. 공부하는 마음으로 수차례 방문하였지만 갈 때마다 설레는 마음은 어쩔 수가 없다. 2019년 5월 초 어린이날 연휴를 이용하여 후배들이 아이들을 포함한 가족 등 27명의 일행으로 고구려역사탐방을 하고 싶다기에, 고구려의 도읍지였던 집안集安 일대를 2박 3일 일정으로 돌아보게 되었다. 일정 중에 고구려문물전시중심高句麗文物展示中心이라고도 불리는 집안시박물관에 갔다.

장수왕릉으로 비정되는 장군총 앞에서 어린이들이 포함된 일행. 고구려를 마음 깊이 간직한다.

갈 때마다 느끼는 것이지만, 그 안에서는 사진 촬영을 절대 금지하고 있으니 의아할 뿐이다. CCTV로 보고 있다가 사진촬영을 하는 장면이 뜨면 즉각 찾아와서 사진을 지운 후에나 카메라를 돌려준다고 하니, 관람이 아니라 철저하게 감시를 받고 있다는 기분이다.

박물관을 관람하고 국내성의 배후산성이었던 환도산성에 도착, 정문인 남문에 다가서서 고구려의 전형적인 옹성 구조를 설명하고 있는데 산성관리직원이 다가와서 "칸커이看可以, 지앙부커이講不可以"(보기만 해라! 설명하지는 마라!)라며 설명을 제지하였다. 그러고는 내내 우리를 졸졸 따라다니며 감시하니 다들 기분을 잡쳤다. 아니, 보는 것은 되고 설명하는 것은 안 된다니 그 무슨 해괴망측한 일이 있단 말인가? 그 이전에도 고구려 유적에 대한 통제가 있었다고 들었지만, 중국정부가 2004년에 집안 지역의 고구려 관련 유적지를 유네스코 세계문화유산에 등재한 후에 해제가 된 듯하였다. 아마도 필요성이 남아 있어서라기보다 윗선에서 별도의 지침이 없었던 탓으로 인한 현지 공무원들의 관성적인 행정행위가 아닐까 하는 생각도 해 본다. 집안에서의 두 가지 사례는 우리를 당혹스럽게 한다. 도대체 무엇이 두려운 것인가? 그래도 G2 국가로서 자긍심을 가진 국가의 중앙정부 차원의 방침은 아닐 것이라 믿는다. 역사를 사실에 근거하여 해석하고 대한다면 그럴 필요가 없는 것이다.

2018년 여름은 그 어느 해보다도 무더웠다. 7월 중순에 외교부의 "한중인문유대강화사업"의 일환인 한중대학생 문화체험단으로 한국의 상명대학교와 대련외국어대학 학생들의 교류행사 일정중에 대련 대흑산大黑山에 자리한 비사성卑沙城을 방문했다. 그 자리에서 역사는 해석에 다소 차이가 있을지라도 최대한 사실에 근거를 둔 해석이어야 한다는 공감대를 학생들과 형성하고 싶었다. 진지하게 듣는 그룹도 있지만, 일부는 더운 날씨에 산에 오르기보다는 시원한 에어컨 밑에서 소화할 수 있는 기업체 방문의 다음 일정에 마음이 더 가 있어 보인다. 날씨 탓도 있지만 어쩌면 고구려의 역사보다도 취업에 목마른 그들에게 기업체 방문이 더 현실적일지도 모르겠다.

환인桓仁에 갔을 때 나는 고구려의 발상지라는 설렘과 더불어 또 다른 감흥이 일었던 기억이 있다. 『도올의 중국일기』를 보고 알게 되었지만, 1914년부터 단재 신채호 선생님은 그곳의 동창학교東昌學校에 초빙되어 1년여 머물면서 국사교육과 함께 조선사를 집필한다. 환인뿐 아니라 집안을 비롯한 만주 지역에 넓게 펼쳐있는 고구려·발해 유적지를 직접 발로 밟으면서 실감했던 역사의 실체를 학생들에게 가르치고 역사를 바로잡기 위한 『조선사朝鮮史』 집필을 시작한 것이다. 단지 문헌에만 의존하지 않고 생생한 현지답사를 통하여 독자적인 실증주의의 사학을 펼칠 기초를 그곳에서 다져 나갔다. 이듬해 다시 북경으로 돌아간 후에도 독립운동을 하면서 조선사연구에 매진하였다. 단재 선생님은 1928년 대만臺灣 기륭항基隆港에서 일경에 체포되어 여순감옥에 갇혀 있다가 1936년 2월 21일 옥사하게 된다.

그가 집필하던 『조선사』는 옥중에 있던 본인의 의사와는 상관없이 조선일보에 1931년 6월 10일부터 10월 14일까지 103회에 걸쳐 연재된다. 본인은 완벽한 연구가 아니므로 나중에 옥에서 나가면 다시 정정하여 발표하리라고 했지만 영영 돌아오지 못하는 몸이 되어 버렸다. 그 후 『조선사』는 해방 후에 단행본으로 발간되지만, 단재 선생님의 집필이 상고사에서 마치고 전체 완성을 이루지 못한 탓에 『조선상고사朝鮮上古史』란 제목이 된 것이라 한다. 단재 선생님의 조선사는 결국 미완성의 상태로 그치게 되었으니 얼마나 안타까운 일인가?

그는 1천 년 가까이 지배해 온 유교적 역사학자들과 그 시대에 싹트기 시작한 식민사학자들이 조선사다운 조선사를 쓰지 않고 축소·왜곡함에 분개하였다. 그는 "있는 그대로의 역사"를 써야 한다고 강조하면서 역사의 3대 요소인 인간·시간·공간을 왜곡하지 않고 있는 그대로의 조선사를 써야만 조선사다운 조선사를 쓸 수 있다고 생각했다. 그러나 그러한 조선사의 완성본은 영원히 우리에게 주어지지 않게 되었다. 나는 환인과 집안 지역의 고구려 산성을 답사하면서 100여 년 전에 그곳을 누비고 다니셨던 단재 신채호 선생님을 흠모하며 그의 역사관을 마음속에 두고 우리 역사를 다시 생각하게 되었다.

그 후에도 우리의 역사는 줄곧 유교적 잔재와 식민사관의 굴레를 벗어나지 못한 채 오늘날까지 이어오고 있다. 오히려 이웃 국가들의 역사왜곡에 만신창이가 되어가는 형국이다. 단재 선생님이 계시던 그 시절에 비하면 공부하고 연구할 수 있는 환경이 비교할 수 없을 정도이건만, 과연 그동안 무엇을 하였던가? 중국의 동북공정이나 일본의 우경화에 따른 역사왜곡 등의 외부충격이 있고 나서야 허겁지겁 나서는 모습에 한숨이 나올 뿐이다.

도올 선생님은 "역사란 사실인 동시에 해석이며 오늘의 협애한 현실을 뛰어넘는 것"이라고 말했다. 역사에 있어서 해석의 중요성을 강조하면서도 그 기저는 사실에 입각하며 그러한 역사해석을 토대로 좁고 제한된 현실을 극복해야 한다는 것으로 이해하였다. 이웃 국가의 역사왜곡이 있을 때마다 우리가 해 온 일이 과연 무엇인가? 외교부에서 해당국 대사를 초치하여 항의하고 사회단체가 나서서 집단적 의사표시를 하고 그러다가 시간이 지나면 잊히는 것이 고작이었다. 반복적인 그런 대응이 가시적인 효과를 가져왔다고 들어 본 적이 없다. 우리가 흥분한다고 효과가 있을까?

그들의 역사 왜곡이 어찌 어제오늘의 이야기인가? 중국의 오래된 역사서를 보면 고구려를 자기들의 역사가 아닌 고려전高麗傳 또는 동이전東夷傳으로서 변방의 국가로 취급했지만, 고구려에 관한 기록은 축소·왜곡의 전력이 화려하다. 일본 또한 광개토대왕비나 점제현신사비 비문 조작 등의 만행이 하나둘이 아니지 않은가? 흥분하기보다는 좀 더 대담해지고 냉철하게 대처해야 할 일이다. 그럴수록 정부보다는 학자들이 사실에 입각한 연구를 토대로 이론적인 대처를 해야 한다. 의도된 목적을 가진 연구보다 순수한 연구 결과가 더 설득력을 지닐 수밖에 없다. 역사의 해석은 결코 한 시대 연구의 산물만으로 완전히 결론지어지는 문제가 아니다. 특히 위정자가 자기에게 유리하게 내리는 자의적인 해석은 더욱 그러하다. 지난날 내려졌던 역사의 잘못된 해석과 왜곡은 비판받게 마련이고 사실에 근거한 새로운 해석을 모색하는 지속적인 노력이 기울여지게 마련이다. 역사학의 존재 이유가 여기에 있는 것이 아닐까? 서로 역사해석을 선점하려고 한다 해서 그렇게 결론지어지는 것은 아니란 점을 인식하고 상호 협력으로 고구려역사의 정립이 필요하다. 이웃 국가간 공동연구도 바람직한 방법이 될 수 있다.

한·중·일 정부 주도로 역사연구가 각기 이루어진다면 단재 선생님께서 말씀하신 "있는 그대로의 역사"가 아닌, 서로에게 유리하게 역사를 해석하는 악순환이 계속될 것이다. 그러기 위해서는 역사의 3대 요소인 인간·시간·공간을 왜곡하지 않을 수 없다. 그렇다면 서로 목소리만 커질 뿐이고 감정만 상하게 된다. 지금이라도 늦지 않다. 학계를 중심으로 유교적 잔재와 식민사관을 벗어나기 위한 역사연구에 더욱 매진해야 한다.

나는 확신한다. 계속되었던 아픈 역사 탓인지 우리 국민의 역사의식은 어느 나라보다도 투철하다. 특히 당시 동아시아의 중심 국가였던 고구려에 대한 향수는 항상 우리들의 뇌리에 자리잡고 있다. 그것은 일반인에 지나지 않는 내가 저술한 『요동 고구려 산성을 가다』에 대한 반응을 보아도 알 수 있다(2018년 교양 부문 세종도서로 선정됨). 어쩌면 그만큼 고구려 역사에 대한 자료가 부족함의 반영일 수도 있다. 고구려는 항상 우리의 마음속에 자리하고 있다. 우리 기성세대들은 자라나는 세대에게 올바른 고구려 역사를 전달해야 할 의무가 있다.

고구려 산성을 답사하면서 통일을 생각하다

1. 나의 고구려 산성 입문

중국에서 상주하며 사업을 영위한 지 벌써 15년째다. 초기 5년간 절강성 항주에 살면서 시내를 관통하는 운하를 보고 놀랍기도 하고 부럽기도 했다. 수상택시가 운행되고, 석탄·모래·자갈·철근 등 중량물을 실은 바지선이 분주하게 오가는 운하는 여전히 중국에서 산업의 동맥 역할을 하고 있었다. 그 후 베이징으로 이사하여 고궁 인근의 서해西海 등으로 구성된 적수담積水潭이란 큰 호수가 운하의 종점이란 사실을 알고 다시 한 번 놀랐다. 지금은 항주에서 산동성 제녕濟寧까지만 정상적으로 운항이 되고, 그 이북은 수량 확보에 문제가 있어 쓰이지 않지만 분명 운하길이 베이징 중심까지 1,794km 이어졌다. 그것이 바로 경항대운하京杭大運河다. 그래서 중국의 운하를 공부하고 싶어졌다.

중국의 운하는, 춘추 시대인 BC 486년에 오왕吳王 부차夫差가 제濟나라를 침공하기 위해 장강長江과 회하淮河를 이은 160km의 한구邗溝가 그 효시이다. 무려 2,500년 전의 일이다. 그 후에 왕조와 시대를 불문하고 운하를 새로 개설하거나 유지보수 해왔으니, 중국의 역사는 운하의 역사라고 해도 과언이 아닐 것이다.

운하를 공부하다 보면 필연적으로 수隋 양제煬帝를 먼저 떠올리게 마련이다. 그가 처음으로 강남의 항주에서 북경 인근까지 남북을 관통시켰기에 그러하다. 그가 백성들의 고혈을 짜내면서까지 그리했던 가장 큰 목적이 고구려 침공이라니 놀랍지 않은가? 수나라의 고구려 침공은 그의 선대인 수隋 문제文帝가 598년에 30만 대군을 보낸 것을 시작으로, 수 양제 때인 612·613·614년의 세 차례에 걸쳤다.

특히 그의 612년 1차 침공은 완성한 운하를 통하여 베이징 인근에 정병만도 113만에 그에 따른 물자를 집결시켰고, 그곳에서 병사들이 출진하는 데만도 40일이 걸렸다고 하며, 치중대 등 부대인원까지 합하면 총 250만에 이른다고도 하니 세계사에서 유례없는 대군이다. 그래도 고구려는 막아냈다.

강력한 수나라의 연이은 침공을 막아낸 고구려의 힘은 과연 어디서 나온 것일까? 1998년 대련에서 처음으로 대흑산을 올라가 봤던 산둥성이의 산성이 문득 머리를 스치고 지나갔다. 혹시 바로 그 산성이 바로 고구려를 지켜냈던 힘이 아니었을까?

2. 고구려 산성의 분포

중국의 역사서를 보면 고려전 또는 동이전이란 이름으로 하나의 주변국으로서 고구려 역사를 부분적이나마 다루고 있다. 그것을 보면 고구려를 "성의 나라"로 표현하기도 하는데, 고구려의 옛 이름 중 하나인 "구루溝婁"는 아예 성을 의미하니 고구려와 성은 상당한 연관이 있다. 그러한 고구려 성을 역사서에서 찾아보면, 『구당서』에 176개, 『삼국사기』에 184개, 광개토대왕 비문에는 66개의 성이 나타나 있다. 그리고 현재까지 남아있는 산성의 분포를 보면, 학자에 따라 차이가 있으나 대개 중국의 동북3성에 150~220개, 북한에 37~98개, 남한에 17~35개 등이 분포한 것으로 본다.

학자마다 관점이 다르기 때문에 편차가 크다고 하지만, 일반적으로 고구려 산성 여부의 판단기준은 그 부지 내에서 출토되는 기와나 도자기 조각 및 화살촉·갑옷 등 철기 유물을 분석하거나 성곽의 재질·구조·입지조건 등이다. 하지만 산성이 고구려 한 시대에만 쓰고 버려지는 것이 아니고 그 후 발해·요나라·금나라 등 연이어 사용된 예도 많았기에 출토된 유물만 갖고 판단하는 것 또한 위험하다고 할 수 있다.

중국 동북3성에 약 200여 개의 고구려 산성이 자리하고 있다고 하지만, 그동안 수년에 걸쳐 산성을 답사한 경험에 따르면 훨씬 많은 숫자의 산성이 자리하고 있다고 생각한다. 일단 그동안 답사한 산성을 16쪽과 별면의 【158개 요동 고구려 산성 분포도】에 표시하였다. 분포도 중 검은색 숫자 1~73번은 **1차 답사**의 73개 산성이며, 빨간색의 74~158번은 **2차 답사**의 85개의 산성이다. 합계 158개가 5년 동안 답사했던 산성이다(2014~2019년). 산성의 소재지를 보면 크고 작은 강의 좌·우안 주변 산상에 골고루 분포되어 있음을 알 수 있다.

3. 고구려산성의 특징

1) 중국 고대성과의 차이점

고대 중국의 문헌 『관자管子』 「승마乘馬」편은 "나라의 도읍은 큰 산 아래가 아닌, 반드시 큰 강 가까이에 세워야 한다. 凡立國都, 非於大山之下, 必於廣川之上."라고 설파했으며, 이것은 역대로 중국의 도시건설에 있어 기본원칙이 되었다. 하지만 고구려는 반대로 평지를 피해 산 위에 성을 쌓았다. 그것은 지형의 차이뿐 아니라 인구가 적었던 탓에 중원의 대군과 평원에서 맞서다가는 백전백패일 터이니, 이수난공易守難攻의 험준한 산 위에서 대전을 벌이는 것이 유리했을 것이다.

따라서 고구려인들은 산상에 성을 쌓고, 평상시에 평지에서 농사를 짓던 백성도 전쟁이 나면 산성으로 올라와 병사들과 함께 싸우는 동원체계를 유지하였다. 따라서 큰 산성들은 당시 행정구역의 관청이었으며 성주는 지방행정관을 겸하였다. 그것은 비사성卑沙城이 위치한 대련의 금주구金州區의 건치연혁建置沿革을 살펴보아도, 고구려가 차지한 기간인 위진·남북조 시대·수대에 걸친 그 행정구역의 명칭이 "비사성"이었음이 이를 잘 설명해준다.

2) 고구려산성 성벽 재질

고대 중국의 성벽은 흙을 달구질하여 단단하게 만든 토벽이 주류였다. 그것은 평지에 성을 쌓다 보니 석재를 구하기 어려운 점에서 기인한다. 그 후 명대明代에 이르러서야 벽돌을 구워 성벽을 쌓는 전성磚城이 나타나기 시작한다. 하지만 고구려는 초기부터 산성을 쌓으면서 석재의 석벽 위주였다(석축의 장관을 이루는 길림성 집안시 환도산성의 북벽, 392~393쪽 참고). 그렇다고 해서 고구려 산성 전체가 100% 석벽은 아니다. 그 주변의 환경에 따라서 구하기 쉬운 재질을 최대한 활용하여 석재를 구하기 어려운 산에서는 주로 쇄석碎石과 흙을 섞어 판축기법으로 쌓은 토·석 혼축의 성벽도 많이 접할 수 있다.

3) 고구려산성의 입지조건

앞의 분포도에서도 보았듯이 산성은 대부분 강변의 산에 위치한다. 당시의 백성들이 평시에는 강가의 평야지대에서 농사를 지으며 거주했을 것이고 강변의 마을과 마을을 잇는 교통로가 있을 터이니, 적들은 그 교통로를 따라 마을을 점거하면서 이동할 수밖에 없었다. 따라서 산성은 강변으로 이어지는 교통로를 감시하고 이동을 차단하기 적합한 위치의 산 위에 건설되었다. 전시에는 백성들도 마을을 떠나 산성에 모인다.

4. 산성의 주요시설

1) 성문: 옹성구조

고구려 산성의 출입문은 직선의 단순구조가 아니라, 지형에 따라 "ㄷ"자·
"ㄱ"자·"S"자 등의 복합구조로 만들어 차단하기 쉽게 만든 옹성甕城구조로
되어 있다(태자성산산성 북문 옹성[205쪽], 환도산성丸都山城 남문[387쪽]은 대표적인 "ㄷ"자 형
의 옹성구조이다).

2) 치雉

치는 직선으로 이어지는 성벽 곳곳에 밖으로 돌출한 부분을 만들어, 성벽에
접근한 적을 측면에서도 공격하는 시설로서 성의 수비력을 보강한다(백암성
북벽의 치[31쪽], 석대자산성 서벽의 치[107쪽] 참고).

3) 여장女墻

여장은 성벽의 상단의 일부를 위로 돌출시켜, 적의 공격에 아군이 엄폐하는
시설이다. 초기의 산성에는 성벽 상단 바깥쪽 일부를 연속적으로 길게 돌출시
키는 형태이지만, 후기 산성에서는 요철 형태로 설치된다. 우리나라의 지도 범
례에서 보이는 연속된 요철 형태가 성곽을 표시하는 기호인 것은 이 형상에서
유래되었다(고검지산성 동벽의 여장[355쪽], 고검지산성의【동벽 단면도로 보는 여장女墻의
형태】[361쪽], 패왕조산성 북벽 여장[346쪽] 참고).

4) 점장대點將臺

점장대는 산성의 최고점 또는 성 안팎이 잘 조망되는 곳에 대臺를 세워 장
수가 전투와 훈련을 지휘하는 시설인데, 모든 고구려 산성에서 접하게 된다.
대개는 누각이 있었기에 점장대터에서는 기와 등 건축재료유물이 출토되는
경우가 많다(백암성 점장대[33쪽], 서풍성자산산성西豊城子山山城 성안 서북부의 점장대[150쪽],
환도산성 점장대[396쪽] 참고).

5) 각대角臺

산성 4면의 각 성벽이 만나는 모퉁이마다 대를 세워서 그 방향을 조망하는 시설이다. 이곳에도 대개 누각이 있어서 기와 등 건축재료유물이 발견되는 경우가 많다. 그 누각은 각루角樓라 부른다(패왕조산성 동남 각대[348쪽], 국내성의 남벽 끝에 돌출된 동남 각대[402쪽], 참고).

6) 주동柱洞

성벽의 상단 부분에 일정한 간격과 일정한 크기로 석재를 쌓은 사각의 구멍이다. 그 용도는 1)기둥을 설치하고 바깥쪽에 끈으로 통나무를 매달아, 적들이 접근하면 끈을 끊어서 통나무를 굴리는 기능 2)성벽 위에 추가로 목책을 두르는 데 쓰였다는 주장 3)일종의 공용 무기였던 쇠뇌弩를 설치하는 데 사용하였다는 설 4)깃대를 설치하였다는 등의 설이 있다. 4가지 설 중 한 가지만 맞다고 볼 수는 없고 성마다 다를 것이다. 환도산성 등 초기의 산성에서부터 수없이 많은 고구려 산성에서 접할 수 있으며 지역·시기를 불문한다(흑구산성 서벽 주동[266쪽], 환도산성 동벽 주동[389쪽] 참고).

7) 저수, 배수시설 및 수구문

산성의 가장 중요한 입지조건 중 하나가 저수시설일 것이다. 산성에 식수원이 없다면 전시에 성안에서 지탱할 수 없음은 불문가지이다. 따라서 고구려 산성 대부분에는 그 크기의 차이는 있을지언정 반드시 저수시설이 있게 마련이다. 그 저수시설을 채울 샘이나 계곡의 물이 있으며, 저수지에서 흘러나온 물을 성 밖으로 내보내는 배수시설이 연결되고, 배수의 양이 큰 곳에는 수구문이 개설되어 있다(서풍성자산산성 수구문터[151쪽], 환도산성 연화지[397쪽], 국내성 서벽 배수로[407쪽] 참조).

8) 내성

성안에 내성이 있어 이중성 구조인 경우를 만날 수 있다. 주로 큰 성의 경우에 내성이 있고 대개 그곳에 지휘부가 자리하여 점장대가 함께 있는 곳도 있다. 내성은 자금성·금전산金殿山·금란전金鑾殿 등의 별칭이 있고, 그 인근에 저수시설이 자리하고 있어 지휘부 혹은 성안의 주요시설이 자리한다(백암성 동남모퉁이 내성[33쪽], 태자성산산성 내성[204쪽] 참조).

9) 해자垓字

호성호護城湖라고도 한다. 호수를 이용하거나 물길을 파서 조성한다. 평지성이었던 요동성이나 국내성에 해자의 흔적이 남아있으며, 산성들에도 소규모의 해자 흔적이 더러 남아있기도 하다(【소성자고성小城子古城 평면도】[288쪽], 석호관애 해자[335쪽], 국내성 해자[402쪽] 참조).

10) 차단벽(관애關隘)

교통로의 협곡을 차단하는 일자 형태의 벽으로, 주로 수도였던 국내성 전방의 교통로인 남·북도의 노선상에 나타난다. 당시의 교통로가 주로 하천을 따라 있기 때문에 하천을 끼고 차단벽을 쌓았으며, 적의 침입 방향인 외곽에 해자를 설치하기도 한다(석호관애[334쪽], 관마산성관애[339쪽] 참조).

11) 토갱土坑

고구려 산성에서 흔히 만날 수 있는 토갱은 여러 가지 설이 있으나 많은 학자들이 당시의 병사들의 반지하식 주거시설로 추정하고 있다. 특히 철령 이북 등 동절기 추운 지역에서 집중적으로 나타난다.

그 크기는 직경 5m~10m, 잔존 심도가 1~2m 정도의 크기이나 당시에는 더 깊었으리라 생각되며 그 위에 움막 형식으로 지붕도 있고 지표면 위로 일부 노출된 벽이 있었을 것이다. 그리하여 주로 병사들이 추위를 견디는 방법으로 사용되었으리라 여겨진다(서풍성자산산성 토갱[153쪽], 고검지산성 토갱[359쪽], 【최진보 산성 평면도】[129], 참고).

5. 고구려산성이 주는 의미

1) 산성은 백성의 역사 그 자체이다.

고구려는 지금 남아있는 유적이라고 해봐야 고분과 산성이 대부분이라고 해도 과언이 아니다. 고분은 거의 당시 수도 인근에 있었고, 이미 기나긴 세월을 거쳐 대부분 도굴되어 유물이 남아 있지 않으나 화려한 벽화가 당시의 문화를 전하고 있다. 하지만 그것은 왕족을 위시한 지배계층의 역사이다.

반면에 도읍지뿐 아니라 강역 전체에 산재한 산성은 축조에 동원되었던 백성들의 피땀이 서려있으며, 평시에는 인근 평원에서 농사를 짓다가 전시에 산성에 모여들어 병사들과 함께 적과 싸우니, 산성은 그야말로 백성의 역사이다. 그곳에서 출토되는 유물인 기와나 도자기 조각, 못·화살촉·창·철갑편·도끼·삽·돌절구 등이 모두 전쟁이나 생활을 영위하기 위한 것들이다. 도읍 주변의 거대한 적석총이나 석실봉토분과는 달리 산성 주변에는 작은 돌무지무덤 흔적이 더러 발견되곤 한다. 그마저 산성과 관련되어 죽음을 맞은 병사나 백성들의 무덤이 아닐까?

2) 산성은 단독이 아닌 연합체로서 강력한 전력을 발휘한다
(사례분석: 당의 대군을 이겨낸 안시성전투의 사례).

*** 당 태종 645년 고구려 동정東征의 일자별 동선
4월 10일 유주 출발 → 4월 20일 북평군北平郡
5월 5일 요택을 건너기 위해 회원진懷遠鎭 출발
5월 10일 요하를 건너 요동성 침공을 위해 마수산馬首山 집결
5월 17일 요동성 함락 → 5월 28일 백암성 공격을 위하여 요동성 출발
6월 1일 백암성 항복 (요동성으로 복귀) → 6월 11일 요동성 출발
6월 20일 안시성 인근 도착
9월 18일 안시성 출발 → 9월 20일 요동성 도착 (철수) → 9월 21일 요하 건넘

상기 일자별 동선을 분석하면, 요동성을 함락한 645년 5월 17일부터 안시성 인근까지 도착하는 데 걸린 시간이 한 달 이상임을 알 수 있다. 그만큼 안시성 까지 가는 길과 그 주변에 장애물이 많았다는 것을 의미한다. 당 태종은 동북 3성의 겨울을 피해 속전속결로 전쟁을 치르려 했다. 그렇다고 주변의 산성들 을 제거하지 않고 전진한다면 배후의 공격과 요동성으로부터의 보급로가 끊 기는 위험부담이 뒤따른다. 당대 최고의 명장인 당 태종 이세민이 모를 리가 없다. 요동성에서 안시성으로 가는 도중의 안산鞍山 지역에는 산성도 많이 산 재해 있는 만큼 당 태종에 대한 민담 또한 수없이 전해져 내려온다. 따라서 그 지역의 산성 답사는 물론 민담의 수집은 안시성전투의 전황분석에 큰 도움이 된다.

"요동성—안시성간 당군唐軍 이동경로 및 안시성 주변 산성 포국布局 추정 도"와 그 설명문(①~⑮)을 보면(81~82쪽), 당 태종과 그의 군사들이 얼마나 고 단한 이동을 하였는지 알 수 있다. 요동성 함락 후 첫 목표였던 백암성전투는 성주 손벌음孫伐音이 쉽게 항복한 것으로 역사서는 기록하고 있지만, 요동성 으로 철군한 후에 일주일간 재정비하고 나서야 다시 안시성으로 향하는 것을 보면 백암성전투가 그리 만만하지 않았음을 역설적으로 이야기하고 있다.

요동성 인근에서 비교적 큰 백암성을 그대로 두고 전진할 수 없었던 것은 배후에서의 공격이 두려웠기 때문이다. 배후에서의 공격을 이용하여 곳곳에 산재한 산성은 고구려의 강력한 방어선이자 공격수단이 된다. 그러기에 한 달 이상 싸우면서 이동해야 했던 당군은 안시성에 도착했을 때 이미 지쳤으니, 안시성의 고구려군대는 이미 자연스럽게 『손자병법』 「군쟁軍爭」편에서 언급 하듯이 "먼 길을 강행군한 적을 앉아서 기다리고, 아군은 충분한 휴식을 취하 며 적이 피로에 지치기를 기다리고, 아군은 배부른데 적은 배고픔에 빠지기를 기다린以近待遠, 以佚待勞, 以飽待饑" 상태였다. 그것은 곳곳의 산성이 그 위력 을 발휘했기 때문이다.

적이 안시성에 도착한 뒤에도 주변의 산성들이 연합하여 대처하니 어찌 쉽게 함락시킬 수가 있었는가? 상기 추정도에서 보듯이 활 모양으로 배치된 주변 산성 및 그 배후의 크고 작은 산성들이 당 태종의 대군을 꼼짝하지 못하게 만든 것이다. 안시성 성주 양만춘 장군은 탁월한 장수임은 틀림없지만 안시성 단독으로 그 전투를 승리로 이끌었을까?

역사기록은 없지만 주변 산성들의 포국布局과 상호연합작전이 당의 대군을 저지했으리란 판단에 주저할 필요가 없다. 안시성은 당시의 황도皇都였던 평양으로 향하는 길목이었지만, 설령 안시성이 함락되었다고 추정해도 후방의 수암岫岩 지역 23개 산성을 거쳐야 하고, 또다시 고구려 최대의 산성이었던 오골성烏骨城을 만나야 하는 험난한 여정인데, 적들이 극복할 수가 있었을까? 당태종이 안시성으로 방향을 잡은 것 자체가 과연 올바른 선택이었는지 의문이 들 수밖에 없다. 이것이 고구려산성의 위력이다.

6. 고구려의 역사적 의미와 통일

1) 고구려 관련 역사기록의 부족

고대부터 전래하는 고구려의 역사기록은 턱없이 부족하여『삼국사기』,『삼국유사』가 고작이다.『삼국사기』를 살펴보면, 신라 귀족의 후예인 김부식이 신라 위주로 서술하면서 고구려 분량은 턱없이 부족할 뿐더러 중국의 역사서를 그대로 베껴 썼다는 인상을 지울 수 없다. 고구려가 신라보다 오랜 역사를 지녔다는 것을 인정하기 싫었던 탓에 신라 개국연도인 BC 57년보다 20년 늦은 BC 37년에 주몽이 고구려를 개국하였다는 오류를 범하고 있다. 그러기 때문에 중국의 역사서에서도 기재되어 있는 BC 239년에 건립된 북부여로부터 900년간 이어온 고구려의 역사를 BC 37년~668년까지의 705년 역사로 깎아내린 것이다. 광개토대왕비문이나 여타 중국의 역사서에서도 언급된

해모수가 주몽의 선조라는 기록을 애써 무시해 버린 것이다.

『삼국유사』는 정통역사서라기보다는 불교문화사에 가까운 것이다. 우리는 기록에 관한 한 이력이 있는 민족이다. 실제로 고구려뿐만 아니라 고대로부터 전해 내려오는 역사서가 많았을 터인데, 조선 시대 들어 유학자들의 모화사상으로 인하여 중국의 역사가 중시되고 우리의 역사는 등한시되었다. 심지어 조선 시대에 태종을 비롯하여 여러 대에 걸쳐 전국의 관찰사로 하여금 전래되어 오던 우리 역사서를 수집하여 불태워 버리게 하였다. 또한 일제강점기를 겪으면서 약 22만 권의 역사서를 폐기하거나 일본을 가져갔다고 하니 그 씨가 말라 버린 것이다.

2) 이웃 국가들의 역사 왜곡

고구려가 융성했던 시기의 중국은 위진남북조 시대(AD 220~581)로 오랫동안 통일을 유지 못한 채 분열된 상태였으므로, 상대적으로 고구려는 요동지역에 강력한 세력을 형성했다. 그 후 중원을 통일한 수나라는 4차례의 고구려 침공 끝에 결국 37년이란 짧은 기간을 끝으로 역사 속으로 사라지고 말았다. 중국역사상 최고의 명군이며 당시 주변국가들을 모두 복속시킨 당 태종 이세민도 안시성전투에서 무릎 꿇고 말았으니, 당시 동아시아의 최강의 국가였었다는 데에 의심의 여지가 없다.

따라서 중국은 역대의 역사서를 통해 그러한 고구려를 사실 그대로 쓰기보다는 축소·왜곡하기 일쑤였다. 그것이 오늘날 동북공정(2001~2006년, 5년)까지 이어져 급기야 고구려역사를 "중국 내 소수민족의 지방정권"으로 폄하하고 자기들의 역사로 편입하기에 이르렀다. 고구려는 그 후의 고려·조선·한국과는 관련이 없다고 하니 어이가 없다. 많은 세월이 흐른 후에는 임시정부나 안중근 의사 등 중국땅에서 발생한 항일투쟁의 역사마저 자기들의 역사로 만들지 않으리란 보장이 없어 보인다.

일제강점기에 일본은 끊임없이 역사상 우리의 강역을 한반도에 국한하고자
했다. 그것이 "반도식민사관"이다. 당시 일본의 역사학자들을 동원하여 우리
의 역사를 조작하고 왜곡하는 작업을 계속하여 하나의 사관史觀으로 정립하
기까지 하였다. 해방 후에 그들에게서 교육을 받은 역사학자들이 우리나라 사
학계를 주도하다 보니 식민사관의 영향이 심대하였고 오늘날까지도 그 영향
에서 벗어나지 못하는 것이 서글픈 현실이다.

중국이나 일본 등 주변국가들은 우리의 역사를 한반도 내로 국한하려는 시
도를 끊임없이 계속하여 오늘날까지 이어지고 있다. 그 왜곡의 주요 대상이
바로 대륙을 호령하던 고구려 역사이다.

3) 역사 왜곡과 통일세대

몇 년 전 우연히 동북아역사재단의 간부를 만날 기회가 있었는데, 우리 역
사학계에 고대사 전공자를 구하기가 쉽지 않다는 것이다. 다들 근·현대사에
만 매달려 이전투구를 벌이는 형국이 아닐 수 없다. 중국의 동북공정에 대처
한다며 정부 주도로 동북아역사재단을 설립하였지만 중국에 비하면 턱없이
부족해 보인다. 전해오는 사료도 부족하고, 그에 대한 연구마저 모자란 현실
에서 우리는 자라나는 세대에게 무엇을 가르칠 것이며, 그들 세대에 가서
이웃 나라의 역사왜곡에 어찌 대항할지를 생각하면 우리의 현실이 암담하기
짝이 없다. 과연 통일세대에게 역사에 관하여 무엇을 전하고 가르칠 것인가?
역사에 바탕을 두지 않은 통일은 상상할 수 없으며 사상누각이 되고 말 것이다.

우리는 올바른 고구려역사를 가슴속 깊이 간직하고 자라나는 세대에게
전해야 한다. 고구려를 비롯하여 왜곡으로 얼룩진 고대사를 바르게 정립하여
통일세대에게 전해야 할 의무가 있다. 그것이 내가 고구려 산성을 답사하고
기록으로 남기는 목적이다.

【참고문헌】

[한국 서적]

1. 김용옥, 『도올의 중국일기』(제1, 2, 3, 4, 5권), 통나무, 2015.

2. 신채호 / 김종성 옮김, 『조선상고사』, 역사의 아침, 2014.

3. 김부식 / 이강래 옮김, 『삼국사기』(제1, 2권), 한길사, 1998.

4. 윤명철, 『만주에서 고구려에게 길을 묻다』, 대원사, 2011.

5. 사단법인고구려연구회, 『고구려산성연구』, 학연문화사, 1999.

6. 정원철, 『고구려산성연구』, 동북아역사재단, 2017.

7. 손무 / 김원중 옮김, 『손자병법』, 휴머니스트, 2016.

8. 서길수, 『고구려성』, 한국방송공사, 1994.

[북한 서적]

1. 리지린 · 강인숙, 『고려사연구』, 사회과학출판사, 1976.

[중국 서적]

1. 吉林省文物志編委會, 『通化縣文物志』, 通化市印刷廠, 1987.

2. 吉林省文物志編委會, 『集安縣文物志』, 吉林市文化廳, 1984.

3. 吉林省文物志編委會, 『柳河縣文物志』, 延邊新華印刷廠, 1987.

4. 吉林省文物志編委會, 『輝南縣文物志」 長春新華印刷廠, 1987.

5. 吉林省文物志編委會, 『海龍縣文物志』, 梅河口彩印廠, 1984.

6. 桓仁縣文物志編纂委, 『桓仁滿族自治縣文物志』, 桓仁縣印刷廠, 1990.

7. 撫順市政協文史委, 『撫順文物』, 遼寧人民出版社, 2011.

8. 安士全, 『鞍山市文物志』, 遼寧大學出版社, 1989.

9. 柳景玉, 『鞍山市地方史研究』, 遼寧民族出版社, 1989.

10. 王禹浪 · 王宏北, 『高句麗渤海古城址研究匯編』, 哈尔濱出版社, 1994.

11. 馮永謙, 『北方史地研究』, 中州古籍出版社, 1994.

12. 王綿厚・李建才, 『東北古代交通』, 瀋陽出版社, 1990.

13. 孫進己・王綿厚, 『東北歷史地理』(I, II), 黑龍江人民出版社, 1989.

14. 喬鳳岐, 『隋唐皇朝東征高麗硏究』, 中國社會出版社, 2010.

15. 崔棨 等, 『遼寧地方史』, 遼寧敎育出版社, 1992.

16. 吉林省文物考古硏究所, 『國內城』, 文物出版社, 2004.

17. 吉林省文物考古硏究所, 『丸都山城』, 文物出版社, 2004.

18. 遼寧省考古博物館學會, 『遼海文物學刊』, 第2期(總第4期), 1987.

19. 遼寧省考古博物館學會, 『遼海文物學刊』, 第2期(總第16期), 1993.

20. 遼寧省考古博物館學會, 『遼海文物學刊』, 第2期(總第18期), 1994.

21. 遼寧省考古博物館學會, 『遼海文物學刊』, 第1期(總第19期), 1995.

22. 中國社會科學院考古硏究所, 『月刊考古』, 第1期(總第143期), 1960.

23. 中國社會科學院考古硏究所, 『月刊考古』, 第4期(總第295期), 1992.

24. 中國社會科學院考古硏究所, 『月刊考古』, 第7期(總第346期), 1996.

25. 北方文物雜誌社, 『季刊北方文物』, 第4期(總第8期), 1986.

26. 北方文物雜誌社, 『季刊北方文物』, 第2期(總第34期), 1993.

27. 北方文物雜誌社, 『季刊北方文物』, 第2期(總第38期), 1994.

28. 北方文物雜誌社, 『季刊北方文物』, 第4期(總第40期), 1994.

29. 北方文物雜誌社, 『季刊北方文物』, 第3期(總第43期), 1995.

30. 北方文物雜誌社, 『季刊北方文物』, 第1期(總第45期), 1996.

31. 北方文物雜誌社, 『季刊北方文物』, 第2期(總第66期), 2001.

32. 北方文物雜誌社, 『季刊北方文物』, 第3期(總第67期), 2001.

33. 東北地方史硏究編輯部, 『東北地方史硏究』, 第4期(總第5期), 1985.

34. 吉林省社會科學院, 『東北史地』, 第2期, 第3期, 第6期, 2009.

35. 柏楊版白話資治通鑑, 中國友誼出版公司 1991(인터넷판).

36. 白話新唐書, 文學100 www.wenxue.100.com

37. 劉昫, 白話舊唐書, 文學100 www.wenxue.100.com

38. 撫順朝鮮族志編纂委員會, 『撫順朝鮮族志』, 民族出版社, 2015.

39. 集安市地方志編纂委員會, 『集安百科全書』, 吉林大學出版社, 2010.

『요동 고구려 산성을 가다』에서 답사한 1~73번

1_비사성卑沙城, 대련시 금주구 대흑산 산상(大連市金州區大黑山山上), 28~59쪽, **석성**

2_성산두산성城山頭山城,

　　　　대련시 금주구 대이가가도 성자촌(大連市金州區大李家街道城子村), 60~65쪽, **석성**

3_답씨고성沓氏古城,

　　　　대련시 금주구 대이가가도 대령촌(大連市金州區大李家街道大嶺村), 66~69쪽, **평지성**

4_성산산성城山山城, 장하시 성산진 고성촌(莊河市城山鎭古城村), 74~89쪽, **석성**

5_후성산산성後城山山城, 장하시 하화산진 마령촌(莊河市荷花山鎭馬嶺村), 90~101쪽, **석성**

6_묵반향 고려성산산성墨盤鄕高麗城山山城,

　　　　보란점시 묵반향 마둔촌(普蘭店市墨盤鄕馬屯村), 102~111쪽, **석성**

7_엄둔 대성산성嚴屯大城山城, 보란점시 성자탄진 엄둔(普蘭店市城子坦鎭嚴屯), 115~116쪽, **토성**

8_성자탄 귀복보토성城子坦歸服堡土城,

　　　　보란점시 성자탄진 시내(普蘭店市城子坦鎭市內), 113~116쪽, **평지성**

9_성자탄 전왕둔토성城子坦前王屯土城,

　　　　보란점시 성자탄진 전왕둔(普蘭店市城子坦鎭前王屯), 116~117쪽, **토성**

10_적산산성赤山山城, 개주시 나둔향 귀자구(蓋州市羅屯鄕貴子溝), 22~133쪽, **석성**

11_손가와붕촌 고려성산산성孫家窩棚村高麗城山山城,

　　　　개주시 만복진 손가와붕촌(蓋州市萬福鎭孫家窩棚村), 135~137쪽, **석성**

12_전둔촌 동고려성산산성田屯村東高麗城山山城,

　　　　개주시 심자가진 전둔촌(蓋州市甚字街鎭田屯村), 138~141쪽, **석성**

13_전둔촌 서고려성산산성田屯村西高麗城山山城,

　　　　개주시 심자가진 전둔촌(蓋州市甚字街鎭田屯村), 142~143쪽, **석성**

14_동승촌산성東升村山城, 개주시 양둔향 동승촌(蓋州市梁屯鄉東升村), 143~144쪽, **석성**

15_낭랑성산산성娘娘城山山城,

　　　　안산 수암현 양가보진 낭랑성촌(鞍山岫岩縣楊家堡鎭娘娘城村), 152~160쪽, **석성**

16_양하진 노성산산성洋河鎭老城山山城,

　　　　안산 수암현 양하진 와방점촌(鞍山岫岩縣洋河鎭瓦房店村), 151~152쪽, **석성**

17_마권자산산성馬圈子山山城, 안산 수암현 전영자진 신둔촌

　　　　(鞍山岫岩縣前營子鎭新屯村), 167~169쪽, **토석혼축**

18_전영자진 노성산산성前營子鎭老城山山城, 안산 수암현 전영자진 신둔촌 성산구

　　　　(鞍山岫岩縣前營子鎭新屯村城山溝), 164~166쪽, **토석혼축**

19_산성둔산성山城屯山城,

　　　　안산 수암현 용담진 대방자촌 산성둔(鞍山岫岩縣龍潭鎭大房子村山城屯), 166~167쪽, **토석혼축**

20_이도령산성二道嶺山城, 수암현 홍기영자향 삼도간구촌 이도령둔

　　　　(鞍山岫岩縣紅旗營子鄉三道干溝村二道嶺屯), 178~182쪽, **토석혼축**

21_합달비진 고려성산산성哈達碑鎭高麗城山山城, 안산 수암현 합달비진 승리촌 란마장구

　　　　(鞍山岫岩縣哈達碑鎭勝利村攔馬墻溝), 182~183쪽, **석성**

22_노성구산성老城溝山城, 안산 수암현 황화전진 노와촌 노성구

　　　　(鞍山岫岩縣黃花甸鎭老窩村老城溝), 185~187쪽, **석성**

23_토성산산성土城山山城, 안산 수암현 약산진 영천촌(鞍山岫岩縣藥山鎭永泉村), 188~194쪽, **토석혼축**

24_고성촌산성古城村山城,

　　　　안산 수암현 삼가자진 고성촌(鞍山岫岩縣三家子鎭古城村), 194~195쪽, **석성**

25_송수구산성松樹溝山城, 안산 수암현 황화전진 관문산촌 송수구

　　　　(鞍山岫岩縣黃花甸鎭關門村松樹溝), 196~204쪽, **석성**

26_남구산성南溝山城, 안산 수암현 황화전진 진가보촌 남구둔

　　　　(鞍山岫岩縣黃花甸鎭陳家堡村南溝屯), 207~208쪽, **석성**

27_석문구산성石門溝山城, 안산 수암현 황화전진 관문촌

(鞍山岫岩縣黃花甸鎭關門村), 205쪽, **토석혼축**

28_노구문산성鬧溝門山城, 안산 수암현 황화전진 관문촌(鞍山岫岩縣黃花甸鎭關門村), 205쪽, **토석혼축**

29_소자산산성小茨山山城, 안산 수암현 조양진 구문촌(鞍山岫岩縣朝陽鎭溝門村), 205쪽, **토석혼축**

30_청량산산성淸凉山山城, 안산시 수암현 탕구진 청량산촌(鞍山岫岩縣湯溝鎭淸凉山村), 208~209쪽, **석성**

31_조양진 고려성산산성朝陽鎭高麗山山山城,

안산시 수암현 조양진 대령촌(鞍山岫岩縣朝陽鎭大嶺村), 209쪽, **석성**

32_유가보산성劉家堡山城, 안산시 수암현 대영자진 황산촌(鞍山岫岩縣大營子鎭黃山村), 209쪽, **석성**

33_대영자진 고력성자산산성大營子鎭高力城子山山城,

안산시 수암현 대영자진 입산촌(鞍山岫岩縣大營子鎭立山村), 149쪽, **석성**

34_소낭랑성小娘娘城(대행성大行城), 단동시 낭두진 순천촌(丹東市浪頭鎭順天村), 215~217쪽, **토석혼축**

35_애하첨고성靉河尖古城(서안평현성西安平縣城),

단동시 구련성진 애하 하구변(丹東市九連城鎭靉河河口邊), 218~220쪽, **평지성**

36_박작성泊灼城, 단동시 관전현 호산진 호산촌(丹東市寬甸縣虎山鎭虎山村), 221~225쪽, **석성**

37_구련성九連城, 단동시 구련성진 시내(진동산 인근)(丹東市九連城鎭市內), 218~220쪽, **토석혼축**

38_오골성烏骨城(봉황산성鳳凰山城), 단동 봉성시 변문진 고성리(丹東鳳城市邊門鎭古城里), 226~235쪽, **석성**

39_팔도하촌 산성구산성八道河村山城溝山城,

단동 봉성시 유가하진 팔도하촌(丹東鳳城市劉家河鎭八道河村), 236~239쪽, **토석혼축**

40_연산산성鉛山山城, 단동 봉성시 청성자진 시내(丹東鳳城市靑城子鎭市內), 239~243쪽, **석성**

41_고대보산성高臺堡山城, 단동 관전현 관수진 고대보촌(丹東寬甸縣灌水鎭高臺堡村), 244~249쪽, **석성**

42_노고산산성老孤山山城, 단동 관전현 관수진 시내(丹東寬甸縣灌水鎭市內), 249쪽, **석성**

43_소성자산성小城子山城(성정산산성城頂山山城),

단동 관전현 우모오진 소성자촌(丹東寬甸縣牛毛塢鎭小城子村), 250~259쪽, **석성**

44_동산산성東山山城, 단동 관전현 태평초진 괘방자촌(丹東寬甸縣太平哨鎭挂房子村), 259~261쪽, **석성**

45_외패산성巍覇山城(오고성吳姑城),

　　　　보란점시 성대진 곽둔촌 포도구(普蘭店市星臺鎭郭屯村葡萄溝), 268~277쪽, **석성**

46_백운산산성白雲山山城(노백산산성老白山山城),

　　　　보란점시 원대진 이도촌(普蘭店市元臺鎭李道村), 278~287쪽, **석성**

47_소하연촌 고력성산산성小河沿村高力城山山城,

　　　　장하시 광명산진 소하연촌(莊河市光明山鎭小河沿村), 295~296쪽, **토석혼축**

48_선성산산성旋城山山城, 장하시 광명산진 선성산촌(莊河市光明山鎭旋城山村), 288~295쪽, **석성**

49_노고성산산성老古城山山城, 장하시 대영진 지구둔(莊河市大營鎭遲溝屯), 299~300쪽, **석성**

50_석성도 석성산산성石城島石城山山城,

　　　　장하시 석성향 석성산 산상(莊河市石城鄕石城山山上), 297~299쪽, **석성**

51_득리사산성得利寺山城, 와방점시 득리사진 용담산 산상(瓦房店市得利寺鎭龍潭山山上), 306~317쪽, **석성**

52_마권자산산성馬圈子山山城, 와방점시 득리사진 최둔촌(瓦房店市得利寺鎭崔屯村), 318~321쪽, **석성**

53_태양가도 고려성산산성太陽街道高麗城山山城,

　　　　와방점시 태양가도 나둔촌 고려둔(瓦房店市太陽街道那屯村高麗屯), 322~327쪽, **석성**

54_서병산산성西屛山山城, 와방점시 타산향 용하촌(瓦房店市駝山鄕龍河村), 330~333쪽, **토석혼축**

55_동병산산성東屛山山城, 와방점시 태양가도 유수방촌(瓦房店市太陽街道楡樹房村), 334~339쪽, **석성**

56_복주고성復州古城, 와방점시 복주성진 시내(瓦房店市復州城鎭市内), 341~343쪽, **평지성**

57_남고산산성嵐崮山山城,

　　　　와방점시 포대가도 이점진 등둔향 분기점(瓦房店市炮臺街道李店鎭鄧屯鄕分岐点), 344쪽, **석성**

58_건안성建安城(청석령 고려성산산성靑石嶺高麗城山山城),

　　　　개주시 청석령진 고려성촌(蓋州市靑石嶺鎭高麗城村), 350~365쪽, **석성**

59_연통산산성煙筒山山城, 개주시 서둔진 한가촌(蓋州市徐屯鎭韓家村), 366~377쪽, **석성**

60_해룡천산산성海龍川山山城, 대석교시 주가진 동금사촌(大石橋市周家鎭東金寺村), 378~383쪽, **토석혼축**

61_차엽구촌 고려성산산성茶葉口村高麗城山山城,

　　　　대석교시 황토령진 차엽구촌(大石橋市黃土嶺鎭茶葉溝村), 384~386쪽, **석성**

62_마권자산산성馬圈子山山城,

　　　　대석교시 남루개발구 고장촌(大石橋市南樓開發區高莊村), 387~389쪽, **토석혼축**

63_학양사산산성鶴羊寺山山城, 개주시 단산진 정둔촌(蓋州市團山鎭鄭屯村), 390~397쪽, **석성/토석혼축**

64_분영촌산성奮英村山城, 개주시 양운진 분영촌(蓋州市楊運鎭奮英村), 404~410쪽, **토석혼축**

65_웅악고성熊岳古城, 영구시 웅악진 시내(營口市熊岳鎭市內), 403~404쪽, **평지성**

66_성자구 고려성산산성子溝高麗城山山城,

　　　　개주시 쌍대자진 파대자촌(蓋州市雙臺子鎭破臺子村), 412~418쪽, **석성/토석혼축**

67_동쌍대 고려성산산성東双臺高麗城山山城,

　　　　개주시 쌍대자진 동쌍대촌(蓋州市雙臺子鎭東雙臺村), 418~419쪽, **토석혼축**

68_북와방점 고려성산산성北瓦房店高麗城山山城,

　　　　와방점시 만가령진 북와방점촌 맹가구(瓦房店市萬家嶺鎭北瓦房店村孟家溝), 426~433쪽, **석성**

69_천리장성千里長城(요동반도구간),

　　　　영구시 노변구 ~ 해성시 우장진(營口市老邊區~海城市牛莊鎭), 434~447쪽, **토성**

70_안시성安市城, 해성시 팔리진 영성자촌(海城市八里鎭營城子村), 452~467쪽, **토석혼축**

71_요동성遼東城, 요양시 구 시가지(遼陽市老城市市內), 468~485쪽, **평지성**

72_흘승골성紇升骨城, 본계시 환인현 동북 산상(本溪市桓仁縣東北山上), 486~497쪽, **석성**

73_하고성자성下古城子城, 본계시 환인현 하고성자촌(本溪市桓仁縣下古城子村), 497~498쪽, **평지성**

『고구려의 핵심 산성을 가다』에서 답사한 74~158번

74_백암성白巖城(연주성산성燕州城山城),

　　　　요양 등탑시 서대요진 성문구촌(遼陽燈塔市西大窯鎭城門口村), 28~37쪽, **석성**

75_안산고성鞍山古城, 안산시 천산구 동안산향 안산성촌(鞍山市千山區東鞍山鄕鞍山城村), 39~40쪽, 평지성

76_마운산산성摩雲山山城, 안산시 당가방진 마운산촌(鞍山市唐家房鎭摩雲山村), 40~44쪽, **석성**

77_대고산성자산산성大孤山城子山山城,

　　　　안산시 대고산진 상대춘석촌(鞍山市大孤山鎭上對椿石村), 45~47쪽, **석성**

78_천산고도관산성千山古道關山城,

　　　안산시 천산풍경구 내 고도관 북(鞍山市千山風景區內古道關北), 48~51쪽, 석성

79_삼층산산성三層山山城, 안산시 대둔진 남백석촌 동 산성산(鞍山市大屯鎭南白石村東山城山), 53~56쪽, **석성**

80_남대산성자산성南臺山城子山城, 해성시 남대진 산성자촌(海城市南臺鎭山城子村), 57~59쪽, **토성**

81_해성고성海城古城, 해성시 시내 중심지(海城市市內中心地), 59~62쪽, **평지성**

82_소요구산성小窯溝山城, 해성시 마풍진 석안촌 남(海城市馬風鎭石安村南), 63~64쪽, **석성**

83_석성자산산성石城子山山城,

　　　영구 대석교시 관둔진 석붕욕촌(營口大石橋市官屯鎭石硼峪村), 65~66쪽. **석성**

84_석목고성析木古城, 해성시 석목진 시내(海城市析木鎭市內), 68~71쪽, **평지성**

85_용봉욕산성龍鳳峪山城, 해성시 석목진 용봉욕촌(海城市析木鎭龍鳳峪村), 71~75쪽, **토석혼축**

86_엽가촌산성葉家村山城, 해성시 차구진 엽가보촌(海城市岔溝鎭葉家堡村), 75~76쪽, **토석혼축**

87_운반산돈대雲盤山墩臺, 해성시 차구진 후가보촌(海城市岔溝鎭侯家堡村), 76~77쪽, **토석혼축**

88_동대령촌산성東大嶺村山城,

　　　해성시 접문진 동대령촌 산성구(海城市接文鎭東大嶺村山城溝), 78~79쪽, **석성**

89_복합산산성卜鴿山山城, 해성시 접문진 대자산촌(海城市接文鎭對子山村), 80쪽, **석성**

90_신성新城(고이산산성高爾山山城),

　　　무순시 순성구 고이산풍경구 내(撫順市順城區高爾山風景區內), 90~95쪽, **토석혼축**

91_현도성玄菟城, 무순시 신무구 노동공원 내(撫順市新撫區勞動公園內), 95~96쪽, **평지성**

92_무려성武厲城, 신민시 공주둔진 요빈탑촌(新民市公主屯鎭遼濱塔村), 101~103쪽, **평지성**

93_고대산산성高臺山山城, 신민시 고대자진 서고대촌(新民市高臺子鎭西高臺村), 104~105쪽, **토석혼축**

94_석대자산성石臺子山城, 심양시 혼남구 기반산풍경구 내(沈陽市渾南區棋盤山風景區內), 106~109쪽, **석성**

95_마화사산성馬和寺山城, 무순현 소동향 마화촌 동(撫順縣小東鄕馬和村東), 110~114쪽, **토석혼축**

96_서산산성西山山城, 무순현 합달진 상년촌 서(撫順縣合達鎭上年村西), 115~118쪽, **토석혼축**

97_대류산성보산성大柳山城堡山城, 무순시 순성구 전전진 대류촌 산성보

　　　(撫順市順城區前甸鎭大柳村山城堡), 118~120쪽, **토석혼축**

98_장당산성章薰山城, 무순현 후안진 남장당촌(撫順縣後安鎭南章薰村), 121쪽, **석성**

99_후안열사산산성後安烈士山山城, 무안현 후안진 후안촌(撫順縣後安鎭後安村), 121쪽, **토석혼축**

100_최진보산성催陣堡山城,

철령현 최진보향 최진보촌 북(鐵嶺縣催陣堡鄕催陣堡村北), 126~135쪽, **석성/토석혼축**

101_장루자산성張樓子山城,

철령현 최진보향 장루자촌 남(鐵嶺縣催陣堡鄕張樓子村南), 135~142쪽, **토석혼축**

102_마가채산성馬家寨山城, 개원시 마가채진 마가채촌 북(開原市馬家寨鎭馬家寨村北), 143~149쪽, **석성**

103_서풍성자산산성西豐子山山城,

철령 서풍현 양천진소재지 남 7km(鐵嶺西豐縣凉泉鎭所在地南 7km), 150~159쪽, **석성**

104_팔과수고성자산성八棵樹古城子山城,

개원시 팔과수진 고성자촌 북(開原市八棵樹鎭古城子村北), 160~166쪽, **토석혼축**

105_금성산산성金星山山城,

철령 서풍현 금성만족자치향 금성촌(鐵嶺西豐縣金星滿族自治鄕金星村), 166~168쪽, **토석혼축**

106_개원용담사산성開原龍潭寺山城,

개원시 위원보진 용왕취촌 북(開原市威遠堡鎭龍王嘴村北), 169~173쪽, **토석혼축**

107_개모성蓋牟城(탑산산성塔山山城),

심양시 소가둔구 진상둔진소재지 동(沈陽市蘇家屯區陳相屯鎭所在地東), 178~182쪽, **토석혼축**

108_변우산성邊牛山城,

본계시 계호구 왜두산진 변우촌(本溪市溪湖區歪頭山鎭邊牛村), 183~188쪽, **토석혼축**

109_평정산산성平頂山山城, 본계시 중심지 동남 평정산(本溪市中心東南部平頂山), 189~194쪽, **석성**

110_하보산성下堡山城, 본계현 소시진 하보촌(本溪縣小市鎭下堡村), 195~199쪽, **토석혼축**

111_태자성산산성太子城山山城, 무순 신빈현 하협하진 쌍하촌(撫順新賓縣下夾河鎭雙河村), 201~209쪽, **석성**

112_삼송산성杉松山城, 무순 신빈현 위자욕진 삼송촌(撫順新賓縣葦子峪鎭杉松村), 209~215쪽, **석성**

113_이가보자산성李家堡子山城,

본계현 초하구진 강초촌 이가보(本溪縣草河口鎭莊草村李家堡), 216~221쪽, **석성**

114_철배산산성鐵背山山城, 무순현 장당진 고려촌 남(撫順縣章黨鎭高麗村南), 226~230쪽, **토석혼축**

115_살이호산산성薩爾滸山山城, 무순현 이가향 수비촌(撫順縣李家鄕竪碑村), 231~232쪽, **석성**

116_오룡산성五龍山城, 무순현 상협하진 오룡촌 남(撫順縣上夾河鎭五龍村南), 238~245쪽, **석성/토석혼축**

117_목저성木氐城, 무순현 목기진 하서촌(撫順縣木奇鎭河西村), 245~247쪽, **평지성**

118_창암성蒼巖城(웨이아라성費阿拉城),

　　　　무순 신빈현 영릉진 이도하촌(撫順新賓縣永陵鎭二道河村), 248~252쪽, **토석혼축**

119_하남산성河南山城, 무순 신빈현 영릉진 판교자촌(撫順新賓縣永陵鎭板橋子村), 253~255쪽, **토석혼축**

120_전수호산성轉水湖山城,

　　　　무순 신빈현 향수하자향 전수호촌(撫順新賓縣響水河子鄕轉水湖村), 256~262쪽, **석성**

121_흑구산성黑溝山城, 무순 신빈현 홍묘자향 사도하촌(撫順新賓縣紅廟子鄕四道河村), 263~269쪽, **석성**

122_동고성자성東古城子城, 환인현 고성진 동고성자촌(桓仁縣古城鎭東古城子村), 269~270쪽, **평지성**

123_자합고성剌哈古城, 환인현 북전자향 우의촌(桓仁縣北甸子鄕友宜村), 270~271쪽, **석성**

124_영액문산성자산성英額門山城子山城,

　　　　무순 청원현 영액문진 장춘촌(撫順淸原縣英額門鎭長春村), 276~279쪽, **토석혼축**

125_남산성산성南山城山城,

　　　　무순 청원현 남산성진소재지 동(撫順淸原縣南山城鎭所在地東), 279~283쪽, **토석혼축**

126_소산성산성小山城山城,

　　　　무순 청원현 남팔가향 소산성촌(撫順淸原縣南八家鄕小山城村), 283쪽, **토석혼축**

127_서대산산성西大山山城,

　　　　무순 청원현 만전자향 첨산자촌(撫順淸原縣灣甸子鄕尖山子村), 283쪽, **토석혼축**

128_장가구산산성張家溝山山城,

　　　　무순 청원현 토구자향 토구자촌(撫順淸原縣土口子鄕土口子村), 283쪽, **토석혼축**

129_소성자고성小城子古城, 통화 휘남현 조양진 소성자촌(通化輝南縣朝陽鎭小城子村), 285~287쪽, **토성**

130_휘발고성輝發古城, 통화 휘남현 휘발성진 장춘보촌 서남

　　　　(通化輝南縣輝發城鎭長春堡村西南), 287~292쪽, **석성**

131_휘남조어대산성輝南釣魚臺山城,

　　　　통화 휘남현 판석하진소재지 남(通化輝南縣板石河鎭所在地南), 292~294쪽, **토석혼축**

132_나통산성羅通山城, 통화 유하현소재지 동북 25km(通化柳河縣所在地東北 25km), 295~304쪽, **석성**

133_유하조어대산성柳河釣魚臺山城,

　　　　통화 유하현소재지 조어대촌(通化柳河縣所在地釣魚臺村), 304~308쪽, **토석혼축**

134_신안고성新安古城, 통화 유하현 고산자진 신안촌(通化柳河縣孤山子鎭新安村), 308쪽, **토성**

135_영과포산성英戈布山城, 통화현 영과포진소재지 동(通化縣英戈布鎭所在地東), 309~311쪽, **석성**

136_남대고성南臺古城, 통화현 삼과유수진소재지 남(通化縣三棵楡樹鎭所在地南), 311~312쪽, **평지성**

137_태평구문고성太平溝門古城,

　　　　통화현 삼과유수진 삼과유수촌(通化縣三棵楡樹鎭三棵楡樹村), 313쪽, **평지성**

138_의목수고성依木樹古城, 통화현 삼과유수진 의목수촌(通化縣三棵楡樹鎭依木樹村), 313~314쪽, **평지성**

139_자안산성自安山城, 통화시 동창구 자안촌 협심둔(通化市東昌區自安村夾心屯), 315~321쪽, **석성**

140_적백송고성赤白松古城, 통화현 쾌대무진 적백송촌(通化縣快大茂鎭赤白松村), 322~325쪽, **토석혼축**

141_건설산성建設山城, 통화현 대천향 건설촌 산성구(通化縣大川鄉建設村山城溝), 325~329쪽, **토석혼축**

142_석호관애石湖關隘, 통화현 석호진 고려성자촌 동(通化縣石湖鎭高麗城子村東), 334~338쪽, **토석혼축**

143_이도구문관애二道溝門關隘,

　　　　통화현 압원진 압원촌 이도구문(通化縣鴨園鎭鴨園村二道溝門), 338~339쪽, **토석혼축**

144_관마산성關馬山城, 집안시 청하현 상위촌(集安市淸河縣上圍村), 339~341쪽, **토석혼축**

145_대천초소大川哨卡, 집안시 청하현 대천촌(集安市淸河縣大川村), 342쪽, **토석혼축**

146_이도외자평지고성二道崴子平地古城, 집안시 청하현 이도외자(集安市淸河縣二道崴子), 343쪽, **평지성**

147_패왕조산성覇王朝山城, 집안시 재원진 패왕조촌 동북(集安市財源鎭覇王朝村東北), 344~351쪽, **석성**

148_북둔평지고성北屯平地古城, 집안시 재원지 북둔(集安市財源鎭北屯), 351~352쪽, **평지성**

149_망파령관애望坡嶺關隘, 집안시 대상진 삼가자촌(集安市臺上鎭三家子村), 353~354쪽, **토석혼축**

150_고검지산성高儉地山城, 환인현 목우자진 고검지촌(桓仁縣木盂子鎭高儉地村), 355~365쪽, **석성**

151_마안산산성馬鞍山山城, 환인현 사도하향 사도하촌(桓仁縣四道河鄉四道河村), 365~366쪽, **석성**

152_성장립자산성城墻砬子山城,

　　　　환인현 사첨자진 하전자촌 성장립자구(桓仁縣沙尖子鎭下甸子村城墻砬子溝), 367~371쪽, **석성**

153_북구관애北溝關隘,

　　　　환인현 사첨자진 북구촌 남(桓仁縣沙尖子鎭北溝村南), 371~373쪽, **석성/토석혼축**

154_와방구산성瓦房溝山城, 환인현 오리전자진 두도하촌 와방구

　　(桓仁縣五里甸子鎭頭道河村瓦房溝), 373~375쪽, **석성/토석혼축**

155_칠개정자관애七個頂子關隘,

　　집안시 양수조선족향 외차구촌(集安市凉水朝鮮族鄕外岔溝村), 376~379쪽, **석성**

156_노변장관애老邊墻關隘,

　　집안시 양수조선족향 해관촌 만구(集安市凉水朝鮮族鄕海關村灣溝), 379~381쪽, **토석혼축**

157_환도산성丸都山城,

　　집안시 산성로 환도산성풍경구 내(集安市山城路丸都山城風景區內), 386~400쪽, **석성**

158_국내성國內城,

　　집안시 승리로－동성가 교차점 사방(集安市勝利路東盛街交叉点四方), 401~410쪽, **석성**

고구려의 핵심 산성을 가다

2020년 6월 20일 초판 발행
2020년 6월 20일 1판 1쇄

지은이 · 원종선
펴낸이 · 남호섭

편집책임 _김인혜
편집 _임진권, 신수기
제작 _오성룡
표지디자인 _박현택
인쇄판출력 _발해
라미네이팅 _금성L&S
인쇄 _봉덕인쇄
제책 _강원제책

펴낸곳 · 통나무
서울특별시 종로구 동숭동 199-27
전화: 02) 744-7992
출판등록 1989. 11. 3. 제1-970호